U0682151

抗日战争时期中国人口伤亡和财产损失调研丛书

主　编　李忠杰

副主编　李　蓉　姚金果

　　　　霍海丹　蒋建农

江西省抗日战争时期人口伤亡和财产损失

江西省委党史研究室　编

中共党史出版社

图书在版编目(CIP)数据

江西省抗日战争时期人口伤亡和财产损失/江西省委党史研究室编．—北京：中共党史出版社，2014.7

(抗日战争时期中国人口伤亡和财产损失调研丛书/李忠杰主编)

ISBN 978-7-5098-2682-9

Ⅰ.①江… Ⅱ.①江… Ⅲ.①抗日战争—损失—史料—江西省 Ⅳ.①K265.06

中国版本图书馆 CIP 数据核字(2014)第 115484 号

出版发行：中共党史出版社
责任编辑：陈海平
复　　审：姚建萍
终　　审：汪晓军
责任校对：龚秀华
责任印制：谷智宇
责任监制：贺冬英
社　　址：北京市海淀区芙蓉里南街6号院1号楼
邮　　编：100080
网　　址：www.dscbs.com
经　　销：新华书店
印　　刷：北京君升印刷有限公司
开　　本：170mm×240mm　1/16
字　　数：560 千字
印　　张：30　　8 面插图
印　　数：1—3000 册
版　　次：2014 年 7 月第 1 版
印　　次：2014 年 7 月第 1 次印刷

ISBN 978-7-5098-2682-9

定　　价：62.00 元

此书如有印制质量问题，请与中共党史出版社出版业务部联系
电话：010—82517197

《抗日战争时期中国人口伤亡和财产损失调研丛书》

本课题在中共中央党史研究室室委会领导下进行。先后三位时任主任孙英、李景田、欧阳淞对本课题给予了重要指导。

主　编　李忠杰

副主编　李　蓉　姚金果　霍海丹　蒋建农

参加审稿的领导和专家：

一、中共中央党史研究室领导和专家

曲青山　孙　英　龙新民　陈　威　石仲泉
谷安林　张树军　黄小同　黄如军　李向前
陈　夕　任贵祥　郑　谦　王　淇　黄修荣
刘益涛　韩泰华

二、有关部门和单位的专家

李景田（第十二届全国人大常委、民族委员会主任委员；中共中央党史研究室原主任；中共中央党校原常务副校长）

何　理（中国人民解放军国防大学少将、教授、中国抗日战争史学会会长）

支绍曾（中国人民解放军军事科学院少将、原军事历史研究部副部长、研究员）

罗焕章（中国人民解放军军事科学院研究员）

刘庭华（中国人民解放军军事科学院原军事历史研究部研究室主任、研究员、博士生导师、首席军史专家）

阮家新（中国人民革命军事博物馆原副馆长、研究员）

步　平（中国社会科学院近代史研究所原所长、研究员）

汤重南（中国社会科学院世界历史研究所研究员、中国日本史学会名誉会长）

姜　涛（中国社会科学院近代史研究所研究员）

荣维木（《抗日战争研究》原主编）

郭德宏（中共中央党校党史教研部原主任、教授、博士生导师）

肖一平（中共中央党校党史教研部教授）

杨圣清（中共中央党校党史教研部教授）

李东朗（中共中央党校党史教研部教授、博士生导师）

徐　勇（北京大学历史系教授、博士生导师）

李良志（中国人民大学中共党史系教授）

王桧林（北京师范大学教授、博士生导师）

谢忠厚（河北省社会科学院原现代史研究所所长、历史研究所顾问、研究员）

中共中央党史研究室课题组成员

李忠杰　霍海丹　李　蓉　姚金果　李　颖

王志刚　王树林　杨　凯

《抗日战争时期中国人口伤亡和财产损失调研丛书》

总　　序

中共中央党史研究室副主任　李忠杰

发生在20世纪三四十年代的中国人民抗日战争，是中华民族抵抗日本帝国主义侵略的一场规模巨大的战争，是世界反法西斯战争的重要组成部分和东方主战场，是近代以来中国反对外敌入侵第一次取得完全胜利的民族解放战争。中国人民抗日战争的胜利，成为中华民族由衰败走向振兴的重大转折点，也对世界各国人民取得反法西斯战争的胜利、争取世界和平的伟大事业产生了巨大影响。

这场战争，作为世界反法西斯战争的一部分，从根本上来说，是反法西斯正义力量与法西斯侵略势力之间的一场大决战，是文明与野蛮的一场大搏斗。日本侵略者，站在法西斯阵营一边，不仅与中国人民为敌，而且与世界人民为敌，肆意践踏人类的公理和正义，企图以残暴杀戮的手段，将中华民族置于自己的铁蹄之下。日本侵略者先后占领了中国、东南亚、南亚、大洋洲许多国家的领土，杀害居民，掠夺物资，强征劳工，施放毒气，蹂躏妇女和儿童，毁坏和窃取文物，造成了大量人员和财产的损失，给中国人民和亚洲其他许多国家人民留下了巨大的创伤，给世界文明造成了空前的破坏。

中国是受战争摧残最为严重的国家。从1931年到1945年的14年间，日本侵略者先后占领了东北、华北、华中、华南等大片中国最重要的经济政治文化战略地区。在整个战争进程中，日军到处屠杀、焚烧、抢掠、奸淫，使中国人民的生命财产惨遭蹂躏；大量使用生化武器，进行残酷的细菌战和化学战；把大批中国平民和俘虏当作细菌和毒气的试验品；对无辜的中国平民施放毒气，或在河流、湖泊、水井中投毒；掠走大批中国劳工，强迫他们筑路、开矿、拓荒，从事大型军事工程，使其大批冻、饿、病、累而死；强征中国妇女作为“慰安妇”，严重残害妇女的身心健康；对抗日根据地实行“烧光、杀光、抢光”政策，企图摧毁抗战军民起码的生存条件；在许多地方还制造了一系列触目惊心的大惨案。直至今天，日本侵略所造成的后果还难以完全消除，日军遗留的毒气弹还不时地威胁着中国人民的生命安全。

日本侵略者的罪行，违背了起码的人类良知和国际公法，不仅是对人权和人道主义的践踏，而且是对人类文明的挑战。它决不是如某些日本右翼分子所说是解放亚洲和太平洋地区人民的行动，而是亚洲和太平洋地区历史上最黑暗的一幕，是人类文明史上的一场浩劫。第二次世界大战结束后，根据《波茨坦公告》的规定，远东国际军事法庭在东京对日本首要战犯进行了国际审判，确认侵略战争为国际法上的犯罪，策划、准备、发动或进行侵略战争者为甲级战犯。此外，盟军还在马尼拉、新加坡、仰光、西贡、伯力等地，对日本的乙、丙级战犯进行了审判。中国也先后对日本的有关战犯进行了审判。这些审判，与欧洲的纽伦堡审判一起，使发动侵略战争的罪犯受到了应有的惩处，代表了全世界一切爱好和平人民的共同愿望。这是正义的审判，历史的审判！这一审判的结果是不容挑战的！

策划和制造当年这场战争的，是一小撮日本军国主义和法西斯分子。而日本人民，从根本上来说，也是受害者。所以，日本人民也用不同方式对这场战争进行了抵制和反抗。不少参加侵华战争的士兵认识到战争的性质，幡然悔悟，积极参加了国际和日本国内的反战活动。战后，很多人勇敢面对历史事实，以见证人的身份揭露了日本军国主义的罪行。还有很多当年的士兵，真诚忏悔战争的罪行，以实际行动推动世界和平和中日友好，做了很多有益的工作。他们的良知和勇气，应该得到充分的肯定和赞赏。

相反，日本国内一些右翼势力，直到今天仍然否认侵略战争的性质和罪行，竭力推卸侵略战争的责任。对早已由当年远东国际军事法庭作出严正判决的南京大屠杀一案，始终企图翻案。历史不容改变，事实岂能抹杀！企图歪曲历史，掩盖罪行，这是中国人民绝对不能同意的！

中国人民在当年那场战争中的胜利，是正义战胜邪恶、光明战胜黑暗、进步战胜反动的伟大胜利！是正义的胜利、人民的胜利、和平的胜利！既是中华民族永远值得纪念的胜利，也是世界人民永远值得纪念的胜利！但是，在纪念胜利的同时，我们不要忘记，这一胜利是用极为惨重的代价换来的。在这一伟大胜利的背后，是中华民族遭受的巨大人员伤亡和财产损失！中华民族，既为这场战争的胜利作出了巨大的贡献，也在这场战争中付出了巨大的民族牺牲。

1995 年，江泽民同志在首都各界纪念抗日战争暨世界反法西斯战争胜利 50 周年大会上，对当年日本侵略中国造成巨大人口伤亡和财产损失的基本数据作出了重要表述。2005 年，胡锦涛同志在纪念中国人民抗日战争暨世界反法西斯战争胜利 60 周年大会的讲话中，再次郑重宣布，据不完全统计，在抗日战争期间，中国军民死伤 3500 多万人；按 1937 年的比值折算，中国直接经济损失 1000 多亿美元，间接经济损失 5000 多亿美元。中国领导人公开宣布的基本数据，从整体上揭示了中国人口伤亡和财产损失的规模，有力地揭露了日本军国主义侵略的罪行。

数据，是历史的抽象。数据的背后，是大量的事实、确凿的证据，是无数人们的惨痛记忆和血泪控诉。为了更直接、更具体、更全面、更系统、更立体地还原当年的历史，展示中国人民遭受的灾难和损失，揭露日本军国主义的罪行，驳斥日本右翼势力否认侵略罪行的种种言论，我们必须通过更多档案资料的展示、历史文书的挖掘、具体事实的考查、当事人的证词证言、各种各样的物证书证，等等，将侵略者的罪行昭告天下。因此，作为炎黄子孙，作为郑重的历史工作者，有必要、有责任、有义务、也有权利对战争期间中国的人口伤亡和财产损失进行更加系统、详尽、具体的调查研究，将当年中国人民的巨大牺牲和惨重损失永远地记载下来。

这项调查研究工作，本来在抗日战争结束之后，或者在新中国成立时，就应该进行。但由于种种历史原因，未能系统、全面地进行。由于年代久远，资料散失，在世的证人越来越少，现在进行这方面的调查和研究已经有很大困难。但是，无论早晚，这项工作总得有人来做。现在才做，已经晚了几十年。但如果现在再不做，将来就更晚，也更困难了。所以，无论再困难，做，都是必要的。做好这项调研，是对历史负责、对人民负责、对当年的牺牲殉难者负责、对我们的子孙后代负责。根本上，是对整个中华民族负责，也是对国际社会和人类文明负责。

因此，2004 年，中央党史研究室决定开展《抗日战争时期中国人口伤亡和财产损失》的课题调研。从 2005 年开始，组织全国党史部门围绕这一重大课题，开展了系统深入的调研工作。其基本任务，是按照实事求是的原则，调查更加详实、有力、具体、准确的档案、材料、事实，更加清楚准确地掌握日本军国主义的侵略罪行，更加清楚准确地掌握日本侵略在各个不同领域、地区和方面对中国造成的破坏和损失。其中包括：各个省、自治区、直辖市在抗战中的人口伤亡和财产损失情况；历次重大战役战斗中中国军队伤亡的情况；日本从中国掠走各种资源的情况；日本从中国掠走和破坏文物的情况；日军在中国制造的一系列重大惨案；中国劳工的损失情况；中国妇女遭受日军性侵犯的情况，包括“慰安妇”的情况；日军在中国使用细菌武器、化学武器及其造成伤害的情况；日本侵略在其他方面给中国造成破坏的情况；等等。

课题调研的整体布局，实行块块和条条的结合。每个省、自治区、直辖市党史研究室，主要负责把本区域内的情况调查清楚。也可根据实际情况，选择一些重点，进行专题性的调研，形成专题性的研究成果。一些重要专题，单靠某个省（自治区、直辖市）做不了，就采取条条的办法，组织专题性的调研。还有一些，则是条条与块块相结合。如毒气，日军在不同区域使用过，有关的省（自治区、直辖市）都调查。但作为一个专题，由相关的区域进行协调，配合开展调研工作，并形成专项的调研成果。如劳工、性侵犯等，就大致属于这种类型。

课题调研的方式方法，主要是查阅和搜集档案文献资料，包括不同历史时期的统计报表。同时查阅当时有关的报刊资料，查阅多年来涉及有关地方、有关课题的研究成果。对一些特殊的重大事件，特别是重大惨案等，也同时进行社会调查，对当事人、知情人、有关研究人员等进行走访，记录证词证言。对于特别重要的事件，有条件的，还进行必要的司法公证，如南京大屠杀、潘家峪惨案等，使这些调查都成为在法律上可以采信的证据。根据需要与可能，也到国外境外包括台湾地区查阅搜集档案资料。

中央党史研究室进行了大量组织和指导工作。在课题确定前，首先进行了必要的论证，得到了许多专家的支持。随后，制定了详细的工作方案，向各省、自治区、直辖市党史研究室发出正式通知和实施意见，明确了工作的指导思想、组织领导、调研项目、工作步骤、基本要求、注意事项等等。为了提高认识，振奋精神，交流经验，落实措施，专门召开了工作培训会议，就课题的总体规划、调研方法、需要把握的问题等，作了全面部署，特别是提出了把调研工作做成“基础工程、精品工程、警世工程、传世工程”的要求。多年来，一直分阶段、有步骤地把这项课题调研推向前进。有关领导和专家分别到各地参加会议，指导培训，提出要求，统一规格，解答疑难问题。在调研过程中，随时就有关问题进行具体指导。工作班子及时编发简报和简讯，交流情况和经验。

各级党委和政府高度重视。多数地方成立了由党史研究室领导负责的课题组。各地先后召开工作会议、电话会议等，培训人员，落实任务。许多地方形成了由党史研究室牵头，档案、民政、财政、司法、地方志、社科院以及高校等部门单位联合攻关的局面，保证了调研工作扎扎实实、有计划有步骤地向前推进。

《抗日战争时期中国人口伤亡和财产损失》课题调研先后经历了六个阶段。第一，酝酿启动。第二，全面调研。这是最重要的阶段。各地组织专门人员，查询档案，实地走访，搜集了大量资料。第三，起草报告。凡参加调研的县以上单位，都要在搜集整理、考证研究档案文献资料和进行实地调查的基础上，写出调研报告，全面、准确地反映调研成果。同时，将调研中搜集的档案文献资料进行分类整理，制作统计表、大事记和人员伤亡名录等。第四，分级验收。为保证调研成果的科学性、准确性、严肃性，各省、自治区、直辖市调研报告都要经过四级验收。首先由课题领导小组审查通过，然后聘请所在省份资深专家审读验收，合格后报送中央党史研究室课题组。中央党史研究室课题组审读各省、自治区、直辖市的调研报告及相关调研成果，认为合格后，再聘请有全国影响的专家审读，写出书面意见并亲笔署名。根据审读意见，各地都要反复认真进行修改，只有达到规定要求才能通过验收。第五，上报成果。完成调研工作的省、自治区、直辖市，都按统一要求，将调研中收集的档案文献资料等所有文件，精心整理，分类成册，向中央党史研究室提交调研成果。各市县也要逐级向省级报送。第六，反复审核。中央党史研究室召开审稿会，组织各省、自治区、直辖市按照标准自审，相互间互审，将各种材料进行比对，将有关数据核实，解决带有共性的问题，进一步统一标准、统一规范、统一格式。

这项课题调研，作为一项浩大的工程，到目前为止，进行了将近10年之久。前后共有60多万党史工作者、史学工作者和其他各类有关人员参加。将近10年来，各个地方都周密组织，采取有力措施推动工作开展，保证调研质量。如山东省，先在30个县（市、区）进行试点，然后在全省普遍推开，形成了纵向省市县乡村五级联动、步调一致，横向十几个部门优势互补、携手攻关的工作格局。课题调研期间，山东省参加工作的同志共查阅档案238742卷，复印档案资料406912页，查阅抗战期间及战后出版的书刊61301册（期），复制文献资料220177页。走访调查8万余个行政村、609万名70岁以上（即1937年全国性抗战爆发以前出生）老人中的507万余人，收集证言证词79万余份。拍摄照片资料7376幅、录像资料49678分钟，制作光盘2037张。全省1931个乡镇，每个乡镇都建立了包括证人证言证词、伤亡人员名录、财产损失清单、人员伤亡和财产损失数字统计、人员伤亡和财产损失大事记、重大惨案证据材料以及证人和知情人口述录音、录像、照片等内容的抗战时期人口伤亡和财产损失材料卷宗，共12892个。

这项课题调研，也得到了社会各界特别是档案图书部门、专家学者的普遍支持。许多档案馆、图书馆为这次调研提供各种方便。不少专家学者在教学科研任务繁重、经费困难的情况下，承担专题研究任务。有的外请专家利用学校假期全力以赴做课题，缺少交通工具，就以自行车代步或徒步，到档案馆和图书馆查阅文献资料。

为了扩大搜寻面，中央党史研究室还组织查档小组，分赴美国、俄罗斯、日本，搜集了许多抗战史料。很多地方的课题组都到台湾查档。在台北“国史馆”、中国国民党党史馆、“中央研究院”近代史研究所档案馆等，找到了数量巨大、整理比较细致的抗战档案。台北“国史馆”馆藏的国民党在大陆统治时期行政院赔偿委员会档案，涉及抗战时期中国人口伤亡和财产损失的有8924卷，内容十分翔实具体。既有中央机关、军队系统人口伤亡和财产损失情况，也有地方省、市，县、区和个人填报的资料，包括台湾地区和华侨的档案资料。新疆防空委员会也报送有财产损失材料，如修筑防空工事、疏散费等财产损失。重庆市报送有日机空袭慰恤重伤难胞姓名卡，上面有卡号、伤员姓名、性别、年龄、籍贯、受伤时间、受伤地点、犒金额、发犒金时期、所住医院名称、医院地址、入院时间等，受伤部位还配有图片加以说明。所有这些，为查明当时各方面的人口伤亡和财产损失，提供了重要证据。

这项重大课题调研的成果，均编成《抗日战争时期中国人口伤亡和财产损失调研丛书》公开出版，为国内外学者提供并为子孙后代留下一份关于抗战时期中国人口伤亡和财产损失的系统资料。经过验收、审核合格的调研报告和主要档案文献资料，都按统一体例，编辑成为丛书的A、B两个系列。A系列为各省、自治区、直辖市各一本调研成果，以及若干重要专题的调研成果，由中央党史研究室负责审核。B系列为各省、自治区、直辖市的其他大量调研成果，由各省、自治区、直辖市党史研究室负责审核。全部成果统一设计、统一规格、统一版式、统一编号，由中共党史出版社统一出版。全部出齐之后，将有300本左右。

为了集中反映日本侵略者在中国制造的各种重大惨案，我们专门编纂了一套《抗日战争时期全国重大惨案》，收录抗战时期死伤平民（或以平民为主）800人以上的重大惨案100多个，配以档案、文献、口述及照片等作为历史证据。日本一些右翼分子，常常攻击中国为什么不拿出伤亡人员名单。我们专门安排了一个省，即山东省，公布该省具体的伤亡人员名录（第一批先公布该省100个县<市、区>的死难人员名录），包括姓名、籍贯、年龄、性别、伤亡时间等多项要素。以此说明，中国的伤亡人员都是有根有据、铁证如山的。

历史的生命在于真实、客观、准确。《抗日战争时期中国人口伤亡和财产损失》这一课题调研的生命也在于真实、客观、准确。所以，在开展这一课题调研的过程中，我们始终把保证调研质量，保证所有材料、事实、成果的真实性、客观性和准确性放在第一位，并在五个重要环节上严格要求、严格把关。第一，严格要求。一开始就明确规定，课题调研工作坚持实事求是的原则和科学严谨的态度。整个调研工作必须尊重历史事实。档案怎么记录的，就怎么记载，不能随意改变。当事人、知情人怎么说的，就怎么记录，不能随意加工。所有的材料、事实都要经得起法律上和学术上的质证。在需要与可能的情况下，对当事人、知情人的证词证言要进行司法公证。各种数据，都要确有根据，不能随便编排、采信。不许追求任何高数字、高指标。第二，统一规范。对课题调研的项目、内容，都做了认真细致的研究，提出了统一要求和严格规范。对全部调研项目设计了统一的表格，对调研报告的内容和格式做了统一规定。每个数字的内涵外延，包括如何计算、如何换算等等，都有明确的规定。事前对调研人员进行了培训。调研过程中，对没有理解的问题、疑难的问题等，都由专家给予统一的解释、说明。第三，责任到人。对所有参与课题调研的人员，都实行责任制。查档的、笔录的、整理的、起草调研报告的、审读的……，每个环节的人员都要签名，以对这一环节自己的工作负责，对子孙后代负责。明确规定，今后凡遇到质疑，有关环节的调研人员都要能够站出来进行证明、解释和辩论。第四，客观撰写。在汇总情况、起草调研报告阶段，要求所有的数据统计都必须客观、真实、准确。一律用事实说话，材料要具体、实在。不允许像写文艺作品那样来写调研报告；不允许作任何想象、编造和煽情性的描写；不允许刻意追求语言的生动华美；不允许使用任何带有夸张性、主观推断性的文字；不允许用“不计其数”、“无恶不作”这类抽象的形容词来概括相关内容；经过调研，凡是能够说清的事实、数字都予采用，但仍然说不清的情况、数据，就客观地说明未查核清楚，在汇总和整理数据时充分考虑这些因素，绝对不得编造数字。第五，逐级验收。除了在调研过程中由特聘的专家随时给予指导外，对各地提交的调研报告和相关材料，都实行逐级验收制度。其中，对省级调研成果实行由地方到中央的四级验收，其他调研成果由有关省、自治区、直辖市党史研究室组织验收。每一验收环节都要有专家审读、签字。凡存在问题和不符合要求之处，都要退回重新核查和修改。

经过艰苦努力，到2010年底，我们在深入调研的基础上，初步编出了几十本成果，先行印制了少量样本作为内部工作用书，组织力量作进一步的研究、审读、复查、校核。从2014年初开始，我们又组织展开了新一轮较大规模的审核工作。第一，召开有关省、自治区、直辖市党史部门参加的审稿会，进一步提高认识，明确规范，听取相互评审以及从社会各方面听到的意见，对审核工作提出要求，进行部署。第二，开展自审、复核、修改，确保准确无误。同时在各省、自治区、直辖市党史部门之间交叉审读，相互间进行比较、核对、衔接。自审互审完成后，都要确认是否具备正式出版的质量水准，签署是否同意交付出版的意见。第三，由中央党史研究室组织专家，对所有拟第一批出版的成果（书稿）进行六个环节的审读、检查、修改、校对，不仅检查是否还有表述不够准确或不够清楚的地方，而且对各本书稿之间、每本书稿各个部分之间的内容、叙述、时间、数字等进行统筹检查，排除表述不一致的内容。第四，如实客观地说明我们工作尽最大努力后达到的程度。始终强调，凡是已经清楚的，就清楚表述。还没有搞清楚的，就如实说明还没有搞清楚。某些数据、结论与其他书籍资料不完全一致的，则说明我们是依据什么材料、从什么角度得出和叙述的，不强求一致。第五，组织各地党史部门继续参与审核。凡有疑问的，都与有关地方党史部门联系、查核。多数省、自治区、直辖市都派专人来京参与审核、修改、校对。审核完毕后，又组织各地党史部门对自己书稿的清样再次进行审核。然后再按出版流程交付印制。今年以来对这些成果再次进行如此繁密、细致的复核工作，都是为了进一步保证成果的质量，保证历史事实的真实性和准确性。

特别需要强调的是，开展这项调研，不是为了简单汇总、计算这样那样的数据，而是为了寻找、展示更多的档案、更多的材料、更多的人证物证、更多的历史事实，用具体的事实来反映当年中华民族遭受的巨大灾难，揭露日本侵略者反人类的罪行。时隔几十年，很多数据难以查清，很多数据可能不很吻合，而且数据的分类、统计、核算都极为复杂，远远不是简单做一做加法就能算出来的。所以，我们在数据上采取了十分谨慎的态度。能统计出来的就统计出来，难以统计的也不强求。统计的口径、结果相互有差别的，也注意说明。今后，我们将会对数据问题作进一步研究。因此，目前的研究还只是阶段性的，不能说已经包罗万象，更不是最终的结论。总体上，还是在为今后更加综合性的研究提供一个详尽、扎实的基础。

由于自始至终都高度重视和强调调研的质量，所以，对于这一项目的真实性、客观性、准确性，我们有充分的信心。当然，无论如何，历史已经过去了六七十年，很多当事人已经去世，很多档案资料已经散失。现在再对发生在六七十年前的灾难进行大规模的调查，其困难是可想而知的。所以，即使做了最大的努力，我们仍然充分预计在调研成果及有关材料中，还是会有不足和差错之处，出版之后，肯定会有不同意见。所以，我们真诚地欢迎所有看到这些调研成果的人们，对其中的内容、材料、数据等进行审查、讨论。如此，必将有更多的人们关心和参与对当年那场灾难的调查，必将会提供和发现更多的档案、更多的资料、更多的见证，必将对我们调研成果中的很多内容进行不断的推敲琢磨，从而使我们能够更加准确、系统地展示当年中国的人口伤亡和财产损失，使我们为子孙后代留下的资料更为完整、更为丰富。我们也欢迎日本和其他国家的人们对这些调研成果进行阅读、审查、讨论、质疑。如此，将会有更多的国家和人们关注中国当年所遭受的灾难，也将会有更多的存留于国外境外的档案资料出现在公众面前，也将会使对当年这段历史和灾难的记录、研究更加准确和科学。

《抗日战争时期中国人口伤亡和财产损失》课题调研，是一项学术性的工作。开展这项课题调研，是为了更加准确和详尽地记录这场战争和灾难的历史，更加充分和有力地揭露日本军国主义的侵略罪行、反击日本右翼势力否认侵略战争的言行，更加充分和有效地进行爱国主义教育，毋忘国耻、振兴中华，更加积极地促进两岸交流、推进祖国和平统一进程，同时，也是为了给全世界所有关注当年这场战争和灾难的国家、政府和人们一个更加负责任的交代，为子孙后代继续研究当年中国人民抗日战争和日本军国主义的侵略罪行留下一笔丰富翔实的历史遗产。因此，虽然是学术性调研，但具有重大的历史意义、现实意义、国际意义、政治意义。作为历史工作者，我们有责任、有义务，实事求是地把中华民族在那场战争中蒙受的巨大灾难和损失尽可能完整地记载下来。推动和开展这项课题调研，是良心所在，是责任所在！每每读到那些令人震颤的历史事实，每每想到那数千万死难者的冤魂亡灵，每每掂量我们今人特别是历史工作者的责任，我们都禁不住潸然泪下。将近10年来，所有调研人员本着对历史和民族负责的精神，殚精竭虑，无私奉献，千方百计寻找各种线索，逐字逐页翻阅档案资料。为了做好对当事人、知情人的调查取证工作，顶酷暑，冒严寒，深入村镇，一家一户进行走访。也许，随着时间的流逝，这样的调研工作，以后再也不可能如此全面深入大规模地进行了。所以，对于能够基本完成这一课题的调研，我们极为欣慰，对能够取得今天这样的成果，我们极为珍惜。将近10年来，调研工作遇到过重重困难，调研人员付出了巨大心血，但只要能够对国家、对民族、对人民有一个负责任的交代，我们所有的努力、辛劳甚至痛苦都是值得的！

现在，《抗日战争时期中国人口伤亡和财产损失调研丛书》A系列第一批成果就要正式出版了，随后我们还将根据工作进程陆续出版第二批、第三批……B系列丛书的编纂和出版工作也将同时推进。而且，这项课题调研工作远没有结束。截至目前课题调研取得的成果，都还是阶段性的、部分的、不完全的成果。很多专题性调研还要继续进行，对大量档案资料还要进行分析研究。所有这些，都还需要我们继续不懈地努力。我们将以对历史负责的精神，一如既往地将这项课题调研工作做好。

历史，是现实的基础，更是未来的起点。打开尘封的记忆，重温昔日的往事，我们可以得到很多的启示和教诲，增长很多的聪明和智慧。所以，研究历史，形式上是向后看，但根本目的是向前看。作为一种科学的研究，我们调查历史的真相，记录历史的灾难，不是为了延续旧时的仇恨，不是为了扩大中日之间的裂痕，不是为了煽动狭隘民族主义的情绪，而是为了以史为鉴，不让历史的悲剧重演；面向未来，书写更加友好合作的美好篇章。经历了太多的苦难和挫折之后，我们更加坚定地热爱和平，更加执着地追求正义，更加珍惜国家的主权与独立，也更加关注世界的文明发展和进步。我们真诚地希望，世界各国能够携手努力，平等协商，求同存异，友好相处，共同推进世界的发展，共享人类文明的成果；我们真诚地希望，中日两国人民能够更多地加强交流、理解和合作，共同开辟中日关系的新局面，使中日关系更加健康稳定地向前发展，使中日两国人民真正世世代代地友好下去；我们真诚地希望，中华民族能够始终以坚韧不拔的努力，坚定不移地走和平发展之路，在中国特色社会主义旗帜下全面建设小康社会，努力实现社会主义现代化，为推动建设一个和平发展、文明进步的世界作出自己的贡献！

2014 年 4 月 30 日

《抗日战争时期中国人口伤亡和财产损失》课题[1]调研工作规范和要求

2004年，中共中央党史研究室决定开展《抗日战争时期中国人口伤亡和财产损失》课题调研。2005年向全国各省、自治区、直辖市党史研究室发出开展此项工作的正式通知，进行相应部署，着重说明工作的指导思想、调查项目、实施步骤及规范和要求。以后又随着课题调研的深入开展，对规范和要求进行了补充和完善。

一、课题调研的基本任务

抗战损失课题调研的目的和任务是深化对抗日战争时期中国人口伤亡和财产损失的研究。1995年，在首都各界纪念抗日战争暨世界反法西斯战争胜利50周年之际，江泽民同志曾经对20世纪三四十年代日本侵略中国造成巨大人口伤亡和财产损失的基本数据做出了重要表述。2005年，在纪念中国人民抗日战争暨世界反法西斯战争胜利60周年大会的讲话中，胡锦涛同志再次郑重宣布，据不完全统计，在抗日战争期间，中国军民伤亡3500多万人；按1937年的比值折算，中国直接经济损失1000多亿美元、间接经济损失5000多亿美元。中共中央党史研究室组织开展的课题调研，旨在全面详尽调查有关抗日战争时期中国人口伤亡和财产损失的具体事实，为这组基本数据提供强有力的史实支撑，并不是简单地做数据统计。

① 本课题亦简称为抗战损失课题或抗损课题。因为抗日战争时期及抗战胜利后国民政府统计人口伤亡和财产损失多采用“抗战损失”等概括性提法，其中将人口伤亡也称作抗战损失之一种，与财产损失并提，故沿用这一表述。

课题调研的基本任务是：按照实事求是的原则，经过广泛、全面、深入细致的调查研究，包括查阅搜集档案资料、对统计数据进行分析等，获得更多的证据，以更加全面和准确地揭露日本帝国主义侵略中国的罪行及其对中国人民造成的伤害。

课题调研的主要内容包括：(1)各个省、自治区、直辖市在抗战中的人口伤亡和财产损失情况；(2)历次重大战役战斗中中国军队伤亡的情况；(3)日本从中国掠走各种资源的情况；(4)日本从中国掠走和破坏文物的情况；(5)日军在中国制造的一系列重大惨案；(6)中国劳工的损失情况；(7)中国妇女遭受日军性侵犯的情况，包括“慰安妇”的情况；(8)日军在中国使用细菌武器、化学武器及其造成伤害的情况；(9)日本侵略在其他方面给中国造成破坏的情况；等等。

二、课题调研的方式和方法

主要是组织有关人员查阅和搜集档案馆、图书馆和其他文博单位以及民间保存的有关中国抗战人口伤亡和财产损失的档案资料、报刊杂志、历年出版的专题资料集和发表的研究成果。对一些特殊、重大的事件如重大惨案，则走访当事人、知情人和有关研究人员，进行录音录像，整理和保存证人证言，有条件的还进行司法公证，努力使这些调查材料成为在法律上可以采信的证据。有些省份的课题组还到境外的有关机构查阅相关档案资料，作为对大陆保存的档案资料的丰富和补充。这次课题调研的整体布局，实行块块和条条相结合。每个省、自治区、直辖市党史研究室在负责开展地区性的广泛调研的同时，也从实际出发开展一些专题性调研。一些重要的、涉及多个地方的带有全局性的专题，则另组织专家进行调研。

三、对搜集档案资料的要求

1. 明确搜集档案资料的范围。搜集档案资料是本课题调研工作的基础，调研成果的质量也主要决定于档案资料是否翔实，是否尽可能完整和全面。所以，凡相关内容的档案资料，不论是直接反映人口伤亡和财产损失的，还是间接反映的（如关于人口状况、财产状况、生产能力、各类资源情况等资料），都尽量搜集，作为撰写调研报告的客观的历史依据。搜集的要件有：档案、报刊、史志、时人日记、专著专论、实地调查报告、图片、影像资料以及出版、发表的研究成果等。

2. 认真整理原始档案和资料。对于搜集到的档案资料，不论是来自原始的档案，还是来自报刊、史志、日记、图书、专题论文等，都认真整理，每份每件都注明保存的地点、单位，文件卷号、出版或发表处等，然后分类汇总，妥善保存。档案资料使用时一律保持原貌，必要时作注释说明，不允许对原件内容增改、涂抹。对搜集到的档案资料要在分门别类整理的基础上进行必要的考证、鉴别和研究。整理后的档案资料，不仅是有关课题承担者撰写课题调研报告的重要依据，其主要内容也作为附件收入有关的调研成果之中。

四、有关数据统计中的几个问题

1. 根据搜集、掌握资料的情况，抗日战争时期中国的人口伤亡分为直接伤亡和间接伤亡两大类。直接伤亡，一般是指日本侵略中国的战争直接导致的中国方面人员的死、伤、失踪等；间接伤亡，一般是指在日本侵略中国的战争包括特定战争环境中造成的中国方面被俘捕人员、灾民、难民、劳工等的伤亡。抗战期间，被俘捕人员、灾民、难民、劳工等伤亡很大，但由于其流动性大等复杂原因，很难形成具体数据资料，统计起来十分困难。因此，本课题调研中，将已确定属于死、伤或失踪的被俘捕人员、灾民、难民、劳工的数据归入有关地方间接伤亡统计数据；无法确定是否伤亡失踪的，可视情况单列相关数据并加以说明。需要补充说明的是，在战争中失踪者，按通常惯例归为死亡。

2. 抗日战争时期中国的财产损失分为直接损失和间接损失两大类。直接损失，一般是指在日军攻击、轰炸或掠夺中直接造成的社会财产损失。居民财产损失列为直接损失。间接损失，一般包括：(1)政府机关等因抗战需要而增加的费用，如迁移费、防空设备费、疏散费、救济费、抚恤费等；(2)各种营业活动可获利润额的减少及由于成本上升等增加的费用；(3)有关伤亡人员的医药、埋葬等费用；(4)为抗战捐献的物资和钱财；(5)有关人力资源的损失。总之，一切因战争造成的间接财产损失均包括在内。

3. 在财产损失中所列的人力资源类损失，包括了被俘捕人员、劳工等在财产方面的损失。中国各级政府所组织的劳役，例如为战争修筑公路、机场、军事工事等抽调民工，都算作人力资源损失。但中国方面征用民工和日本侵略军强征劳工有所区别。日军强征劳工的伤亡率很高，和中国方面征用民工民夫的情况区别很大，因此要分别统计和说明，不能混淆。

4. 中国军队在重大战役战斗中的人员伤亡，分别情况加以统计处理。此次课题调研以统计平民伤亡为主。有关省（自治区、直辖市）如发现有本地发生过军队人员伤亡的重要资料，可以搜集整理并在调研报告中说明，但不计入本地人口伤亡总数。若是本地籍军人的伤亡，则计入本地人口伤亡总数。

5. 海外华侨拥有中国国籍，因此在计算抗日战争时期中国人口伤亡和财产损失时，华侨人口伤亡和财产损失均计算在内。各有关地方在计算本地人口伤亡和财产损失时，视情况可以将本地籍华侨的伤亡、损失计入统计数据总数，亦可单列数据并加以说明。

6. 工厂、学校、机关团体等由于战争原因搬迁造成的损失，算作间接损失，原则上由工厂、学校、机关团体等原所在地方统计。如果原所在地方缺少相关资料，新迁移处具备资料条件，也可由后者统计。为避免交叉和重复，遇到这类情况须特别加以说明。

7. 政党、政府机构的财产损失，归入公用事业的社会团体类财产损失一并计算。

8. 被日军、日本占领当局无偿征用、占用的中国耕地，按农作物的产量及其价值计算财产损失。

9. 伪军、伪政府的人员伤亡和财产损失，一般计入中国人口伤亡和财产损失。

10. 由战争原因导致的如黄河花园口决堤一类重大事件所造成的人口伤亡和财产损失，计算在间接人口伤亡和财产损失中。

11. 重大的财产损失，均以相应数额的货币反映价值。反映财产损失的货币一般要注明币种。

12. 通常用于抗日战争时期财产损失统计的货币（主要是法币），币值问题非常复杂。本课题调研中，涉及财产损失统计的货币数据，有条件进行折算的，一般按1937年即全国抗战爆发当年通用货币法币的币值进行折算，并说明折算的方式方法。因条件不具备，保留原始数据未作折算的，则注明有关数据中用以反映财产损失的货币系何种货币、何年币值。

五、关于撰写课题调研报告的要求

本次课题调研，有关课题组和承担专门课题的专家均按要求撰写出调研报告。

1. 各省、自治区、直辖市课题组撰写调研报告，内容大致分为概述、主体、结论三部分。

概述部分主要包括：介绍课题调研工作的基本情况，如：投入多少力量，到过什么地方查阅搜集档案资料，搜集了多少档案资料等。反映本地的自然地理概况，抗战爆发前的经济社会发展和人口状况，以及在抗战时期是重灾区还是大后方，是沦陷区还是根据地等。叙述日本侵略者在本地的主要罪行。还可简略回顾以往相关课题的资料和研究情况。

主体部分主要包括：分析说明本地人口伤亡和财产损失情

况。根据现掌握资料，将本地抗战时期人口伤亡分为直接伤亡和间接伤亡，将本地财产损失分为直接损失和间接损失，并分别说明主要的史料依据和分析结果。

结论部分，汇总本地人口伤亡数据、财产损失数据。据实说明迄今所掌握资料的局限性、本地遭受人口伤亡和财产损失的特点、影响等。

撰写调研报告依据的主要资料以及调研中同步完成的专题研究报告等，作为调研报告的附件，纳入课题调研成果中。

2. 由一批专家承担的全局性专门课题，如抗日战争时期重大惨案、劳工问题、“慰安妇”问题、细菌战、化学战、文化损失、海外华侨人口伤亡和财产损失、中国军队伤亡、重要战役战斗伤亡等，其调研报告的撰写和附件的收录，参照以上要求进行。

六、对调研成果的验收

在各省、自治区、直辖市课题调研工作结束后，完成的包括课题调研报告在内的省级调研成果和市、县等调研成果，要装订成册，通过审阅和验收，逐级上报，送交各省、自治区、直辖市党史研究室和中共中央党史研究室分别保存。

为确保质量，在调研过程中形成的各省、自治区、直辖市 A、B 两个系列书稿（省级调研成果为 A 系列书稿，市、县等调研成果为 B 系列书稿），要分别通过验收。其中，省级调研成果要通过由地方到中央的四级验收，市、县等调研成果则在有关省、自治区、直辖市内验收。

省级调研成果上报验收前，课题组先认真进行自审，以保证内容的完整准确，特别是调研报告和有关专题研究报告、资料、大事记的内容和数据要互相补充、印证，不能互相矛盾。课题组完成自审后，省级调研成果首先报送省级抗战损失课题领导小组验收。省级课题领导小组审查通过后，送省级专家验收组验收。省级专家验收组参加验收的专家一般为 3—5 人，人选来自党史系统、社会科学院和社科联系统、档案史志部门、高等院校等方面，为较有影响力、权威性的专家。省级专家验收组在本省（自治区、直辖市）课题领导小组的指导下，按照学术规范的严格要求和有关规定审读、验收本省（自治区、直辖市）拟提交中共中央党史研究室的省级调研成果。验收的主要标准和目的是确保调研成果的准确性、可靠性。对于验收中指出的问题、提出的意见和建议，各省（自治区、直辖市）课题组须采取有效措施解决和落实。对一次验收不合格的，修改、完善之后进行第二次以至多次验收，直到合格为止。省级专家验收组验收合格后，填写《A系列书稿验收报告表》。填写的报告表和书稿同时报送中共中央党史研究室课题组。

中共中央党史研究室课题组收到经省级专家验收组验收合格的省级调研成果后，先进行验收。认为合格后，再聘请国内知名专家进行验收，并填写《A系列书稿验收报告表》。验收中所提修改意见，由有关省、自治区、直辖市课题组予以逐条落实，对调研成果做出相应修改或者说明相关情况。

由一批专家承担的全局性专题研究成果，最后形成的书稿也纳入A系列，其验收也参照上述程序和要求，由中共中央党史研究室课题组组织有关专家进行。对于验收中提出的意见，承担课题的专家要逐条落实，对调研成果进行修改完善直至合格为止。

最后，中共中央党史研究室课题组对经过反复修改形成的省级调研成果和全局性专门课题调研成果进行复核。完成各项程序并符合要求的调研成果，包括通过四级验收的A系列书稿和由有关省、自治区、直辖市党史研究室组织验收并合格的B系列书稿，分批次送交中共党史出版社付印出版。

中共中央党史研究室课题组

《江西省抗日战争时期人口伤亡和财产损失》编委会

主　任　沈谦芳　苏多寿

副主任　王瀚秋　何友良

编　委　（以姓氏笔画为序）

王银兰　王新华　卢大有　况建军　李　云

李俊贤　李　毅　张孝忠　杨忠民　杨富荣

肖翠行　陈小平　罗　环　姚少陆　姜爱兰

施坤顺　凌步机　晏　芳　晏资明　黄亚玲

黄　河　彭卫东　熊　敏

主　编　王瀚秋

副主编　熊　敏（执行）　卢大有　李主彬

编　辑　（以姓氏笔画为序）

万　强　王国保　左家法　朱　吟　冷　波

张永华　李正平　李庆峰　李丽钧　杨立凡

杨忠华　陈志敏　陈　萍　周瑞兰　罗军生

唐发龙　徐宏洪　章志红　黄泽书　潘　昌

马当要塞，地处马当山，山上筑镇江炮台。1938年6月24日侵华日军进攻马当要塞，26日要塞失守。

1938年7月25日晨，日军出动军舰、飞机猛轰九江城区，在郊区设炮兵阵地轰炸九江。

入侵九江的日本宪兵队。

进攻九江的日本军舰。

日军炮击九江。

日军在九江强行登陆。

九江沦陷后，江边街道到处是战壕、弹坑、污血，满目疮痍。

日军在九江市郊屠杀平民。

日军强迫九江劳工修铁路。

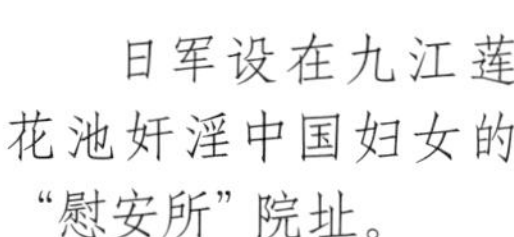

日军设在九江莲花池奸淫中国妇女的“慰安所”院址。

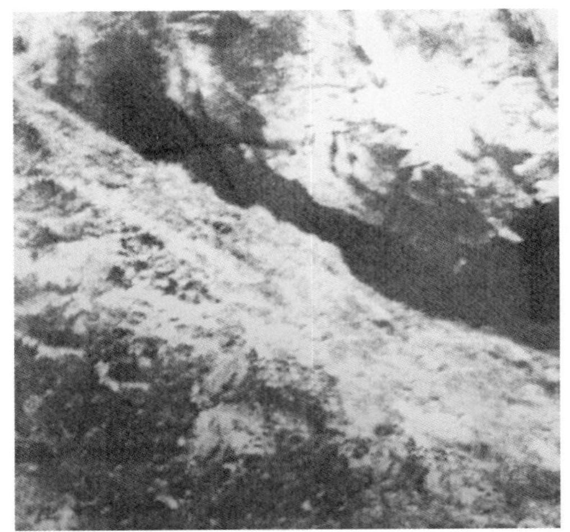

蝙蝠洞。1938年农历七月，日军在庐山天门洞对村民疯狂屠杀掠夺，50多个村民躲进蝙蝠洞，日军发现后端起刺刀大肆杀戮。蝙蝠洞是日军屠杀中国人民的铁证。

为扩大侵略战争，日军在九江南郊十里赶走屈家墩50家农户，霸占大量良田修建机场。

日军侵占庐山的碑记。

南浔线上的日军碉堡。

1939年3月28日，日军侵占南昌。

侵入南昌的日军。

进攻南昌的日军主将冈村宁次。

日军在南昌会战中大规模使用毒气。

被日军毁坏的南昌德胜门城墙。

侵入南昌市区的日军。

被日军破坏的滕王阁。

日军宪兵在南昌中正路（今胜利路）巡逻。

南昌县塘南令公庙，日军曾在此大肆杀害当地群众。

被日军破坏的江西省立图书馆。

1938年，泰和浙江大学校舍被日军飞机轰炸的惨景。

中国人民经过14年的英勇奋战，终于取得了抗日战争的胜利。1945年9月14日，南昌、九江地区日军投降受降仪式在南昌中山路南昌中央银行大楼举行。图为受降仪式会场。

日军第11军司令官笠原幸雄向中国受降主官鲁道源呈递投降书。

目 录

一、江西省抗日战争时期人口伤亡和财产损失调研报告

江西省委党史研究室

日本帝国主义继1931年发动九一八事变、鲸吞中国东北三省后，又于1937年7月7日发动卢沟桥事变，全面展开侵华战争。1937年8月13日，日军挑起八一三事件，11月12日上海失守。为侵占长江两岸大片中国国土，霸占长江流域资源，日军溯长江天堑西进，挟腥风血雨，直逼地处东南腹地、屏障抗战指挥中心武汉的战略要地——江西。1938年6月26日，日军第27师团波田支队在赣北长江的马当要塞公然违反国际法、疯狂使用化学武器，攻占了马当要塞，自彭泽登陆，窜入了江西大地。

（一）江西在抗日战争时期的战略地位

江西省地处长江中下游南岸。抗战时期，作为全国正面战场的重要作战区域之一，江西坚持对日作战八年，在整个正面战场乃至全国战局中占有重要的地位。

江西东、南、西三面环山，边界山脉奇峰异谷，有着丰富的农林资源和地下矿产等重要战略物资。江西东接闽浙，西靠湖南，南连广东，北携皖鄂，既是东南战场连接西南大后方的纽带与通道，又是西南大后方的前沿与东南战场的后方，东、南、西地区战时便成为国民党江西省政府退踞的中心区域，为江西战场后方的经济建设提供了很有利的客观条件。

江西北部临江，全省地势由外向里、由南向北倾斜，形成了一个向长江开口的盆地。北部地区因地势低洼平坦，村落密集，农业发达，使得战时江西成为粮食供应的大省，除负责本省战区军民粮食的供应外，还承担了第三战区驻浙江、皖南部队，第七战区广东东江、北江驻军和第九战区湘东、湘北驻军的军粮供应，江西与四川、湖南3省被并称为后方三大产粮区。在国民政府实施征粮的

19 个省市中，江西历年征粮平均数占全国的 12%。因此有人预言，如果“失掉江西，便没有法子来支撑江南的战局”，江西省主席熊式辉也曾把江西比喻为第一次世界大战中的法国要塞凡尔登，“就粮食一项说，实负有支持东南整个抗战局面的最大责任”和“使命”①。

自 1937 年 11 月、12 月和 1938 年 10 月上海、南京、广州、武汉相继沦陷后，东南各省和西南大后方的交通大都经过安徽、江西、湖南、广西、贵州到达国民政府陪都重庆，守住江西，就保障了东南与大后方的联系。鉴于其在抗战中重要的战略地位，中日双方都非常关注江西战场。抗战初期，赣北战场的作战滞缓了日军对武汉和长沙的进攻，是武汉、第一次长沙会战中较有成绩的外围战。特别是武汉会战中的万家岭大捷，沉重打击了日军的嚣张气焰，对全国军民抗战具有极大的鼓舞和激励作用。进入相持阶段以后，正面战场共有 18 次大的战役，其中第三、第九战区就有 8 次，而江西境内就有南昌、上高、赣东（浙赣）3 次大会战。这对打击日军，推进全国抗战起了重要作用。在战略反攻阶段，江西战场虽然没有发生大的军事行动，但赣中和赣西南的几次阻击战，对湘、粤等战场也有一定的策应和配合作用。

抗战期间，江西战场抗击了大量日军，始终没有全境沦陷，基本上守住了境内相对稳定的对日作战线、相持线，对支撑东南抗战，屏蔽西南大后方，坚持全国持久抗战直至最后胜利作出了重要贡献，在中国抗战史上写下了不朽的篇章。

（二）侵华日军在江西犯下的主要罪行

自 1937 年 8 月 15 日 14 架日机首次空袭南昌后，江西这片美丽的河山，从此遭受了长达八年的蹂躏，生长在这片土地上的人民陷入了空前的灾难之中。

日军侵赣以来，常年保持 10 万人左右盘踞江西。其中主要作战部队是日本陆军第 3、第 6、第 27、第 33、第 34、第 40、第 101、第 106 等 8 个师团和独立第 7、第 20 旅团，空军是第 3 飞行团及海军航空队，海军有舰艇 10 余艘。日军疯狂叫嚣“烧杀以扬军威，奸淫以供军乐，抢劫以助军食”，大肆推行烧光、杀光、抢光的“三光”政策，给江西人民留下了世世代代不能忘记的耻辱、血泪和对侵略者的深仇大恨。

---

① 中国第二历史档案馆编：《抗日战争正面战场》，江苏古籍出版社 2005 年版，第 820 页。

1. 飞机轰炸

全国抗战爆发后，日军飞机经常对江西实施狂轰滥炸。1937 年 8 月 15 日，14 架日机首次空袭南昌，投弹 10 多枚，炸死 6 人。由此至 1939 年 3 月，日机共在南昌地区进行了 49 次轰炸，投弹 1559 枚，中弹地点达 431 处。仅 1938 年 3 月 18 日至 9 月 4 日，日军就出动飞机 142 架次轰炸南昌，炸死市民 1225 人①，烧毁大片房屋。

日本侵略者在沿长江西犯的过程中，在九江未沦陷之前，即于 1938 年 6 月 15 日派飞机 7 批 36 架次，对九江城区实施骚扰和轰炸。1938 年 6 月 20 日至 1940 年，日军飞机先后大规模轰炸彭泽县马当、黄岭、老湾汪村、太平关等处共 16 次，炸毁房屋 2000 余栋，炸死百姓 800 余人。1938 年 6 月 23 日至 29 日，日军飞机 2 批 11 架次，轰炸德安县城，挤在火车站防空洞口的平民全被炸死，全城房屋 851 栋被烧毁 821 栋②。1938 年 7 月 25 日清晨，日军出动 72 架飞机，对九江城区和江北小池口狂轰滥炸，投掷燃弹，至晚 7 时半，九江城区沦陷，共致九江（含县市）死亡 23537 人，伤 4795 人③。

1939 年底至 1942 年 7 月，日军飞机先后对景德镇进行了 16 次 21 批轰炸，其中轰炸城区 7 次 12 批，轰炸乐平县城和鸣山煤矿 5 次，轰炸浮梁旧城和三龙圩 4 次。1939 年农历 11 月 16 日，日机 2 架首次轰炸瓷都景德镇城区，炸毁圆器坯坊一座。1940 年农历 12 月 16 日，日机 9 架，将城区戴家上弄吉安会馆炸为废墟，炸死难民 100 多人，浚泗井、千佛楼等处亦被炸。1940 年农历 1 月 16 日、17 日，4 架日机连续两天对城区进行轰炸，董家岭一处防空洞内 60 余人全被炸死，并炸毁了观音岭窑、土地岭窑和项家窑。1940 年 4 月 5 日清明节，27 架日机对城区狂轰滥炸，陶王庙、落马桥、烟园口、花园上弄一带数百间坯坊和民房被夷为平地，戴家弄中段被炸成焦土，金家弄口的王长兴国药店被炸起火，烧得片瓦无存。这次炸死平民 160 余人，伤者无数。1942 年 7 月，日机最后一次轰炸景德镇，一天 6 批，10 多处地方被炸毁。

自 1938 年 1 月至 1945 年 8 月，日军前后出动飞机 2140 余架次，轰炸上饶 12 个县市，炸死平民数千人，伤近万人，炸毁民房 9000 余栋。仅 1940 年 3 月中旬的一次轰炸，日军就出动飞机 36 架次，对上饶县城和皂头进行轰炸，造成县

①② 《江西省军事志》编纂委员会编：《江西省军事志》，赣出内图志（97 第 009 号）1997 年版，第 239 页。

③ 中共江西省委党史资料征集委员会编：《江西抗战纪事》，中央文献出版社 1995 年版，第 9 页。

城中街（今信州区信江中路）一里多长大街的两旁店铺全被炸毁，死伤680余人①。

鹰潭市今辖月湖区、贵溪市（县级）、余江县。自1937年8月15日，日军出动14架飞机第一次空袭鹰潭镇（今月湖区）始，至1943年7月最后一次空袭止，前后共空袭72批次，出动飞机447架次（其中贵溪县193架次，鹰潭镇211架次，余江县46架次），共投弹1243枚，炸死炸伤平民589人，烧毁房屋748栋②，铁路、桥梁、车辆被炸毁。

自1939年3月28日日军占领南昌后，就开始派飞机对抚州实施狂轰滥炸。至1941年，共对临川、南城、东乡、崇仁、宜黄、南丰、广昌等县轰炸37次，其中对东乡县城的轰炸多达20余次，仅东乡、南城、临川、崇仁县炸死炸伤平民就多达1700余人，烧毁房屋1242栋③。

赣南曾经是江西和华南抗日战场的大后方，后期又是抗日前线战场之一。自1938年5月29日至1945年，日机多次对赣南地区狂轰滥炸，造成赣南人民生命财产的重大伤亡和损失。据抗战后国民党江西省政府《江西各地受敌机轰炸及损失总报告》记载，日机在赣南先后共投弹500余枚，炸死350余人，炸伤620余人，炸毁房屋1500余栋④。

吉安市位于赣中西部，抗战时期曾作为江西省政府所在地，是东南抗战的大后方，是江西战时工业建设的中心地区和军粮的主要产地，同时也是沦陷区人民南下逃亡的主要寄居地。从1937年冬开始，日军有计划地对吉安进行轰炸。1939年至1940年8月，日军共出动飞机46架次，对泰和县空袭10余次，投弹70余枚（其中燃烧弹64枚），炸死炸伤80余人。遂川机场建成后，从1942年9月至1944年12月，遭日机袭击103次，日军共出动飞机455架次，投弹1.5万余枚，炸死炸伤平民173人，毁坏房屋35栋。吉水县城遭日机轰炸2次，共伤亡70余人，炸毁房屋30余栋。新干县被空袭3次，伤亡40余人，炸毁房屋80余栋。吉安城区被日军空袭59次，投下炸弹1729枚，炸死488人，炸伤741人，炸毁房屋1851栋、汽车16辆、民船6艘⑤。

1944年春夏期间，日军三次窜犯萍乡，两次深入腹地，先后盘踞47天。当时全区41个乡镇，有38个受到日军袭扰和蹂躏。7月26日，3架日军飞机在芦

---

①②③④　《江西省军事志》编纂委员会编：《江西省军事志》，赣出内图志（97第009号）1997年版，第239页。

⑤　见中共吉安市委党史工作办公室：《抗战时期中国人口伤亡和财产损失课题调研成果》（江西省吉安市），2005年9月14日，第5页，原件存中共江西省委党史研究室。

溪上空盘旋低飞后，突然在打石坑发射机关炮，3 名农民当场中弹身亡；紧接着，敌机又沿铁路线投放炸弹，一列军用列车的两节车厢被炸起火，引起连环爆炸，一时浓烟滚滚、火光冲天。27 日上午，9 架日机呈“品”字形飞行，再次袭击芦溪上空。芦溪麦园街谢木匠的弟弟、颜维汉的母亲等 3 人当场被炸死，另有 9 人被炸伤。

南昌沦陷后，地处南昌外围的丰城、樟树、上高、高安、奉新、靖安等县市，是当时较大规模的“南昌会战”、“上高会战”的火线区域；而地处湘鄂赣边的袁州、万载、宜丰、铜鼓等县区，又是先后遭受 4 次“长沙会战”及日军为打通浙赣、粤汉交通线而发动的大规模进犯的战火波及区域。1938 年，日军飞机首次对丰城城区进行轰炸。从 1939 年 3 月 22 日至 4 月 2 日，奉新、靖安、高安相继沦陷。在这期间，上高、万载、宜丰、铜鼓、袁州、樟树等县市区，都先后遭到日军飞机轰炸。1939 年 9 月 24 日，日军飞机又对高安岗上村进行轰炸，炸死平民 310 人，烧毁房屋 70 余间。

从 1939 年 3 月至 1941 年 8 月，日军先后出动飞机二三十架，对新余地区进行了 8 次狂轰滥炸。1939 年 3 月 23 日至 1940 年 11 月，日军飞机 11 架次轰炸新余县城，炸死炸伤平民 105 人，烧毁房屋 23 栋。

2. 残杀民众

日军在江西肆无忌惮地残杀百姓，先后在彭泽、湖口、九江、瑞昌、永修、德安、奉新、南昌、临川、高安、余干、万年、崇仁、进贤等地，以及在主要交通道路上的县市野蛮制造了上百起集体大屠杀事件，用极为残忍的手段屠杀手无寸铁的民众，其暴行骇人听闻。

1938 年 6 月 26 日，日军攻陷马当后，随即在彭泽境内进行了两次集体大屠杀，马当附近以柯、毕、高、詹四姓为主的村庄死亡千余人。同年 7 月 20 日，初入江西的日军包围了湖口县的周玺村，将百余村民用刺刀捅，用机枪扫，全部杀死。8 月 23 日，日军将乌林峦村的 50 多个农民集体杀害，并烧毁民房 76 户。在日军的残害下，原有 600 多户的湖口县棠山镇，仅存 50 来户，500 多平民死于非命。9 月 20 日，一股日军窜至瑞昌县北亭，把郝家、叶家、王家几个村子的百姓集中到南山叶村的禾场上，用机枪扫射，107 名村民倒卧在血泊中，少数中弹未死者被日军活埋①。

---

① 中共江西省委党史资料征集委员会编：《江西抗战纪事》，中央文献出版社 1995 年版，第 16 页。

1938 年冬，驻扎在德安永安堡岑家（今八一行政村岑家）的一连日军调防。行前头日下午，日军将抓获的 50 多名村民押至村后龙山边站成一排，全部被刺刀捅死。次年 1 月 5 日、6 日，驻扎在永修县燕坊附近的日军出动一个中队 100 多人窜至德安县磨溪乡吴家庄，打死打伤群众 460 余人，烧毁房屋千余间①。

1939 年 9 月 18 日，日军把高安县芦桐村群众 100 多人关在屋里，纵火烧死，毁屋 210 间。24 日，日军在肖家村投掷了数十枚手榴弹，炸死炸伤村民 520 余人，烧毁房屋 300 多间。同日，日军在大族村把群众逼至一口水塘边，当场枪杀 400 多人，烧毁房屋 1600 多间。9 月 29 日，日军在大屋场纵火烧村，烧死群众 280 人，烧毁房屋 700 余间，全村顿时成为废墟②。

1942 年 6 月，日军进入临川县城。他们将抓到的居民 50 多人一个个反绑成串，押至行易桥上，首先推一人下河，后面的人也随之坠入河中淹死。当月 19 日，日军 120 人乘夜包围了唱凯岭上的徐家村，136 名村民躲在附近禾田内，日军发现后，用机枪扫射，村民全部被杀害③。

凶残的日军连儿童也不放过。1944 年七八月间萍乡被日军侵占时，新塘黎少林的 10 岁儿子在放学途中被日军撞见。日军对他当头一刀，劈死在水塘边。他的同学，9 岁女孩黎小莉，被日军拦腰斩断。

日军在江西残杀百姓的罪行不胜枚举。以赣东为例，据 1942 年 11 月 25 日《新民报》载："浙赣之役后的赣东，一片凄凉，崇仁、宜黄、贵溪、上饶、玉山等各县，其中以上饶、玉山烧杀最惨，贵溪尤烈，景况凄凉，极待善后。敌此次进扰时，口号有曰：烧杀以助军威，奸淫以助军乐，抢劫以助军食。其杀人方法有二十六种。临川文昌桥下，被害者数千人。崇仁、宜黄一带，数十里无人烟"。由此可见日军暴行之一斑。

3. 淫虐妇女

日军在妄图灭我民族、毁我河山的同时，还犯下了令人发指的强暴妇女、伤害女性的滔天罪行。一位江西受害者曾指控他们：纵将这群禽兽不如的恶鬼，千刀万剐，亦不足以抵偿其凶残、邪恶、无耻的罪孽之万一！

凡被日军所掳妇女，不论老少，皆被奸淫，有的被轮奸多次，奸后被杀。1939 年 10 月 5 日，日军在高安将 600 多村民围困在团山寺，大肆抢劫一番之后，

---

① 中共江西省委党史资料征集委员会编：《江西抗战纪事》，中央文献出版社 1995 年版，第 18 页。
② 同上，第 20 页。
③ 同上，第 22 页。

将7名青年妇女剥光衣裤，拖出庙外，在光天化日之下轮奸。高安在沦陷期间，全县遭到日军奸淫的妇女多达15300余人①。

1941年3月，上高会战期间，日军在当地一见到女人，不论老幼都强行奸污，然后杀害。1942年7月，日军在临川抓到一批妇女，剥光她们的衣服，把她们赤身露体地押到坤贞观，集体轮奸后将她们全部杀死。

日军占领上饶期间，抓到妇女，往往先是强暴轮奸，然后再强迫她们裸体挑柴、担水、做苦工。南城沦陷时，日军把抓获的大批妇女集中关押在尧家大屋，在光天化日之下进行集体轮奸。王玉英等5人被当场奸淫致死。

1942年6月，日军在崇仁烧杀之后，又疯狂地四处抢掳妇女。从十一二岁的幼女到七八十岁的老妇，凡落入日军之手的多被奸淫致死，不死亦受重伤。仅县城受害妇女就多达50余人②，其中不少是少女，这些人被奸后皆被杀死。流亡逃难去宜黄的南昌葆灵女中300多名师生，途经崇仁许坊圩时，在许坊小学遭遇日军，倍受凌辱，30多名女学生在校内被集体奸淫，余者四处逃散。

1942年7月7日，20多名日军在余干县城搜寻妇女，当街强暴奸淫。同月15日，又有20多名日军在县城搜寻妇女。侵华日军丧尽天良，寡廉鲜耻。他们在余干"县城搜寻妇女，肆行奸淫，露天旷野也好，大庭广众也好，他们在哪里抓获就在哪里奸淫"；强奸之后，还不准她们穿衣服，逼迫她们赤身裸体供日军猥亵，对这些妇女百般羞辱凌虐，其无耻之状难以尽述③。

日军奸淫妇女手段残忍至极，就是出了家的尼姑他们也不放过。据国民党中央通讯社1942年10月6日赣州电讯："敌寇在南昌、新建等地大施兽行，无恶不作……有敌酋一人，率领敌军十余人在距南昌市60里之岗山附近强奸玉华观尼姑，并将寺内一切食物劫掠一空，扬长而去"，全观14名尼姑痛愤清门受玷，遂举火自焚④。

被日军蹂躏残害的江西妇女数字难以确切统计，但日军给江西妇女及家庭造成的肉体上的折磨和心灵创痛非言语所能形容。

4. 施毒散疫

日军侵占江西期间，多次使用化学毒弹和细菌武器，在水井水源里投放毒

---

① 中共江西省委党史资料征集委员会编：《江西抗战纪事》，中央文献出版社1995年版，第24页。

② 同上，第25页。

③ 同上，第27页。

④ 中国科学院历史研究所三所南京史料整理处编：《抗日战争时期江西大事月表》，存江西省档案馆。编目号：J043—22—0132。分类名：G231。

药，同样给江西人民造成了深重的灾难。

1938 年 6 月下旬，日军第 27 师团的波田支队在进攻彭泽马当要塞时大量使用化学毒弹和毒剂，使中国守军伤亡 70%。日军在进攻彭泽的抗日军民时，在南垄阳村一带施放了大量毒瓦斯，使中国军民惨遭重创①。

同年 8 月下旬，日军波田支队和第 9 师团的丸山支队联合进攻瑞昌。9 月下旬，日军飞机在南义乡张家铺东面的羊虎尖山、梅山等地投下毒气弹、细菌弹多枚，使瑞武公路东侧一带的村庄发生了严重瘟疫。当地群众大量出现手脚溃烂的特异病症，死于非命者众多。

1938 年 9 月，在德安战役中，日军第 106 师团每个步兵队都配带了 100 多发“特种筒”毒气弹，在战场上使用。

自 1938 年 9 月至次年 2 月，日军在德安投放、发射了多枚有毒炮弹和窒息性毒剂，致使许多当地百姓和抗日战士遭到严重伤害，其中有的突然暴毙，有的全身溃烂、烂脚生疮，慢慢受尽折磨而死。据 1987 年 8 月 7 日北京中国新闻社的《我首次披露日军侵华时使用毒剂情况》揭露：“日军在江西省德安县就使用红筒（系窒息性毒剂）12000 个，并发射毒剂炮弹 3000 余发，造成染毒面积 30 万平方米”。

次年 1 月 3 日，日军进犯永修县张公渡，大量使用毒气弹和化学武器，给中国守军和当地人民造成极严重的伤害。

1939 年 3 月 20 日，日军攻打南昌外围时，在修河南岸一带向中国军队发射了 2 万多只烟雾喷射器毒气弹②。26 日，日军第 101 师团主力在炮兵掩护下进攻南昌，作战时大量使用毒气弹，得以由牛行车站及生米街附近渡过赣江，攻入南昌。日军沿途施放的毒弹，严重危害中国军民的生命。

1939 年 8 月 27 日清晨，6 架日机在高安县吴珠岭一带投下大批细菌弹，给这一带群众造成了毁灭性的灾难。当地民众及外来难民 7000 多人受到细菌和毒气的严重感染，全身溃烂，2100 多人③很快断送了生命。吴球长一家 18 口全部被毒害而死。吴珠岭下尸骨成堆，阴风惨惨。

同年 9 月 19 日，日军第 106 师团从北面，第 101 师团第 157 联队从东面合攻高安，在战场施放大量毒剂。中国军队第 139 师很多官兵中毒，阵地被日军攻占。

---

① 中共江西省委党史资料征集委员会编：《江西抗战纪事》，中央文献出版社 1995 年版，第 28 页。
② 同上，第 29 页。
③ 同上，第 29 页。

1942 年 6 月上旬，占领鹰潭的日军窜到江山艾家，一面抓人当苦力，一面在水井里投毒，当时即造成 55 人中毒死亡，水井亦被废弃。

由于日军在江西各地肆意杀人，整村整镇地灭绝人口，抛尸四野，往往造成大量尸体无人掩埋，腐尸臭气熏天，致使细菌繁衍、疾病流行。日军将米缸、水缸、水井当作粪窖、便池和垃圾箱，使许多水源被严重污染。日军每到一地，疯狂抢劫家畜、家禽，将不食用部分随处抛掷，对来不及食用的畜禽也都加以宰杀，任其腐烂，毒害地方。这样，进一步促使鼠疫、伤寒等各类瘟疫在各地蔓延，其中受瘟疫祸害最严重的有南城、萍乡、南丰、玉山、靖安、九江等地，许多人未死于战火却死于流行病。1942 年 10 月 5 日《解放日报》载讯："赣东于战争中遭敌寇烧杀洗劫者有 10 余县之多，灾民在 300 万以上。灾情以南城、金溪、崇仁、宜黄、南丰、鄱阳、清江等县最为严重。灾民多四散逃亡，十室九空。目前灾区传染病极流行，饿毙及因传染而死者极多。"

日军对江西地区的毒气和细菌攻击，不但在当时给当地居民带来了极其严重的危害，而且留下了长期隐患。许多地方数十年后还发现感染病例，有些地方至今还留有因污染严重而封禁的山林。近年，上高县泗溪乡官桥村扩建圩集时，挖出 200 余枚侵华日军毒剂罐。这批毒剂罐埋匿在官桥祠堂的一个房间内，全部排列盛放在一个单砖砌成的长 2.2 米、宽 1.5 米、深 1.3 米的长方体大坑里。毒剂罐为圆柱体，直径约 0.11 米，高约 0.22 米，罐壳为铁皮夹纸结构，一端为拉火装置。罐体因年久而腐蚀，露出白色药物，散发出强烈刺鼻的怪味，使在场人员出现打喷嚏、肋紧胸闷、干咳等症状。经有关部门取样检测，鉴定为氰化物毒剂。据调查考证，这批毒剂罐是 1941 年"上高会战"时日军留下的，当时日军第 34 师团正驻扎在这一地区①。

被日军施放的毒气和细菌致病、致死的江西民众之多令世人震惊，但这却是不容置疑的铁的事实。

5. 残害劳工

日军在江西烧杀抢掠，并到处设立据点。为此，四处抓掳民工，为其搬运物资、建筑碉堡工事。日军对待江西劳工极其残忍，其恶行罪不可赦。

1940 年间，日军在交通枢纽鹰潭设立物资转运站，盗运抢夺来的铁轨、钢材等物资，在各地抓来 2000 多民众充作苦力，关进劳工营。入营劳工都被剃了头发，当作标记，每天食不果腹，累死累活。钢材、铁轨等物资运完后，日军就

① 中共江西省委党史资料征集委员会编：《江西抗战纪事》，中央文献出版社 1995 年版，第 30 页。

开始大规模屠杀劳工。日军将60个劳工分为一组，用棕绳串联捆手，押到项家岭峭壁上，开枪打倒第一个人，使他坠入崖下的信江，并将其他人也拖带下峭壁。日军还在江中部置了几只汽艇，用机枪对落水劳工扫射。2000多名劳工①或被机枪打死，或因绳索的串联捆绑而被溺毙。

1942年6月，日军侵占广丰县后，烧杀抢掠，大筑工事。被掳民工当牛做马，苦不堪言。当工事筑好之后，日军将民工押到虎头背山边，逐一处决。日军在几十丈深的悬崖绝壁边搁置一块木板，一头用山石压住，一头悬空伸出崖外，将民工们蒙上眼睛，捆住双手，赶到木板上。民工们不知深浅，一踏上木板就滚落山谷，摔得粉身碎骨。日军撤走后，乡亲们到虎头背掩埋尸首，共装了18担大箩筐白骨。从此，这条无名山谷被称作“杀人沟”。

1942年7月18日，驻扎在南昌的日军骚扰市郊的塘南地区，大肆抢劫，掠夺甚多，并在当地抓获了数十名农民充当苦力，逼迫他们搬运抢来的物资。在协成乡樊家村停歇时，日军用刺刀威逼民工们向正在沸腾的油锅里伸手捞起食物，把他们一个个烫得肉烂骨现，围观的日军取笑作乐。在快到达日军据点时，日军又把民工们和沿途抓获的80多人赶到一处叫作野猫洞的地方，强令两人一排，列成4队，拿这些人当作练习刺杀的活靶子，逐个用刺刀捅死，惨不忍睹。被抓民工陈凤水是第五个被刺杀的，日军先对他腰上猛刺一刀，拔出刀后，趁他未倒，又从他背部捅刺一刀，穿透了胸腔，他当即昏死过去。半夜，在尸体堆中的陈凤水苏醒过来，爬行4个多钟头，皮肤磨烂，指甲脱落，终离险境，成为这场残杀民工血案幸存在世的唯一目击者。

（三）江西省抗日战争期间人口伤亡和财产损失情况

1. 人口伤亡情况

日军从1937年8月首次袭赣至1945年9月投降，前后历时8年，在赣鄱大地上肆虐横行，烧杀淫掠。据不完全统计，江西全省伤亡人口总计为504450人，占全省原有人口的3.8%。其中受伤者191201人，占全省原有人口的1.4%；死亡者313249人，占全省原有人口的2.4%②。还有510万的难民③，在难民中间因流离失所而死亡和致病致残者为数众多，但无法统计。详见表一：

---

① 中共江西省委党史资料征集委员会编：《江西抗战纪事》，中央文献出版社1995年版，第32页。
② 陈荣华：《江西抗日战争史》，江西人民出版社2005年版，第392页。
③ 中共江西省委党史资料征集委员会编：《江西抗战纪事》，中央文献出版社1995年版，第36页。

表一　抗战期间江西省人口伤亡总表①　　单位：人

类别＼伤亡	重伤	轻伤	死亡	共计
男性成年	48361	65770	193739	307870
女性成年	24748	28354	84379	137481
儿　童	10420	13548	33900	57868
不　明	—	—	1231	1231
总　计	83529	107672	313249	504450

仅南昌市在陷入敌手后，全城人口由26万锐减至六七万人，其他如奉新、高安、九江、永修、瑞昌、湖口、临川、靖安各地的死亡人数，也均在1万人以上②。在日军“把房子里的中国人都杀掉的命令”③下，在日军的枪挑、刀劈、火烧下，江西大地上，从受伤的军人至被奴役的劳工，从白发苍苍的老人到吃奶的婴儿，皆成日军屠杀对象，到处尸横遍野，遍地哀声震天，那种惨状前所未有。

抗战期间，江西因其重要的战略地位，成为日军死死盯住的目标之一。从前方战场的作战到后方物资的劫掠，日军都不惜投入重兵，以致江西军民伤亡惨重，人口剧减，久久不能复原。具体分析江西人口伤亡构成情况，主要有平民伤亡和军队伤亡两大类：

平民伤亡。

日军侵赣8年来，窜扰与轰炸所及达78个县市，许多县市惨遭沦陷。由于日军的侵略本性，与其疯狂的军事占领相伴随，带来的必是疯狂的屠杀。无论是在窜扰区还是在沦陷区，日军都极尽一切手段屠杀平民。

日军侵赣初期，妄图一举击垮江西人民的抵抗意志，实现快速占领江西的意图，对江西实施了疯狂而又野蛮的轰炸，炸死炸伤平民无数。轰炸过后，日军便陆上进犯该地，采用集体枪杀、烧杀、奸杀、毒杀等各种手段来祸害当地平民。

① 江西省档案馆存档资料：江西省政府统计处编印《江西省抗战损失调查总报告》（1946年）。卷宗号：J43—24—4334。此表统计数据与1946年8月国民政府行政院赔偿调查委员会统计的《抗战八年全国分省人民伤亡估计总表》有所不同，待进一步查证、研究。参见中央党史研究室第一研究部、中国第二历史档案馆编：《国民政府档案中有关抗日战争时期人口伤亡和财产损失资料选编》（1），中共党史出版社2014年版，第380页。

② 江西省地方志编纂委员会编、徐辉主编：《江西省人口志》，方志出版社2005年版，第33页。

③ 冯英子：《赣江两岸所见》，载《新民晚报》1982年9月12日。

赣鄱大地上，处处尸横遍野、血水横流，日军在江西制造了一个又一个“无人村”乃至“无人乡”。据战地记者冯英子所著《赣江两岸所见》记载：1939 年 3 月 22 日，安义县五房村 97 个村民遭日军杀害；同月 24 日，蔡村 72 个村民惨遭杀害；5 月份，在南昌县仅荷埠周村就有 1100 余村民遭到日军惨杀，在南昌市瓜村有 2700 多村民被集体杀害。

随着战争的深入，战线进一步延长，日军深感兵力不足，供给也开始出现困难。为此，日军开始抓掳劳工为其加修工事和搬运战略物资。劳工们生活环境极其恶劣，工作任务非常繁重。吃不饱，睡不好，生病了也得不到医治，许多江西劳工饿死、累死、病死。工事修筑好之后，为防止劳工们泄密，日军对幸存的劳工最后都施以屠杀。

军队伤亡。

江西作为全国正面战场的重要作战区域之一，承担着支持东南抗战及屏蔽西南大后方和国民党中枢的重要责任。为阻止日军的进攻，江西军民作出了巨大的牺牲。

纵观江西境内中日交战，为控制江西这块战略要地，双方皆布下重兵，先后爆发了马当之战、德安战役、南昌会战、赣北战役、上高会战、赣东（浙赣）会战、湘粤赣边区阻击战、赣江追击战等重大战役，中日之间大的交锋多达 18 次。昔日平静的江西大地，变得枪炮轰鸣、杀声震天。从鄱湖沿线到赣江两岸，从平原丘陵到深山野岭，处处都浸染着中国官兵的鲜血。江西战场上中国官兵伤亡高达 10 多万。其中第九战区江西战场主要作战情况，如表二所示（由于资料不详，第三战区江西战场主要作战情况暂缺）：

表二　第九战区江西战场主要作战情况表（1939. 3—1945. 1）①

会战、战役名称	起止时间	作战区域	重要战斗地点	毙伤俘敌人数	中国官兵伤亡人数
武汉会战	1938 年 6 月中旬—11 月初	湖北、皖西、豫南、赣北	大别山、九江、万家岭、九江沿江西岸	约 1. 6 万人	不详
南昌会战	1939. 3. 17—5 月中旬	江西省	南昌	2—3 万人	约 3. 2 万人

① 参见陈荣华：《江西抗日战争史》，江西人民出版社 2005 年版，第 398 页；李国强：《论抗日战争中的江西正面战场》，载江西省社会科学院主办：《江西社会科学》1995 年第 7 期；中共江西省委党史资料征集委员会编：《江西抗战纪事》，中央文献出版社 1995 年版；《第九战区历次会战经过（1938. 7—1942. 1）》，中国第二历史档案馆藏，全宗号七八七，案卷号 6539。

续表

会战、战役名称	起止时间	作战区域	重要战斗地点	毙伤俘敌人数	中国官兵伤亡人数
第一次长沙会战	1939.9.13—10.13	湘南、赣北、鄂南	长沙	11116 人	14534 人
上高会战	1941.3.15—4.9	湘赣边	上高	2.4 万人	2 万人
第二次长沙会战	1941.9.17—10.8	湖南、赣北	长沙	不详	不详
第三次长沙会战	1941.12.19—1942.1.24	湘北、赣北、鄂北	长沙	不详	3911 人
浙赣会战	1942.5.16—8.3	浙江、赣东	浙赣路沿线	2.4 万人	3 万人
粤湘赣边阻击战	1945.1.12—3.22	粤湘赣边	澧田、遂川、永新	不详	不详

（注：浙赣会战在第三战区管辖作战范围内，也在江西省区内）

军队严重的伤亡需要兵员的大量补充，抗战时期，江西共征兵 103 万，位居全国第四。英勇的江西儿女为了民族的尊严、国家的荣辱，不惜抛头颅、洒热血，驰骋疆场，奋勇杀敌，终于换来了江西境内相对稳定的对日作战线、相持线，对支持东南抗战，坚持全国持久抗战至最后胜利作出了重要贡献。

2. 财产损失情况

日本侵略军在江西实行“烧光、杀光、抢光”和“以战养战”的罪恶政策，给江西人民的生命财产造成巨大的损失。

——由于日军的轰炸、焚烧，全省较大城镇的房屋被毁在 50% 以上，其中有 18 个城镇被毁房屋超过 90%。高安、奉新等县城几乎被夷为平地，有些农村甚至片瓦无存。以致“战后复归之难民惟有以树叶搭棚，暂时容身”。省会南昌，“昔日繁华街衢，率多成为废墟。战后义民复归，什九栖身无所，房荒问题严重达于极点”①。根据 1946 年国民党江西省政府统计资料，全省战前原有房屋 2170847 栋，抗战期间日军放火烧毁房屋多达 391874 栋，占战前原有房屋的 18.1%。其中南昌战时遭受损失 35205 栋，占原有房屋 45214 栋

① 江西省档案馆存档资料：《蔡孟坚江西灾情报告》（1946 年 8 月）。卷宗号：J043—24—4497。

的 77.9%[①]。

——由于战时日军的到处窜扰，引起土地抛荒十分严重，全省至少有 300 万亩土地荒芜[②]，造成粮食生产严重萎缩，产量急剧下降。如前所述，江西在战时还承担了本省和东南部分地区粮食的供应，以致本省没有粮食储备应付战后缺粮之急，造成战后江西人民果腹无粮，饿殍遍地。

——由于战时日军摧毁一切工矿设施，致使战后江西几无近代工业可言。赣南、赣西南地区的一些县市，原来被视为战时“江西安全区”。战时的省会泰和与吉安、遂川、赣州、大余、赣县等县市境内，集中了南迁和适应战争建立起来的一批工矿企业，如江西炼铁厂、江西机器厂、江西硫酸厂、江西车船厂、水电厂、电厂等工矿企业，关系到江西乃至西南大后方抗战军需民用的供应问题，极为重要。但 1944 年 4 月，侵华日军为了打通南北联系的大陆交通线，发动了所谓“一号作战”，使得战火蔓延过来。在日军的炮火和日机的狂轰下，悉被摧毁殆尽，“受创均极惨重”[③]。战后调查资料表明，仅 21 个地方官营企业的损失，就高达 10.1 亿元（法币）。

——强征暴敛，经济掠夺，对江西经济造成严重破坏。为达到“以战养战”的目的，日军在江西大肆进行经济掠夺。从车船矿产、机器设备、工商业产品、粮棉油杂、畜禽桑麻，到老百姓的饰品衣被，无一不成为日军掠夺的对象。除公开掠夺外，日军还在沦陷区各地普遍设立“物资交换所”，开办诸如“洪都公司”、“昭和通商”、“吉田洋行”、“富士洋行”等名目繁多的商贸机构，强买强卖，垄断市场。与此同时，日军还用如同废纸的“军用票”，勒收稻谷等物资，解决驻赣日军的粮食供应，并将大批谷米由“洪都公司”转运上海。据统计，每月均在 1000 石以上。

在日军铁蹄的践踏下，江西全省抗战时期财产损失据不完全统计总计为 10072.023 亿元（法币），合战前（1937 年上半年，下同）11.5 亿元。其中：直接财产损失（以 1945 年 9 月物价为准）6719.886 亿元（法币），合战前 7.7 亿元；间接财产损失 3352.137 亿元（法币），合战前 3.8 亿元；每户平均损失约 357160 元（法币），合战前 410 元。详见表三：

---

① 陈荣华：《江西抗日战争史》，江西人民出版社 2005 年版，第 395 页。

② 江西省档案馆存档资料：《江西救济分署署长张国焘在上海的谈话》。卷宗号：J043—19—1125。

③ 江西省档案馆存档资料：《蔡孟坚致国民政府行政院善后救济总署代电附件》（1947 年 8 月 8 日）。卷宗号：J043—11—0080。

表三　抗战期间江西省财产损失总表①　　单位：千元（法币）

品类		价值
总计		1007202334
直接损失		671988572
建筑物		279039658
矿产品		209376
畜产品		408565
水产品		843495
器械设备	家具	52474417
	农具	5540340
	渔具	447728
	运输工具	6541808
	修理机械及工具	4480935
	仪器	1551229
	电讯设备	736247
	码头及趸船设备	22535
农产品	稻	17456449
	麦	2958948
	植物油	5001409
	杂粮	6409564
牲畜	猪	12486521
	牛	5868513
	鸡鸭	2051948
	其他	1747820
林产品	木	3918439
	竹	555894
货品	原料	3203023
	材料	285686
	制成品	1728516
	存货	147461437
	生金银	645313
	保管品	85567
	抵押品	1080692
	有价证券	3861
	医药用品	535644
衣物		53411271
矿坑		2881710
公路线设备		4522965
现款		14012146
图书		3327806
文卷		（350482）宗
其他		28051107
间接损失		335213762
减少生产额		196119432
减少纯利额		113947651
迁移费		4463149
疏散费		930961
防空设备费		2427336
救济费		3955051
抚恤费		1222754
其他		8529697
医药埋葬费		3617731

① 引自江西省档案馆存档资料：江西省政府统计处编印《江西省抗战损失调查总报告》（1946 年）。卷宗号：J43—24—4334。

（四）结论

根据截至目前所掌握的资料和进行的相关研究[①]，我们得出了江西省抗日战争时期人口伤亡和财产损失的以上若干数据。由于年代久远、搜集资料困难等客观原因，应该说，我们得出的这些数据还只是初步的和尚不完整的数据，并不是研究的最终结果。今后，我们将继续推进本课题调研工作，以期在掌握更多资料和取得研究新成果的基础上对有关数据再做出修订和补充。

日本侵略者对江西的进犯、轰炸以及对部分地区的侵占，前后历时八载。江西这片物华天宝的膏腴之地，人杰地灵的锦绣山河，在日军铁蹄的践踏下，处处血雨腥风，生灵涂炭，满目萧条。上述这些触目惊心的数字，展现了江西历史上最凄惨的一页！日军对江西经济资源的搜刮，“以至无所不用其极之程度”[②]，对江西经济造成了严重破坏，其恶果长期难以消除，严重阻碍了江西的社会发展，污染了江西的自然生态环境，给江西人民带来的损害创巨痛深，亘古未有。

1. 繁华城镇成为废墟

战时江西全省 84 县，竟有 78 县惨遭严重轰炸烧掠，其中有 24 个县市城区几成焦土，房屋被毁 391874 栋。以赣州为例，1939 年 4 月赣州连续 3 次遭受敌机轰炸，同年 6 月又连续 3 次遭敌机轰炸，造成大量人口伤亡、房屋被毁。仅 1942 年 1 月 15 日日机对赣州的轮番轰炸，就使得市区的阳明路、中山路、华兴街等主要街道，被炸成一片瓦砾，处处断壁残垣，浓烟滚滚，昔日繁华的街区顿时变成废墟，被当地人民称之为血腥的“一·一五”。

2. 富庶乡村变成荒原

日军不但对城镇实施毁灭性的烧杀劫掠，他们的魔爪同样也伸向了江西广大农村。由于日军灭绝人性的疯狂破坏，抗战期间江西全省有 300 多万亩土地荒芜，无数村庄人烟稀少，近乎灭绝。鹰潭镇方圆 30 里以内的村庄如夏埠、湖塘、江上、白露、双凤、严家、东溪等地，日军入侵以前人丁兴旺，生活富庶。1942 年 6 月 16 日，日军侵入鹰潭，对上述地区进行残酷蹂躏，近千人被杀，大量人

① 本次课题调研，所覆盖区域为江西省现辖行政区域。

② 胡雨林：《赣北、鄂南前线敌后视察报告》，1940 年 10 月 10 日。转引自钟起煌主编：《江西通史》（11，民国卷），江西人民出版社 2008 年版，第 391 页。

口四散外逃，致使多数村庄荒无人烟。

3. 民族工业严重破坏

日军对江西的入侵，不但严重毁坏了江西美好的城市和乡村，而且对江西的民族工业造成了巨大的破坏。

从1939年12月日机对景德镇实施第一次轰炸开始，至1942年7月止，日机炸毁了瓷都一座圆器坯坊，炸毁了浚泗井、千佛楼和观音岭窑、土地岭窑、项家窑，并且将陶王庙、落马桥、烟园口、花园上弄一带数百间坯坊夷为平地。日机对景德镇的轰炸，给瓷业生产造成极大打击。景德镇原有瓷窑150余座，战时屡遭敌机轰炸，毁损达百余座，直到1945年抗战胜利，“开工者尚不及原有数的三分之一”，流传千年的民族工业在日军炮火的侵袭下，遭到了史无前例的破坏，严重阻碍了江西民族工业的发展。

4. 疫区瘟疫鼠疫流行

日军全然不顾国际法，在江西施毒散疫，施行细菌战，使得赣鄱大地瘟疫流行、鼠疫不断，并严重破坏了江西的自然环境，对自然生态造成长期的，甚至是永久的污染。不少地方在抗战胜利后都难以控制疫情，许多人死于非命。1944年11月23日《江西民国日报》揭示了疫区的惨状：“玉山是浙赣交通要冲……据调查，战前这里的人口有25万，至今还不到21万。虽然这4万人不尽是死于疫病，而这数目是确够惊人的。自这地方光复以后，一直流行着几种可怕的传染病症……使这儿的人民无时不陷在恐怖和窒息中。”

祸赣日军在江西欠下了累累血债，这一切将永远刻印在江西人民的记忆之中。在抗战胜利60多年后的今天，我们要时刻不忘日本侵略者的凶狠残暴给江西人民乃至全中国人民带来的巨大灾难，居安思危，牢记落后就要挨打的道理，继承和弘扬爱国主义精神，团结一致，为建设中国特色社会主义、实现中华民族的伟大复兴而努力奋斗！

（执笔：万强）

附

表一　江西省抗战时期人口伤亡统计表①

地名	死				合　计	伤			合计	备　注	
	男	女	儿童	不明		男	女	儿童		重	轻
南昌	39605	17883	6060	872	64420	7119	2752	1260	11131	5435	5696
九江	70284	22461	5625	91	98461	44558	23620	13005	81183	33398	47785
景德镇	197	190	73	1	461	193	180	69	442	89	353
萍乡	1760	374	127	1	2262	600	177	5	782	524	258
新余	331	45	21	1	398	199	252	42	493	182	311
鹰潭	5156	2515	1299	24	8994	2003	817	231	3051	1377	1674
赣州	2493	881	314	7	3695	1857	812	151	2820	1562	1258
宜春	45900	28239	16016	153	90308	20608	12741	5760	39109	20231	18878
上饶	7341	3791	1154	27	12313	2275	1202	452	3929	1987	1942
吉安	7268	1735	306	8	9317	29538	6755	1216	37509	12725	24784
抚州	13381	6254	2893	46	22574	5156	3788	1772	10716	6012	4704
光泽②	23	11	12		46	25	6	5	36	7	29
共计	193739	84379	33900	1231	313249	114131	53102	23968	191201	83529	107672
总计	504450										

表二　江西省抗战时期财产损失统计表　　单位：千元（法币）

地名	直　接	间　接	合　计	备注
南昌	262182971	61072349	323255320	
九江	105798363	45184799	150983162	
景德镇	5939666	53677708	59617374	
萍乡	13426655	8154439	21581094	
新余	2854076	2754173	5608249	
鹰潭	13738956	7297071	21036027	
赣州	16754390	28653660	45408050	
宜春	101989838	39242020	141231858	
上饶	24756085	37817188	62573273	
吉安	20529954	20549530	41079484	
抚州	35174793	22670977	61845770	
光泽③	48517	1248626	1297143	
合计	603194264	332322540	935516804	
省级机关学校	18289610	2891222	21180832	
全省公教员工	50504698		50504698	
共计	671988572④	335213762⑤	1007202334⑥	

注：以上附表根据江西省政府1946年上报国民政府行政院的《江西省抗战损失调查总报告》（1946年）数据及江西省各市党史部门的调研报表编制。

① 此表统计数据与1946年国民政府行政院赔偿调查委员会统计的《抗战八年全国分省人民伤亡估计总表》有所不同，待进一步查证、研究。参见中央党史研究室第一研究部、中国第二历史档案馆编：《国民政府档案中有关抗日战争时期人口伤亡和财产损失资料选编》（1），中共党史出版社2014年版，第380页。

②③ 光泽县，原属福建省建安道，1934年划归江西管辖，属江西南城督察区，1947年复归福建省管辖。

④ 损失计值以1946年9月物价为准，折合1937年上半年法币7.7亿元。

⑤ 损失计值以1946年9月物价为准，折合1937年上半年法币3.8亿元。

⑥ 损失计值以1946年9月物价为准，折合1937年上半年法币11.5亿元。

二、资　　料

（一）档案资料[①]

1. 江西省抗战损失调查总报告[②]

绪　　言

抗战军兴，本省省会始遭空袭，次年马当失守，寇祸益深，窜扰及轰炸所及，达七十八县市，历时前后八载，创巨痛深，亘古未有。本处为清算累累血债、以为对敌要求赔偿及复员善后之备，遂于三十四年七月筹划全省抗战损失总清查，八月倭寇投降，中央限期报损失数字，进行益感急切；乃于九月上旬奉省府核定预算后，积极进行印制表格、调派人员及召开讲习会等预备工作，齐头并进，十日完成，九月下旬调查专员分途出发，至十二月中旬调查完竣，现全部整理工作亦已蒇事，得总损失数字，计：人口伤亡五〇四，四五〇人，财产直接间接损失一，〇〇七，二〇二，三三四千元（以三十四年九月查报时物价为准，该月物价为战前八七二倍），诚浩劫也。兹将办理经过及结果简述于后：

第一部分　办理经过

一、设计工作

抗战损失调查，范围广泛，项目繁多，为收“正确”、“划一”、“迅速”之效，举凡调查时一事、一物、一举、一动，均经缜密厘订其标准，说明其步骤与

---

① 以下档案资料中，涉及财产损失的货币统计数据，凡未标明币种者均为法币（亦称为国币）。特此说明。

② 此件系江西省政府 1946 年上报国民政府行政院的报告，由江西省政府统计处编印。江西省档案馆存档资料，卷宗号：J43—24—4334。

方法，甚至某日应办某项工作、某日应完成某项工作，亦有明白之规定，此项设计工作，主要者有下列数事：

1. 江西省抗战损失追查办法。

2. 江西省抗战损失追查须知。

3. 调查专员工作日程。

4. 调查专员应注意事项。

5. 江西省抗战损失追查讲习大纲。

追查办法为工作实施之纲领；追查须知为工作方法之准则；工作日程则所以规划工作进度及注意事项、讲习大纲，又所以增益技术、辅导追查任务之推进。凡此皆设计工作中之荦荦大者。综其特点如下：

（一）关于调查方法方面

1. 通用调查方法：将遭受损失主体，分为：（1）人民团体之损失，（2）县市级机关、学校、公营事业及其员工之损失，（3）省级机关、学校、公营事业及其员工之损失等三类。按各类知识水准及工作便利，分别采用实地调查法及通讯调查法。

2. 确定调查范围：自九一八事变起至三十四年九月底止，凡本省省、县、公、私立机关、学校、团体及人民因抗战遭受之直接、间接损失均在追查之列。至本省境内军事方面及属于中央之财产损失，事有专管，本省不予追查。

3. 选定查报单位后，斟酌人力、财力；复顾全调查结果之确实性；选定乡镇为查报单位。调查专员亲赴各乡镇召集乡镇机关、学校、保甲长及士绅详切解释查报步骤，再由乡镇汇报其辖境之损失，以资便捷。至人民所填财产损失报告单，则于事后汇呈县政府备查。

4. 划一报价时期：财产损失之查报价值，院颁须知规定以损失时之价值为准。本省遭受日寇蹂躏时期长久，欲使人民查报受损时财物价值，运用上既无此需要；办理时徒增加困难，□一律改以追查时即以三十四年九月份价值为准。

5. 简化计算公式：公、民营事业间接损失中“可获纯利额减少”，其计算方法院颁须知所列公式颇感繁难，一般工商人员不能运用，经予简化，并均加“乘以当年物价指数”，以符“追查时价值”之原则。

（二）关于调查表格方面

1. 增设应用报表：前院颁之抗战损失查报须知中有人口伤亡汇报表一种，对于整理汇报，极感便利；□复增入。又查此次院颁抗战损失查报须知第五条之规定，在机关、学校或公营事业内服务之员工，其损失可报由服务之机关、学校或团体等层转，为便利整理计，亦经拟订表式，增入备用。

2. 减去不用表式：院颁表式中其受损失之主体不属于本省范围者（如铁路、邮务），或本省无该项受损失主体者（如民用航空），或无发生某种受损事件可能者（如地区沦陷），或二种表式内容相同，为办理便利，采用一种即可得结果者（如公、民营事业财产损失间接损失报告表单），其查报表式，均未印用。

（三）关于调查人员方面

本省受日寇蹂躏时间达八年之久，地区几遍全省，欲一举清查其损失，根据以往经验，决非一纸公文可以收效，乃决定由省府调派省级机关富有调查、统计学经验之高级人员三十人为调查专员，分赴各县实地追查。

（四）关于调查技术辅导方面

关于调查方法，在追查办法、追查须知中，已有规定，为增进调查技术起见，复有三项辅导工作，即：排定调查专员抵县后工作日程，以划一工作进程；厘订调查专员应注意事项，以增进调查技术；编制县级机关、学校，城区工、商业及乡镇损失等追查讲习会讲习大纲，以统一宣讲之内容。

二、预备工作

预备工作计有五大项：

（一）请拨款项：请准省府拨款二百二十二万元，计印刷费三十九万元，调查人员膳宿费一百八十三万元。

（二）统印表件：此次调查所需表格章则二十三种，共三十一万份，因调查期间促迫，尽量设法赶办，派员就地督印与校对，费时十日，印刷齐全。

（三）开会讲习：调查人员经请准省府就各机关调派后，乃于九月十六日起，假第八专署召开讲习会，为期二天，于调查法令、调查技术及各项有关问题，详为讲述交换意见。指示调查专员：预计抵达各县之时期，通知县府，事先准备；查竣一县，即将该县损失总数，急电或快函报告本处，以便据以汇编初步报告。甚至每个表式之办理程序，各表各栏，一事一物之查填方法，亦作最详细确切之解述与决定。

（四）划配调查区域并估发调查旅费：按照交通情况，及调查专员人地之便，划分全省为二十九个调查区域。旅费之估发，则按水陆里程，各地交通工具情形，以及调查工作之轻重，调查日期之长短为准，逐区核实估算。

三、调查工作

九月下旬各调查专员均分途出发，十二月上旬调查工作大体完成。惟调查表格之呈送因当时交通不便，邮资突涨，各调查专员多将其应查区域全部竣查后一并携带返省，各地表报，延至十二月底始到齐。总计调查时期二个月。其能迅速完成之原因有四：

1. 调查专员认真工作：对时间之争取，督报方式之研究，填报方法之宣导，报表可信度之高低，均能密切注意。

2. 县政府均能重视：对调查工作之推进，如区乡镇人员，工商界人士，地方士绅及各机关首长之召集指挥等，均能迅速切实办理。

3. 县统计人员竭力协助：调查专员多有函称述得当地县统计人员之协助，如表件之审核，数字之核算等，每能星夜赶办。惟于收复县份，因当时尚未设有统计人员，则以无人协办为苦。

4. 设计工作周密：因有前述周密之设计，配以人事上之协调，遂能步趋紧张，节拍扣合，而收事半功倍之效。

四、统计工作

（一）整理工作

整理工作分二步进行：

初步整理：开始于三十四年十二月十日，因人手不敷，并调社会处统计室，民政厅统计室人员协同办理，并另辟办公室，集中工作。订有初步整理及审核抗战损失应注意事项一种，对整理应用之表式，审核资料之原则，审核与整理之步骤，均有具体说明。（见附录）

在整理过程中，因鉴于房屋耕牛农具等之损失，有急行明了之必要，□复于初步整理时，一并列出。

初步整理完毕，经分别缮呈行政院抗战损失调查委员会及国民政府主计处。

第二步整理开始于三十五年一月二十日，因初步整理时已顾及各项统计之分类，故次步工作较为简易，至省级机关学校抗战损失资料之整理，则于各县抗战损失资料整理后继续办理。

又整理时，因本省公私营事业，除省级系公营及各县市电讯部分系公营外，其他各项事业，极少有公营者，故未予划出。

（二）损失概述

统计结果，计得总表六，分表二十一，兹将人口伤亡及财产损失述其梗概：

1. 人口伤亡

人口伤亡

共计	504450①	占全省人口	3.8%
伤	191201②	占全省人口	1.4%
亡	313249③	占全省人口	2.4%

说明：据三十三年十二月查报，全省人口13393511人

2. 财产损失

财产损失（以三十四年九月物价为准）

共　计	10072亿元	合战前	11.5亿元
直接损失	6720亿元	合战前	7.7亿元
间接损失	3352亿元	合战前	3.8亿元
每人平均损失约	75220元	合战前	86元
每户平均损失约	357160元	合战前	410元

说明：① 损失计值，以追查时（三十四年九月）物价为准，当时物价为战前（二十六年上半年）物价之872倍。

② 据三十三年十二月查报，全省有2822395户。

③ 抗战期中无直接损失之县份为崇义、寻乌、德兴、资溪、宁都、黎川六县。

④ 直接损失中包括公教员工财产损失505亿元。

财产损失分直接间接两种，受直接损失者，除省级机关学校事业外，且及七十八县市。其损失较大之十县市如表：

县市别	损失值（亿元）
南昌市	1282
南　昌	591
新　建	590
高　安	580
瑞　昌	237
奉　新	235
九　江	203
永　修	119
彭　泽	105
湖　口	100

①②③ 此统计数据与1946年国民政府行政院赔偿调查委员会统计的《抗战八年全国分省人民伤亡估计总表》有所不同，待进一步查证、研究。参见中央党史研究室第一研究部、中国第二历史档案馆编：《国民政府档案中有关抗日战争时期人口伤亡和财产损失资料选编》（1），中共党史出版社2014年版，第380页。

损失最小者为安福县仅32万元，次少者为宁冈县计150万元。

本省曾划为游击区（即沦陷区）之十五县市，其中十县市占直接损失表之高位。自第十一位至十四位，则为遭敌窜扰较剧之四县。其余武宁、靖安、安义、星子、德安五个游击县份，尚分列于其后。盖各县土地有大小，人口有多寡，物产有丰啬，故南城、萍乡二县，虽仅遭日军一度窜扰，而其损失竟大于沦陷县份之安义。

各地遭受蹂躏后，田园零落，兹从直接损失中观察房屋与耕牛之损失数以概其余。

房屋损失

损　　失	391874 栋	占战前原有房屋	18.1%
战前原有	2170847 栋	（二十六年）	

其中南昌市房屋损失35205栋（市郊在内），占原有房屋77.9%（战前原有45214栋）。

耕牛损失

损失耕牛	270997 头	占战前原有耕牛	18.9%
战前原有	1436868 头	（二十七年1.5农户有一牛）	

说明：据二十七年查报全省农户2182008户。

各县间接损失，视其物产有无，人口多寡，面积大小，及商业荣枯而有高下，其与直接损失相关极少。兹择是项损失较大之十县市列表于次：

县　市　别	损失值（亿元）	在间接损失中所占位次	在直接损失中所占位次
浮　　梁	480	1	39
南　昌　市	278	2	1
南　　昌	163	3	2
婺　　源	128	4	70
新　　建	87	5	3
修　　水	80	6	20
九　　江	78	7	7
高　　安	75	8	4
临　　川	71	9	11
萍　　乡	68	10	17

第二部分　统计结果

表一　江西省抗战人口伤亡总数[①]　　单位：人

性　别	共　计	重　伤	轻　伤	死　亡
总　计	504450	83529	107672	313249
男	307870	48361	65770	193739
女	137481	24748	28354	84379
童	57868	10420	13548	33900
不明	1231	—	—	1231

表二　江西省抗战财产损失总值

一　受损主体别　　单位：千元

受损主体别	共　计	直　接	间　接
总　计	1007202334	671988572	335213762
机　关	22705809	17672004	5033805
学　校	5897083	4974545	922538
农　业	426976013	270129597	156846416
矿　业	8055557	3856963	4198594
工　业	64291869	17091258	47200611
公用事业	186237	80409	105828
商　业	397817430	284754466	113062964
金融事业	3527762	2223389	1304373
银　行	1878636	753755	1124881
公　路	6406140	5726586	679554
航　业	15045038	13940291	1104747[①]
电　讯	292331	280611	11720
医埋费用	3617731	—	3617731
全省公教员工	50504698	50504698	—

注：①其中包括渔业损失 6000 千元在内。

① 此表统计数据与 1946 年 8 月国民政府行政院赔偿调查委员会统计的《抗战八年全国分省人民伤亡估计总表》有所不同，待进一步查证、研究。参见中央党史研究室第一研究部、中国第二历史档案馆编：《国民政府档案中有关抗日战争时期人口伤亡和财产损失资料选编》（1），中共党史出版社 2014 年版，第 380 页。

表二 江西省抗战财产损失总值

二 受损品类别

单位：千元

品类别		价值	品类别		价值
总计		1007202334	货品	原料	3203023
小计（直接）		671988572		材料	285686
建筑物		279039658		制成品	1728516
器械设备	家具	52474417		存货	147461437
	农具	5540340		生金银	645313
	渔具	447728		保管品	85567
	运输工具	6541808		抵押品	1080692
	修理机械及工具	4480935		有价证券	3861
	仪器	1551229		医药用品	535644
	电讯设备	736247	衣物		53411271
	码头及趸船设备	22535	矿物		2881710
农产品	稻	17456449	公路线设备		4522965
	麦	2958948	现款		14012136
	植物油	5001409	图书		3327806
	杂粮	6409564	文卷		350482（宗）
矿产品		209376	其他		28051107
林产品	木	3918439	小计（间接）		335213762
	竹	555894	可能生产额减少		200313316
水产品		843495	可获纯利额减少		117652078
畜产品		408565	迁散费		5744198
牲畜	猪	12486521	防空设备费		2531757
	牛	5868513	救济费		4077254
	鸡鸭	2051948	抚恤费		1277428
	其他	1747820	医药埋葬费		3617731

表二 江西省抗战财产损失总值

三 地域别

单位：千元

地域别	共计	直接	间接	地域别	共计	直接	间接
总计	1007202334	671988572	335213762	永丰	2567093	133649	2433444
省级机关学校及事业	21180832	18289610	2891222	泰和	3736066	2687568	1048498
全省公教员工	50504698	50504698	—	万安	5588299	2469968	1118331
小计	935516894	603194264	332322540	遂川	4437884	1390081	3047803
南昌市	156007469	128248607	27758862	弋阳	3864330	1815311	2049019
丰城	15437333	10688920	4748413	贵溪	13800034	9837983	3962051
南昌	75381779	59108822	16272957	宁冈	584350	1500	582850
进贤	12459489	8365916	4093573	永新	5711457	2826754	2884703
新建	67619694	58933899	8685795	莲花	6206900	4838819	1368081
高安	58306734	50813765	7492969	安福	1696480	322	1696158
新淦	4104967	2797951	1307016	赣县	12866996	9255853	3611143
清江	6187620	639524	5548096	南康	6545512	3195386	3350126
宜春	3628714	1206835	2421879	上犹	1305526	12239	1293287
萍乡	15374192	8587834	6786358	崇义	1497508	—	1497508
万载	5310092	1693433	3616659	大庾	3084539	988265	2096274
分宜	2319822	1115904	1203918	信丰	2470520	781498	1689022
上高	7679816	4494437	3185379	虔南	1043722	418831	624891
宜丰	3529349	1725852	1803497	龙南	1603246	768888	834358
新喻	3288425	1738171	1550254	定南	1912274	416826	1495448
修水	15459759	7481157	7978602	安远	1624080	87021	1537059

续表

地域别	共计	直接	间接	地域别	共计	直接	间接
铜鼓	2006883	696997	1309886	寻乌	1083946	—	1083946
吉安	9819169	6123329	3695840	浮梁	51522221	2662600	48859621
吉水	2815153	1603908	1211245	婺源	12828670	22085	12806585
峡江	2018566	494919	1523647	德兴	2988702	—	2988702
乐平	8095155	3277068	4818087	东乡	9790411	7065827	2724584
鄱阳	3589320	762473	2826847	金溪	2606552	1557257	1049295
都昌	5116050	2017437	3098613	光泽	1297144	48517	1248627
澎泽	13612867	10523812	3089055	资溪	556733	—	556733
湖口	13312320	9990590	3321730	黎川	1469419	—	1469419
星子	8241502	5122891	3118611	宁都	2618315	—	2618315
上饶	14563426	9986872	4576554	广昌	1434753	4651	1430102
广丰	6217355	3641475	2575880	石城	1442852	79775	1363077
玉山	8445538	5121489	3324049	瑞金	1295584	37677	1257907
横峰	725006	122756	602250	会昌	1178013	14800	1163213
铅山	3377338	349853	3027485	雩都	1945629	377798	1567831
余江	7235991	3900971	3335020	兴国	1889791	319533	1570258
万年	1039240	19093	1020147	靖安	11195981	6518357	4677624
余干	4934342	2914672	2019670	九江	28086390	20316980	7769410
南城	15277642	9609740	5667902	德安	8090565	5034316	3056249
南丰	2207104	405507	1801597	瑞昌	27184109	23697353	3486576
宜黄	5152005	2924521	2227484	永修	17713732	11902497	5811235
乐安	1370521	9960	1360561	奉新	27949329	23511719	4437610
崇仁	4065987	2781917	1284070	安义	11786884	7525727	4261157
临川	17914640	10815407	7099233	武宁	14165865	9711327	4454538

表三　财产损失中之房屋损失　　单位：栋

地域别	房屋数	地域别	房屋数
总　　计	382245	吉　　水	827
省级机关学校或事业	1130	峡　　江	1050
全省公教员工	8315	永　　丰	5
小　　计	372800	泰　　和	2125
南　昌　市	35205	万　　安	1240
丰　　城	7430	遂　　川	497
南　　昌	39942	宁　　冈	3
进　　贤	8765	永　　新	3479
新　　建	39596	莲　　花	81
高　　安	30100	安　　福	2
新　　淦	2795	赣　　县	1549
清　　江	325	南　　康	2657
宜　　春	89	上　　犹	—
萍　　乡	928	崇　　义	—
万　　载	1743	大　　庾	526
分　　宜	288	信　　丰	2409
上　　高	3350	虔　　南	133
宜　　丰	3026	龙　　南	1538
新　　喻	4219	定　　南	125
修　　水	6556	安　　远	10
铜　　鼓	389	寻　　乌	—
吉　　安	7239	浮　　梁	2787

续表

地域别	房屋数	地域别	房屋数
婺　源	2	崇　仁	1952
德　兴	—	临　川	9596
乐　平	253	东　乡	6829
鄱　阳	1160	金　溪	1721
都　昌	3705	光　泽	134
彭　泽	3644	资　溪	—
湖　口	3699	黎　川	—
星　子	4309	宁　都	—
上　饶	1896	广　昌	4
广　丰	2676	石　城	30
玉　山	4171	瑞　金	95
横　峰	84	会　昌	1
铅　山	846	雩　都	2
弋　阳	1544	兴　国	7
贵　溪	10051	靖　安	6637
余　江	2060	九　江	13213
万　年	8	德　安	6397
余　干	1754	瑞　昌	11101
南　城	4596	永　修	12545
南　丰	111	奉　新	21274
宜　黄	2196	安　义	8949
乐　安	1	武　宁	10599

表四　江西省抗战人口伤亡数

单位：人

县市名称	重伤				轻伤				死亡				
	共计	男	女	童	共计	男	女	童	共计	男	女	童	不明
总计	83529	48361	24748	10420	107672	65770	28354	13548	313249①	193739	84379	33900	1231
南昌市	46	33	7	6	23	17	4	2	1225	828	250	87	60
丰城	257	118	113	26	539	256	256	27	833	578	176	79	—
南昌	1208	753	335	120	545	347	140	58	43376	26983	11197	4481	715
进贤	1497	834	466	197	1731	1051	482	198	3109	1598	949	499	63
新建	134	111	23	—	102	81	21	—	8480	4180	3825	475	—
高安	5785	2716	2060	1009	6697	3331	2340	1026	36536	17269	11492	7688	87
新淦	207	140	63	4	660	346	309	5	192	135	47	10	—
清江	111	86	19	6	89	62	20	7	355	229	84	42	—
宜春	133	99	31	2	103	94	7	2	562	426	116	19	1
萍乡	419	327	88	4	181	127	54	—	1515	1156	240	119	—
万载	2126	1488	531	107	3009	2118	757	134	1691	1498	152	41	—
分宜	180	62	101	17	311	135	151	25	377	322	37	17	1
上高	944	427	303	214	1101	616	327	158	1420	824	369	225	2
宜丰	4362	2081	1511	770	4512	2227	1512	773	3221	1774	832	641	4
新喻	2	2	—	—	—	—	—	—	21	9	8	4	—
修水	27	18	9	—	64	54	10	—	514	418	93	3	—

① 此统计数据与1946年国民政府行政院赔偿调查委员会统计的《抗战八年全国分省人民伤亡估计总表》有所不同，待进一步查证、研究。参见中央党史研究室第一研究部、中国第二历史档案馆编：《国民政府档案中有关抗日战争时期人口伤亡和财产损失资料选编》（1），中共党史出版社2014年版，第380页。

续表

县市名称	重伤				轻伤				死亡				
	共计	男	女	童	共计	男	女	童	共计	男	女	童	不明
铜鼓	29	14	14	1	19	14	5	—	75	46	24	5	—
吉安	573	355	193	25	2093	1772	217	104	1191	595	527	65	4
吉水	470	320	150	—	524	503	21	—	502	411	91	—	—
峡江	140	116	21	3	131	103	26	2	293	242	32	19	—
永丰	1	1	—	—	1	1	—	—	1	—	—	1	—
泰和	265	188	67	10	321	247	62	12	603	404	176	23	—
万安	483	413	61	9	314	263	48	3	1800	1342	408	50	—
遂川	168	104	45	19	125	84	30	11	814	543	220	48	3
宁冈	—	—	—	—	—	—	—	—	75	21	5	49	—
永新	10413	8759	1470	184	20613	15818	3971	824	3842	3573	229	39	1
莲花	105	89	16	—	77	57	19	1	747	604	134	8	1
安福	5	4	1	—	2	1	—	1	4	2	—	2	—
赣县	534	366	162	6	320	200	111	9	1070	684	278	108	—
南康	100	64	25	11	127	86	31	10	732	507	167	54	4
上犹													
崇义													
大庾	—	—	—	—	—	—	—	—	345	286	59	—	—

续表

县市名称	重伤				轻伤				死亡				
	共计	男	女	童	共计	男	女	童	共计	男	女	童	不明
信丰	83	54	18	11	98	80	18	—	257	158	76	22	1
虔南	67	47	19	1	74	51	23	—	209	158	43	8	—
龙南	418	281	99	38	489	282	161	46	909	554	237	116	2
定南	55	38	9	8	43	40	1	2	92	82	8	2	—
安远	3	2	1	—	3	3	—	—	8	8	—	—	—
寻乌	—	—	—	—	—	—	—	—	—	—	—	—	—
浮梁	81	32	39	10	320	138	129	53	456	193	189	73	1
德兴	—	—	—	—	—	—	—	—	—	—	—	—	—
婺源	—	—	—	—	—	—	—	—	1	1	—	—	—
乐平	8	6	2	—	33	17	10	6	5	4	1	—	—
鄱阳	89	58	23	8	58	42	9	7	227	166	38	23	—
都昌	792	517	262	13	817	508	290	19	1488	1053	408	27	—
彭泽	593	330	214	49	—	—	—	—	5344	3145	2077	121	1
湖口	8701	4824	3782	95	7070	3656	2458	956	13641	6928	5122	1546	45
星子	969	614	300	55	1685	1121	445	119	8316	5794	1925	560	37
上饶	344	225	96	23	601	396	146	59	3501	2387	823	286	—
广丰	35	21	9	5	32	12	18	2	805	578	158	67	9

续表

县市名称	重伤				轻伤				死亡				
	共计	男	女	童	共计	男	女	童	共计	男	女	童	不明
玉山	1282	695	409	178	1149	644	382	123	6604	3497	2420	663	24
横峰	68	23	31	14	13	3	4	6	83	45	21	17	—
铅山	46	24	10	12	43	14	23	6	82	41	22	19	—
弋阳	52	33	16	3	—	—	—	—	314	237	59	17	1
贵溪	979	708	230	41	1233	871	324	38	6658	3707	1928	1001	22
余江	398	200	116	82	441	224	147	70	2336	1449	587	298	2
万年	3	3	—	—	9	4	3	2	14	10	3	1	—
余干	68	46	19	3	37	32	4	1	682	379	242	61	—
南城	453	178	184	91	484	129	252	103	3696	2026	1149	478	42
南丰	5	4	—	1	21	13	2	6	48	22	20	6	—
宜黄	54	35	13	6	105	62	42	1	809	542	174	91	2
乐安	—	—	—	—	1	1	—	—	3	1	1	1	—
崇仁	24	17	4	3	30	18	10	2	266	174	73	18	1
临川	4733	2355	1560	818	3323	1564	1178	581	15885	9601	4280	1995	—
东乡	489	280	128	81	619	314	275	30	1069	611	321	137	—
金溪	253	139	89	25	116	43	49	24	798	404	227	167	—
光泽	7	5	1	1	29	20	5	4	46	23	11	12	—

续表

县市名称	重伤				轻伤				死亡				
	共计	男	女	童	共计	男	女	童	共计	男	女	童	不明
资溪	—	—	—	—	—	—	—	—	—	—	—	—	—
黎川	1	1	—	—	2	1	1	—	—	—	—	—	—
宁都	—	—	—	—	—	—	—	—	—	—	—	—	—
广昌	—	—	—	—	3	2	1	—	—	—	—	—	—
石城	—	—	—	—	—	—	—	—	—	—	—	—	—
瑞金	23	15	3	5	16	9	3	4	13	8	2	3	—
会昌	—	—	—	—	—	—	—	—	—	—	—	—	—
雩都	7	7	—	—	2	1	1	—	3	2	—	1	—
兴国	272	193	79	—	86	38	48	—	57	46	11	—	—
靖安	431	320	106	55	469	311	109	49	3055	1847	746	439	23
九江	1556	1096	421	39	3239	2209	916	114	23537	22062	1033	442	—
德安	1464	1010	454	—	744	616	128	—	4872	2891	1981	—	—
瑞昌	16798	7338	5110	4350	25835	11742	7503	6590	18660	10631	6540	1483	6
永修	1893	1644	158	91	7689	6784	561	344	20523	16505	2620	1398	—
奉新	6004	3060	1940	1004	2340	1170	780	390	42560	21439	14248	6837	36
安义	2550	1567	615	368	3295	2325	659	311	8230	6016	1662	518	34
武宁	605	228	294	83	642	249	305	88	1566	857	662	45	2

表五 江西省抗战财产直接损失

一 机关部分

单位：千元

机关或县市名称	共计	建筑物	器具	现款	图书	仪器	文卷（宗）	医药用品	其他
总计	17672004	7814591	3031261	191770	1963969	1466371	350482	488457	2715585
小计	10245447	3470090	1952546	15058	1770566	1409952	5413	327235	1300000
全省保安司令部	623134	70000	13665	—	44	—	480	79425	460000
秘书处	178386	29450	11713	—	11620	5702	—	10800	109001
民政厅及所属机关	292698	167871	31286	—	229	—	712	—	93312
财政厅	3464	—	3041	—	—	—	—	—	423
教育厅及所属机关学校	6608544	1795329	1559209	8540	1648079	1248428	84	68359	280600
建设厅及所属机关	381529	321099	20196	322	1441	7025	748	7131	27315
统计处	7608	7200	498	—	—	—	—	—	—
社会处及所属机关	33924	20393	2277	—	6	—	341	228	2020
卫生处及所属机关	726282	342080	166721	2100	3292	21190	301	160779	29521
合作事业管理处及所属机关	489282	254565	100717	4000	1000	—	300	—	120000
地政局及所属机关	215919	7800	1446	—	—	123615	1717	—	83058
田赋粮食管理处	7640	5000	2640	—	—	—	—	—	—
省区救济委员会及所属机关	229078	157500	2905	—	2100	205	83	168	66200
通志馆	800	560	240	—	—	—	—	—	—
特种工作办事处	2626	1230	1130	—	160	—	—	—	16

续表

机关或县市名称	共　计	建筑物	器　具	现　款	图　书	仪　器	文卷（宗）	医药用品	其　他
临时参议会	3510	2500	1010	—	—	—	—	—	—
农业院及所属机关	277186	157738	10920	96	100427	2425	61	315	5235
第二区行政督察专员公署	505	80	25	—	50	—	—	—	350
第四区行政督察专员公署	92628	48795	18801	—	1781	1362	—	—	21889
第六区行政督察专员公署	8261	6650	1523	—	88	—	586	—	—
第七区行政督察专员公署	17243	16200	1043	—	—	—	—	—	—
第九区行政督察专员公署	51109	48360	1540	—	249	—	—	—	960
小　计	7426557	4344501	1078715	176712	193403	56419	345069	161222	1415585
南昌市	31635	22000	4346	—	1289	—	139	4000	—
丰　城	79137	38907	7938	159	510	33	448	430	31160
南　昌	49777	36380	5721	895	3342	872	18131	702	1865
进　贤	109292	97086	8734	568	1149	329	1979	636	790
新　建	45140	19050	15410	—	300	200	—	200	9980
高　安	2288164	1616181	161194	110842	70817	7461	8179	60414	261255
新　淦	43963	23603	11854	679	263	438	1139	120	7006
清　江	47419	26460	15291	689	450	2076	10230	1827	626
宜　春	6259	1903	1137	347	193	20	5694	—	2659
萍　乡	61750	26107	9534	4789	1855	243	10787	2938	16284

续表

机关或县市名称	共计	建筑物	器具	现款	图书	仪器	文卷（宗）	医药用品	其他
万载	14087	3797	6239	460	493	57	2033	51	2990
分宜	7946	294	1292	4199	76	—	—	183	1902
上高	44768	15809	5442	3684	929	1	1020	93	18810
宜丰	66830	23355	35402	616	259	15	12826	423	6760
新喻	8039	2840	1161	253	320	—	126	158	3307
修水	49122	39073	7319	—	1813	64	582	500	353
铜鼓	3045	2800	187	—	50	8	5000	—	—
吉安	29802	15868	6109	604	358	43	—	9	6811
吉水	2192	113	1068	466	145	320	336	30	50
峡江	24299	13690	5894	553	747	340	1178	631	2444
永丰	4011	2311	1362	—	255	83	—	—	—
泰和	4186	739	1314	178	35	44	358	2	1874
万安	36312	17905	6225	247	181	23	2553	355	11376
遂川	10930	5939	3045	323	370	20	—	294	939
宁冈	1500	1500	—	—	—	—	—	—	—
永新	11362	148	3186	—	458	3	1274	—	7567
莲花	59809	11689	14075	13957	1803	1286	—	1765	15234
安福	—	—	—	—	—	—	—	—	—

续表

机关或县市名称	共计	建筑物	器具	现款	图书	仪器	文卷（宗）	医药用品	其他
赣县	185448	73636	49901	1693	3170	1373	128206	7757	47918
南康	109597	69030	11057	896	1526	682	—	866	25540
上犹	—	—	—	—	—	—	—	—	—
崇义	—	—	—	—	—	—	—	—	—
大庾	23372	13210	3904	761	1002	117	683	53	4325
信丰	112584	8520	3946	187	444	94	809	200	99193
虔南	25087	2898	12586	402	1247	143	—	664	7147
龙南	17314	4605	4184	1768	608	242	—	226	5681
定南	17149	3410	3211	11	340	9	243	310	9858
安远	—	—	—	—	—	—	—	—	—
寻乌	—	—	—	—	—	—	—	—	—
浮梁	2189	1000	219	—	750	120	—	—	100
德安	—	—	—	—	—	—	—	—	—
婺源	—	—	—	—	—	—	—	—	—
乐平	644	584	58	—	—	1	—	—	1
鄱阳	12807	6150	1877	198	492	—	138	1240	2850
都昌	44993	31539	5704	1446	806	97	6313	872	4529
彭泽	486320	231086	85789	3248	6970	8094	—	498	150635

续表

机关或县市名称	共计	建筑物	器具	现款	图书	仪器	文卷（宗）	医药用品	其他
湖口	559390	83400	25782	—	5691	418	—	—	444099
星子	101124	46600	10198	3747	21309	20	44	15650	3600
上饶	71635	52312	3802	182	258	203	4490	2005	12873
广丰	220	—	169	—	60	—	—	—	—
玉山	50027	34393	5501	1335	980	5055	19458	401	2362
横峰	16502	14007	1122	123	189	284	690	167	610
铅山	4433	1095	2604	—	500	—	421	24	210
弋阳	21954	11491	1803	167	740	103	—	1857	5793
贵溪	136068	60538	15208	1886	3002	666	6248	7871	46897
余江	66369	10400	17259	911	4517	1657	9929	1683	30442
万年	—	—	—	—	—	—	—	—	—
余干	58817	40245	8034	1177	1880	241	—	236	7004
南城	65755	23937	30871	1653	989	130	8901	1465	6710
南丰	—	—	—	—	—	—	—	—	—
宜黄	63919	26955	7983	631	2855	2199	—	1284	22012
乐安	3045	243	1277	1	—	—	—	400	1124
崇仁	23131	10371	2208	1897	1473	890	933	572	5720
临川	120767	51618	43303	105	1095	1515	—	3031	11100
东乡	130820	84648	21319	1603	2168	1691	—	7439	11952
金溪	17241	9663	3109	414	1053	214	1493	476	2312

续表

机关或县市名称	共计	建筑物	器具	现款	图书	仪器	文卷（宗）	医药用品	其他
光泽	620	500	100	—	10	10	200	—	—
资溪	—	—	—	—	—	—	—	—	—
黎川	—	—	—	—	—	—	—	—	—
宁都	—	—	—	—	—	—	—	—	—
广昌	—	—	—	—	—	—	—	—	—
石城	—	—	—	—	—	—	—	—	—
瑞金	57	40	17	—	—	—	—	—	—
会昌	—	—	—	—	—	—	—	—	—
雩都	2878	108	44	—	3	6	—	—	2717
兴国	132	—	95	25	—	—	8	—	12
靖安	227418	167867	56523	8	439	278	10300	2100	203
九江	489415	393749	49885	198	12277	450	—	15566	8299
德安	13700	12000	1350	—	350	—	3500	—	—
瑞昌	235868	165080	39009	3105	7697	2302	—	6140	12535
永修	54041	37554	5665	114	1789	4144	970	2296	2479
奉新	545290	358000	187000	71	97	15	3479	107	—
安义	45211	34319	2828	2241	4116	742	50205	705	260
武宁	139921	102153	11732	—	3051	8235	3864	1300	4450

注：教育厅数字包括全部省立学校之损失在内。

表五 江西省抗战财产直接损失

二 学校部分

单位：千元

县市名称	共计	建筑物	器具	现款	图书	仪器	医药用品	其他
总计	4974545	3247691	1017353	67385	243364	84858	47187	272707
南昌市	136028	52554	46072	—	21692	12960	2750	—
丰城	49043	6800	6669	90	1010	272	160	34042
南昌	133473	93424	18818	2495	5633	2202	2851	8050
进贤	56190	33886	13401	1180	2689	1195	519	3320
新建	1721337	1470237	192123	3589	14941	1873	49	38525
高安	595153	261479	270820	1673	18760	16358	3600	22463
新淦	7200	3747	1689	50	1000	150	200	364
清江	1373	18	816	117	257	37	—	128
宜春	3947	449	1975	2	626	228	—	667
萍乡	111423	54001	36002	10332	3739	1507	1849	3993
万载	14825	1664	2851	351	5737	3263	75	884
分宜	10327	1313	4180	446	1397	430	633	1928
上高	2920	1002	1243	135	480	50	10	—
宜丰	4366	1629	1694	—	734	299	—	10
新喻	—	—	—	—	—	—	—	—
修水	20390	14765	2771	—	1701	743	—	410

续表

县市名称	共计	建筑物	器具	现款	图书	仪器	医药用品	其他
铜鼓	—	—	—	—	—	—	—	—
吉安	5684	2783	1101	—	446	194	6	1154
吉水	2115	562	803	4	362	243	48	93
峡江	14696	5380	4293	224	2331	1237	372	859
永丰	—	—	—	—	—	—	—	—
泰和	6074	17241	2332	110	1347	204	5	352
万安	10726	1073	5339	162	1991	221	—	1940
遂川	30935	11834	8315	759	3978	528	343	5178
宁冈	—	—	—	—	—	—	—	—
永新	2196	594	820	—	271	350	64	115
莲花	9666	3397	1855	430	1396	545	169	1874
安福	—	—	—	—	—	—	—	—
赣县	207904	88984	53402	888	9925	8352	752	45601
南康	23076	9195	9863	15	2673	734	322	274
上犹	—	—	—	—	—	—	—	—
崇义	—	—	—	—	—	—	—	—
大庾	10746	2468	5201	—	1799	171	—	1107
信丰	13534	6236	3521	—	1990	217	53	1517

续表

县市名称	共计	建筑物	器具	现款	图书	仪器	医药用品	其他
虔南	6299	1385	3038	34	917	257	168	500
龙南	67891	14823	11220	699	5968	1470	477	33234
定南	8302	1672	3613	—	1409	377	—	1231
安远	—	—	—	—	—	—	—	—
寻乌	—	—	—	—	—	—	—	—
浮梁	8840	6510	1780	—	450	80	20	—
德兴	—	—	—	—	—	—	—	—
婺源	—	—	—	—	—	—	—	—
乐平	914	25	425	—	458	—	6	—
鄱阳	8888	6475	1221	—	456	415	150	171
都昌	23512	8940	8261	359	1715	163	101	3973
彭泽	167914	84720	18470	14500	20943	865	2063	26353
湖口	—	—	—	—	—	—	—	—
星子	77586	53350	7986	10150	5200	500	100	300
上饶	31087	16666	7608	34	6293	191	160	135
广丰	17893	9324	5149	3	2672	102	49	594
玉山	52011	27987	13221	1326	5492	1008	910	2067
横峰	4959	4685	166	—	88	—	—	20

续表

县市名称	共计	建筑物	器具	现款	图书	仪器	医药用品	其他
铅山	2098	—	86	—	1000	—	—	1012
弋阳	3202	1804	641	39	632	44	25	21
贵溪	35534	19563	8418	197	2949	633	201	3573
余江	48796	17867	18197	501	3176	545	6771	1679
万年	—	—	—	—	—	—	—	—
余干	8049	5203	2356	—	316	86	24	64
南城	15334	8259	2946	141	1386	552	114	1936
南丰	—	—	—	—	—	—	—	—
宜黄	50338	27527	8046	597	8403	2534	649	2582
乐安	278	58	20	—	100	80	20	—
崇仁	42460	29809	3885	1071	3631	1923	898	1243
临川	88005	50052	23659	3350	6995	334	1302	2313
东乡	36310	26594	5572	39	2241	641	689	534
金溪	52444	40965	6504	40	2030	607	2008	290
光泽	47	—	—	—	—	47	—	—
资溪	—	—	—	—	—	—	—	—
黎川	—	—	—	—	—	—	—	—
宁都	—	—	—	—	—	—	—	—

续表

县市名称	共计	建筑物	器具	现款	图书	仪器	医药用品	其他
广昌	—	—	—	—	—	—	—	—
石城	15405	15350	55	—	—	—	—	—
瑞金	55	—	47	—	8	—	—	—
会昌	—	—	—	—	—	—	—	—
雩都	879	349	502	—	28	—	—	—
兴国	769	26	590	—	93	10	—	50
靖安	20135	12415	4914	114	1860	456	102	274
九江	—	—	—	—	—	—	—	—
德安	11385	8500	2640	—	160	85	—	—
瑞昌	478368	312955	110608	2859	31213	7095	12364	1274
永修	28230	22000	1604	—	1809	1440	600	777
奉新	161250	107500	32250	2150	10750	6450	2150	—
安义	131168	113939	3381	70	1424	459	236	11659
武宁	62563	59200	323	—	2194	846	—	—

注：省立各学校未列在本表内。

表五　江西省抗战财产直接损失

三　农业部分

1. 总值

价值单位：千元

机关或县市名称	总　值	机关或县市名称	总　值	机关或县市名称	总　值
总　计	270129597	遂　川	778064	余　江	2153158
小　计	692768	宁　冈	—	莲　花	2660679
农业院所属农殖场	635858	永　新	2437830	安　福	197
赣南园艺场	22100	赣　县	2449843	万　年	19093
垦务处所属各垦场	31699	南　康	1785831	余　干	1622606
建设厅养鱼实验场	3111	上　犹	—	南　城	4242582
小　计	269436829	崇　义	—	南　丰	—
南昌市	768841	大　庾	459386	宜　黄	1256538
丰　城	5951722	信　丰	575440	乐　安	1883300
南　昌	44763315	虔　南	317488	崇　仁	1855120
进　贤	5560728	龙　南	603989	临　川	7660052
新　建	24029587	定　南	327096	东　乡	5214420
高　安	24949728	安　远	64933	金　溪	727987
新　淦	2453801	寻　乌	—	光　泽	10750
清　江	375921	浮　梁	190790	资　溪	—

续表

机关或县市名称	总　　值	机关或县市名称	总　　值	机关或县市名称	总　　值
宜　春	1196629	德　兴	—	黎　川	—
萍　乡	4080746	婺　源	—	宁　都	—
万　载	697628	乐　平	—	广　昌	4651
分　宜	953169	鄱　阳	520694	石　城	—
上　高	2071464	都　昌	1610148	瑞　金	—
宜　丰	1014392	澎　泽	5832756	会　昌	—
新　喻	1357000	湖　口	5022200	雩　都	224616
修　水	5877023	星　子	3716277	兴　国	318621
铜　鼓	2601	上　饶	2598465	靖　安	4596505
吉　安	1493733	广　丰	1914854	九　江	8567646
吉　水	1270863	玉　山	2400129	德　安	4195415
				瑞　昌	13576752
峡　江	389564	横　峰	82475	永　修	7116590
永　丰	129370	铅　山	183986	奉　新	18775618
泰　和	1414335	弋　阳	1307744	安　义	5787430
万　安	1623157	贵　溪	5630899	武　宁	5611288

表五　江西省抗战财产直接损失

三　农业部分

2. 房　屋

价值单位：千元

机关或县市名称	栋　数	价　值
总　计	246798	140658983
小　计	93	47069
农业院所属农殖场	85	43957
赣南园艺场	4	1558
垦务处所属各垦场	4	1554
建设厅养鱼实验场	—	—
小　计	246705	140611914
南昌市	1258	466145
丰　城	5858	608260
南　昌	35852	28889952
进　贤	7100	2827340
新　建	19040	10416001
高　安	23400	13369573
新　淦	2645	1372350
寻　乌	—	—
浮　梁	6	1220
德　兴	—	—
婺　源	—	—
乐　平	—	—
鄱　阳	528	397560
都　昌	3478	1046851
彭　泽	2642	2002100
湖　口	3699	2191080
星　子	3986	2021500
上　饶	809	804300
广　丰	1415	1008500
玉　山	2812	1667550
横　峰	47	24852
铅　山	330	70460

续表

机关或县市名称	栋数	价值	机关或县市名称	栋数	价值
清江	211	132740	弋阳	1518	875620
宜春	84	43432	贵溪	7176	3604477
萍乡	571	485560	余江	1823	729196
万载	650	289346	万年	8	3957
分宜	283	515368	余干	2124	849583
上高	2414	1265600	南城	1798	1133327
宜丰	2295	639826	南丰	—	—
新喻	3726	1117800	宜黄	1558	816000
修水	5689	2574780	乐安	—	—
铜鼓	3	360	崇仁	1210	1012300
吉安	3638	966248	临川	6690	4125230
吉水	638	389165	东乡	4594	2296846
峡江	1010	157297	金溪	706	418006
永丰	—	—	光泽	33	3300
泰和	1456	727918	资溪	—	—
万安	827	415636	黎川	—	—
遂川	334	244663	宁都	—	—

续表

机关或县市名称	栋　数	价　值	机关或县市名称	栋　数	价　值
宁　冈	—	—	广　昌	4	4430
永　新	3462	934403	石　城	—	—
莲　花	72	28864	瑞　金	—	—
安　福	1	120	会　昌	—	—
赣　县	1519	751758	雩　都	—	—
南　康	1952	709121	兴　国	6	3600
上　犹	—	—	靖　安	5771	2976345
崇　义	—	—	九　江	10836	4969540
大　庾	229	198530	德　安	5429	2568830
信　丰	2312	216809	瑞　昌	5211	3343285
虔　南	73	26923	永　修	8818	4448440
龙　南	1400	137333	奉　新	16505	16505000
定　南	64	41400	安　义	7173	3568868
安　远	7	3440	武　宁	7889	4155700

表五　江西省抗战财产直接损失

三　农业部分

3. 器　具

价值单位：千元

机关或县市名称	件数	价值	机关或县市名称	件数	价值
总计	9447477	22215695	寻乌	—	—
			浮梁	200	600
小计	31204	17876	德兴	—	—
农业院所属农殖场	29291	13891	婺源	—	—
赣南园艺场	1258	2815	乐平	—	—
垦务处所属各垦场	640	1155	鄱阳	32741	30156
建设厅养鱼实验场	15	15	都昌	43436	81823
小计	9416273	22197819	彭泽	184723	469446
南昌市	37481	83254	湖口	560000	400940
丰城	158384	1176082	星子	90830	192070
南昌	1105130	4914608	上饶	64031	152215
进贤	116747	233495	广丰	118155	76721
新建	196343	489029	玉山	71836	75097
高安	967435	2766337	横峰	5210	15038
新淦	228939	449879	铅山	5968	13010

续表

机关或县市名称	件 数	价 值	机关或县市名称	件 数	价 值
清　江	31017	63452	弋　阳	63964	114875
宜　春	10580	10580	贵　溪	240521	311305
萍　乡	126049	252098	余　江	83735	83916
万　载	17172	23518	万　年	369	779
分　宜	17698	30144	余　干	193731	145897
上　高	80776	215678	南　城	60473	124230
宜　丰	218681	237528	南　丰	—	—
新　喻	13400	23400	宜　黄	22052	35052
修　水	220329	440659	乐　安	—	—
铜　鼓	116	116	崇　仁	17215	23242
吉　安	402719	125182	临　川	76055	188210
吉　水	31900	63800	东　乡	132225	448600
峡　江	16022	16274	金　溪	10844	22723
永　丰	—	—	光　泽	200	400
泰　和	16348	32696	资　溪	—	—
万　安	401693	190892	黎　川	—	—
遂　川	30709	35508	宁　都	—	—

续表

机关或县市名称	件数	价值	机关或县市名称	件数	价值
宁冈	—	—	广昌	—	—
永新	1253	3760	石城	—	—
莲花	34555	58419	瑞金	—	—
安福	21	49	会昌	—	—
赣县	122844	369335	雩都	150	300
南康	127588	198275	兴国	85270	199533
上犹	—	—	靖安	263660	550722
崇义	—	—	九江	498060	937125
大庾	10000	20000	德安	70000	200000
信丰	23194	47389	瑞昌	821395	2429976
虔南	9474	18948	永修	413713	666379
龙南	25523	44125	奉新	412625	825250
定南	16273	14410	安义	225194	531989
安远	7956	7690	武宁	85340	190680

表五　江西省抗战财产直接损失

三　农业部分

4. 现　款

价值单位：千元

机关或县市名称	款　数	机关或县市名称	款　数	机关或县市名称	款　数
总　计	5210037	遂　川	9591	弋　阳	10654
小　计	50	宁　冈	—	贵　溪	229804
农业院所属农殖场	50	永　新	—	余　江	54473
赣南园艺场	—	莲　花	46107	万　年	271
垦务处所属各垦场	—	安　福	—	余　干	5977
建设厅养鱼实验场	—	赣　县	25249	南　城	97286
小　计	5209987	南　康	12927	南　丰	—
南昌市	1474	上　犹	—	宜　黄	82740
丰　城	595085	崇　义	—	乐　安	—
南　昌	156118	大　庾	1246	崇　仁	81841
进　贤	196756	信　丰	2895	临　川	244168
新　建	569512	虔　南	7223	东　乡	326823
高　安	1381852	龙　南	4939	金　溪	5174
新　淦	1357	定　南	2041	光　泽	1050
清　江	1134	安　远	8216	资　溪	—

续表

机关或县市名称	款数	机关或县市名称	款数	机关或县市名称	款数
宜春	14735	寻乌	—	黎川	—
萍乡	222932	浮梁	3963	宁都	—
万载	2565	德兴	—	广昌	—
分宜	27315	婺源	—	石城	—
上高	18616	乐平	—	瑞金	—
宜丰	26693	鄱阳	743	会昌	—
新喻	—	都昌	606	雩都	—
修水	295272	彭泽	—	兴国	682
铜鼓	492	湖口	8000	靖安	49108
吉安	70	星子	39000	九江	21272
吉水	—	上饶	21152	德安	—
峡江	3974	广丰	25055	瑞昌	83815
				永修	33216
永丰	—	玉山	11099	奉新	16595
泰和	9266	横峰	1357	安义	56840
万安	8596	铅山	—	武宁	52935

表五　江西省抗战财产直接损失

三　农业部分

5. 产品——农产品

价值单位：千元

机关或县市名称	农产品							
	稻		麦		植物油		杂粮	
	担数	价值	担数	价值	担数	价值	担数	价值
总计	14690164	17456449	1426422	2958948	378638	5001409	4684445	6409564
小计	9792	7888	87	160	41	682	4248	10260
农业院所属农殖场	1873	1798	87	160	41	682	89	536
赣南园艺场	—	—	—	—	—	—	3765	9315
垦务处所属各垦场	8919	6090	—	—	—	—	394	400
建设厅养鱼实验场	—	—	—	—	—	—	—	—
小计	14680372	17448561	1426335	2958788	378597	5000727	4680197	6399304
南昌市	34377	49147	361	942	178	1847	545	1029
丰城	379306	1182518	6636	25428	1752	39918	218617	331423
南昌	743989	1756546	22953	45674	1505	24432	34503	63733
进贤	318283	401693	46425	123586	21576	215760	174510	174510
新建	1764561	3329124	238784	477569	28358	550769	102753	136798
高安	860000	987220	117600	235198	38018	448286	1353120	2405182
新淦	37390	44872	1702	3404	1970	23642	14744	14744

续表

机关或县市名称	农产品							
	稻		麦		植物油		杂粮	
	担数	价值	担数	价值	担数	价值	担数	价值
清江	19379	19952	836	2922	661	9650	2713	3539
宜春	85790	92539	3027	6055	10247	124788	68691	68697
萍乡	245911	491822	9223	23059	24129	289671	62121	62121
万载	16284	22710	1154	1230	978	15133	3699	5749
分宜	30871	35867	445	1051	1632	18930	6125	7147
上高	19191	103838	1849	5545	441	6835	63720	105870
宜丰	8189	10083	—	—	1	13	1064	1293
新喻	17781	17784	—	—	150	24375	23230	18584
修水	182750	274136	119065	238130	28024	336290	550045	550045
铜鼓	330	330	4	7	2	24	120	80
吉安	87520	91212	1327	1863	778	7709	1780	2518
吉水	502371	505865	24051	26464	50	600	4580	3564
峡江	18556	16145	499	1996	2202	44100	1711	2429
永丰	20000	25480	—	—	1100	12800	1800	1800
泰和	27739	33287	6224	12448	2033	20338	8689	8690
万安	230159	220004	840	2547	2193	29112	4735	4085

续表

机关或县市名称	农产品							
	稻		麦		植物油		杂粮	
	担数	价值	担数	价值	担数	价值	担数	价值
遂川	85291	179565	1054	3664	1787	28444	7632	6013
宁冈	—	—	—	—	—	—	—	—
永新	197073	231936	—	—	895	18795	144257	237722
莲花	74263	103643	2662	7102	4132	41659	6747	9894
安福	8	8	2	3	—	—	—	—
赣县	81967	103548	1186	2642	8854	178326	39595	30463
南康	107432	132182	1513	4061	8555	148188	28963	28963
上犹	—	—	—	—	—	—	—	—
崇义	—	—	—	—	—	—	—	—
大庾	27994	35705	—	—	—	—	4947	3158
信丰	35700	35797	88	131	1800	17862	9500	9081
虔南	3023	30231	113	225	810	12155	3726	3925
龙南	33276	33551	50	50	1604	16015	8542	14833
定南	10637	13716	—	—	339	3395	1254	4304
安远	4954	4954	—	—	107	1361	1368	4565
寻乌	—	—	—	—	—	—	—	—

续表

机关或县市名称	农产品							
	稻		麦		植物油		杂粮	
	担数	价值	担数	价值	担数	价值	担数	价值
浮梁	17600	29600	1300	4900	1200	12000	3500	17000
德兴	—	—	—	—	—	—	—	—
婺源	—	—	—	—	—	—	—	—
乐平	—	—	—	—	—	—	—	—
鄱阳	19128	19313	2801	4024	159	1010	2337	3007
都昌	39182	37881	4976	9448	2202	20631	8242	7927
彭泽	647642	1307642	39717	79434	4325	51900	568611	568611
湖口	168700	168700	56600	113200	1780	36700	80160	82982
星子	182386	184430	12551	196701	13294	208165	78894	80920
上饶	178790	278918	11381	25448	1374	13864	9318	17295
广丰	91441	87937	28747	42997	9769	98090	58980	84784
玉山	122696	77321	27490	47980	7095	70952	39195	70999
横峰	13041	13031	366	629	196	2646	824	1778
铅山	11300	11740	305	761	290	3398	1449	1400
弋阳	28855	30635	1964	2047	938	6083	1182	1061
贵溪	3078846	171353	7612	9955	4999	54201	28384	36411

续表

机关或县市名称	农产品							
	稻		麦		植物油		杂粮	
	担数	价值	担数	价值	担数	价值	担数	价值
余江	134165	124106	21597	24719	5069	77737	52439	53073
万年	74	89	—	—	—	—	33	40
余干	54827	104582	9615	16069	1491	12660	16519	26793
南城	109953	164269	2728	6028	6185	125870	18270	27208
南丰	—	—	—	—	—	—	—	—
宜黄	40036	33428	250	700	3895	46488	1214	3070
乐安	1365	887	—	—	—	—	63	51
崇仁	87013	140847	2205	7410	7733	85080	20800	53285
临川	177972	177868	50101	105388	21502	199424	35640	59497
东乡	114783	114804	12700	26326	7846	69336	20386	39551
金溪	30608	29104	172	233	1434	13629	2716	4084
光泽	—	—	—	—	—	—	—	—
资溪	—	—	—	—	—	—	—	—
黎川	—	—	—	—	—	—	—	—
宁都	—	—	—	—	—	—	—	—
广昌	—	—	—	—	—	—	—	—

续表

机关或县市名称	农产品							
	稻		麦		植物油		杂粮	
	担数	价值	担数	价值	担数	价值	担数	价值
石城	—	—	—	—	—	—	—	—
瑞金	—	—	—	—	—	—	—	—
会昌	—	—	—	—	—	—	—	—
雩都	102616	82093	170	350	9	91	2116	1290
兴国	6761	6465	—	—	192	4013	121	387
靖安	205465	220027	4500	4492	2143	35395	20800	22000
九江	182850	365700	119860	389500	5300	199500	136620	273740
德安	363904	707228	117531	234851	390	7700	173954	146008
瑞昌	332552	355152	288924	296167	45589	419734	215880	167680
永修	605834	640289	40337	40337	2522	40348	72764	65497
奉新	375760	297608	—	—	18000	324000	200	80
安义	497337	412138	5662	10105	4655	15383	21012	12951
武宁	345442	436366	4500	5593	200	3477	27428	82287

表五　江西省抗战财产直接损失

三　农业部分

5. 产品——林产品、水产品、畜产品

价值单位：千元

机关或县市名称	农产品				水产品		畜产品	
	木		竹					
	株数	价值	株数	价值	担数	价值	件数	价值
总计	17582353	3918439	5702475	555894	134494	843495	40428	408565
小计	10838225	557071	500052	10000	244	3404	—	—
农业院所属农殖场	10809541	555611	500052	10000	—	—	—	—
赣南园艺场	28684	1460	—	—	32	384	—	—
垦务处所属各垦场	—	—	—	—	—	—	—	—
建设厅养鱼实验场	—	—	—	—	212	3020	—	—
小计	6744123	3361368	5202423	545894	134250	840091	40428	408565
南昌市	72761	74028	4048	1967	1383	6281	1	1
丰城	7148	2415	2407	371	22	176	47	398
南昌	40483	25394	16482	1280	616	3095	566	4527
进贤	450373	180149	109815	10982	627	5017	1791	16118
新建	109305	67792	131700	13711	1276	12768	2867	25804
高安	197826	107827	418300	41830	2955	23640	1138	102461
新淦	8596	3439	14979	1498	3	24	7	59

续表

机关或县市名称	农产品				水产品		畜产品	
	木		竹					
	株数	价值	株数	价值	担数	价值	件数	价值
清江	98066	7347	15472	1222	—	—	98	444
宜春	287514	115006	621636	62164	6196	49571	120	1197
萍乡	151650	60650	172856	17286	17352	138820	3432	27453
万载	2906	770	4108	381	91	600	1330	4475
分宜	8408	3614	2739	496	95	885	—	—
上高	2035	906	2015	222	56	463	10	74
宜丰	—	—	—	—	—	—	—	—
新喻	—	—	—	—	298	2382	144	1152
修水	85886	51532	47595	9519	60	400	—	—
铜鼓	1000	100	—	—	—	—	1	2
吉安	550	215	4900	505	50	350	—	—
吉水	—	—	—	—	390	2000	120	1000
峡江	5724	3081	1878	303	39	287	92	651
永丰	8000	6240	240000	24000	400	3200	—	—
泰和	11081	5541	12108	1211	137	1638	193	1546
万安	1452	3723	17212	1341	190	2805	5143	133

续表

机关或县市名称	农产品				水产品		畜产品	
	木		竹					
	株数	价值	株数	价值	担数	价值	件数	价值
遂川	16292	6460	34214	3607	14	129	42	401
宁冈	—	—	—	—	—	—	—	—
永新	46235	9888	17604	1729	—	—	—	—
莲花	30836	6224	19084	1074	468	7569	35	2816
安福	—	—	—	—	—	—	—	—
赣县	30493	11450	14735	1482	1077	10767	126	1026
南康	18715	9126	14983	1498	1953	17575	208	1456
上犹	—	—	—	—	—	—	—	—
崇义	—	—	—	—	—	—	—	—
大庾	400	80	—	—	5	35	—	—
信丰	9800	3919	6588	659	1080	8030	60	512
虔南	3225	1613	2570	257	333	3328	216	2164
龙南	50457	9223	8418	1083	2325	14982	581	590
定南	14684	8502	6428	643	37	714	122	1237
安远	1220	590	1647	165	46	101	27	209
寻乌	—	—	—	—	—	—	—	—

续表

机关或县市名称	农产品				水产品		畜产品	
	木		竹					
	株数	价值	株数	价值	担数	价值	件数	价值
浮梁	4600	4000	16790	5358	680	6800	590	6310
德兴	—	—	—	—	—	—	—	—
婺源	—	—	—	—	—	—	—	—
乐平	—	—	—	—	—	—	—	—
鄱阳	39824	11271	2382	197	—	—	—	—
都昌	98782	7508	18991	1665	3	26	74	542
彭泽	32623	16311	—	—	1862	13034	—	—
湖口	476440	193140	—	—	—	—	—	—
星子	208285	109852	140910	16263	1829	16560	670	6160
上饶	5216	2306	2465	180	511	4564	10	75
广丰	29018	7646	34178	2345	25	199	—	—
玉山	18768	6859	43090	2769	320	1779	2	13
横峰	1826	455	414	19	19	106	3	21
铅山	1800	147	2900	299	—	—	—	—
弋阳	1608	508	7710	633	13	90	—	—
贵溪	3495	15691	31510	2975	28	264	79	204

续表

机关或县市名称	农产品				水产品		畜产品	
	木		竹					
	株数	价值	株数	价值	担数	价值	件数	价值
余江	27866	14899	20051	1365	774	7234	17	130
万年	—	—	—	—	—	—	—	—
余干	41365	6394	19893	1202	18025	100177	254	2292
南城	1060819	741160	87512	8170	1527	14207	8000	51800
南丰	—	—	—	—	—	—	—	—
宜黄	17073	5453	31852	3307	10	90	80	170
乐安	—	—	—	—	—	—	—	—
崇仁	56880	17930	46450	4145	—	—	—	—
临川	69387	14026	54398	5714	206	1532	542	39408
东乡	1668154	913195	839961	126975	760	6579	1430	11467
金溪	65703	16977	28681	1569	160	1149	77	549
光泽	—	—	—	—	—	—	—	—
资溪	—	—	—	—	—	—	—	—
黎川	—	—	—	—	—	—	—	—
宁都	—	—	—	—	—	—	—	—

续表

机关或县市名称	农产品				水产品		畜产品	
	木		竹					
	株数	价值	株数	价值	担数	价值	件数	价值
广昌	—	—	—	—	—	—	—	—
石城	—	—	—	—	—	—	—	—
瑞金	—	—	—	—	—	—	—	—
会昌	—	—	—	—	—	—	—	—
雩都	200000	10000	100000	100000	2400	23900	—	—
兴国	2600	2000	40	3	25	242	—	—
靖安	150000	145645	212000	17568	260	239	412	2295
九江	22000	10400	89300	6930	26500	292825	291	2910
德安	—	—	—	—	—	—	—	—
瑞昌	264905	136320	1198255	104232	38500	28283	8600	79437
永修	60046	7612	21908	1645	200	1495	580	4900
奉新	—	—	—	—	—	—	—	—
安义	141744	31882	184261	18420	129	995	200	916
武宁	200000	40000	—	—	—	—	—	—

表五　江西省抗战财产直接损失

三　农业部分

6. 牲　　畜

单位：千元

机关或县市名称	牲畜							
	猪		牛		鸡鸭		其他	
	头数	价值	头数	价值	头数	价值	头数	价值
总计	1120415	12486521	271467	5868513	6078900	2051948	1039728	1747820
小计	632	7552	470	9534	5422	2014	3	125
农业院所属农殖场	24	251	104	2165	203	263	3	125
赣南园艺场	52	1860	4	80	86	52	—	—
垦务处所属各垦场	556	5441	362	7289	5134	1699	—	—
建设厅养鱼实验场	—	—	—	—	—	—	—	—
小计	1119783	12478969	270997	5858979	6073478	2049934	1039725	1747695
南昌市	2024	30155	257	5940	15286	5183	1150	661
丰城	10905	158075	5166	114359	92470	34380	1308	2219
南昌	135938	1248067	17903	175388	57218	218531	4901	4768
进贤	11656	156745	8935	175388	57218	22887	13344	13344
新建	150048	1545258	14415	288307	601188	242679	861167	1559265
高安	155000	1975415	8590	312983	808970	404495	14115	14115
新淦	3257	39088	2454	49920	36501	14600	2844	2844

续表

机关或县市名称	牲畜							
	猪		牛		鸡鸭		其他	
	头数	价值	头数	价值	头数	价值	头数	价值
清江	2501	28825	1004	18924	10429	2546	3249	3733
宜春	9459	113520	1656	37001	44340	17736	3165	3165
萍乡	25066	375998	6898	222282	285128	114051	20489	20489
万载	8648	60446	3875	63204	31295	11174	1450	1075
分宜	3656	67464	1374	46763	10240	4652	718	1414
上高	2400	24000	1172	23440	26869	8509	252	389
宜丰	7757	77455	493	8020	15796	6019	20	21
新喻	2013	20130	2119	42380	8500	2550	—	—
修水	57090	575290	7948	157960	109105	43642	4844	4844
铜鼓	54	600	19	380	100	20	—	—
吉安	6583	85984	3277	52132	12478	4313	228	288
吉水	9766	103549	4093	79864	5400	2000	—	—
峡江	2549	27786	591	10714	39342	11957	1413	2760
永丰	1200	24000	104	2600	5000	3000	—	—
泰和	7662	91952	2804	73320	17357	6943	765	765
万安	19670	202386	6599	134383	104753	28364	738	764

续表

机关或县市名称	牲畜							
	猪		牛		鸡鸭		其他	
	头数	价值	头数	价值	头数	价值	头数	价值
遂川	2813	42225	3503	85108	60947	18739	118	119
宁冈	—	—	—	—	—	—	—	—
永新	19894	293615	7443	226414	442046	149272	—	—
莲花	15763	259415	7645	199793	119778	29099	4212	2900
安福	1	10	—	—	11	4	—	—
赣县	7411	103794	3075	72841	150543	27388	1763	1809
南康	7611	92797	3891	59964	107712	22799	2473	1237
上犹	—	—	—	—	—	—	—	—
崇义	—	—	—	—	—	—	—	—
大庾	2531	43285	3962	86338	10584	2478	780	1567
信丰	9100	91445	2803	48012	52131	15639	—	—
虔南	4508	67624	1486	31082	11887	5894	1274	1275
龙南	4091	53913	2435	44635	28618	12144	788	783
定南	4548	53432	3515	113052	36891	11893	1894	815
安远	434	6600	148	2345	5834	862	1690	530
寻乌	—	—	—	—	—	—	—	—

续表

机关或县市名称	牲畜							
	猪		牛		鸡鸭		其他	
	头数	价值	头数	价值	头数	价值	头数	价值
浮梁	620	8900	—	—	1840	920	980	7840
德兴	—	—	—	—	—	—	—	—
婺源	—	—	—	—	—	—	—	—
乐平	—	—	—	—	—	—	—	—
鄱阳	427	4399	189	2311	3093	511	97	640
都昌	7664	75454	4989	90275	34398	9559	32	33
彭泽	15400	181000	3339	100170	89842	41937	324	324
湖口	13320	79920	4069	48828	100000	29820	—	—
星子	13392	17235	3647	94260	55400	19510	80	3200
上饶	9410	176280	2230	66962	46057	20556	1377	1388
广丰	8714	94366	2095	53559	27656	7294	17668	2632
玉山	12225	97608	2540	54102	22064	7048	167	150
横峰	839	9206	142	3789	3967	674	—	—
铅山	569	8281	2945	59074	683	320	—	—
弋阳	3822	43232	1953	42143	15837	2668	244	256
贵溪	17569	195610	8035	125309	64780	21019	11119	14402

续表

机关或县市名称	牲畜							
	猪		牛		鸡鸭		其他	
	头数	价值	头数	价值	头数	价值	头数	价值
余江	8826	86004	2870	69545	653406	29097	80	98
万年	26	272	11	133	—	—	—	—
余干	3352	32615	787	15406	2801	1051	4507	305
南城	22426	317142	7669	151265	157478	38392	3584	3282
南丰	—	—	—	—	—	—	—	—
宜黄	6493	66346	1482	24820	12053	6310	870	870
乐安	42	460	19	475	—	—	—	—
崇仁	4628	52156	2560	51865	40780	9899	5152	5165
临川	23985	238545	9487	143416	108268	49420	315	315
东乡	13153	132980	2386	48835	119182	30648	5391	12200
金溪	4604	49398	1214	22626	25089	5206	1609	1080
光泽	—	—	—	—	—	—	—	—
资溪	—	—	—	—	—	—	—	—
黎川	—	—	—	—	—	—	—	—
宁都	—	—	—	—	—	—	—	—
广昌	—	—	8	184	—	—	—	—

续表

机关或县市名称	牲畜							
	猪		牛		鸡鸭		其他	
	头数	价值	头数	价值	头数	价值	头数	价值
石城	—	—	—	—	—	—	—	—
瑞金	—	—	—	—	—	—	—	—
会昌	—	—	—	—	—	—	—	—
雩都	—	—	1	22	16800	6480	—	—
兴国	3506	14243	825	16652	10434	2496	9	360
靖安	6475	68152	3553	75685	50134	17021	3174	3194
九江	21685	216850	8661	173220	70850	21255	134	152
德安	8013	80130	3705	75206	48149	7259	—	—
瑞昌	75480	868620	10992	275005	284471	86537	9039	13970
永修	17461	164265	10276	354844	65943	13189	21561	26686
奉新	36500	365000	15095	271710	98500	19700	—	—
安义	20243	232535	5037	107681	104045	21850	890	931
武宁	25307	205307	4721	94426	52716	15816	220	222

表五 江西省抗战财产直接损失

三 农业部分

7. 农具、渔具、运输工具

单位：千元

机关或县市名称	农具		渔具		运输工具（手车）	
	件数	价值	件数	价值	辆数	价值
总计	3187077	5540340	171361	447728	336296	1322230
小计	8608	10005	29	58	30	197
农业院所属农殖场	3460	3014	—	—	22	159
赣南园艺场	2343	3974	—	—	4	20
垦务处所属各垦场	2805	3017	—	—	—	—
建设厅养鱼实验场	—	—	29	58	4	18
小计	3178469	5530335	171342	447670	336266	1322033
南昌市	11594	12067	686	2460	1028	3030
丰城	52332	128600	2016	2553	1341	4446
南昌	338460	799112	10930	36232	6325	14086
进贤	103483	206967	2444	7332	6639	14773
新建	716091	1432184	70231	240925	142907	437182
高安	56570	87704	1259	3780	14500	40173
新淦	12046	24092	8	25	2281	6844
清江	4077	4109	10	32	564	1873

续表

机关或县市名称	农具		渔具		运输工具（手车）	
	件数	价值	件数	价值	辆数	价值
宜春	14283	28566	395	1186	323	971
萍乡	30393	60786	1608	4826	33121	99363
万载	2570	6508	181	406	404	864
分宜	3915	2778	8	25	70	211
上高	38552	77014	1500	4500	405	1212
宜丰	14	28	—	—	—	—
新喻	17600	35200	—	—	—	—
修水	59830	119661	105	314	30	75
铜鼓	20	21	—	—	—	—
吉安	3013	3734	—	—	244	452
吉水	15000	15000	—	—	—	—
峡江	7250	14500	88	261	669	2500
永丰	250	500	—	—	1000	3000
泰和	12005	24009	537	1613	1089	3268
万安	96968	39279	3533	4037	191	165
遂川	22082	22500	217	553	200	260
宁冈	—	—	—	—	—	—

续表

机关或县市名称	农具		渔具		运输工具（手车）	
	件数	价值	件数	价值	辆数	价值
永新	10875	25000	—	—	—	—
莲花	34221	40604	2247	8344	263	788
安福	8	3. 5	—	—	—	—
赣县	14078	37495	1367	3783	2476	4780
南康	20897	22175	3761	5481	7240	16104
上犹	—	—	—	—	—	—
崇义	—	—	—	—	—	—
大庾	15678	16230	2	2	—	—
信丰	11120	22712	814	2441	63	188
虔南	3299	6599	703	1406	—	—
龙南	3105	8081	442	463	814	2704
定南	4563	2184	117	153	161	768
安远	4846	10372	4	5	—	—
寻乌	—	—	—	—	—	—
浮梁	55	45	89	534	550	2200
德兴	—	—	—	—	—	—
婺源	—	—	—	—	—	—
乐平	—	—	—	—	—	—
鄱阳	4499	2023	524	456	672	25206
都昌	49344	97385	11062	3766	2713	5160
鼓泽	7291	14583	328	984	—	—

续表

机关或县市名称	农具		渔具		运输工具（手车）	
	件数	价值	件数	价值	辆数	价值
湖口	16624	33248	—	—	—	—
星子	53110	87840	1020	2540	778	2114
上饶	11374	70200	55	164	3787	10470
广丰	25889	33248	783	2622	2648	7739
玉山	68905	105646	1788	3599	5220	13305
横峰	265	323	—	—	235	540
铅山	1150	9764	85	205	85	452
弋阳	16091	32555	640	925	830	1685
贵溪	146441	223189	441	906	9474	29260
余江	62267	62108	3126	6149	14463	29335
万年	—	—	—	—	26	53
余干	34419	84254	2087	7368	2049	7115
南城	10169	10314	6633	26963	28211	417764
南丰	—	—	—	—	—	—
宜黄	12464	24928	563	1126	27	81
乐安	—	—	—	—	—	—
崇仁	24304	30760	1156	3392	1067	2456
临川	113897	128635	2569	7123	16755	39907
东乡	69619	79803	2308	1191	3412	16862
金溪	14208	21226	401	1220	2370	6345
光泽	—	—	—	—	—	—

续表

机关或县市名称	农具		渔具		运输工具（手车）	
	件数	价值	件数	价值	辆数	价值
资溪	—	—	—	—	—	—
黎川	—	—	—	—	—	—
宁都	—	—	—	—	—	—
广昌	—	—	—	—	—	—
石城	—	—	—	—	—	—
瑞金	—	—	—	—	—	—
会昌	—	—	—	—	—	—
雩都	—	—	—	—	—	—
兴国	162	130	25	35	—	—
靖安	34165	68330	593	1966	1561	4819
九江	3270	6540	1160	4000	407	1407
德安	10432	20057	1240	5000	—	—
瑞昌	268152	398762	13806	17170	1576	3863
永修	186870	271442	12946	13506	6382	19146
奉新	89000	94500	—	—	4500	6750
安义	36655	55509	701	1622	2210	7919
武宁	63957	126115	—	—	—	—

表五　江西省抗战财产直接损失

三　农业部分

8. 衣　物

单位：千元

机关或县市名称	件　数	价　值	机关或县市名称	件　数	价　值
总　计	10721218	25094790	寻　乌	—	—
			浮　梁	6200	18600
小　计	2673	5453	德　兴	—	—
农业院所属农垦场	—	—	婺　源	—	—
赣南园艺场	108	432	乐　平	—	—
垦务处所属各垦场	2565	5021	鄱　阳	29377	16736
建设厅养鱼实验场	—	—	都　昌	53755	103991
小　计	10718575	25089337	彭　泽	302480	704960
南昌市	10215	17860	湖　口	450000	1560000
丰　城	123771	383588	星　子	184104	243762
南　昌	494985	1436494	上　饶	372772	924008
进　贤	164471	493416	广　丰	79188	144090
新　建	1096075	2193159	玉　山	50567	86073
高　安	55794	194331	横　峰	4811	7203
新　淦	103646	307939	铅　山	3610	4669
清　江	40824	66610	弋　阳	69643	141696

续表

机关或县市名称	件　数	价　值	机关或县市名称	件　数	价　值
宜　春	126623	243247	贵　溪	245055	546618
萍　乡	334501	669004	余　江	217068	318347
万　载	126784	182112	万　年	448	971
分　宜	43754	122967	余　干	99037	155112
上　高	108012	208753	南　城	273363	730199
宜　丰	2472	7284	南　丰	—	—
新　喻	5200	10400	宜　黄	51912	103825
修　水	102097	204194	乐　安	—	—
铜　鼓	60	69	崇　仁	135125	258022
吉　安	33566	85248	临　川	482295	1421654
吉　水	41538	65956	东　乡	184426	352315
峡　江	42097	65129	金　溪	48932	97569
永　丰	4500	9200	光　泽	3000	6000
泰　和	126573	345011	资　溪	—	—
万　安	249234	233265	黎　川	—	—
遂　川	48668	83450	宁　都	—	—
宁　冈	—	—	广　昌	18	37
永　新	50800	94221	石　城	—	—

续表

机关或县市名称	件　数	价　值	机关或县市名称	件　数	价　值
莲　花	978288	1720700	瑞　金	—	—
安　福	—	—	会　昌	—	—
赣　县	325790	628481	雩　都	—	—
南　康	196483	280727	兴　国	16340	67780
上　犹	—	—	靖　安	152733	309702
崇　义	—	—	九　江	178260	534780
大　庾	28788	48582	德　安	38376	143146
信　丰	25914	51919	瑞　昌	985065	4133668
虔　南	36570	91426	永　修	257618	272540
龙　南	58660	181077	奉　新	31301	49515
定　南	26388	39249	安　义	397983	661491
安　远	4288	6521	武　宁	99334	198669

表五　江西省抗战财产直接损失

三　农业部分

9. 其　他

单位：千元

机关或县市名称	件数	价值
总计	1410398	9932229
小计	932	3370
农业院所属农垦场	842	3196
赣南园艺场	75	150
垦务处所属各垦场	15	24
建设厅养鱼实验场	—	—
小计	1409466	9928859
南昌市	3000	5370
丰城	177856	1161426
南昌	239796	4865347
进贤	21115	84470
新建	3575	7260
高安	15772	47327
新淦	23297	93181
清江	1959	5867
宜春	54157	162473
萍乡	147488	422466
寻乌	—	—
浮梁	6000	60000
德兴	—	—
婺源	—	—
乐平	—	—
鄱阳	313	1099
都昌	3205	9617
彭泽	70080	280320
湖口	118910	75642
星子	7200	19080
上饶	270	8170
广丰	45010	135030
玉山	59	180
横峰	559	799
铅山	—	—
弋阳	126	379
贵溪	12692	38036
余江	82835	381627

续表

机关或县市名称	件数	价值	机关或县市名称	件数	价值
万载	2630	5353	万年	3132	12028
分宜	24019	66078	余干	11938	47754
上高	—	—	南城	16902	53706
宜丰	43	129	南丰	—	—
新喻	10218	40863	宜黄	578	1734
修水	70	280	乐安	3	10
铜鼓	—	—	崇仁	3500	15325
吉安	16429	65710	临川	15972	470572
吉水	4012	12036	东乡	39748	158994
峡江	2619	7420	金溪	2963	10120
永丰	3887	13550	光泽	—	—
泰和	3219	12875	资溪	—	—
万安	25432	101729	黎川	—	—
遂川	2137	7065	宁都	—	—
宁冈	—	—	广昌	—	—
永新	31000	211075	石城	—	—
莲花	22762	85665	瑞金	—	—
安福	—	—	会昌	—	—
赣县	7808	23426	雩都	—	—
南康	7339	21175	兴国	—	—
上犹	—	—	靖安	7950	31800
崇义	—	—	九江	35000	140000

续表

机关或县市名称	件数	价值	机关或县市名称	件数	价值
大庾	713	2150	德安	—	—
信丰	—	—	瑞昌	87547	335076
虔南	1730	5191	永修	7704	30814
龙南	20416	23463	奉新	—	—
定南	1865	15189	安义	1161	4405
安远	4657	6338	武宁	1149	4595

注：农业部分各表列“赣南园艺场”系四区专署与中正大学合办。

表五　江西省抗战财产直接损失

四　矿业部分

单位：千元

县市别	共计	房屋	器具	矿坑	现款	矿产品	机械及工具	运输工具	其他
总计	3856963	171071	8610	2881710	1860	209376	191380	338773	198183
丰城	104500	2000	1000	—	500	—	1000	—	100000
萍乡	515090	1300	890	204200	1200	205730	100520	950	300
万安	3250	2700	120	—	—	300	50	30	50
乐平	3229519	110871	6580	2675510	—	846	89298	337781	7633
广丰	4432	200	20	1000	160	2500	340	12	200
吉安	172	—	—	—	—	—	172	—	—

表五　江西省抗战财产直接损失

五　工业部分

单位：千元

机关县市名称	共　计	厂　房	器　具	现　款	制成品	原　料	机械工具	运输工具	衣　物	其　他
小　计	821775	60247	96917	—	65416	190157	292631	45046	43000	28361
兴业公司	609472	52562	90014	—	33283	153857	219493	39560	—	20763
工业实验处	92231	595	969	—	7217	12569	63153	186	—	7542
重工业理事会	60600	2000	1800	—	4000	4600	5200	—	43000	—
新赣南国民经济建设公司	47850	3000	—	—	20000	18500	1050	5300	—	—
复兴纺织厂	9622	1690	4034	—	416	331	3035	—	—	116
度量衡检定所	2000	400	100	—	500	300	700	—	—	—
小　计	16269483	5667414	683177	244250	1663100	3012866	3605213	176353	437278	779832
南昌市	4226314	11450	5510	15050	128077	944302	2885232	50060	24551	162082
丰　城	228432	2500	1232	950	102500	104200	7040	8580	1170	260
南　昌	1105180	—	150000	—	89600	91400	268000	—	5200	500980
进　贤	567050	330700	36075	—	83750	91000	13000	25	12500	—
高　安	512207	59510	40343	106461	123167	79129	32730	20354	38255	12258
萍　乡	332915	—	10080	150	121240	101200	60040	—	40080	125
万　载	54134	16460	11150	5250	11509	3750	—	3250	15	2750
分　宜	14267	47	276	222	5845	6751	64	—	563	499
上　高	370545	22618	9504	18337	122419	113001	11662	1698	69046	2260

续表

机关县市名称	共计	厂房	器具	现款	制成品	原料	机械工具	运输工具	衣物	其他
宜丰	2690	5	332	—	401	265	587	384	442	274
吉安	346087	21560	20200	2645	36040	46500	151998	7225	8927	41982
峡江	57912	4263	3218	1546	18695	12783	58124	1409	7227	647
永丰	269	—	38	—	12	21	198	—	—	—
泰和	27421	6420	2489	3913	3830	4586	3018	1488	1249	428
总计	17091258	5727661	780094	244250	1728516	3203023	3897844	221399	480278	808193
万安	23126	393	672	390	4810	6569	875	2000	2343	5074
遂川	112939	4430	1035	396	50947	50891	1571	228	2290	1151
宁冈	—	—	—	—	—	—	—	—	—	—
永新	228937	12892	16039	—	64295	102154	2665	—	30892	—
莲花	31995	3822	6481	465	8352	9737	1575	174	489	900
安福	—	—	—	—	—	—	—	—	—	—
赣县	4876665	3648053	112243	3927	109896	910460	9957	407	60913	20809
南康	204959	95	2215	16	100518	50365	51423	—	117	210
上犹	2651	—	50	—	751	—	1850	—	—	—
崇义	—	—	—	—	—	—	—	—	—	—
大庾	15788	2935	1194	—	543	200	10025	—	—	891
信丰	20451	4570	1988	1124	1960	3392	2230	320	2617	2250

续表

机关县市名称	共计	厂房	器具	现款	制成品	原料	机械工具	运输工具	衣物	其他
虔南	—	—	—	—	—	—	—	—	—	—
龙南	21000	800	500	400	5000	10000	2000	1500	200	600
定南	13527	4283	1116	—	3771	1548	1442	310	606	451
安远	1375	—	249	200	338	70	23	30	265	200
寻乌	—	—	—	—	—	—	—	—	—	—
浮梁	923388	491400	—	—	240588	160000	8000	—	23400	—
德兴	—	—	—	—	—	—	—	—	—	—
婺源	—	—	—	—	—	—	—	—	—	—
乐平	—	—	—	—	—	—	—	—	—	—
鄱阳	—	—	—	—	—	—	—	—	—	—
都昌	4759	534	1063	1002	171	374	223	19	1194	179
彭泽	—	—	—	—	—	—	—	—	—	—
湖口	—	—	—	—	—	—	—	—	—	—
星子	—	—	—	—	—	—	—	—	—	—
上饶	50389	18164	7673	6634	5951	4425	1276	545	5594	127
广丰	6694	780	620	—	1300	2080	1040	390	484	—
玉山	156630	61600	6160	2200	12485	25920	13650	13715	9700	11200
横峰	194	—	21	1	49	44	—	6	73	—

续表

机关县市名称	共计	厂房	器具	现款	制成品	原料	机械工具	运输工具	衣物	其他
铅山	—	—	—	—	—	—	—	—	—	—
弋阳	—	—	—	—	—	—	—	—	—	—
贵溪	55189	10409	7628	1126	10615	11803	2162	465	9397	1584
余江	83385	31311	6799	462	22108	2924	1985	557	12476	4763
新建	—	—	—	—	—	—	—	—	—	—
新淦	—	—	—	—	—	—	—	—	—	—
清江	—	—	—	—	—	—	—	—	—	—
宜春	—	—	—	—	—	—	—	—	—	—
万年	—	—	—	—	—	—	—	—	—	—
余干	—	—	—	—	—	—	—	—	—	—
南城	52890	5000	3000	—	7240	24790	8400	1600	1800	1060
南丰	—	—	—	—	—	—	—	—	—	—
宜黄	113007	32400	21153	3960	3793	3486	12137	63	32177	3838
乐安	—	—	—	—	—	—	—	—	—	—
崇仁	—	—	—	—	—	—	—	—	—	—
临川	89167	1750	27659	123	230	132	47	59226		
东乡	1157748	827000	157000	67000	42420	19240	14664	190	30234	—
金溪	—	—	—	—	—	—	—	—	—	—
光泽	3200	2000	—	—	1000	200	—	—	—	—

续表

机关县市名称	共　计	厂　房	器　具	现　款	制成品	原　料	机械工具	运输工具	衣　物	其　他
资　溪	—	—	—	—	—	—	—	—	—	—
黎　川	—	—	—	—	—	—	—	—	—	—
宁　都	—	—	—	—	—	—	—	—	—	—
广　昌	—	—	—	—	—	—	—	—	—	—
石　城	—	—	—	—	—	—	—	—	—	—
瑞　昌	5412	2460	492	—	984	984	—	—	492	—
雩　都	100000	—	—	—	100000	—	—	—	—	—
兴　国	—	—	—	—	—	—	—	—	—	—
靖　安	2895	1380	580	—	—	—	800	135	——	—
九　江	—	—	—	—	—	—	—	—	—	—
德　安	20000	8000	—	—	—	—	12000	—	—	—
瑞　昌	—	—	—	—	—	—	—	—	—	—
永　修	—	—	—	—	—	—	—	—	—	—
奉　新	45700	15400	1100	300	15000	12100	1500	—	300	—
安　义	—	—	—	—	—	—	—	—	—	—
武　宁	—	—	—	—	—	—	—	—	—	—
新　喻	—	—	—	—	—	—	—	—	—	—
修　水	—	—	—	—	—	—	—	—	—	—
铜　鼓	—	—	—	—	—	—	—	—	—	—
吉　水	—	—	—	—	—	—	—	—	—	—

表五　江西省抗战财产直接损失

六　商业部分

单位：千元

县市别	共计	房屋				器具		现款	存货		运输工具				衣物		其他	
		店房		住房							车		船					
		栋数	价值	栋数	价值	件数	价值		件数	价值	辆数	价值	艘数	价值	件数	价值		
总计	284754466	55309	42478711	55947	53005932	4387792	17553765	7378351	10692026	136675258	179303	470808	8834	1476142	8301582	21030252	940589	4685247
南昌市	121248824	8394	10492750	25182	31478250	839420	8394200	388469	4610000	69220205	59528	178586	—	—	262800	788400	102654	307964
丰城	4152547	825	186320	320	116750	21156	102284	83559	276728	2695787	604	1347	49	4800	15390	59161	8461	902539
南昌	12949699	2665	2681298	1038	1173337	53976	772939	109724	346984	7423983	423	2360	157	17300	106107	437530	82245	331228
进贤	2044006	500	278200	260	130700	29623	88870	28350	131826	1318260	49	148	—	—	51128	153385	11523	46093
新建	22017999	7181	2872985	10440	6336082	267404	595798	3426585	661131	7322263	35398	90796	2904	290400	467904	1083091	—	—
高安	21640192	1538	1277470	906	897165	19623	105708	134933	765400	10168384	34651	62270	2097	892228	2935460	8101548	162	486
新淦	292757	96	85000	—	—	10263	21218	10279	12840	144729	—	—	—	—	6589	31531	—	—
清江	214702	58	35184	3	2300	2775	7084	178	5318	112973	3	8	—	—	19168	56938	12	37
宜春	—	—	—	—	—	—	—	—	—	—	—	—	—	—	—	—	—	—
萍乡	3474016	92	145900	101	150521	6152	36914	63167	120205	2404120	2522	7566	106	10600	207450	622351	10959	32877
万载	866138	677	338502	310	156920	29658	88976	7836	19860	198601	319	958	—	—	29742	59485	4953	14860
分宜	130197	—	—	—	—	3127	6126	540	5962	101019	22	60	—	—	10980	21588	288	864
上高	1782067	854	841932	13	5030	68226	136571	18623	50900	655837	89	179	2	165	61389	122933	254	797
宜丰	632086	422	327284	258	126463	18715	29803	31949	19869	97638	52	172	3	360	14218	16797	406	1620
新喻	373026	310	106439	177	73110	10636	38864	1223	18618	86200	—	—	—	—	24906	58731	2115	8459
修水	1429622	790	716050	—	—	17348	29908	386548	16828	273720	—	—	—	—	11050	13850	2387	9546
铜鼓	691351	376	190732	4	900	25779	51558	83138	32956	329564	—	—	—	—	17730	35459	—	—
吉安	4233591	2722	2984720	786	447447	64355	241673	50980	33646	243876	285	6341	2	75	64050	131101	47340	127378
吉水	327699	187	119150	—	—	3160	3920	500	26450	200360	15	15	—	—	1450	3754	—	—

续表

县市别	共计	房屋				器具		现款	存货		运输工具				衣物		其他	
		店房		住房							车		船					
		栋数	价值	栋数	价值	件数	价值		件数	价值	辆数	价值	艘数	价值	件数	价值		
峡江	8450	5	1860	3	600	439	595	290	388	3877	20	80	—	—	525	880	86	268
永丰	—	—	—	—	—	—	—	—	—	—	—	—	—	—	—	—	—	—
泰和	1233942	583	291743	68	34142	28485	85454	62146	62336	623362	790	2372	11	668	52512	105025	9677	29030
万安	770213	331	199798	40	19750	63710	38834	6736	15793	157924	62	160	35	1880	590465	332392	3185	12739
遂川	448073	136	67050	19	7000	13447	63603	3188	21101	231756	102	204	34	2400	24656	70533	826	2339
宁冈	—	—	—	—	—	—	—	—	—	—	—	—	—	—	—	—	—	—
永新	54195	3	1500	—	—	1106	2485	366	1354	27086	47	190	1	138	1247	2596	4966	19864
莲花	2054432	136	68172	100	49928	18696	35038	25448	30716	372738	51	91	8	1200	747384	1496512	1781	5305
安福	125	1	60	—	—	3	30	—	—	—	—	—	—	—	20	35	—	—
赣县	1447451	411	242330	184	91749	41206	123720	251808	54425	544257	1138	3414	138	13821	73602	147205	9715	29147
南康	1057414	546	530209	43	17374	28550	65412	27318	63104	323871	762	1457	181	11112	51684	62946	6502	17715
上犹	9588	—	—	—	—	27	62	—	130	1550	50	230	—	—	—	—	1543	7746
崇义	—	—	—	—	—	—	—	—	—	—	—	—	—	—	—	—	—	—
大庾	475936	158	153900	101	109850	12210	32210	983	57330	155733	820	2480	15	750	7071	19542	244	488
信丰	53581	46	5070	13	1450	3375	5240	788	6495	21581	—	—	10	2310	7652	12392	250	4750
虔南	66174	51	21000	—	—	3200	24539	7213	5103	12636	—	—	—	—	800	743	34	47
龙南	55155	71	14050	24	2500	302	600	20000	4769	10483	—	—	—	—	2500	5000	5022	2522
定南	50366	41	10345	—	—	2800	5570	1600	12983	26778	50	191	—	—	10071	2729	1050	3153
安远	20713	1	580	2	1200	958	1416	2805	3420	11901	—	—	—	—	1710	2436	120	375
寻乌	—	—	—	—	—	—	—	—	—	—	—	—	—	—	—	—	—	—
浮梁	1531072	818	587820	864	564430	29366	79470	2437	41079	217965	4	11	—	—	53625	77629	310	1310
德兴	—	—	—	—	—	—	—	—	—	—	—	—	—	—	—	—	—	—

续表

县市别	共计	房屋				器具		现款	存货		运输工具				衣物		其他	
		店房		住房							车		船					
		栋数	价值	栋数	价值	件数	价值		件数	价值	辆数	价值	艘数	价值	件数	价值		
婺源	22085	2	225	—	—	39	25	—	4580	21820	—	—	—	—	5	15	—	—
乐平	45990	11	4200	19	5800	800	1300	50	3281	33320	—	—	—	—	630	1320	—	—
鄱阳	219688	377	141175	229	44567	2052	3292	1027	1957	12698	131	475	8	511	6916	15823	40	120
都昌	333131	89	44912	56	18010	5161	10323	11030	19281	192815	54	161	43	4310	18944	37888	3420	13682
彭泽	4036823	830	698000	369	284500	282050	464100	24700	170809	1708078	14113	42340	367	35000	211653	423307	89199	356798
湖口	4400000	564	451500	263	210400	189475	378950	1235	189372	3014976	369	738	42	3360	159632	319264	4894	19577
星子	1216368	75	37500	82	41000	2793	6341	5700	51980	1064600	1150	3450	166	16590	6500	23000	4546	18184
上饶	7203282	752	975575	120	160273	41648	283111	62152	368983	5658593	673	2211	75	4360	19736	54178	534	2829
广丰	1697374	838	701575	401	486840	10610	22543	13196	38935	389349	1420	3602	47	3060	32015	66219	3663	10990
玉山	2422169	580	308550	609	284830	84342	162770	9123	139484	1595303	532	948	96	560	29589	50575	3025	9510
横峰	18628	—	—	—	—	32	27	55	4177	18399	2	8	—	—	93	139	—	—
铅山	157068	316	63246	196	39154	—	—	355	7071	50878	24	480	24	2431	—	—	175	524
弋阳	445889	—	—	—	—	600	1178	5841	19483	283941	8	19	—	—	24	48	8570	154859
贵溪	2795944	1729	812275	933	397310	130549	209722	178942	137164	774461	1143	3838	13	540	126505	379516	9825	39340
余江	1407248	477	238508	284	125552	37184	37490	11355	77309	581847	324	1063	53	1860	12553	31295	32025	378308
万年	—	—	—	—	—	—	—	—	—	—	—	—	—	—	—	—	—	—
余干	1225201	568	284117	319	139351	46908	168667	6322	115759	521706	214	697	179	4576	44546	76814	6194	22951
南城	5228118	884	805000	1854	1589300	464889	986373	32734	103904	858824	820	3459	96	7230	362812	867318	219470	77880
南丰	358107	61	49099	50	64474	13602	34752	4930	879	131573	2	50	—	—	8766	26689	11635	46540
宜黄	1437329	464	210542	339	168455	21860	43982	30725	102729	755527	149	447	237	7959	55405	106857	28209	112835
乐安	4754	—	—	—	—	4	9	18	1902	3678	—	—	—	—	437	1009	10	40
崇仁	856314	425	230100	237	154207	34129	68969	33939	11787	198882	465	1188	106	6970	50357	99326	13184	62733

续表

县市别	共计	房屋				器具		现款	存货		运输工具				衣物		其他	
		店房		住房							车		船					
		栋数	价值	栋数	价值	件数	价值		件数	价值	辆数	价值	艘数	价值	件数	价值		
临川	2795686	1936	911830	764	369450	57804	110422	60258	166416	410048	1395	2896	216	12408	84647	180153	185	738221
东乡	526528	189	92380	170	87680	2604	15250	30988	5913	217128	69	298	—	—	35542	69663	3785	13141
金溪	759588	664	222361	250	146767	8123	14952	50042	24716	258553	66	200	5	457	5670	11486	13692	54770
光泽	33900	96	9600	—	—	1100	2200	9100	500	10000	—	—	—	—	1200	3000	—	—
资溪	—	—	—	—	—	—	—	—	—	—	—	—	—	—	—	—	—	—
黎川	—	—	—	—	—	—	—	—	—	—	—	—	—	—	—	—	—	—
宁都	—	—	—	—	—	—	—	—	—	—	—	—	—	—	—	—	—	—
广昌	—	—	—	—	—	—	—	—	—	—	—	—	—	—	—	—	—	—
石城	63320	—	—	—	—	—	—	63320	—	—	—	—	—	—	—	—	—	—
瑞金	31711	76	15983	14	5346	1945	4041	736	284	2848	26	70	—	—	835	1687	200	1000
会昌	—	—	—	—	—	—	—	—	—	—	—	—	—	—	—	—	—	—
雩都	325	—	—	—	—	—	—	—	650	325	—	—	—	—	—	—	—	—
兴国	—	—	—	—	—	—	—	—	—	—	—	—	—	—	—	—	—	—
靖安	1661324	552	492914	150	170750	62572	125144	46436	54076	540758	109	295	66	5488	132057	264115	5141	15424
九江	11261485	1047	809000	543	436050	153543	583296	1135430	691908	7408525	15000	30000	397	45621	8821	264928	141770	566635
德安	793815	620	366170	291	201000	23201	68210	8984	21732	130207	202	568	—	—	8970	18676	—	—
瑞昌	94906366	2305	2149764	2629	2177857	543256	1268791	17183	126719	1230587	1315	5110	390	39010	510674	2504164	6475	13900
永修	4676259	3309	2633850	317	273600	131520	586882	72769	93726	854090	736	2396	261	15326	76400	236200	3712	1146
奉新	3935533	1243	1243000	2560	2560000	31075	62150	3729	24860	62150	50	75	3	300	2486	3729	100	400
安义	1554965	838	653372	640	368461	39297	64310	48747	11768	128363	586	2040	200	8008	103957	253280	7096	28384
武宁	3884752	2367	946985	—	—	223749	447498	157520	361885	1809426	—	—	—	—	250170	520343	745	2980

表五　江西省抗战财产直接损失

七　公用事业部分

单位：千元

县市别	共计	房屋	器具	现款	机械及工具	运输工具	其他
总计	80409	2521	710	5	71208	1430	4535
上饶	32015	221	130	—	29791	1430	443
玉山	40522	1800	480	—	34182	—	4000
浮梁	4500	300	—	—	4200	—	—
鄱阳	72	—	—	5	35	—	32
武宁	3300	200	100	—	3000	—	—

表五　江西省抗战财产直接损失

八　金融事业部分

单位：千元

县市别	共计	房屋	器具	现款	生金银	保管品	抵押品	有价证券	运输工具	其他
总计	2223389	353520	24461	45426	640508	73723	951510	889	17113	176239
南昌市	1824565	274000	11760	522	518551	58270	929300	202	15160	16800
南昌	227	—	125	—	—	—	—	—	—	102
高安	385615	76420	8151	41254	121957	14754	21480	687	1923	98989
赣县	2110	1100	680	70	—	—	200	—	—	60
余江	3662	500	545	1720	—	49	530	—	30	288
奉新	7210	1500	3200	1860	—	650	—	—	—	—

表五 江西省抗战财产直接损失

九 银行部分

单位：千元

机关或县市别	共计	房屋	器具	现款	生金银	保管品	抵押品	有价证券	运输工具	其他
总计	753755	338361	103501	37693	4805	11844	129182	2972	11844	23553
小计	736767	329952	188051	37693	4805	11761	128232	2938	10044	23291
裕民银行	723477	320972	183741	37693	4805	11761	128232	2938	10044	23291
建设银行	13290	8980	4310	—	—	—	—	—	—	—
小计	16988	8409	5450	—	—	83	950	34	1800	262
南昌市	7000	5000	2000	—	—	—	—	—	—	—
清江	111	101	10	—	—	—	—	—	—	—
吉安	5800	3000	2000	—	—	—	—	—	800	—
赣县	2752	152	693	—	—	—	927	—	980	—
南康	330	30	250	—	—	—	—	30	20	—
大庾	287	—	140	—	—	83	—	4	—	60
信丰	189	—	98	—	—	—	—	—	—	91
龙南	193	—	59	—	—	—	23	—	—	111
鄱阳	326	126	200	—	—	—	—	—	—	—

表五 江西省抗战财产直接损失

十 公路部分

单位：千元

机关名称	共计	房屋	器具	现款	路线设备	电讯设备	车辆	材料	修理机械及工具	货物	其他
公路处	5726586	125890	1750	—	4522965	570320	44863	144907	315042	—	849

表五　江西省抗战财产直接损失

十一　航业部分

单位：千元

县市别	共计	房屋	器具	现款	码头及趸船设备	船只	材料	修理机械及工具	货物	其他
总计	13940291	193599	112465	20435	22535	2637206	84729	5460	10786179	77684
南昌市	5400	—	50	—	300	3900	—	—	1150	—
丰城	231540	—	250	—	—	77030	—	—	46260	—
南昌	100182	31870	384	57	100	12028	147	—	52556	3040
新建	11119836	28729	20580	3193	—	1683579	—	—	9322262	61493
高安	442703	114300	45435	7760	16785	66199	6879	1978	181056	2311
萍乡	8220	500	170	80	100	6000	820	140	200	210
万载	46620	—	—	—	—	38850	—	—	—	77700
上高	221539	500	36	—	1100	56865	50135	109	112788	6
宜丰	5372	280	160	110	—	2840	654	15	1277	36
修水	105000	—	—	—	—	105000	—	—	—	—
吉安	6204	1759	980	—	—	175	1950	750	—	590
永新	89870	—	15000	—	—	45000	—	—	29870	—
莲花	16460	113	160	45	—	400	65	—	15642	35
赣县	83500	3000	2000	1000	—	77500	—	—	—	—
南康	148	—	—	—	—	148	—	—	—	—

续表

县市别	共计	房屋	器具	现款	码头及趸船设备	船只	材料	修理机械及工具	货物	其他
虔南	3783	—	—	—	—	2500	30	—	1253	—
龙南	1475	—	35	—	—	1200	—	—	—	240
浮梁	1820	—	420	—	—	1400	—	—	—	—
贵溪	1184348	—	22305	4581	—	227952	30	—	929460	20
余江	132290	2048	417	1099	—	46487	25	19	81762	433
南丰	47400	—	—	—	—	47400	—	—	—	—
崇仁	2155	—	355	—	—	1800	—	—	—	—
临川	38061	—	2992	400	—	26509	7410	750	—	—
石城	1050	—	—	—	—	1050	—	—	—	—
瑞金	443	—	—	200	—	243	—	—	—	—
会昌	14800	300	100	—	1000	2000	—	400	10000	1000
雩都	48000	—	—	—	—	36000	12000	—	—	—
靖安	8751	—	—	—	—	6801	1950	—	—	—
永修	16750	—	—	—	—	15000	1750	—	—	—
奉新	41118	200	150	200	250	40000	80	95	143	—
安义	4950	—	250	—	—	2250	750	1200	—	500
武宁	18503	10000	234	1710	2900	3100	54	5	500	—

表五　江西省抗战财产直接损失

十二　电讯部分

单位：千元

机关或县市名称	共计	房屋	器具	现款	路线设备	材料	其他
总计	280611	27644	24234	3743	165927	56050	3013
小计	66098	22000	2969	—	33800	7329	—
电话局	42164	1000	1294	—	33800	6070	—
无线电讯总队	23934	21000	1675	—	—	1259	—
小计	214513	5644	21265	3743	132127	48721	3013
南昌	6968	200	2300	—	4421	39	8
进贤	28650	—	—	—	22000	5450	1200
新淦	230	30	15	—	—	180	5
萍乡	3675	—	475	3000	—	150	50
上高	1133	—	243	—	104	784	2
宜丰	113	—	—	—	—	113	—
新喻	105	—	2	—	103	—	—
吉安	2429	—	—	—	2300	120	9
吉水	1040	6	4	17	1000	13	—
泰和	1610	700	10	—	50	820	30
万安	3185	—	—	—	—	3068	117
遂川	9140	—	—	—	—	9140	—
永新	2364	—	—	—	—	2364	—
莲花	5780	—	280	—	—	5500	—

续表

机关或县市名称	共计	房屋	器具	现款	路线设备	材料	其他
赣县	181	—	—	—	16	165	—
南康	14031	30	500	—	5060	8401	40
大庾	2749	—	550	526	1608	65	—
信丰	5719	—	105	—	5614	—	—
龙南	1870	300	120	—	600	700	150
定南	385	—	40	—	80	265	—
都昌	894	—	—	—	600	210	84
湖口	9000	1000	800	—	2200	5000	—
星子	11536	1800	456	130	5680	2950	520
铅山	2268	—	—	—	2268	—	—
弋阳	36522	200	200	—	36000	122	—
余江	5565	—	—	—	5565	—	—
南城	5060	100	100	—	4560	300	—
宜黄	3393	—	955	—	2258	122	58
崇仁	2739	150	100	—	1824	259	370
临川	23670	1000	900	70	20000	1100	—
雩都	1100	—	—	—	1100	—	—
兴国	12	—	—	—	12	—	—
靖安	1330	—	650	—	552	80	48
九江	7435	—	7110	—	—	325	—
永修	10628	128	4100	—	6000	400	—
安义	2004	—	1250	—	552	80	122

表五　江西省抗战财产直接损失

十三　公教员工部分

单位：千元

机关或县市名称	共计	房屋	器具	衣物	现款	图书	其他
总计	50504698	24947473	7510520	6805951	817191	1120473	9303090
小计	25440647	11808133	2284192	2845985	339428	475281	7687628
全省保安司令部	980311	674317	92052	148384	2070	42197	21291
委员会	294280	154000	65310	49730	—	10510	14730
秘书处	1717749	1164620	146172	230179	—	41810	14968
民政厅及所属机关	967734	432161	60972	88774	210	76291	39326
财政厅	1343899	920033	96519	226564	1288	66851	32644
教育厅及所属机关学校	8682740	5552598	1221335	1139580	232670	11706	524851
建设厅及所属机关	7398090	618808	217869	88508	366	52722	6419817
统计处	60843	33000	2176	5036	—	19909	722
社会处	1127148	672372	98397	164533	3016	20984	107846
卫生处及所属机关	284148	130811	35544	72713	8341	17435	19304
合管处及所属机关	552952	208438	94003	63260	20838	3501	162912
地政局及所属机关	490622	287252	38583	99556	62	21278	43891
田赋粮食管理处	533800	333475	12734	132458	4289	17224	33620
通志馆	50167	23356	2833	12026	—	9882	2070
特种工作办事处	5027	1210	1051	2218	—	502	46

续表

机关或县市名称	共计	房屋	器具	衣物	现款	图书	其他
临时参议会	283450	221900	17040	26630	—	—	17880
农业院及所属机关	190274	89797	36761	20537	6600	24209	12370
地方行政干部训练团	150038	118760	10454	10241	1780	2166	6637
战后事业计划委员会	15827	10500	1166	3950	—	—	211
裕民银行	201340	—	—	191586	—	9754	—
建设银行	21132	10885	3149	3715	58	1876	1449
第二区行政督察专员公署	55530	35020	3513	9652	120	6605	620
第四区行政督察专员公署	62738	34876	1370	7819	85	9906	8682
第六区行政督察专员公署	30920	6764	8016	10552	—	1354	4234
第七区行政督察专员公署	56264	15130	2738	20407	—	6168	11821
第八区行政督察专员公署	2263	950	315	507	—	441	50
第九区行政督察专员公署	151361	57100	14120	16870	57635	—	5636
小　计	25064051	13139340	5226328	3959966	477763	645192	1615462
南昌市	247763	89575	35999	66976	6600	34633	13980
丰　城	62	—	2	58	—	—	2
南　昌	185568	151218	2810	14529	621	2388	14011
进　贤	2230584	1436842	298089	240360	54938	97830	102525
新　建	—	—	—	—	—	—	—

续表

机关或县市名称	共计	房屋	器具	衣物	现款	图书	其他
高安	2231518	1016385	105504	434710	19557	63102	592260
新淦	671267	65868	234897	343331	1178	147	25848
清江	259289	143000	36023	69775	5348	4737	406
宜春	63525	16150	3984	18933	3409	1986	19063
萍乡	209831	29595	25430	73696	53192	12703	15215
万载	31648	9341	3465	15030	824	1011	1977
分宜	4094	—	385	2748	192	262	507
上高	136958	46407	14181	43209	16987	7945	8229
宜丰	60126	18235	4537	8582	118	1230	27415
新喻	13491	1741	3128	7156	154	646	666
修水	19845	4025	4670	—	400	9950	800
铜鼓	1616	—	—	1616	—	—	—
吉安	180667	105711	16785	36397	1461	10613	9700
吉水	1219445	693149	173002	225889	16572	8649	102184
峡江	147188	54992	11951	51693	7712	9306	11534
永丰	40087	19800	3415	14162	36	2674	—
泰和	32778	12340	3431	6578	368	2905	7156
万安	171162	33895	109776	13901	1284	7381	4925

续表

机关或县市名称	共计	房屋	器具	衣物	现款	图书	其他
遂川	35131	19447	2854	7743	824	1959	2304
宁冈	—	—	—	—	—	—	—
永新	9007	2883	2435	2158	50	68	1413
莲花	162712	21739	13401	118337	1315	1715	6205
安福	—	—	—	—	—	—	—
赣县	178696	90934	8949	30462	2339	26524	19488
南康	60093	15978	16043	16618	1916	2280	7258
上犹	28583	11325	2173	9559	1284	3492	750
崇义	5095	5000	—	95	—	—	—
大庾	124061	43478	10982	38104	5441	3852	22204
信丰	38126	14326	4782	11517	1208	1379	4914
虔南	19312	642	4065	11971	10	219	2405
龙南	6097	269	1640	3328	214	258	388
定南	86298	30709	5657	27852	155	6667	15256
安远	—	—	—	—	—	—	—
寻乌	—	—	—	—	—	—	—
浮梁	4410	520	48	2168	522	738	414
德兴	26	—	3	20	—	3	—
婺源	—	—	—	—	—	—	—
乐平	15729	10750	707	3085	157	730	300

续表

机关或县市名称	共计	房屋	器具	衣物	现款	图书	其他
鄱阳	91243	61199	8902	10807	92	572	9671
都昌	7476	875	842	2599	1395	267	1498
彭泽	—	—	—	—	—	—	—
湖口	—	—	—	—	—	—	—
星子	112711	44740	11838	20562	3476	15719	16376
上饶	77146	32210	5582	21534	1362	6772	9686
广丰	262650	56450	25170	104584	15131	10221	51094
玉山	153975	64856	15373	47069	3889	7742	15046
横峰	6339	52	511	4905	310	250	311
铅山	14084	—	923	7560	215	1831	3555
弋阳	4452	1592	448	1133	154	852	273
贵溪	349132	158236	45994	92191	8289	21247	23175
余江	365583	155244	58208	86366	5830	27462	32473
万年	—	—	—	—	—	—	—
余干	16112	5500	3920	5175	89	1198	230
南城	166877	65961	19754	26687	8850	28224	17401
南丰	163808	24660	21296	34795	5690	43723	33639
宜黄	101346	51743	12058	21494	4809	5109	6133
乐安	105461	47210	10927	13426	7520	10403	15975
崇仁	249016	104297	19649	46892	19467	16571	42140
临川	817288	473423	99724	194868	17569	2504	29200
东乡	10760794	6240025	3383943	849741	110985	27520	148580

续表

机关或县市名称	共计	房屋	器具	衣物	现款	图书	其他
金溪	117539	48200	7647	22475	3077	8196	27520
光泽	1235	400	20	810	—	5	—
资溪	—	—	—	—	—	—	—
黎川	59272	37200	5758	11560	—	3010	1744
宁都	34682	8210	2512	6582	2565	4093	10720
广昌	15939	200	7109	3013	400	319	4898
石城	2645	—	25	270	80	210	2060
瑞金	1239	341	106	706	5	17	64
会昌	5490	2660	220	1060	350	560	640
雩都	177525	97788	11755	18668	13668	29163	6483
兴国	—	—	—	—	—	—	—
靖安	17445	7786	2351	6195	145	839	129
九江	548736	368400	68046	80313	2485	2353	27256
德安	—	—	—	—	—	—	—
瑞昌	601585	461316	76919	51905	8460	2353	632
永修	227374	34856	49023	84620	14427	12722	31726
奉新	397634	223000	79750	73000	2450	17284	2150
安义	95654	44441	4802	31429	8152	6002	828
武宁	2676	—	20	2626	—	—	30

表六　江西省抗战财产间接损失

一　机关部分

单位：千元

机关或县市名称	共　计	迁移费	防空设备费	疏散费	救济费	抚恤费
总　计	5033805	1215221	1041211	734324	1857211	185858
小　计	895149	441969	144563	219595	57941	31081
全省保安司令部	37722	196	35000	2526	—	—
秘书处	55241	8800	1563	44878	—	—
民政厅及所属机关	18401	8244	3780	1602	30	1745
财政厅	82282	50000	30000	1282	—	1000
教育厅及所属机关学校	413060	230040	21396	82279	52109	27236
建设厅及所属机关	27284	12668	4480	8325	1061	750
统计处	2163	1511	—	652	—	—
社会处及所属机关	4492	2956	14	1522	—	—
卫生处及所属机关	52869	26062	5266	20089	1300	152
合管处及所属机关	84662	32956	30094	20551	1061	—
地政局及所属机关	39800	13656	6523	19621	—	—
田赋粮食管理处	28170	25000	675	2495	—	—
通志馆	430	130	—	300	—	—
特种工作办事处	2928	502	—	2426	—	—
临时参议会	923	333	200	390	—	—
农业院及所属机关	6774	1541	769	4163	271	30

续表

机关或县市名称	共计	迁移费	防空设备费	疏散费	救济费	抚恤费
地方行政干部训练团	12951	12627	—	317	7	—
战后事业计划委员会	386	386	—	—	—	—
第二区行政督察专员公署	427	50	156	220	1	—
第四区行政督察专员公署	15820	7505	4054	2461	1700	100
第六区行政督察专员公署	461	37	153	24	235	12
第七区行政督察专员公署	92	38	54	—	—	—
第九区行政督察专员公署	7811	6731	386	472	166	56
小计	4138656	773252	896643	514729	1799270	154757
南昌市	8997	8997	—	—	—	—
丰城	11250	5600	5150	—	500	—
南昌	3080	1230	800	530	320	200
进贤	10438	7803	1414	978	181	62
新建	39479	30588	7545	490	856	—
高安	275909	98566	68208	52702	41304	15129
新淦	2741	495	419	1769	37	21
清江	4952	1956	392	2129	431	44
宜春	122198	8761	32115	75305	3190	2827
萍乡	15453	4151	2634	3849	3820	999
万载	8030	1485	1017	1763	3227	538

续表

机关或县市名称	共　计	迁移费	防空设备费	疏散费	救济费	抚恤费
分宜	1997	47	166	48	862	874
上高	90358	44924	32013	12515	864	42
宜丰	6681	1877	2382	1146	842	434
新喻	3682	848	1047	1333	415	39
修水	15808	6783	8263	591	135	36
铜鼓	1410	400	86	640	260	24
吉安	17886	3250	3727	3031	4851	3027
吉水	4826	2295	924	994	308	305
峡江	52259	9779	19596	5643	17241	—
永丰	22439	8255	3212	4097	3745	3130
泰和	2440	1255	273	728	174	10
万安	8493	2837	1101	3061	944	550
遂川	10133	2663	1152	3068	1568	1682
宁冈	—	—	—	—	—	—
永新	22710	2558	3171	11693	4550	738
莲花	196514	16824	118627	27545	25267	8342
安福	893	318	164	411	—	—
赣县	57024	30333	5989	16688	3161	853
南康	17808	5354	2146	4366	2886	3056

续表

机关或县市名称	共　计	迁移费	防空设备费	疏散费	救济费	抚恤费
上　犹	8841	1828	2313	2411	1761	528
崇　义	24054	10479	2526	5098	3990	1961
大　庾	4390	192	461	1881	1197	659
信　丰	14224	4322	2470	4799	1272	1361
虔　南	7346	2730	2554	1022	762	278
龙　南	188	20	25	15	117	11
定　南	26737	3218	13019	606	9894	—
安　远	30648	3385	7020	11986	7938	319
寻　乌	41576	—	18278	4235	19063	—
浮　梁	280082	1170	60178	23539	193635	1560
婺　源	98215	936	23630	—	73649	—
德　兴	105292	417	2815	5200	96860	—
乐　平	375438	550	213627	192	161062	7
鄱　阳	55788	20394	20690	10191	3153	1360
都　昌	4267	913	1484	494	659	717
彭　泽	40745	20145	8470	8763	3367	—
湖　口	—	—	—	—	—	—
星　子	28534	7165	2250	4065	11790	3264
上　饶	8565	4562	1346	2357	300	—

续表

机关或县市名称	共　计	迁移费	防空设备费	疏散费	救济费	抚恤费
广　丰	49676	6931	14050	11663	17017	15
玉　山	13235	5587	5961	1544	108	35
横　峰	1184	667	—	517	—	—
铅　山	9007	2756	1060	3620	1541	30
弋　阳	814	150	193	414	57	—
贵　溪	129920	4306	19131	10545	59390	36548
余　江	708299	4835	9534	24782	663329	5819
万　年	—	—	—	—	—	—
余　干	13342	6053	530	6168	374	217
南　城	4272	642	803	1667	870	290
南　丰	1745	309	149	51	1210	26
宜　黄	258859	105842	44271	30978	54680	23088
乐　安	106528	46702	20894	10542	18422	9968
崇　仁	33909	9872	8021	8981	3847	3188
临　川	72729	25408	10049	21306	8707	7259
东　乡	14100	5596	3683	1532	1743	1546
金　溪	9486	4926	1231	2297	636	396
光　泽	58468	—	2867	23	55578	—
资　溪	1083	—	584	499	—	—

续表

机关或县市名称	共计	迁移费	防空设备费	疏散费	救济费	抚恤费
黎川	5410	2040	230	1590	550	1000
宁都	96586	—	—	—	96586	—
广昌	50708	4725	5589	12	40382	—
石城	19558	3858	13608	767	1175	150
瑞金	9498	1417	2875	730	2599	1877
会昌	11669	1002	867	800	9000	—
雩都	2799	827	835	366	735	36
兴国	13405	54	5	92	13254	—
靖安	23470	10886	382	61	12129	12
九江	18748	7661	5289	1851	3932	15
德安	—	—	—	—	—	—
瑞昌	91302	34490	12913	30597	8646	4656
永修	17473	7824	1939	1008	5012	1690
奉新	26320	12375	120	11825	1600	400
安义	53513	53513	—	—	—	—
武宁	20723	9340	2096	4025	3753	1509

注：教育厅数字包括全部省立学校之损失在内

表六　江西省抗战财产间接损失

二　学校部分

单位：千元

县市别	共　计	迁移费	防空设备费	疏散费	救济费	抚恤费
总　计	922538	411022	226516	196637	59784	28579
南昌市	47912	9246	18654	10120	892	9000
丰　城	10045	5021	3020	2004	—	—
南　昌	4056	1382	920	554	970	230
进　贤	11454	9198	1024	356	423	453
新　建	96517	91103	4543	264	607	—
高　安	13960	10738	1626	1544	29	23
新　淦	3000	1200	1000	800	—	—
清　江	1136	391	201	519	20	5
宜　春	62878	32124	30378	338	20	18
萍　乡	19257	7680	1791	1971	4012	3803
万　载	2989	1277	711	798	181	22
分　宜	5241	2701	2540	—	—	—
上　高	80481	40094	20382	20005	—	—
宜　丰	3365	2137	615	350	233	30
新　喻	—	—	—	—	—	—
修　水	1358	669	390	219	80	—

续表

县市别	共计	迁移费	防空设备费	疏散费	救济费	抚恤费
铜鼓	10	10	—	—	—	—
吉安	—	—	—	—	—	—
吉水	475	189	—	286	—	—
峡江	96000	35670	28784	15876	15670	—
永丰	7937	695	290	572	6355	25
泰和	2414	2007	376	30	4	—
万安	—	—	—	—	—	—
遂川	—	—	—	—	—	—
宁冈	3100	1500	800	800	—	—
永新	—	—	—	—	—	—
莲花	103	33	20	50	—	—
安福	—	—	—	—	—	—
赣县	126782	32091	7431	78627	6939	1694
南康	2609	370	494	1613	83	49
上犹	4145	805	1383	1423	386	148
崇义	—	—	—	—	—	—
大庾	580	260	148	140	32	—
信丰	1372	482	154	651	85	—

续表

县市别	共计	迁移费	防空设备费	疏散费	救济费	抚恤费
虔南	156	37	13	96	10	—
龙南	18	—	13	5	—	—
定南	8190	1125	5888	724	453	—
安远	15008	4234	8780	1785	94	115
寻乌	1180	88	401	229	462	—
浮梁	—	—	—	—	—	—
婺源	—	—	—	—	—	—
德兴	470	155	251	64	—	—
乐平	6968	270	5917	781	—	—
鄱阳	50000	20000	20000	10000	—	—
都昌	128	80	48	—	—	—
彭泽	13225	2897	4634	5694	—	—
湖口	—	—	—	—	—	—
星子	4215	1710	758	1099	411	237
上饶	126	65	—	26	35	—
广丰	—	—	—	—	—	—
玉山	—	—	—	—	—	—
横峰	135	126	—	9	—	—

续表

县市别	共　计	迁移费	防空设备费	疏散费	救济费	抚恤费
铅　山	—	—	—	—	—	—
弋　阳	167	55	63	23	26	—
贵　溪	4951	2626	1052	1260	13	—
余　江	8416	1374	2181	3069	1758	34
万　年	—	—	—	—	—	—
余　干	—	—	—	—	—	—
南　城	347	187	60	100	—	—
南　丰	450	240	130	80	—	—
宜　黄	700	500	50	50	50	50
乐　安	—	—	—	—	—	—
崇　仁	1342	840	294	208	—	—
临　川	65321	23408	10049	18602	6003	7259
东　乡	12180	5280	2721	1271	2198	710
金　溪	—	—	—	—	—	—
光　泽	—	—	—	—	—	—
资　溪	327	—	93	104	130	—
黎　川	—	—	—	—	—	—
宁　都	2692	1549	415	728	—	—
广　昌	1231	—	1184	47	—	—

续表

县市别	共计	迁移费	防空设备费	疏散费	救济费	抚恤费
石城	14750	—	14750	—	—	—
瑞金	9670	1917	4128	782	1944	899
会昌	4483	600	2096	600	987	200
雩都	369	272	65	24	8	—
兴国	1298	608	628	62	—	—
靖安	8813	6406	1009	—	1398	—
九江	—	—	—	—	—	—
德安	—	—	—	—	—	—
瑞昌	—	—	—	—	—	—
永修	3220	2350	870	—	—	—
奉新	26500	10750	4300	5225	4150	2075
安义	28400	24200	4000	—	200	—
武宁	17916	8000	2000	3980	2433	1500

注：省立各学校之损失未列在本表内

表六　江西省抗战财产间接损失

三　农业部分

单位：千元

机关或县市名称	共　计	可能生产额减少	可获纯利额减少	费用之增加			
				拆迁费	防空费	救济费	抚恤费
总　计	156846416	152511310	2375908	813397	372943	709927	31931
小　计	40691	39831	—	500	—	150	210
垦务处所属各垦场	24831	24831	—	—	—	—	—
赣南园艺场	15860	15000	—	500	—	150	210
小　计	156805725	152502479	2375908	812897	372943	709777	31721
丰　城	2855834	2830030	—	25804	—	—	—
南　昌	15318554	15315804	—	—	1091	835	824
进　贤	688741	616371	1520	66749	3875	13	213
新　建	5241323	5241323	—	—	—	—	—
高　安	3124168	2965041	5203	31060	2582	117296	2986
新　淦	700000	700000	—	—	—	—	—
清　江	3525593	3525593	—	—	—	—	—
宜　春	1286356	1229460	32938	11193	4993	5739	2033
萍　乡	3288535	3288135	400	—	—	—	—
万　载	1523288	1511465	—	8250	1627	1745	201
分　宜	780674	780674	—	—	—	—	—

续表

机关或县市名称	共计	可能生产额减少	可获纯利额减少	费用之增加			
				拆迁费	防空费	救济费	抚恤费
上高	1564130	1560522	—	3126	482	—	—
宜丰	916580	820647	46271	20921	8645	9893	10203
新喻	796134	796134	—	—	—	—	—
修水	7664210	7295210	369000	—	—	—	—
铜鼓	675382	675382	—	—	—	—	—
吉安	2159445	2159445	—	—	—	—	—
吉水	708541	708541	—	—	—	—	—
峡江	781991	781991	—	—	—	—	—
永丰	2080000	2000000	20000	50000	—	10000	—
泰和	604490	601940	50	2450	50	—	—
万安	671147	671147	—	—	—	—	—
遂川	2006271	2002476	—	3795	—	—	—
宁冈	354000	354000	—	—	—	—	—
永新	2214000	1805500	264000	70000	40000	35000	—
莲花	800000	800000	—	—	—	—	—
安福	1202500	1202500	—	—	—	—	—
赣县	1320393	1309124	8746	987	469	780	287

续表

机关或县市名称	共计	可能生产额减少	可获纯利额减少	费用之增加			
				拆迁费	防空费	救济费	抚恤费
南康	1886044	1879200	3121	3079	644	—	—
上犹	970263	897370	64352	654	1431	4878	1578
崇义	1173453	1131639	—	13060	4047	21658	3049
大庾	1275027	1266995	3143	1029	191	3281	388
信丰	911650	882150	—	6000	15000	5000	3500
虔南	414598	319712	51293	9443	22879	8338	2933
龙南	600000	560000	40000	—	—	—	—
定南	886790	875000	—	—	11790	—	—
安远	640600	619000	—	—	21600	—	—
寻乌	534620	520170	—	—	14450	—	—
浮梁	6775749	6775749	—	—	—	—	—
婺源	9968111	9968111	—	—	—	—	—
德兴	1209660	1209660	—	—	—	—	—
乐平	1817710	1817710	—	—	—	—	—
鄱阳	1609106	1600000	670	6024	2310	52	50
都昌	1537062	1522528	12479	1782	118	68	87
彭泽	1787290	1787290	—	—	—	—	—
湖口	1891200	1891200	—	—	—	—	—
星子	1700000	1600000	100000	—	—	—	—

续表

机关或县市名称	共计	可能生产额减少	可获纯利额减少	费用之增加			
				拆迁费	防空费	救济费	抚恤费
上饶	2395000	2395000	—	—	—	—	—
广丰	1984000	1984000	—	—	—	—	—
玉山	1085000	1085000	—	—	—	—	—
横峰	389420	389420	—	—	—	—	—
铅山	1810540	1808450	2000	75	—	15	—
弋阳	1136210	1129672	6510	28	—	—	—
贵溪	1725431	1625431	100000	—	—	—	—
余江	1926724	1926724	—	—	—	—	—
万年	682000	682000	—	—	—	—	—
余干	1200000	1200000	—	—	—	—	—
南城	3082000	3082000	—	—	—	—	—
南丰	1013485	994882	4867	2670	974	7487	2605
宜黄	1100000	1100000	—	—	—	—	—
乐安	830565	822197	1001	7307	60	—	—
崇仁	675518	638597	31966	2438	1800	522	195
临川	1603662	1368711	231463	980	2110	110	288
东乡	1206347	896324	257850	51186	259	527	201
金溪	616196	616196	—	—	—	—	—
光泽	775158	725600	49558	—	—	—	—

续表

机关或县市名称	共计	可能生产额减少	可获纯利额减少	费用之增加			
				拆迁费	防空费	救济费	抚恤费
资溪	272574	272574	—	—	—	—	—
黎川	750000	750000	—	—	—	—	—
宁都	1624188	1187148	—	—	—	437040	——
广昌	846132	533406	307687	3500	1539	—	—
石城	1098905	1057505	—	—	1800	39500	100
瑞金	695697	693523	—	1047	1127	—	—
会昌	915526	915526	—	—	—	—	—
雩都	1000000	920000	80000	—	—	—	—
兴国	889561	889561	—	—	—	—	—
靖安	2648737	2586177	—	62560	—	—	—
九江	5218000	5218000	—	—	—	—	—
德安	1998821	1998821	—	—	—	—	—
瑞昌	1800000	1800000	—	—	—	—	—
永修	2694975	2559940	—	130035	5000	—	—
奉新	2178820	1500000	279820	200000	200000	—	—
安义	2170780	2155115	—	15665	—	—	—
武宁	2323540	2323540	—	—	—	—	—

注：赣南园艺场系四区专署与中正大学合办

表六　江西省抗战财产间接损失

四　工业部分

单位：千元

机关或县市名称	共计	可能生产额减少	可获纯利额减少	费用之增加			
				拆迁费	防空费	救济费	抚恤费
总计	47200611	38895722	7662495	276380	205907	84335	75722
小计	497035	154537	262761	64396	3776	11415	150
兴业公司	277634	—	236461	37626	—	3547	—
重工业理事会	153000	115000	11500	20000	—	6500	—
复兴纺织工厂	25578	15000	4500	3560	2000	368	150
度量衡检定所	34150	18850	10300	2500	1500	1000	—
民生建筑公司筹备处	6673	5687	—	710	276	—	—
小计	46703576	38741185	7399734	211984	202131	72970	75572
丰城	204883	184030	20553	300	—	—	—
南昌	672000	600000	72000	—	—	—	—
进贤	1147085	1147085	—	—	—	—	—
高安	169471	20608	112801	9629	2115	11029	13289
万载	512181	511750	—	172	93	88	78
分宜	14759	14759	—	—	—	—	—
上高	117820	113390	2600	1000	830	—	—
宜丰	3901	1292	1284	730	284	311	—

续表

机关或县市名称	共计	可能生产额减少	可获纯利额减少	费用之增加			
				拆迁费	防空费	救济费	抚恤费
峡江	100000	80000	20000	—	—	—	—
永丰	6196	1438	2515	243	—	2000	—
泰和	13850	7500	450	5800	100	—	—
万安	100000	70000	30000	—	—	—	—
遂川	11551	5501	—	5535	174	238	103
永新	2512	1425	—	—	808	94	185
赣县	791113	703939	67686	7852	10813	735	88
南康	400000	310000	90000	—	—	—	—
上犹	6684	4950	1634	100	—	—	—
大庾	5576	4000	1400	158	12	6	—
定南	143500	97000	45000	1500	—	—	—
安远	7959	5800	2150	—	—	—	—
寻乌	202000	148000	54000	—	—	—	—
浮梁	39201299	32550200	6463800	117100	50000	20199	—
乐平	4200	—	2700	1500	—	—	—
都昌	201272	200710	289	191	30	25	27
上饶	14673	3125	4987	3658	1567	566	770

续表

机关或县市名称	共计	可能生产额减少	可获纯利额减少	费用之增加			
				拆迁费	防空费	救济费	抚恤费
广丰	3405	2925	—	480	—	—	—
玉山	124958	82635	41619	530	54	120	—
贵溪	743472	672400	71072	—	—	—	—
余江	42137	35808	4165	856	583	725	—
南丰	7123	6725	398	—	—	—	—
乐安	22925	11253	2301	7781	40	800	750
临川	41407	930	39089	1021	367	—	—
东乡	799190	621880	—	44000	133310	—	—
光泽	22800	10800	12000	—	—	—	—
资溪	57711	57711	—	—	—	—	—
宁都	10045	6216	3829	—	—	—	—
瑞金	21573	9643	11144	516	—	—	270
会昌	2189	60	2049	—	51	29	—
雩都	134000	134000	—	—	—	—	—
兴国	150596	125497	25099	—	—	—	—
靖安	104352	—	103320	1032	—	—	—
奉新	361217	176200	87800	300	900	36005	60012

表六　江西省抗战财产间接损失

五　商业部分

单位：千元

县市别	共计	可能生产额减少	可获纯利额减少	费用之增加			
				拆迁费	防空费	救济费	抚恤费
总计	113062964	4681400	103909248	1747129	580759	1243744	900684
南昌市	26481223	2098232	23308730	537150	221751	194744	120616
丰城	1146733	1780	1138693	2528	3692	40	——
南昌	179200	—	151200	20000	8800	—	—
进贤	2197823	508820	1682183	6210	610	—	—
新建	3223193	—	3213883	9110	200	—	—
高安	3242165	—	1182334	364190	92834	878643	724164
新淦	597000	—	597000	—	—	—	—
清江	2011790	6002	2003578	2089	80	50	—
宜春	938000	—	938000	—	—	—	—
萍乡	2427137	197	2384488	27183	12644	2390	235
万载	1414605	120254	1285514	5284	1858	758	937
分宜	380435	—	380000	—	115	115	205
上高	1299172	10000	1283152	3640	2270	110	—
宜丰	796687	148387	617672	20325	1372	7172	1759
新喻	749840	—	745974	3212	654	—	—

续表

县市别	共计	可能生产额减少	可获纯利额减少	费用之增加			
				拆迁费	防空费	救济费	抚恤费
修水	292819	82800	201710	6087	1588	398	236
铜鼓	632048	—	632048	—	—	—	—
吉安	1497267	—	1264550	67620	52104	81582	31411
吉水	491459	—	491459	—	—	—	—
峡江	489506	—	456370	11050	9458	12628	—
永丰	213000	150000	45000	8000	5000	5000	——
泰和	412800	—	409500	2500	800	—	—
万安	318832	—	312685	4954	250	942	1
遂川	1009539	—	1006996	2543	—	—	—
宁冈	225000	—	225000	—	—	—	—
永新	500000	—	500000	—	—	—	—
莲花	363405	—	362640	765	—	—	—
安福	492640	—	485536	5383	981	360	380
赣县	1297035	—	1165494	69757	33956	20981	6847
南康	1031215	51368	948243	22531	6246	2265	562
上犹	300741	740	292707	4437	1357	577	923
崇义	300000	—	300000	—	—	—	—

续表

县市别	共计	可能生产额减少	可获纯利额减少	费用之增加			
				拆迁费	防空费	救济费	抚恤费
大庾	806664	—	803380	1600	644	1040	—
信丰	754819	13680	725600	3032	8507	3000	1000
虔南	200000	—	200000	—	—	—	—
龙南	222000	—	206600	12500	750	1900	250
定南	428950	385000	—	31600	8150	4000	200
安远	578500	—	574150	4350	—	—	—
寻乌	304571	—	304571	—	—	—	—
浮梁	2593416	—	2528328	24972	38494	1622	—
德兴	1673280	1088000	584820	160	100	200	—
婺源	2712060	—	2712060	—	—	—	—
乐平	145483	—	132573	11110	1800	—	—
鄱阳	1103587	—	1100303	1937	1347	—	—
都昌	1336996	6072	1314610	9288	4997	858	1171
彭泽	1158739	—	1158739	—	—	—	—
湖口	1000000	—	1000000	—	—	—	—
星子	1300000	—	1300000	—	—	—	—
上饶	2128170	—	2057290	54120	10000	6760	—

续表

县市别	共计	可能生产额减少	可获纯利额减少	费用之增加			
				拆迁费	防空费	救济费	抚恤费
广丰	530814	—	530240	450	70	54	—
玉山	2057138	—	2056160	871	107	—	—
横峰	210589	—	210589	—	—	—	—
铅山	1206895	3150	1203370	150	73	84	68
弋阳	908232	618	906092	1233	203	78	8
贵溪	1274569	—	1274569	—	—	—	—
余江	623264	—	617255	4556	639	814	—
万年	338000	—	338000	—	—	—	—
余干	800000	—	800000	—	—	—	—
南城	2513500	500	2512000	—	1000	—	—
南丰	778121	2800	754310	20231	780	—	—
宜黄	860000	—	860000	—	—	—	—
乐安	400500	500	379722	20010	268	—	—
崇仁	567949	—	548618	9035	2262	7919	115
临川	5014555	—	4854597	149000	8189	2263	506
东乡	678943	—	673296	3910	1737	—	—
金溪	414525	—	381230	14667	9004	1394	8230

续表

县市别	共计	可能生产额减少	可获纯利额减少	费用之增加			
				拆迁费	防空费	救济费	抚恤费
光泽	390000	—	390000	—	—	—	—
资溪	225037	—	224513	524	—	—	—
黎川	708000	—	700000	4000	4000	—	—
宁都	380600	—	380600	—	—	—	—
广昌	532013	—	532013	—	—	—	—
石城	217730	—	216900	—	830	—	—
瑞金	517148	—	512703	1899	997	709	840
会昌	229345	2500	225636	648	469	92	—
雩都	430613	—	426600	1425	432	2156	—
兴国	510803	—	506212	4525	—	46	20
靖安	1754488	—	1748400	6088	—	—	
九江	2380360	—	2380360	—	—	—	—
德安	1000000	—	1000000	—	—	—	—
瑞昌	1200000	—	1200000	—	—	—	—
永修	2658556	—	2505606	135950	17000	—	—
奉新	1500000	—	1500000	—	—	—	—
安义	1798200	—	1791460	6740	—	—	—
武宁	2052843	—	2052843	—	—	—	—

表六　江西省抗战财产间接损失

六　其　　他

单位：千元

机关或县市名称	共　计	矿　业	银行业	金融事业	航　业	公用事业	电　讯	公　路
总　计	8529697	4198594	1124881	1304373	1104747	105828	11720	679554
南昌市	1204060	—	—	1204060	—	—	—	—
丰　城	506237	401204	—	—	105033	—	—	—
萍　乡	1018150	1018150	—	—	—	—	—	—
永　丰	103854	—	—	—	30000	73854	—	—
安　福	60	—	—	—	—	—	60	—
南　康	3566	—	3200	—	—	366	—	—
上　犹	2614	645	1969	—	—	—	—	—
大　庾	589	—	589	—	—	—	—	—
信　丰	725	—	412	313	—	—	—	—
安　远	264291	248613	—	—	15678	—	—	—
婺　源	28186	—	—	—	—	28186	—	—
乐　平	2468094	2464672	—	—	—	3422	—	—
宁　都	504205	—	403000	100000	1205	—	—	—
石　城	12134	—	—	—	3250	—	8884	—
瑞　金	3600	—	—	—	3600	—	—	—
兴　国	3207	—	—	—	3207	—	—	—

续表

机关或县市名称	共计	矿业	银行业	金融事业	航业	公用事业	电讯	公路
九江	5000	5000	—	—	—	—	—	—
黎川	6000	—	—	—	6000	—	—	—
高安	314000	—	—	—	314000	—	—	—
万载	122000	—	—	—	122000	—	—	—
上高	12637	—	—	—	12637	—	—	—
宜丰	12147	—	—	—	12147	—	—	—
永新	6269	—	—	—	6269	—	—	—
临川	46325	—	—	—	46325	—	—	—
靖安	106888	—	—	—	106888	—	—	—
永修	206888	—	—	—	206888	—	—	—
安义	109620	—	—	—	109620	—	—	—
吉安	60310	60310	—	—	—	—	—	—
裕民银行	703877	—	703877	—	—	—	—	—
建设银行	11834	—	11834	—	—	—	—	—
公路处	679554	—	—	—	—	—	—	679554
电话局	1976	—	—	—	—	—	1976	—
无线电讯总队	800	—	—	—	—	—	800	—

表六　江西省抗战财产间接损失

七　医药埋葬费

单位：千元

县市别	共计	医药费				埋葬费				
		小计	男	女	童	小计	男	女	童	不明
总计	3617731	862717	505001	246542	111174	2755014	1767781	744984	238208	4046
南昌市	16672	402	222	93	87	16270	11279	3607	1246	138
丰城	13430	3051	1267	1525	259	10379	7293	2234	852	—
南昌	96068	3070	1820	900	350	92998	62998	22340	6666	994
进贤	38033	10056	5894	3007	1155	27977	14620	9923	3236	198
新建	85284	791	675	116	—	84493	41800	38250	4443	—
高安	353296	30646	14810	10817	5019	322650	146700	103230	72197	523
新淦	4275	2355	1392	933	30	1920	1350	470	100	—
清江	4616	916	744	129	43	3700	2675	746	279	—
宜春	12447	1318	943	361	14	11129	7822	2991	312	4
萍乡	17825	2675	1925	550	200	15150	11561	2404	1185	—
万载	33568	16658	11675	4180	803	16910	14980	1520	410	—
分宜	20812	8354	4921	2815	618	12458	11302	830	314	12
上高	20782	7140	3260	2586	1294	13642	7686	3695	2253	8
宜丰	64137	32285	15390	11385	5510	31852	16833	8742	6260	17
新喻	599	32	32	—	—	567	265	229	73	—

续表

县市别	共计	医药费				埋葬费				
		小计	男	女	童	小计	男	女	童	不明
修水	4407	213	149	64	—	4194	3407	760	27	—
铜鼓	1036	253	139	108	6	783	509	233	41	—
吉安	21241	9571	8091	1216	264	11670	5874	5110	651	35
吉水	5944	1166	986	180	—	4778	4065	713	—	—
峡江	3892	962	786	157	19	2930	2420	320	190	—
永丰	17	7	7	—	—	10	—	—	10	—
泰和	12502	4183	3060	885	238	8319	6053	1913	353	—
万安	19860	3138	2817	271	50	16722	12958	3259	505	—
遂川	10308	1037	640	279	118	9271	6168	2628	452	23
宁冈	750	—	—	—	—	750	504	182	64	—
永新	139210	100791	83131	15092	2568	38419	35723	2292	393	2
莲花	8059	679	559	118	2	7380	5954	1344	80	2
安福	65	38	30	4	4	27	25	—	2	—
赣县	18797	4946	3347	1559	40	13851	10391	2480	980	—
南康	8884	1527	1092	282	153	7357	5482	1565	290	20
上犹	—	—	—	—	—	—	—	—	—	—
崇义	—	—	—	—	—	—	—	—	—	—

续表

县市别	共计	医药费				埋葬费				
		小计	男	女	童	小计	男	女	童	不明
大庾	3450	—	—	—	—	3450	2860	590	—	—
信丰	6232	1153	941	179	33	5079	3731	1252	88	8
虔南	2789	699	487	207	5	2090	1572	436	82	—
龙南	12152	3280	2179	820	281	8872	5796	2232	820	24
定南	1281	361	270	47	44	920	820	80	20	—
安远	59	17	12	5	—	42	42	—	—	—
寻乌	—	—	—	—	—	—	—	—	—	—
浮梁	9075	818	337	356	125	8257	3407	3591	1247	12
德兴	—	—	—	—	—	—	—	—	—	—
婺源	12	—	—	—	—	12	12	—	—	—
乐平	194	121	78	29	14	73	53	20	—	—
鄱阳	8366	2973	2246	597	130	5393	3903	1235	255	—
都昌	18886	4314	2530	1600	184	14572	10194	4105	273	—
彭泽	89055	9105	5750	3070	285	79950	47428	30612	1902	8
湖口	430530	161790	94454	60044	7292	268740	165744	89613	13187	196
星子	85862	9926	6473	2821	632	75936	55170	18080	2575	111
上饶	30019	3496	2330	836	330	26523	19863	6001	659	—

续表

县市别	共计	医药费				埋葬费				
		小计	男	女	童	小计	男	女	童	不明
广丰	7985	272	.187	69	16	7713	5676	1574	443	20
玉山	43719	7129	4148	2079	902	36590	23200	8920	4398	72
横峰	931	283	99	105	79	648	454	152	42	—
铅山	1043	428	237	132	59	615	348	161	106	—
弋阳	3506	343	249	93	1	3163	2383	630	150	—
贵溪	83708	7142	5121	1745	276	76566	37041	19312	19997	216
余江	26180	2897	1465	871	561	23283	14449	5848	2970	16
万年	147	28	19	5	4	119	90	24	5	—
余干	6329	741	589	126	26	5588	3687	1410	491	—
南城	67783	4043	1684	1718	641	63740	35885	19097	7900	858
南丰	672	192	172	5	15	480	220	200	60	—
宜黄	7925	696	515	149	32	7229	4849	1540	831	9
乐安	42	2	2	—	—	40	10	20	10	—
崇仁	5351	369	640	20	9	4982	3340	1451	182	9
临川	255234	105099	46861	31488	26750	150135	91108	39567	19460	—
东乡	13824	3134	1939	910	285	10690	6115	3206	1369	—
金溪	9088	1303	703	487	113	7785	4587	2615	582	—

续表

县市别	共计	医药费				埋葬费				
		小计	男	女	童	小计	男	女	童	不明
光泽	2200	1230	714	232	284	970	514	238	218	—
资溪	—	—	—	—	—	—	—	—	—	—
黎川	9	9	8	1	—	—	—	—	—	—
宁都	—	—	—	—	—	—	—	—	—	—
广昌	18	18	12	6	—	—	—	—	—	—
石城	—	—	—	—	—	—	—	—	—	—
瑞金	720	320	202	56	62	400	279	68	53	—
会昌	—	—	—	—	—	—	—	—	—	—
雩都	49	19	17	2	—	30	20	10	—	—
兴国	1388	873	426	447	—	515	400	115	—	—
靖安	30878	3278	2222	753	303	27600	18556	7648	1366	30
九江	147302	19798	14584	4547	667	127504	115410	9815	2279	—
德安	57428	8708	6182	2526	—	48720	28910	19810	—	—
瑞昌	395454	178969	90592	51107	37270	216485	128950	75203	12281	51
永修	230123	24833	21788	1902	1143	205290	165110	26200	13980	—
奉新	343754	19344	1152	7380	10812	324410	212128	91419	20683	180
安义	100644	18344	12488	4386	1470	82300	60260	18717	3084	239
武宁	39519	6560	2393	2972	1195	32959	24500	8157	291	11

第三部分　附　　录

（略）

江西省政府统计处编印

中华民国三十五年四月出版

2. 蔡孟坚江西灾情报告[①]

（一九四六年八月）

引　言

民国二十七年春，敌寇溯江西上，自皖南取道彭泽、湖口，进占九江，继犯赣鄂毗连各县，策应对武汉之攻势；嗣续向东南分窜，陷安义、永修，次年南昌、新建失守，二十九年高安、上高再陷，于是赣北十五县市，几全被敌所控制。三十一年敌复沿浙赣线侵入赣东，玉山、上饶、临川、南城等十五县均备遭蹂躏。三十三年湘敌于长沙会战失利后，改窜赣西萍乡、永新等地，寇踪所至，又达十四县之多。次年粤敌北侵，赣南各县均被波及。凡此各地，受创俱极惨烈。及至受降前夕，残敌又分由赣南、湘东转入赣中会集撤退，因此赣江沿岸十余县，复蒙受重大之破坏与损失。综观全省八十三县一市中，战时先后被敌占领或遭窜扰者，计有六十三县一市，其幸免于难者，仅赣东南十余县及赣东北一隅而已。战区既广，灾情綦重。所有遭受破坏之实况，兹分别略述如下，并就鬼（蒐）集资料酌制图表附入，俾供参证。

一、人口伤亡

本省人民，昔年死于匪祸者，为数甚众；重以八年寇灾，复惨遭敌机轰炸与寇军屠戮，伤亡相继，殊足惊人。据江西省政府统计处三十五年一月统计：全省人口总数，战前为一四，二三三，八九五人，战时受伤数为一九一，二〇一人，死亡数为三一三，二四九人，伤亡合计为五〇四，四五〇人。

在赣北沦陷区内，敌军杀人如麻，其血迹斑斑之事实，殆非楮墨所能罄其万一。仅以南昌市郊瓜山、沙埠潭一带地区而言，迄战事结束以后，仍复白骨累累，本署为检埋此种尸骨，曾以工赈方式，发动人民检集掩埋，计瓜山一处，即有二千七百余具，已筑成白骨冢数座。然此不过为暴敌千百桩罪案中之一例。此外因其连年在赣境窜扰，各地无辜人民惨遭荼毒虐杀，因当时情报困难，尚复不知凡几。

---

① 此件系国民政府行政院善后救济总署江西分署署长蔡孟坚致总署的报告，归入救济总署档案。抄自存放于江西省档案馆的民国档案资料，卷宗号：J043—22—0151，1946. 8，第 4—20 页。

上述种种，系指直接遭受敌寇杀害者而言。连年本省人民，因转徙流离，或饿毙道路，或病死沟壑，自属不在少数，均尚未计入。至于因征兵服役而减损之人口，且多为具备劳动力与生殖力之壮丁，其数当亦有数十万。以故在江西省政府统计处三十五年四月印行之《袖珍统计》内，公布本省现有人口总数，为一三三〇万人。凡此足证本省人口损失数字之巨大。由于人力之锐减，其足影响今后之复员善后工作，自不待言。

二、房屋毁损

本省战前原有房屋，共计二，一七〇，八四七栋，战时经敌寇炮轰、火焚或炸毁者，共计三八二，四二九栋，占原有总数百分之一七·五。其中以赣北陷敌最久，受损亦最重；南昌、新建、高安三县及南昌市房屋损失，均在三万栋以上，奉新损失二万余栋，九江、永修、瑞昌、武宁等县损失均在一万栋以上，修水、德安、安义、靖安、进贤等县，亦各损失六千至九千栋，即蕞尔小邑如湖口、彭泽、星子等，损失亦均达四千余栋。凡此各地，无论城市乡村，往往同遭毁灭；高安县南北两城，残存房屋仅有十余；奉新县城中较完整之房屋，仅存天主堂一所；若干乡间甚至片瓦无存，战后复归之难民，唯有以树叶搭棚暂时容身；即省会所在地南昌市区之建筑物，亦已拆毁四分之三以上，昔日繁华街衢，率多成为废墟，战后义民复归，什九凄身无所，房荒问题，严重达于极点。

赣东于三十一年遭敌窜扰，凡寇踪所经之处，如玉山、上饶、弋阳、贵溪、临川、南城、余干、东乡等县，破坏均极惨烈；其中贵溪、临川两县，房屋损失各在万栋左右；南城城区被焚后，完整之建筑物仅余七所，损失占百分之九五，迄今尚无力修复，断垣残壁，仍复随处皆是。

此外损失较重者，尚有赣江沿岸之赣县、吉安、丰城等处，俱因历年迭遭敌机轰炸，最后于寇军北撤时，复被放火焚烧，被毁房屋均在七千栋以上。

综计全省房屋损失在百分之五十以上之重要城市凡四十二，其中有十八个城市损失超过百分之九十，有十个城市损失亦在百分之八十以上。始终未经沦陷之著名瓷产地浮梁（即景德镇），因敌机之屡次袭击，房屋损失亦达百分之五十。至于较为次要之村镇，屋宇房舍荡然无存者，更属所在多有，其名称不复一一列举。总之，难民返乡以后，如何使其安居以便复业，亦为本省迫切事项之一。

三、农田抛荒

本省位于鄱湖盆地，土壤肥沃，物产丰饶，向有“江右谷仓”之称；八年以来，成为敌寇迂回窜扰地带与军糈物资掠夺区，因此各地粮食物资悉被搜括，凡经敌扰之区，往往庐舍荡然，农田亦多荒芜。尤以赣北一带，沦陷最久，受灾亦最烈，迄今高安、永修、靖安、安义等县，随处仍见荒田，仅永修县属之张公渡附近，农田抛荒面积，即达一万五千亩之多。

查本省耕地面积，除南昌等二十五县系用航测外，其余五十八县则采用“江西农业统计”所载数字，合计全省耕地总面积为四八，七七〇，七八五市亩，占全省土地总面积百分之一八·八弱，内计水田三六，〇一五，一三二市亩，旱地一二，七五五，六五三市亩。以全省人口总数一，三三〇万人计，每人平均可得耕地三·七市亩；如以全省农民总数，二，二七五，〇六九户计，则每户平均可得耕地面积为二一·五市亩。

战前原有荒地，已航测二十五县之实测面积为一，一九五，七五五市亩；未航测五十八县计四，三七五，八〇四市亩；两共五，五七一，五五九市亩，包括平荒、山荒在内。此项荒地面积，占全省耕地总面积百分之一二。

至于本省因受战事影响而抛荒之农田，各方虽正在进行调查之中，但尚无正确数字足资依据。兹就访问所及，并参酌各县灾情报告估计全省因战事抛荒之农田，约在一五〇万市亩以上。以赣北各县为最甚，如上高、永修、靖安、安义等县，抛荒农田均在四五万市亩左右，武宁约八万市亩，高安、新建各十万市亩，而南昌一县，则达三十万市亩之多。灾情之重，可以概见。

四、耕牛损失（附农具）

本省耕牛，据江西省政府二十六年统计，原有一，五二八，六三〇头，平均每三家农户约有耕牛两头。其中黄牛约占三分之二，居全国第四位；水牛约占三分之一，居全国第七位。耕作能力，黄牛每头约可耕三〇至四〇亩，水牛每头约可耕五〇亩。战时由于敌人之掠夺宰杀，据江西省政府统计处调查，共损失二七〇，九九七头，约占原有数百分之一八·六；受灾最重县份，如南昌、新建、永修、奉新、瑞昌等县，损失均各在一万头以上，临川、九江、进贤、高安、修水、贵溪等县，损失各八九千头，南城、永新、莲花、万安、萍乡、丰城、安义等县，损失亦均在五千头以上。又据江西省兽医专科学校估计，本省每年因染疫而死亡之耕牛，约达一八，四〇〇头。准此估计，本省现存耕牛数，仅一一〇万至一二〇万头之间，平均每两家农户，始有耕牛一头；以故今年春耕，一般贫农，因无牛只使用，率多以人力代替，事倍功半，影响复耕殊非浅鲜。

除耕牛外，各种农具，亦普遍感觉缺乏。本省民间原有农具，现尚无较可靠之统计数字。战时因敌人搜括金属物资，犁、耙、锄、锹等多被掠夺；水车及其他农具，亦及被焚毁，据省政府统计处调查，全省农具损失，总值约合国币五，五三〇，三三二，一九八元，平均每件单价以一千元计算，损失当不下五五〇万件。本省农业院附设有农具工厂，能制各种新型农具，现仍继续生产中；然亦因受战事影响，机器设备，亟待补充，方足大量制造，以应一般农民之需要。

五、粮食恐慌

本省粮食，出产素丰，尤以稻谷为大宗，除自给外，每年均有大量出口。抗战以来，历年供应军粮，并接济闽、粤、浙等邻省民食，为数颇巨。据江西省政府战前调查，二十六年度籼糯稻之栽培面积总计四二，二三一，九三九市亩，产额为一〇二，二七六，九〇三市石。战时因敌人之扰害，陷区增加，耕地缩小，农民流徙，兼以应征兵役暨担任各种工役，致原来从事耕作之劳动力普遍减少，产量为之大减。三十年至三十三年度，依江西省田粮管理处调查自由区六十九县主要作物面积及产量并就“江西省农业统计”所载游击区十四县水稻栽培面积与产量参酌估计，全省稻谷栽培面积约为三二，九三三，八〇〇市亩，产额八八，〇三二，〇〇〇市石，较之战前每年约减产一，四〇〇万市石。查本省民食，向以稻谷为主，如以全省人口总数一，三三〇万人每人年食稻谷以六市石计算，则全年消费量约为八千万市石，另减留种用稻谷约二百万市石，仍可盈余约六百万市石。惟因征购征实稻谷，年达八百余万市石，即以杂粮折合相抵，已无余粮；益以供应军糈与接济邻省民食，早有不敷之感。

去年因省境各地发生水旱灾患，复因受敌人窜扰影响，稻谷收成，较往年更为减少；据田粮处估计，产额为八一，七八一，二九三市石，仅足维持全省民食消耗。惟自抗战结束后，后方各地难民，纷纷迁返，需粮日多；且邻省粮价暴涨，一般应时趋利之徒，乘机大量贩运米谷出境销售；复因中枢继续采购余粮，军糈供应亦不容停滞，而各县积谷，因历年被敌寇劫掠，损失总数达一一，四〇〇，二二一市石之多，仓存早告匮乏，故省境粮食，顿感不足，致形成今春严重之粮荒。

各地粮荒情形，如九江县，据该县参议会报告：缺粮之户，计达百分之七十以上，因此断炊而以树皮、草根、观音土等物代食者，不下一千户之多，家无粒米全赖玉米糊为食者已达九千三百余户，因饥饿而死者亦时有所闻；赣西萍乡一带，因春荒严重，人民相率转徙乞食，饿殍道途者所在皆是；赣南各县，粮食素极缺乏，大部平民，以多芋叶、芋根、薯渣等代饭，聊以苟延生命；赣东上饶乡间，亦发生人民以树根及观音土度日之现象；甚至南昌市近郊，月前亦发现乡民有以树叶充饥者。

三十五年度粮食产量，依照全省耕地面积四八，七七〇，七八五市亩，每亩收获二市石计算，包括稻谷及各种杂粮在内，为九七，五四一，五七〇市石。然各地水灾频传、实际收成是否能达到此项估计数字，实属疑问。如不设法救济，荒象仍堪忧虑。

六、衣料匮乏

本省衣着原料，极端不敷，向需仰给外省。战前棉花年产量为二八九，六六三市担，如按全省人口总数一，三三〇万人，以每人每年用棉最低量五市斤计算，约需棉六六五，〇〇〇市担，不敷之数，已在一倍以上。麻为本省特产，以宜春、万载、宜黄、宁都等县所产者品质最佳，战前全省年产量，包括苎麻、大麻及黄麻，共计一九八，七二四市担。战时因栽培面积缩小，产量均大减，据江西省政府建设厅三十年度估计，本省棉麻年产量，约均为十五万市担；至三十四年度复经统计处调查，棉产量增至二四〇，九一六市担，麻产量则仅为六二，八二一市担。加以历年被敌掠夺者，为数颇巨，计棉一，〇六六，六四八市担（包括由外省输入之原棉在内），麻一三二，三九六市担，因此衣着原料更形奇缺。

本省纺织事业，一向停留于手工业时代。战前棉织土布，年产额曾达九四五万匹，以南昌、清江、新淦（干）、南康等县为最盛：战时因外来原料供应断绝，乡村纺车织机，大半停废，据一般估计，产量殆不及战前五分之一。麻织夏布，战前年产额约一二〇万匹，战时亦因缺乏原料，产量大减。省政府为解决衣的自给自足问题，曾设厂提倡机织，改良土布夏布，然产额甚微，殊不足以供应一般人民之需要；嗣以敌军窜扰，即告停顿。

至于省外输入之布匹，历年遭敌寇劫掠焚毁，损失至巨。尤以南昌、临川、吉安、南城等处损失为最重，仅以南昌市而论，据市商会报告布匹损失即达二六万件，总值不下五〇亿元。

故江西衣着问题之严重，较之粮食问题，实属有过之无不及。战后由后方复归之人民，衣不蔽体者比比皆是，有五口之家仅存一床破絮者，亦非罕见。据省政府统计处调查估计，本省人民因战事损失之衣被需全部补充者，约二六三万人；需部分补充者，约二四〇万人。大量原棉及布匹之输入，实为目前迫切需要之举。

七、交通毁损

本省战前原有公路，除县道外，干支线共计六，三八四公里。战时因阻敌而经实施破坏者为五，〇四七公里，所存不过赣东南一小部分，计一，三三七公里，嗣经设法修复四八八公里。战后因人力、物力及财力之困难，修复工作，进行极为迟滞，至本年七月底止，全省修复公路，尚仅一，五一九公里，连同战时业经修复路线，亦仅二，〇〇七公里，且均系临时勉强通车，大部桥梁涵管，多不堪载重，路面铺设亦多未遵照规定限度，因此路基不固，车行颇险，如遇天雨，尤难畅通。公路处战前原有各牌汽车五四六辆，复员时仅存五三辆，不及原数十分之一，另有商车不满百辆，均属破旧不堪，难应需要。战前原有车场，计南昌、樟树、吉安、龙南、宁都、临川、永丰、珀玕、河口、浮梁、牛行、万载、武宁、九江等十四处，均置有全部修车设备；现有车场，计南昌、南城、上饶、宁都、赣县、泰和六处，均仅有简单修车设备，在同一时间内，仅能检修车辆各一至二部。总计公路方面因战事所受之直接损失，包括公路、车辆、燃料及修车设备等在内，为五，七三五，八七二，二四五元，间接损失共达六七〇，二七二，二四八元，合计六，四〇六，一四四，四九三元。

省境铁道，原有浙赣路之玉萍段、南浔路及萍株路三线，共长八〇四公里，战时均经彻底破坏，尚未修复，尤以南浔路破坏程度为更甚。

水运方面，本省赣、抚、饶、信、修诸河，过去航运，向称便利，战前共有小轮船一一七艘，帆船二四，八九二艘。战时多经敌寇毁坏，赣江帆船，先后被炸毁沉没者达一万一千余艘，去夏敌寇沿江北窜，尚复凿沉大小帆船六百余艘。目前全省残破船舶，计小轮船六四艘，大都破坏不堪使用；赣江帆船幸存者三，一三六艘，其他各河三，二六四艘，亦多破旧不堪。近以催运军粮，统一调派，商旅水运亦形停顿。

八、圩堤溃决

本省沿江滨湖各县，地势低洼，易受水灾，向恃圩堤以为保障。堤线长度，共计三，〇八五公里，受益农田四三〇万市亩。战前历经加高培厚，颇为巩固。战时沦陷区及接近前线各圩堤，因军事关系，挖壕筑垒，破坏甚多；复经敌寇挖决，什九残破，险段决口，比比皆是；加以圩堤附近人民，率多流离逃亡，未遑修补，故省境河湖干堤，实际已无防洪力量，一遇大水，灾害立见。

胜利以后，经江西水利局实施勘察，所有损坏堤段，估计需培修土方六九，八五四，二九〇公方，损坏涵闸，共计二二六座，亟待修建。前经本署拨款一亿元，用工赈方式，先行抢修受灾最重之南昌、新建、永修等三县堵口复堤工程，惟以赈款太少，未能普遍举办；嗣奉总署核准拨给面粉四，四一七吨，办理沿江滨湖各大堤复堤工程，亦因赈粉未能源源接济，致令工作进展颇受影响。然在汛期，已因而发生相当防洪效力。如本年五月初间，赣、抚各河水位同时上涨，超过警戒线者，计有二十余日，各堤岌岌可危；尤以六月中旬，情形更为严重，抚河下游各堤，竟于六月十九日告急，时经三日，赖防范严密，幸未成灾。今后倘赈粉能源源接济，俾督修工作顺利进行，则农田收获可以确保，捍卫力量得以增强，人民受惠，定非浅鲜。否则今年虽已化险为夷，但明春汛期一届，水灾仍随时有发生之可能；如上游山洪暴发，下游水位陡增，严重之灾患即将接踵而至，后患殆不堪设想。

九、产业停顿

本省重工业有资源委员会与省政府合办之机器、炼铁、车船、电工、硫酸等五厂。机器、车船、电工三厂均设于泰和，规模虽小，基础已渐巩固；炼铁厂设于吉安永新间之天河，机器锅炉均尚完备，并敷设有钢轨五公里；硫酸厂设于大瘐（庾），采用最新钒金接触方法，每年可制98%浓度硫酸四〇吨。此外尚有资源委员会、华中水泥厂与省府合办之水泥厂，亦设于天河，采用干法竖窑制造，每年可出水泥八，〇〇〇桶（每桶净重一七〇公斤）。三十三年度寇军先后窜扰赣西、赣南，以上各厂，厂屋机器，什九遭破坏，现均已停办，计损失达四一三，四〇〇，〇〇〇元。今春曾有全部拨归省办之议，惟省政府因财力不敷，尚无法整理复工。

轻工业有省营兴业公司之酒精、糖、纺织染、麻织、制革、锯木、瓷、印刷等十一厂，均因战事破坏，停止生产，现尚继续办理者仅印刷厂一所，共计损失达四四〇，三〇〇，〇三五元。民营者有火柴、罐头、纺织、印刷等厂，亦均受重大损失。景德镇瓷业，原有窑一百五十余座，战时屡遭敌机轰炸，毁损綦重，今已开工者尚不及原有数三分之一。

公用事业全省原有电厂二十三家，内省营电厂四（吉安、泰和、赣县、大庾），水电厂一（南昌），其余俱系民营。除南昌水电厂系胜利后所收回外，省营四厂，战时损失共计一二八，四四七，九八〇元；现泰和、大庾两厂已停办，吉赣两厂亦在勉强挣扎中。至民营各厂，除九江尚勉强支持发电，然亦不足以供照明之需要外，余均被毁残破，不能复工。

矿业重要者有钨、锡、锰、煤、铁五种。

钨产于大庾、龙南、虔南、会昌、安远、雩都、泰和等十七县，储藏量达四百万吨，居世界第一位；初由人民自由开采，自二十五年国营以来，在大庾等七主要矿区，年产量即有十万吨，全部运销国外。锡产于大庾、南康、上犹三县；储藏量约十万吨，以大庾为最著；初由省政府设厂采炼，年产量计一，五〇〇吨，二十九年亦移归国营。三十三年敌由粤北窜入赣境，钨锡各矿，遂均陷于停顿。

锰产于乐平，储藏量达一百万吨，仅次于湖南；自三十年一月起省府设厂采炼，每月可产锰砂锰粉各三〇吨。乐平虽未经沦陷，但矿厂亦因受寇军侵赣影响而无法维持，早已停采。

煤之重要产区为萍乡、余干、丰城、宜春、乐平、吉安、新喻、上饶等县，总储藏量约七万万吨，过去从事开采者，公私经营均有，年产在八〇万吨以上，足供南浔、浙赣两铁路，本省各电厂及赣河轮船应用；以萍乡之安源煤矿、吉安、永新间之天河煤矿及乐平煤矿为最著。安源、天河两矿俱系国营，前者早于二十八年因省境战事解散，现拟改组，尚未出产；后者在战时产量尚年有增加，嗣因寇军深入赣省，遂告停顿，现虽已勉强复工，而产量甚微，日产仅六〇吨。乐平煤矿系矿商鄱乐公司集资开采，原有煤井三个，被敌机炸毁两个，现日产约四〇吨，被毁两井恢复不易。

铁产于萍乡、莲花、永新、九江、宁都等县，估计储藏量约二千万吨，以永新乌石山质量最胜，过去均仅有小规模开采，二十九年省政府与资源委员会合资筹设炼铁厂于天河，即以乌石山之铁砂为主要原料，自三十一年起，每日可出翻砂铁二〇吨。三十三年敌扰赣西，途经天河，机器锅炉，悉被摧毁，至今无力恢复。

十、疫疠流行

本省灾情惨重，已如上述，而战时播迁频繁，疫疠继起，凡各种法定传染病，均有发现，传布既广，蔓延尤速。据本省各级卫生机关之卫生状况年报表归纳统计，自二十六年至三十四年，本省各种法定传染病患者，共计七三，一一六人，内死亡七，五六二人。惟同数字，仅系指曾就诊于各医疗防疫机关者而言；此外各地发生病患，所在皆是，纵或死亡相继，大都隐瞒未报，故实际之传染病患，当数倍于此数。其中以赣东南城等处之鼠疫，尤为可畏。

查赣东鼠疫，系于三十年自闽省传来，初流行于光泽，旋即传至南城，历时五载，迄未扑灭。三十三年夏季，因防治未得其法，疫区复自南城扩展至黎川、南丰等县，以南城疫势为最烈。嗣经防疫专家伯力士亲往施救，一度稍戢；至去年岁杪，鼠疫又突趋流行。据非正式估计，历年死于此种病患者，实际数当已逾千人。迩来南城一带，疫势复炽，城郊及新丰镇等处，均日有发现。据南城鼠疫隔离病院报告：本年六月份共收鼠疫病人十二人，死七人，未入病院者不在内。此外黎川染疫者六四人，死三六人；南丰染疫者五四人，死三二人；广昌虽时有发现，然数字尚未据报。最近临川、金溪两县，竟亦发现死鼠，临川城区发现死鼠之处，且有十二处之多，并已发现病例，现已死亡一人。此种可怖之黑死病，蔓延赣东各地，疫区日益扩大，如不予以根绝，后患诚不堪设想。

除鼠疫外，战时流行疫病，以霍乱、赤痢、脑膜炎三种为最烈，死亡率亦最大，伤寒及天花次之。战后各种疫病，继续发生，以今春之脑膜炎为尤甚，蔓延二十余县，患者数百人，死亡亦达百人。最近时值夏令，霍乱突趋流行，南昌、九江、浮梁、鄱阳、吉安等县，均有发现，势极猖獗；半个月来，南昌市区已死二九九人，其未及就诊即告死亡因而无法查明者，尚未列入；浮梁据报死亡亦达三〇〇人之多。为祸之烈，可见一斑。

结论

综上所述，足证本省所受战灾之惨重。加以战时天灾频仍，战后疫病饥饿接踵而至，十年以来，民无喘息。本署成立以后，以时机迫切，刻不容缓，首择受灾最重区域，迅即举办各项救济工作；然以赈款有限，物资不充，杯水车薪，无当于万一。今后需大量经费物资，俾业务得以普遍展开，全省人民，始有复苏之望。

附记

一、资本省曾经被敌占领或遭窜扰者，凡六十三县一市，惟其中兴国、雩都等三县，敌军仅于其边境稍有滋扰，受灾较轻，故图表内均未将该县列入。

二、图表所列各项损失价值，大都以三十四年九月份物价为准，该月份物价指数，为战前之八七一倍。

3. 江西公路抗战损失纪要①

在举世瞩目之同盟胜利中，回忆我国抗战以来，我同胞生命财产遭受暴敌之摧残，其损失之惨重，实空前未有，言之痛心。而其中摧残最重者应为交通，交通方面尤以公路为最甚。盖战时因铁路相继中断，航线多被封锁，公路乃居首要地位而为交通之命脉，举凡军事进展，端赖公路与之配合，至阻敌前进，亦须将公路予以破坏，于是在军事演变之过程中，随时破坏，随时抢修，而公路之损失乃至为巨大。

本省自二十七年马当失陷以还，先后遭敌蹂躏之县邑，为数甚多，因军事而破坏之公路，亦达五〇四七公里，约为全省百分之六十六。其他属于公路之房产器材等损失，亦具有相当之数字，统计本处自二十六年七月七日起，至三十四年八月三十一日止，由于抗战之直接损失，其价值为五十七万万余元。间接损失为六万万余元。总计六十四万万余元（均系按时价估计详见附表）。

公理打倒强权，正义克服残暴。八年来终于粉碎侵略之迷梦，使向我作无条件投降，其在我国土任意摧毁之一篇血债，现已至偿还之日，上述关于本处抗战损失之数字，完全根据实际情形计算所得，不涉丝毫虚浮，除已呈报中央暨江西省政府有案外，特再裒辑此项资料，以供有关当局及社会人士之采择，而为清算战债之佐证。

江西公路处抗战直接损失调查总表

资料日期：二十六年七月七日至三十四年八月三十一日

损失分类	价　　值（元）	附　　注
总　　计	5735872245.00	均系现时值价
公　　路	4540010200.00	
房屋建筑	118980300.00	
燃料油类	29564865.00	
车辆及机务材料	317418620.00	
车场修车厂及材料库	42486288.00	
电讯设备	572370000.00	
外埠购办车辆器料	115341972.00	

① 此件为江西公路处1945年11月1日印行的资料。原件存中国第二历史档案馆。

江西公路处抗战间接损失调查总表

资料日期：二十六年七月七日至三十四年八月三十一日

损失分类	价　值（元）	附　注
总　计	670272248.04	均系现时值价
可能收入减少数	604800000.00	
迁移费	50712701.00	
防空费	5019868.00	
救济费	3140909.00	
抚恤费	5749338.76	
军事工程队经费	849431.28	

江西公路处抗战损失调查表

损失事件：奉命破坏公路

日期：二十六年七月七日至三十四年八月三十一日

损失地段	损失年月		单位	数量	当时实价（元）	现值市价（元）	附注
总　计					41446549.18	4540010200.00	
景德镇东峰界段	27	5	公里	522	1005120.00	407880000.00	
全家源八都段	27	9	公里	330	691680.00	271920000.00	
鹰潭马鞍坪段	28	6	公里	156	392640.00	144960000.00	
湖口马当段	27	7	公里	56	107920.00	43780000.00	
湖口九江段	27	7	公里	24	35040.00	15960000.00	
宜春樟树段	28	5	公里	138	366720.00	133080000.00	
温家圳东馆段	27	12	公里	78	136560.00	57540000.00	
新喻经峡江至水边段	28	4	公里	61	164980.00	59720000.00	
临川金溪段	28	4	公里	42	74950.00	31775000.00	
九江莲花洞段	27	7	公里	13	18560.00	8540000.00	
万载经萍乡至老关段	28	6	公里	158	275140.00	11407000.00	
分宜安福段	28	6	公里	47	132400.00	47200000.00	
上高新喻段	28	5	公里	80	149440.00	61360000.00	
上顿渡樟树段	28	5	公里	79	172100.00	66740000.00	
湖口景德镇段	27	12	公里	123	292800.00	110100000.00	

续表

损失地段	损失年月		单位	数量	当时实价（元）	现值市价（元）	附注
都昌蔡家岭段	27	11	公里	35	50810.00	22245000.00	
石门街马尾港段	27	12	公里	34	57680.00	24620000.00	
九江瑞昌界首及通江岭马头段	27	11	公里	74	81840.00	40400000.00	
九江虬津段	27	11	公里	94	197840.00	77660000.00	
瑞昌大桥河段	27	9	公里	50	145600.00	51400000.00	
贵溪湾塘段	28	12	公里	25	44000.00	18500000.00	
贵溪芳墩陈家坊三了桥沥桥塔桥段	28	12	公里	66	116160.00	48840000.00	
上高徐家渡段	29	1	公里	25	29550.00	14015000.00	
燥坑蒲口段	29	1	公里	24	54890.00	20485000.00	
永丰藤田段	29	3	公里	43	65950.00	28575000.00	
三曲滩阜田段	29	3	公里	29	50320.00	21280000.00	
乐安招携段	29	7	公里	37	65120.00	27380000.00	
乐平境内各区道	29	7	公里	206	362560.00	152440000.00	
临川上顿渡段	29	4	公里	8	45760.00	13840000.00	
樟树清江段	29	5	公里	16	24720.00	10540000.00	
东乡金溪段	29	5	公里	43	75680.00	31820000.00	
其他县道	29	6	公里	32	56320.00	23680000.00	
东馆南城段	31	4	公里	41	687600.00	29240000.00	
南城黎川段（已修复）	31	6	公里	54	903900.00	37995000.00	
南城南丰段（已修复）	31	6	公里	42	822700.00	33995000.00	
南丰广昌段（已修复）	31	6	公里	56	1084100.00	43065000.00	
金溪南城段（已修复）	31	7	公里	47	795300.00	33305000.00	
鹰潭上饶段（已修复）	31	7	公里	129	2554000.00	99980000.00	
上饶玉山段（已修复）	31	7	公里	41	668100.00	28925000.00	
广丰二渡关段（已修复）	31	7	公里	33	543100.00	22475000.00	
永修龙门厂段	27	12	公里	200	429760.00	167440000.00	
修水宜丰段	28	6	公里	133	332980.00	120870000.00	

续表

损失地段	损失年月		单位	数量	当时实价（元）	现值市价（元）	附注
清江高安段	28	6	公里	47	76240.00	33160000.00	
奉新上富段	27	12	公里	41	85840.00	33760000.00	
万年大源段	28	4	公里	29	48880.00	20920000.00	
阜田峡江段	28	4	公里	30	56400.00	23100000.00	
德安瑞昌段	27	7	公里	50	188080.00	64720000.00	
鄱阳田坂段	27	12	公里	47	82720.00	34780000.00	
万家埠大成段	28	5	公里	60	154560.00	56640000.00	
上高宜丰段	27	4	公里	22	38720.00	16280000.00	
吉安阜田段	28	4	公里	35	61600.00	25900000.00	
新淦载坊段	28	6	公里	55	96800.00	40700000.00	
崇仁宜黄段	28	6	公里	35	61600.00	25900000.00	
临川宜黄段	28	6	公里	53	93280.00	39220000.00	
崇仁凤冈段	28	6	公里	23	40480.00	17020000.00	
德兴禾平段	28	7	公里	54	123670.00	46715000.00	
马鞍坪八都段	28	7	公里	117	253440.00	98460000.00	
永丰吉水段	28	8	公里	115	102960.00	39240000.00	
黄金埠至余江及余江淡峦高石线	28	8	公里	38	66880.00	28120000.00	
八都住溪段	28	8	公里	12	21120.00	8880000.00	
吉安八都段	31	7	公里	52	915200.00	38480000.00	
吉安井头段	31	7	公里	153	1755300.00	83265000.00	
安福分宜段（该路经修复又奉命破坏）	31	6	公里	47	797700.00	33185000.00	
安福茅坪段	31	6	公里	56	1528200.00	55610000.00	
吉安泰和段	31	7	公里	43	761200.00	31300000.00	
圳头永阳段	31	7	公里	23	297000.00	13610000.00	
浮梁张王庙段	31	12	公里	78	1372800.00	57720000.00	
泰和永阳段	34	1	公里	24	686500.00	22385000.00	
吉安泰和段（该路经修复又奉命破坏）	34	1	公里	43	470200.00	23010000.00	

续表

损失地段	损失年月		单位	数量	当时实价（元）	现值市价（元）	附注
遂川赣县段	34	1	公里	91	1854600.00	72430000.00	
泰和遂川段	34	1	公里	75	1219700.00	51805000.00	
赣县小梅关段	34	2	公里	97	1591300.00	69765000.00	
赣县雩都段	34	7	公里	64	1386900.00	53425000.00	
南康定老城段	34	6	公里	166	3009000.00	128050000.00	
龙南小际段	34	6	公里	88	1618100.00	66005000.00	
兴国江口	34	2	公里	53	1444400.00	52200000.00	
信丰坳下段	34	6	公里	23	404800.00	17020000.00	
老营盘泰和段	34	2	公里	57	1007100.00	43695000.00	
鱼塘渡船	29	7	只	1	800.00	400000.00	
鱼塘便桥	29	9	孔	11	1974.18	1650000.00	
南城工务段存放万年附近之桥梁面板	29	7	市方	15	200.00	105000.00	
万年桥	29	9	孔	1	400.00	4000000.00	
上饶工务段工具	30	4			755.00	755000.00	
迁回桥梁材料工具至南昌			公吨	123		10135200.00	
永阳界化陇段	33	6	公里	109	1703100.00	73195000.00	
浮梁婺源段	31	12	公里	86	1513600.00	63640000.00	

江西公路处抗战损失调查表

损失事件：房屋建筑

日期：二十六年七月至三十四年八月

损失项目	损失年月	单位	数量	当时实价（元）	现时市价（元）	附注
总　　计				674500.94	118980300.00	
工务段房屋				82320.00	7598000.00	
车站站房				241108.09	51915120.00	
车场及库房				239277.18	44722000.00	
外属部门宿舍				47000.00	6593000.00	
其他房屋建筑				54800.67	8152180.00	

江西公路处抗战损失调查表

事件：燃料及油类

日期：二十六年七月至三十四年八月

损失项目	损失年月	单位	数量	当时实价（元）	现时市价（元）	附注
总　　计				2441973.55	29564865.00	
汽　　油	26－28.6	加仑	5089.00	17984.25	12723750.00	
机　　油	26－31.6	加仑	537.75	92954.00	8822125.00	
柴　　油	26－31.6	加仑	346450	8261.25	5187750.00	
木　　炭	26－33.6	市斤	374224.00	1378527.75	3742240.00	
空　　桶	26－34.6	只	785.00	791730.00	3129200.00	
空　　听	26.12	只	6200.00	131610.30	2480000.00	
木　　箱	30－31.6	只	4198.00	20900.00	419800.00	

江西公路处抗战损失调查表

事件：车辆及机务材料

日期：二十六年七月至三十四年八月

损失项目	损失年月	单位	数量	当时实价（元）	现时市价（元）	附注
总　　计				8145381.24	317418620.00	
汽　　车	26－31.1			448627.44	44862744.00	
器材工具	26－31.12			198129.44	19812944.00	
家　　具	29.12			8247.91	824791.00	
机务消耗及杂费	29－33.12			7490376.45	251918141.00	

江西公路处抗战损失调查表

事件：车场修车厂及材料库

日期：二十六年七月至三十四年八月

损失项目	损失年月	单位	数量	当时实价（元）	现时市价（元）	附注
总　　计					42486288.00	
财产损失					769000.00	
搬运费					35861888.00	
厂屋损失					5500000.00	
材料损失					355400.00	

江西公路处抗战损失调查表

事件：电讯设备

日期：二十六年七月至三十四年八月

段别	损失年月	单位	数量	当时实价（元）	现时市价（元）	附注
总计				645390.00	572070000.00	
九江至南昌段	27－28	对公里	433	77940.00	69280000.00	十二号铁质电话线
南昌至高安段	28.3	对公里	60	10800.00	9600000.00	
南昌至吉安段	28－34.7	对公里	612	171900.00	152800000.00	
宜黄至金溪段	31.7	对公里	84	15120.00	13440000.00	
临川至宜黄段	31.7	对公里	53	9540.00	8480000.00	
南昌至南丰段	28－31.6	对公里	443	79740.00	70880000.00	
南昌至鹰潭段	31.6	对公里	185	33300.00	29600000.00	
鹰潭至玉山段	31.6	对公里	170	30600.00	27200000.00	
鹰潭至乐平段	31.6	对公里	117	21060.00	18720000.00	
吉安至界化段	31－34.7	对公里	332	59760.00	53120000.00	
南康至大庾段	34.7	对公里	54	9720.00	8640000.00	
吉安至赣县段	34.7	对公里	206	37080.00	32960000.00	
赣县至龙南段	34.6	对公里	156	28080.00	24960000.00	
赣县至江口段	34.1	对公里	52	9300.00	8320000.00	
南城至黎川段	31.7	对公里	54	9720.00	8640000.00	
高安至萍乡段	34.7	对公里	203	36540.00	32480000.00	
电话机		部	21	1470.00	1050000.00	
交换机		部	1	120.00	100000.00	
其他				3540.00	1800000.00	

江西公路处抗战损失调查表

事件：外埠购办车辆器材

日期：二十六年七月至三十四年八月

损失项目	损失		单位	数量	当时实价（元）	现值市价（元）	附注
	年	月					
总　　计					1177592.83	115341972.00	
汕头沦陷损失胎胶等	28	6			16349.65	16349650.00	
海防被敌扣留材料	29	3			17725.84	8862920.00	
东阳被□材料	29	9			60219.88	15054970.00	
香港沦陷损失材料	30	12			63866.66	12773332.00	
惠通桥被敌炮毁材料	31	5			705342.00	35267100.00	
上饶撤退损失酒精木炭	31	6			60500.00	1680000.00	
上海被敌没收材料	31	12			58607.50	11721500.00	
衡阳损失电池	33	8			120000.00	1000000.00	
桂林失陷损失电器材料	33	10			67100.00	470000.00	
温家圳撤追损失汽油	28	3			7881.30	12162500.00	

（民国）三十四年十一月一日江西公路处印

过守正编拟

（二）文史资料[①]

1. 日军侵占南昌市后的统治

七七事变之后，日本帝国主义者肆无忌惮地对我国进行武装侵略。全国人民敌忾同仇，一致要求停止内战，枪口对外，救亡图存。国民党政府勉强应战，致使大好河山渐沦敌手，不到一年，战火就弥漫东南半壁。兹就日军侵占南昌以后的统治情况，概述于后。

军事方面的统治

一、日军侵占南昌初期：1939 年 3 月 26 日，日军由万家埠过安义、奉新、高安等县沿公路抵新建县西山万寿宫。国民政府军罗卓英部早在 3 月 22 日就准备逃走，并将横跨赣江的大桥炸毁一小段。日伪军合组的“靖安队”由汉奸便衣带路，从新建县乐化和永修县张公渡两路进攻南昌市，于 3 月 28 日占领市区。在市外郊区，每相隔十来里路或在要隘，都有十数人或更多的日伪军据守，进行军事封锁。

二、日本兵与游击队：日本兵占领南昌市后，市郊区有了游击队。新建县多山区，更适宜于游击战争。计有后方县政府保安队所领导的游击队；有由地方农民组织而由县政府核准的游击队，例如“鲁赞周”部队、“麻阳”部队等。他们都身穿便衣，进行游击活动。有时碰上两三个私自离开部队到各村寻找“花姑娘”（奸淫妇女的代名词）的日本兵，当地群众即向游击队报告，游击部队就埋伏在他们经过的途中，突然冲出，抱腰的抱腰、塞口的塞口、夺枪的夺枪（日军私自外出，不带枪的居多)，用绳捆绑，押到山里去，由队长审问后处以死刑。

另外也有些人聚集为匪，冒充游击队，骚扰群众，专到各村富裕之家绑票或掠夺财物。游击则合力消灭之。例如，新建县山区沙田村的高明定、瀛上的熊生甲等匪徒都被游击队全部消灭。至于南昌县乡村的游击队，因地势平坦，不如山区的游击队活跃。

三、南昌市的伪“建国军”：1939 年，汪精卫在南京成立伪国民政府后，组

---

① 以下一部分文史资料，收入本书时个别地方作了订正。

织了伪“建国军”，目的是和日本侵略军共同防共。1940年南昌始有伪“和平反共建国军”。

行政方面的统治

一、日军初占领南昌时，将南昌市划属汪伪湖北省政府管辖，令南昌、新建两县未离市的居民组织伪维护会，并推荐会长。新建县由胡蕙充任，不数日因与日本司令意见不合辞去。同时，设立了南昌、新建两县伪县政府及南昌市伪政府筹备委员会。刘建达任南昌市伪市长，梅子肇为顾问；朱方隅任南昌县伪县长，胡熏任新建县伪县长，该两人在1944年春以不能完成征收米谷任务而辞去。伪市、县政府内均有辅佐官。辅佐官三四人，由日本司令长官任命之。凡伪县长行文及重要措施均须通过辅佐室。辅佐室后改称联络室。

二、厉行保甲制度：在日军占领南昌市、县前，已有保甲制度。日军占领后，对其加以改组，由南昌市警察局统治之，市政府取消后由南昌县警察局统治之。

三、江西省伪省政府：1943年夏始成立江西省伪省政府，初由南京汪精卫伪政府任命高冠吾为伪省长，高离职后黄自强继之，黄后为周贯虹（代理）。伪省府设在九江。

经济方面的统治

一、南昌市的所谓海关税：凡从市外来的货物都要经日本兵检查，凡认为价值稍高的均须按一定百分率纳海关税。例如香港来的手表、上海来的小件机器或海产品、丝绸等均估价抽“海关税”。若系走私，不但没收货物，且处以重刑。

二、对食盐的控制：南昌市及南昌、新建两县郊区的居民，均须向维持会或市、县伪政府申请在保甲证明文件上盖章，始可持此证明买到每户每月半斤的食盐。有走私的即认为与游击队有勾结。其实，每户半斤，所缺甚多，只得向走私者买来。南昌市东境的太子庙、东北境的蒋家巷、西南境的邓家埠（以土布走私为主）都是买卖食盐、土布、洋纱及零售货物的集散地点。

三、薪炭不许入市的政策：日军为减少城市人口，便于统治，每侵占一地，首先就是焚烧住宅，致使南昌市人口由抗战前的22万多减到三四万人口。就是这个数目，在日军看来尚嫌多了。但直接由日兵焚烧住宅，又恐引起市民激愤，暗中抵抗；于是采用不许薪炭入市的办法，迫使市民拆下房屋的木料如柱子、楼板、地板等做柴烧饭、取暖。日本军事机关如野战仓库之类，也常勾结汉奸、伪军，找借口径入只有看守人而房主已逃往后方的较大房屋，掠取未能带走的家具、衣物、藏书字画、瓷器及古董等，拿到日本商人处出卖。日兵也拆房屋，把自烧有多的楼板、地板等卖给其他居民。随着房屋的减少，城市人口自然也就减少了。

但是，日军占领南昌后没有逃走的市民大都是老人、小孩，多以种菜、养猪和鸡等为生。为了生活下去，他们利用空地搭起房屋。市内这样的棚屋在解放初期尚能看到一些。

四、金融政策：日军占领南昌市之初，用中国旧有的法币，每元折合现洋一角六分。不久，即用日本银行发行的军用票，其价与现洋相同；票面拾钱（一角）的居多，五拾钱次之，壹圆的又次之。1940 年 3 月汪伪政府在南京成立，设立储备银行，在南昌市亦有支行，发行了“储备券”，面额有一分、二角、一元的，最大面额有十元的。到 1943 年，发行面额百元的和五百元的。到 1944 年，发行面额一千元的，较之法币更贬值了。

抗战胜利后不久，蒋介石国民政府在南京成立伪中央储备银行清理处，并在上海设立了分处，规定以法币一元收兑储备券二百元，直至 1947 年。清理至 1946 年 1 月底，发现银行存款共达伪币 80 亿元，合法币 4000 万元；汇款共达 8 亿元，合法币 400 万元；储备券有四成现金的准备金，由此，四大家族发了一笔大财。但是一般的南昌市民早就饱受伪币膨胀之害，接受了教训，情愿以物换物。或以银圆计物价，或以米谷计价。因之，所受储备券之害尚不若法币显著。

五、日本军用票回笼的政策：储备券是与国民政府法币膨胀相适应的，而日本政府却将其军用票逐渐紧缩以至于全部回笼。在日本投降前半年，南昌市面上已不见军用票。所以，在日军投降时只得向储备银行兑取四成现金，日本银行反得逍遥法外。

六、收买金银铜和征收铁器：南昌市六眼井的洪都公司是日本资本集团在南昌市的代理人。它派中国小贩到郊区收购金银铜器和大量的铜圆（佑民寺的铜佛因市民中妇女朝香的很多而幸免），至于铁器则由市、县和保甲长挨户搜索，以至于连门铰、门环、破锅、破炉等也一律无代价征收。府背咸宁第的三国时代的铁香炉就是在这时被征收去的。

思想方面的统治

一、报刊：在日军占领之初，发行了《贯冲日报》，后来改称《江西南昌日报》，此外还有日文的《赣报》，篇幅都是四开小报。月刊有南昌市和南昌县、新建县公报，到1940年又有了月刊《南昌青年》。

二、组织：1939年8月28日，汪精卫在上海秘密召开伪国民党第六次代表大会，次年3月在南京成立了伪国民政府。此时，南昌市、县和新建县有了伪国民党市、县党部。还有伪青年协会、青年模范团，有人说它们大概与“三青团”相似。

三、教育：当时有南昌中学一所，学生百余人；小学以“实验”人数较多，校长是中国人。各小学皆有日语一课，日语教员大都是日本人。另有一所日本人小学，学生皆日本儿童，约50余人。

以上，是日军统治南昌时的所见追忆。

（转录自江西省政协文史资料研究委员会编：《江西文史资料选辑》第2辑,1980年版，作者王梅笙）

2. 抗战胜利40周年访问劫后余生侧记

日本侵略军于1939年3月28日侵占南昌以后，对南昌人民所犯的滔天罪行，确实是罄竹难书。如市内“中央银行”（现为中山路中国人民银行南昌市支行）的水牢，市郊瓜山的“白骨坟”（日军在此杀害我同胞2700余人），向塘镇附近的“万人坑”，以及平安堡“鬼门关”等等，都是众所周知的。日军至为残酷的暴行，莫过于血洗河埠周家村。1985年3月，我们访问了当年蒙难而幸存下来的同志，兹就访问所得，记述如下：

南昌东郊罗家镇走过去不远，有个大村庄名叫“河埠周家”，1939年4月初沦陷，村边的抚河支流对岸梅庄，是国民政府军防守地区，预备第5师曾戛初的师部就驻扎在那里。沿河一带，敌我双方对峙，国民政府军便衣和游击队，日军谍报人员和伪军汉奸，经常在两岸秘密活动。在伪军和伪乡、保、甲长中，有些人还是“身在曹营心在汉”的，经常在暗中支援游击队，供给情报，所以老百姓把这一带地方叫做“阴阳界”，河埠正处于这一地区的中心。

河埠周家原本是一个很富庶的大村庄，有1000多烟灶，近6000口人，分3个自然村，当地俗有“河埠三周当一县”之说。村里房屋鳞次栉比，绿树成荫，村外阡陌纵横，牲畜成群，真是个风景优美、安居乐业的好地方。

据河埠周村的耆老周缉熙、周伯诚提供的资料，自从日军铁蹄踏上这里，这块乐土就变成了人间地狱。日兵下乡骚扰之时，经常到河埠周家来，因为这个地方富足，油水多。日军每到周家，大肆抢劫奸淫，村里百姓深受其害，奋起反抗。听说有个姑娘，日军要对其奸污，她冲过去口咬手打，结果惨遭轮奸又被日军用刀捅下身而惨死。

村里人遭此奇耻大辱，个个切齿痛恨，决心与敌人拼个你死我活，报仇雪恨。

原来日本侵略军初占南昌，除疯狂杀人之外，还窜入四乡民家找“花姑娘”，恣意奸淫妇女。农民群众忍无可忍，不少奋起反抗，杀死日兵，因而时有日兵“失踪”事情发生。日军司令部于是规定外出须一个班集体行动。这样一来，要杀死日兵，就不像对付一两个那么容易了。

河埠周家的群众既然决心杀死日兵，要对付成班的敌人，就必须有周密的计划和办法。

1939年4月，正是农忙季节，河埠周家下屋场的农民均已下田育秧、翻田。

26 日下午，路口放哨的人跑来急报，说有一班 20 来个日军到周家来了。分配了任务的人立即上岸，到事先布置好的柳树下土库房屋去，田里余下的人则不动声色，照常劳动。村里几个青年妇女，从屋里出来张望又立即闪了进去并带上门。日军追踪而来，破门而入。原来里面摆了四桌酒席，大家正在饮宴。见日军到来，纷纷让坐。并由一老太婆出面说明，是新嫁的女儿“回门”宴客，对“皇军”到来，表示“欢迎”之意，并按“规矩”先尝酒菜。日兵即到各席坐了下来，开怀畅饮，再经男男女女轮番敬酒，又由青年妇女唱曲“助兴”，敌兵兴致高涨，全身发热宽衣解带，置刀架枪，一个个酩酊大醉，歪倒在桌边。当游击队的联络员“高个子”叫声“大家敬酒”时，四面埋伏的青壮汉子一齐进来动手，把 18 个日军捆得结结实实，动弹不得。妇女们及时拿出备好的破烂布片塞住日兵嘴巴。当“高个子”说声“有冤报冤，有仇报仇”，手执刺刀插进日兵班长身躯时，大家纷纷挥刀报仇，有的一边捅一边斥问：“还敢杀人放火么?!”“还敢抢劫强奸么?!”在一个老公公的提醒下，“高个子”布置将敌人的断头碎尸装进事先备好的麻袋，并加进石头，装上船运到河心，沉入水底。回来时，家里人也已洗净了满地血迹。青壮年们带着这天缴获的 18 条长枪和两支短枪，逃过河去，分别参加了游击队或到预备第 5 师当兵了，周家下屋场的人，无论男女老少，一齐在深夜跑过了河。

周家上屋场比下屋场的人多，起初还不知道这边发生的事情，后来发现半夜有人过河，经询明情由，也有许多人随着过河去。同时，领头人派人送了封信给“阴阳保长”（与我方有联系的伪保长），要他动员村民漏夜逃走，上屋场连夜逃过河的也不少，但直到天亮，上屋场及其附近还有将近一半人未能逃出。

就在第二天，即 27 日，吃中饭的时候，一个在山上割草的老人跑进村来通知，日军向周村奔来。顿时，马蹄杂沓，枪声大作，一队日军骑兵已从罗家镇、郑村直扑河埠周家南面，另一支骑兵冲过弥陀寺扑向周村北面，两路夹攻，四面包围，冲入周村进行一场灭绝人性的大屠杀！

村庄四面架起的机枪，在吐火舌。冲进村来的日本骑兵，手举火把，见屋就放火，一路大叫“苛罗苛罗”（放火烧掉）！刹时间四面火起，烈焰腾空；步兵端着上了刺刀的枪，随骑兵冲进村庄，见人就捅，男女老幼一个都不放过。小孩被枪托捣死，孕妇腹部被刺刀捅穿，妇女怀抱的婴儿被抢去往火里丢，还把被抓的妇女往墙上撞得脑浆迸裂，真是凶残到了极点。

正如原公社老书记周冬春同志所说，我们中华优秀儿女，具有坚强的意志和爱国热忱，在如此凶狠的日军面前，不少人无所畏惧，奋力搏斗：当敌军架起机枪，对着被关在周家祠堂里的群众准备扫射杀害时，有人大叫一声，奔向敌兵与之拼命；当另一处的日军驱赶群众到河边，用刀一个个砍杀并踢下河时，有人出其不意转身一脚踢中日兵的要害，抱住日兵同沉水底；当日军来污辱被关在祠堂里的妇女时，有人口咬脚踢拼死反抗。尽管这些坚强的中华儿女们被惨无人道的日军惨杀，但他们的英勇行为，值得我们永远怀念。

当时周家上下，到处都是尸体，河水染赤；被日军纵火焚烧的房舍，火乘风势，全村成了一片火海，从午直烧到晚。致使这"可当一县"的大村坊，除逃出去了的外，不剩一个活人，不存一栋房子！河埠周家真正遭到血洗！先后被烧房屋889多栋，被杀死的群众近千人，其中52家被杀绝。

到了1945年8月日本投降之时，全村蔓草丛生，长得一人多高。逃出去的6户人家先后回村，满目疮痍。有的回忆说，当时村边河里的鱼却特别肥大，几十斤重一条，据说是因为吃了人尸而疯长的。抗战胜利后返回家园的周家村人，认为这些鱼是吃了他们亲人的血肉长大的，不忍心吃它，也不愿卖给他人；有的人还把大鱼养在盆里，对着鱼哭亲人。

抗战胜利后，国民党又挑起内战，老百姓再度陷入水深火热之中。直到1949年5月，南昌解放，才真正天亮了。中国共产党领导人民重建家园。

当我们这次来到河埠周家访问时，原公社老书记周冬春、现任公社书记朱海林、大队书记周成方、学校教师周六保以及周家村许多乡亲们，痛苦地讲述了如上往事。走出办公室，只见一排排新楼房掩映在绿树丛中，屋里传出现代歌曲，村中家禽家畜成群，村外金黄的油菜花铺地接天，拖拉机正在翻田，一辆辆大卡车正载着本乡产品在宽阔的乡道上疾驶，小伙子和姑娘们在车上欢天喜地歌唱着。

看到人民今天的幸福生活，想着当年劫后余生的老人们讲述的日军血洗河埠周家的惨烈情景，不禁百感交集。

（转录自南昌市政协文史资料研究委员会编：《南昌文史资料选辑》第3辑，1985年版，作者徐浩然、吴识沧、黄绍彦）

3. 日军在南昌县蜚英塔下的暴行

1939 年 3 月 28 日南昌沦陷。日军的前沿部队驻扎在棠溪邹家，经常到邻村烧杀抢掠，奸淫妇女。荷埠周村群众深受其害。至今思其惨状，仍令人发指。

日军在荷埠的暴行是从这一年 4 月开始的。

荷埠包括 3 个自然村，南周、北周、中周，有 1100 多户，5800 多人；近 900 幢砖瓦木质结构的老式住屋。村里还有街道，开了一家酒铺、一家糖铺、两家茶铺、两家药铺、三家豆腐铺、五家肉铺、十家杂货铺，是南昌县一个大村。旧时有"荷埠三周当一县"之说。明天启元年（1612 年）建的著名古迹蜚英塔就耸立在村之东南面。

4 月的一天，国民政府军同日军在村西南的张家社公庵打了一仗。日军把抓到的 30 多个中国军人全部赶到村里杀害了。接着就在村里杀人放火，杀死村民 130 多人，烧毁房屋 90 多幢。村里有钱的人，外地有亲朋好友的人，这时纷纷外逃；没有办法的人便留在家里，看到日军来就躲，日夜提心吊胆，过着十分凄凉的生活。

令村民们没有想到的是，1939 年 4 月 27 日，天刚蒙蒙亮，日军出动了 1100 多人，从村正南方的武溪郑家、西南方的棠溪邹家、西北方的尤口胡家三个据点出发，通过水陆两路悄悄地把荷埠周家村包围了。日军把留在村里的人赶到司马地、四川地、烟地、武练场四个地方。

司马地群众最多，有 450 多人。日军在周围架了 4 挺机枪，凶神恶煞，呼喝着："统统死啦死啦的!"被围困的群众中，有个叫周毛头的，50 多岁，看到情势不对，就喊："鬼子要杀人了，能跑的赶快跑!"日军的枪响了，机枪对着手无寸铁的群众扫射，当场打死群众 450 多人，只有一个 15 岁的少年周根秀，在人群骚动时偷偷地溜到一个灰窝子里，躲在灰堆中，才幸免于难。

四川地被围困了 70 多个青壮年。日军用枪押着，勒令 7 个人站一排，用枪点射。这 70 多人，只有 1 人幸免于难，他叫周良钱，个子矮，站在最后一排，他的弟弟比他个子高，正好站在他前面，把他挡住了，日军开枪时，弟弟倒在他身上，他佯装死去，日军没有发现。

烟地被围困的有 123 人，大部分是老人、妇女和儿童。日军灭绝人性，一个都没有放过。先是抓去妇女强奸，然后不管是老人、妇女、儿童，用刺刀捅，用马刀劈，放军犬咬，统统杀死，残忍至极。周家洪老人，全家 11 口，已经死了

9 个，只剩下老人和一个小孙子。老人抱着孙子向日军求情留条后，日军一刺刀竟穿过公孙两人的胸膛。

武练场被围困的有 200 多人。日军开枪时群众炸开了，四散奔逃。当场打死了 120 多人，以后又被他们抓回 30 多个，挖了 5 个大坑，全部活埋了。其中有一个年近 70 岁的周金根的母亲，被拖进土坑时，不停地喊："苍天呀，你睁开眼看看罗！你怎不叫雷公霍闪（闪电）把这些鬼子劈了呢?"

接着日军在全村放火。

这一天，日军在荷埠周村杀了 790 多人，杀绝 52 户，烧毁房屋 750 多幢。连同以前被杀的，一共是 930 多人，烧毁房屋 889 幢。日军在村中放的大火，足足烧了 3 天 3 夜，使一个有 1100 多户、5800 多人的荷埠周村成为废墟。接连 6 年，村里没有人烟，草长得比人都高。直至 1945 年抗战胜利后，村人才陆续回来。

（转录自南昌县政协文史办：《南昌县文史资料》第 1 辑，1986 年版，作者胡和顺）

4. 日军在南昌县塘南一带的暴行

一

1939 年春，日军入侵江西，3 月 28 日，南昌沦陷，附近塘南一带的人民深受日军烧杀掳掠的残害。这一带当时是日本侵略军和中国军队拉锯地带，在那暗无天日的年代，日本侵略军和汉奸走狗都骑在劳动人民头上作威作福。

1942 年 7 月 17 日深夜，日本侵略军分别从荷埠周家、尤口范家两处据点出动 100 余人，向塘南展开残酷的大“扫荡”。18 日凌晨，日军先在柘林街（现塘南圩）附近的村庄奸淫抢劫，焚烧屠杀。杀害了集中在张家山、吴家祠堂和祖师坛等处的无辜群众 200 余人。进入柘林街后，又对码头口、令公庙、西塘沟等地的 300 多劳动人民，用枪挑、刀劈、机枪扫射，白发苍苍的老人，怀孕的妇女，吃奶的婴孩，无一幸免。柘林街上陈尸遍地，抚河流水鲜血染红。

当天上午日军临走时，还抓了六七十名农民为他们挑送抢劫的物资。在到达他们的据点之前，这批农民又被日军惨杀于野猫洞和下张堤等处。

据不完全统计，这一天，在 14 个地点，被日军杀害的群众有 860 余人，不少户惨遭杀绝，不少妇女被先奸后杀。柘林街和附近村庄被烧房屋 123 幢，物资财产损失无数。

大屠杀是先从柘林街附近的村庄开始的。日军以“堵口合围”的战术，分 4 路逼近柘林街，把从各处胁迫来的群众堵在抚河岸边，进行集体屠杀。被杀害人数较多的地点有西塘沟、码头口、令公庙、祖师坛、吴家祠堂、张家山以及远处的下张堤、野猫洞等 14 处。现将情节尚能查明的几处凄惨情景，摘记如下：

1. 血染祖师坛。

祖师坛位于柘林街东，南面是河，北面有塘，是东港头进出柘林街的必经之地。当时，东港头和陈家的两路日军共有 50 余人，胁迫 50 余名农民群众来到祖师坛。其旁有一盐店，店内有 10 多个尚未逃避的群众也被日军抓住。日军凭着这有利地形，将这 60 余名群众逼集在祖师坛前场地上，进行集体大屠杀。当时，农民群众奋起反抗，怎奈手无兵器，力不能敌，有 40 多名农民跳入河中或水塘里，敌人即用机枪疯狂扫射，60 多名农民无一幸免，祖师坛内外腥风血雨，染红了半边抚河水。

2. 吴家祠堂的血海深仇。

日军侵入塘南一带，首先在张家山屠杀无辜群众30余人；随后分成两路，其中一路窜入吴家祠堂。这里原先住有群众20余人，加上被日军围来的农民二三十人，共50余人被关进祠堂内。这时，有两三个日兵看守被关在屋内的群众，其他日军便抓住5个妇女到屋后坟山奸淫侮辱。

在吴家祠堂，被杀害的群众共有40余人。其中有80余岁的老人，也有五六岁的小孩，他们全是被敌人用刺刀和马刀挑、劈、砍、刺而死的。日军进行屠杀后，又放火烧毁祠堂。

身受多处刀伤的吴娥头、吴方保、吴方实，在尸体掩护下得保生命，他们待日军离开后才逃出尸堆场。

3. 灭绝人性的令公庙惨杀。

7月18日，日军和伪军进入柘林街后，对聚集在令公庙的劳苦群众120余人进行了灭绝人性的惨杀。

是日，天刚拂晓，日军包围了令公庙。原来，庙内居住着从外地逃到这里的难民计22户，约120余人。5个日兵荷枪实弹窜入庙内，将机枪架在戏台上，威逼手无寸铁的群众在庙内院中集合，并用绳索捆绑。

7时许，大屠杀开始。日军首先对准一个卖熟食的吴先露老人，当胸就是一刀。老人中刀后，在地上挣扎，惨不忍睹，被围群众无不悲愤交集，怒视日兵，真想立即挣断绳索同日军拼命，无奈捆绑太紧，挣扎不断。愤恨转为怒吼，吓得日兵立即将60多个男的，6人一批，先年轻后年老，一批批推出庙门，在河岸边枪杀。然后又将妇女2人一组，头发扎结在一起，反绑双手，拖出去用刺刀刺死。还有许多年轻妇女被奸污后惨遭杀害。更令人发指的是，日军对那些天真烂漫的小孩和吃奶的婴儿也不放过，将他们一个个或是提着双脚在石头上摔死，或是用刺刀刺入肛门扔进河里。当时，令公庙外，横倒几十具尸体，有的没有头，有的断了腿，有的肠子外流。抚河里死尸漂浮，河水鲜红，真是惨绝人寰。

4. 西塘沟的大屠杀。

西塘沟是这次大屠杀中最后一个屠杀地点，也是被杀人数最多、情景最惨的一处。这个地方突入抚河，三面是水，一面靠岸。日军和汉奸走狗把200多个群众围在这里，在不到半个钟头内全部杀光。

原来敌人打算将这些群众关闭在附近一幢民房中烧死的，但见这幢房屋年久失修，破烂不堪，怕人冲出，所以在大汉奸章伏龙的带领下，解到西塘沟屠杀。

大屠杀之前，日军将群众沿河岸排列成行，青壮年都被双手反绑，头发被剪掉一行（表示是屠杀对象），站在前列。枪响后，群众一排排倒下，有的壮年农民破口大骂、挣扎反抗，有的老年人受伤倒地、惨叫呻吟。一个 12 岁的小孩被枪打伤后，日军见未断气，对准他脑后又是一枪。

这时候，鲜血染红抚河水，尸体填满西塘沟。日军撤走前，又放火烧民房，在烟雾弥漫中离开屠场。

200 多被害的群众中，侥幸未死的不过四五人，他们都是受了重伤后，在别人尸体掩盖下脱险的。陈全婆体内当时留下的枪弹到新中国成立后才取出来，陈林根身上仍见伤疤数处。他们都是日军和汉奸走狗所犯滔天罪行的见证人。

5. 张贵娇一家的血泪仇。

张贵娇是塘南一个苦大仇深的女农民，原是麻丘武溪村人。1941 年，因日军烧毁了她家房屋，全部家产化为灰烬。老小 6 口，被迫背井离乡外出逃生，逃难到柘林街。

1942 年 7 月 18 日，日军侵入柘林街，进行大屠杀。张贵娇一家哪能幸免，丈夫、婆婆、大女儿、小女儿等 4 人惨遭杀害。

当天凌晨，日军突然窜来，将她全家人和别地来的难民共 100 多人包围在令公庙内。上午 7 时，大屠杀开始了。几个凶神恶煞的日兵首先把她的丈夫推出门去，她的婆婆悲痛地扑上去拖着儿子，她 7 岁的女儿也紧抱着爸爸的腿不放。日兵推开她的婆婆，一脚把她的小孩踢倒在地，将她的丈夫强行拖出门外枪杀。

她的婆婆是年过 70 岁的老人，敌人也不放过，反扭着她的双手，把她的头发和另一妇女的头发结在一起，拖出门外刺死在河岸。

她那天真活泼的 7 岁的女儿，看到爸爸、婆婆被日兵拖走，跟到门口大叫大哭，可恶的日兵一把抓住将她刺死。临死前，她还边哭边叫：“妈妈！妈妈！”

万恶的日兵接着又把她怀中吃奶的刚满 1 岁的小女抢了去，摔在石墩上，小孩尖声啼哭，日兵又用刺刀挑起抛入河中。

后来日兵拖着她 9 岁的男孩魏金山欲行杀害，她立即全身伏倒在孩子身上。正在此危险之时，不知谁无意敲响了庙内的大钟，敌人有所惊慌，走出庙门，张贵娇拉着儿子迅速躲进戏台下乱草堆里，才幸免于难。

6. 虎口余生的陈凤水。

陈凤水是塘南陈村的农民。1942 年 7 月 18 日日军入侵塘南时，烧毁了他家仅有的半幢草房，抓走他父兄 4 人，杀害了他大哥和叔叔。

陈凤水和20余名农民，被日军抓去挑运抢夺的物资到麻丘，停歇在协成乡樊家村时，日军用刺刀威逼他们向正在沸腾的油锅里伸手捞起食物，手被烫得皮破血流。日军以此取乐。到麻丘后，日军将吃剩的饭菜倒在地上，强令农民群众爬在地上舔吃，把中国劳动人民当狗；大家愤然抗拒，结果有的被当场打死。随后，日军又逼他和另外3个农民抬一只大木船去荷埠湖，路远船重抬不动，日军就在后面用枪托边推边打，几个人都被打得吐血。

快到据点时，日军就把这20多个挑夫和抓来的群众七八十人赶到野猫洞，强令2人一排列队，当作练习刺杀的活靶子，按次序刺杀，全部杀害。陈凤水是第五个被刺杀的，敌人先对他的腰背上猛刺一刀，穿透了肚子；接着又从背部刺杀一刀，穿透胸部。他即刻倒在血泊中。夜晚，陈凤水慢慢地苏醒过来，100多人只有他一人复活。他眼看四周无人，就边爬边歇，爬了4个多钟头，才脱离险地，终于死里逃生。

陈凤水的大哥在同一天被杀害，过了两个半月之后，才从腐烂的死人堆里找到尸体。他和老母亲用一担尿桶将大哥抬回，含着眼泪埋葬入土。后来，他的老婆、嫂嫂和侄女又被人拐卖了，自己四处流浪，无家可归，讨饭度日。

二

面对日军的凶残，塘南人民燃起了反抗的怒火，英勇地给日军以反击。

1. 吴润根怒打侵略兵。

7月18日清晨，塘南乡农民吴润根被日军押到张家山。这时，有2个日兵在100个被押的人群中，抓住吴润根的老婆，企图拖去强奸。吴妻用牙齿拼命咬住日兵的魔爪不放。日兵恼羞成怒，举起马刀朝她头上砍去。吴润根看见老婆昏死在血泊中，怒火烧心，冲出去同日兵拼命。一个日兵揪住他的衣领，另一个日兵端着上了刺刀的枪对着他。吴润根反手一拳把揪住他衣领的日兵打得四脚朝天，乘机跳进池塘潜水跑掉了。日兵怕惊动柘林街上的群众，当时没有朝水里开枪，吴润根才逃出虎口。

2. 张家山上的生死搏斗。

7月18日清早，30多个农民被日军捆绑在张家山的树上，准备统统杀掉。

正当敌人抽出马刀行凶杀人时，协成乡农民肖年里挣断绳索冲上前去抢夺日兵的马刀，日兵猝不及防，一下子愣住了；另一个日兵很快明白过来，端着刺刀冲过来刺肖年里，肖双手抓住枪头用力一甩，日兵站不住脚倒在地下，脑袋碰到尖石头，不能动弹了。又有两个日兵从两边包围过来，肖年里一个急转身跳过土坡快跑，钻在树林子里不见了。

3. 当头一棒，雪耻复仇。

当日军闯进吴家祠堂疯狂杀人时，躲在大门背后的一个打砻工人胡木林，看得眼中直冒火，他咬牙切齿地操起打砻木棒，对准一个日兵的头猛打下去，这个日兵脑浆迸裂，一声没响倒在地下，胡木林举棍大叫："大家动手跟日军拼呀，拼掉他一个也划得来!"

他还想找第二个日兵下手时，不幸被门外冲进来的几个日兵截住，日兵举刀乱砍，胡木林毫无惧色，举棍抵挡，终因寡不敌众，被日兵乱刀砍死。

胡木林是麻丘乡高田胡家村人，1941 年因老家被日军烧杀掠夺，无法生存，才逃来柘林街的，他死时 52 岁，他的父母和孩子，都在同一天被杀害。

千千万万个无辜的中国人民死在日军的屠刀下，然而像胡木林等人的壮烈行动，正证明中国人民是不可侮的!

(转录自南昌县政协文史办：《南昌县文史资料》第 1 辑，1986 年版，作者胡俊杰、樊哲瑜)

5. 日军在进贤的暴行和进贤人民的抗争

1939 年 3 月，日本侵略军侵占南昌前后，一面以空军向进贤城区轰炸，一面派兵进入乡镇骚扰，造成进贤县人民生命财产的惨重损失。回忆 40 多年前的这段历史，对于教育青年一代热爱祖国、保卫祖国，无疑是有重大意义的。

是年 3 月 18 日，日机 19 架，分批向浙赣线进贤至鹰潭段进犯。上午 9 时 5 分，日机 2 架，由赣北方面窜入进贤车站附近，投弹 2 枚。6 月 5 日，日机 3 批 9 架，轮流轰炸温圳，在新街口、下街头、菜市场、谷场、令公庙、桥背等处，共投弹 24 枚，炸毁民房 5 栋，炸死群众 36 人，伤 100 多人，炸死耕牛 3 头，炸沉民船 4 艘。6 月 24 日，日机 2 架，轰炸李家渡菜市场、中街、天主堂等处，投弹 4 枚，炸毁民房 4 栋，死亡 4 人。

1940 年 4 月 2 日 8 时许，日机侵入进贤，在城内投弹 10 枚，死伤多人，炸毁房屋多栋；同时又有日机 8 架侵入罗溪，投弹数十枚，炸死农民多人，毁坏民房多栋。下埠火车站、前坊乡桂花树村和梅庄圩也遭到日机的轰炸，损失惨重。

1942 年 6 月 2 日，从南昌来犯的日军窜扰进贤，日军大队长查野、傲田带领日军闯入县城民和镇，放火烧毁店房、民宅；随后将躲进天主堂的 100 多老百姓绑赴军门第的荒丘（今县委会大院宿舍处），一次活埋 28 人；有的押赴东门大石桥，或捆在椅子上丢入水中，或绑成一串推入桥下；遇有孕妇即用刀剖开肚皮，惨不忍睹。连七八十岁的老婆婆和吃奶的婴孩也不放过。日军侵略手段之狠毒，罄竹难书！

民和镇居民吴首武，悄悄进城探家，被日军抓住活活砸死在街上。英山土库嘴农民吴青茂，回家路过县城，被日兵捉住挖掉心脏。

据不完全统计，从 1939 年 3 月至 1942 年 8 月，日本侵略军向我县出动飞机 97 架次，投弹近百枚，炸毁房屋 50 多栋，杀害我县人民 2000 多人，烧毁房屋 5400 多栋，抢劫财产不计其数。敌人的残暴，激起了进贤人民的义愤，纷纷开展抗敌斗争。

1944 年 7 月 18 日上午，日军用汽艇向军山湖湖区“扫荡”，突突突的马达声预示着一场灾难的来临。不久，只听见水上“哒哒哒”的机枪声向三阳镇扫射，屋上的瓦打翻了，墙壁穿了洞，鸡飞狗跳，人们惨叫，接着 8 艘汽艇靠了岸，10 多个全副武装的日军，端着上有刺刀的三八式步枪从汽艇上冲下来。维持会长赵响仂带着几个人举着写有“欢迎皇军”的三角小旗点头哈腰地走上前去迎接，一个日军小队长刷地抽出军刀对着维持会长问：“中国军队大大的有?”“没有没有，早跑光了!”接着又操着中国腔问：“鸡子（指鸡蛋）、花姑娘大大的有?”维持会长战战兢兢地答道：“鸡子的准备好了，花姑娘全跑光了!”日军小队长气得用刀向空中一挥：“搜!”30多个日军出动了，像疯狗似地挨家搜查，结果仅搜出13个50开外蓬头垢面的小脚老妇。日兵押着这些老年妇女走到小队长面前，小队长一看气得直吼：“统统的毙了!”一个日军说了几声，要汉奸翻译说话，命令这十几个老妇脱下鞋子跳舞给皇军取乐。妇女们不脱，日兵便端着枪一字儿排开对着妇女大吼。另一个日军又出坏主意，要妇女全脱下裤子跳，妇女们坚决反抗。日兵要用刺刀挑开妇女的裤子，正在这危急关头，从附近禾秆堆旁冲出六七十个青年，他们手持柴刀、火叉、铁耙向日军杀去，日军猝不及防，被砍死了十几个，其余的赶紧往艇上逃。这些青年当即追去，拾起日军尸体旁的枪支向汽艇猛射，终于打沉了一艘汽艇。这一场战斗的初胜，鼓舞了人民的斗志。李渡船工汤长生，被迫运送两个日兵及其抢劫的财物，船至河中，汤长生乘敌不注意，突然拔出菜刀砍死两个日兵，抛于水中，自己迅速远逃。文港周坊村十几个农民，见一日兵在田里强奸妇女，他们四面包抄抓住日兵，用锄头砍死埋在田里。温圳郑家村，几个农民被日军捉去当挑夫，走到山上的亭子边，乘敌不备，用扁担将日军打死，埋在山下。驻李渡的日军，天天三五成群四出抢劫，弄得鸡犬不宁。一天傍晚，有一个日兵窜入嵩山村骚扰，企图闯入民房抢劫，被屋内的农民捉住打死。罗溪农民章复庶，被3个日兵抓了当挑夫，行至梁家渡大桥，章复庶偷偷地把扁担取下来，前击后扫，把两个日兵打入桥下，另一个放了几枪也逃跑了。张王庙一个农民，妻子被日兵奸污，他身藏利刀，拿着锄头，活捉了一个日兵用锄头砸死，丢在煤井里。汉奸赵响仂有一次送情报，被三阳农民一拥而上，举起锄头扁担，将他砸成肉酱，解了心中之恨。

进贤县人民英勇抗击日军侵略暴行，取得了一次又一次胜利，这里只是一鳞半爪的回忆，充分体现了中华民族不可侮、炎黄子孙不可欺的英雄气概。

历史是最公正的，任何想欺凌中华民族的敌人，不管他来势如何凶猛，手段如何毒辣，武器如何精良，最后都要被英雄的中国人民所击败，成为历史所唾弃的罪人。

在共产党领导下，解放了的中国人民，将永远像巍峨的万里长城一样屹立在世界的东方!

（转录自南昌市政协文史资料研究委员会编：《南昌文史资料》第3辑，1985年版，作者黎苏）

6. 日军在安义的暴行和安义人民的反抗斗争

日军罪行罄竹难书

1937 年 7 月 7 日卢沟桥事变，全国人民即开展对日本侵略者的全面抗战。日军的铁蹄于 1939 年农历 2 月 2 日踏入安义县境内。

这年农历 2 月 1 日上午，4 架日机侵入安义县城上空，整天轮番轰炸，炸毁沟通潦河南北两岸交通的木浮桥和码头以及南门、石牌头几条主要街道。翌日，又投下燃烧弹，顿时城镇一片火海，延续了三天三夜。与此同时，大批日军在飞机、坦克掩护下，蜂拥而入进占安义县城。直至 1945 年日本投降，整整侵占 6 年之久。6 年中，日军共杀害安义人民 8230 人，烧毁房屋 8949 栋，财产损失达 117 亿 3600 余万元（法币），许多和平村庄，屋毁人亡。日军奸淫掳掠，屠杀人民手段之毒辣，用刑之残忍，真是见所未见，闻所未闻。

日军进城的当天下午，从北路侵入的日军，路过临近县的五房周村时，即疯狂冲入村内，大肆搜杀奸淫，全村百姓及德安逃来的难民，除少数逃出者外，无论男女老少无不受其摧残。有的砍头断肢，有的剖腹牵肠。村中妇女不论老少，俱被奸淫，有的被轮奸多次，有的奸后被杀。有一少妇，怀中尚有婴儿吸奶，日兵上前从其怀中抢过婴儿掷地摔死，再奸淫少妇，奸后杀死。有的孕妇被奸后剖腹，用刺刀挑起婴儿取乐，残暴至极。死于日军虐杀之下的村民达 97 人之多。

同日，邻近县城的山下蔡村，被日军团团包围，疯狂地进行烧、杀、奸淫，遇害村民达 72 人，劫后幸存的蔡之海老人回忆说："1939 年农历 2 月 2 日早晨，日军把蔡家村包围得水泄不通，前后都架起了机枪，点燃了 7 个火头烧屋。当时，我的一家除我一人逃出外，还有 7 人在家，看到火起，爹妈慌忙捡点东西逃命，我爸爸一头挑着弟妹，一头挑着些破烂衣物，刚一开门，就被日军的机枪扫死。妈妈还来不久躲避，就被日兵拉住强奸，奸后用刀把她杀死。5 岁的弟弟，眼看父母遭杀害，痛哭起来，万恶的日兵用枪上的刺刀向弟弟的小嘴猛刺，当场鲜血喷涌而死。这时，躲在床上用被子掩着头面在发抖的婆婆，还有坐在箩担里号哭的弟、妹，一个都没有逃脱日军的刺刀。日军把我一家杀尽还不甘心，还把这 6 具尸体拖拢，堆在一起，喷上煤油，连房屋烧个干净。第二天火熄后，外逃回归的村民，在瓦砾灰烬中挖出的只是两个没有烧完的大人肚子和一双大人脚板。"

同年农历 3 月 2 日早晨，石鼻山熊村，村民正在做饭，随着一阵狗叫声后，一群荷枪日军，兵分三路包围全村，在村口架起机枪后，疯狂地扑入村内，村民凌香的婆婆夏润秀，抱着孙子走出大门看动静，一声枪响，子弹从孩子的背上直穿过老婆婆的胸膛，婆孙二人立时毙命。其媳凌香，眼见亲人遭害，胸中燃起仇恨烈火，拿着菜刀扑向日军，又是一颗子弹使凌香倒在血泊中。凌香的丈夫和村里 45 个男人，也早被日军反绑双手，关进祠堂里，先用刺刀把手无寸铁的村民一一刺死，然后架起干柴，烧房焚尸。逃难在村外松林中的 200 多名难民，也无一幸免。这次大屠杀，共杀害 300 余人，有 15 户全家被杀绝。

除集体大屠杀外，日军分散屠杀，随遇随杀，比比皆是。在县城的日军，把活人当靶子练刺杀；在青湖的潦河边，日军把人绑在烈日之下的沙洲上活活晒死；在万埠的日军，几次将无辜百姓活埋……一次几人、十几人甚至数十人。有个号称“五殿阎王”的日兵，是个杀人魔王，他驻万埠街时，平均日杀 7 人，共杀几百人，与日军狼狈为奸的民族败类、卖国贼范景文、王迪长、刘用匹等，狐假虎威，助桀为虐。日军和汉奸在安义的罪行，真是有口难数，罄竹难书。

同仇敌忾　狠击敌人

哪里有压迫，哪里就有反抗。在被日军侵占的那些年月，安义人民不甘受辱，冲破敌人的种种压迫，纷纷起来打击敌人。笔者从走访的老人那里听了他们回忆 40 多年前的亲身经历和耳闻目睹，深受感动。

抗战初期，安义万埠“实验区”所开展的抗日救亡活动，热烈而又鼓舞人心。当日军占领德安、星子一带，南浔铁路被我方破坏后，万埠是前方与后方（南昌）的中间要站，过往军队和难民络绎不绝，“实验区”组织了军人服务站，配合各个外来抗日组织如上海职业青年服务团（团长周君实，共产党员），红十字会救护站等做了大量组训宣传群众和救护伤兵等等工作，并成立了万家埠各界抗敌后援会，到西山一带农村积极开展抗战宣传活动。

当安义县城被敌攻陷后，县政府即撤至安义与靖安交界的山里，县长王斌经常派自卫队与战工队领导群众配合西山游击队总队打击敌人。这个西山游击总队，是原国民政府军第 75 师的营长刘子美，以第 79 军未及撤走的部队和张公渡前方掉队的官兵以及万家埠“实验区”自卫队为基础，会同安义万埠实验区区长陈其勋等人组织起来的，刘任总队长，陈为副总队长，姚甘霖为游击总队政治主任，下分三个大队。这个游击总队成立以后，大大鼓舞了人民的斗志，对南昌周围反击敌人的战斗起过一定配合作用。

1939 年 4 月攻击万埠日军据点，在群众中影响较大。有时领导西山脚下群众打击日军，如一次协助靠近杨观蔡村的熊村的农民熊永辉活埋一个日兵，缴获三八式步枪送交游击总队。

这年 5 月，驻扎在万埠街的日军常到附近的长埠乡石窝村去打掳。捉畜、抓鸡、杀牛，抢劫财物，强奸妇女。在那民不聊生、忍无可忍的情况下，该村刘伍生、龚远芬、龚兆元、龚兆大等青年人，密谋商议对付日军。一天，有 3 个日兵肩着步枪向该村走来。村民见了赶忙躲入背后山上，龚远芬等青年人则手持钢刀、铁锹、木棍等武器，隐蔽在路旁的碾米屋舍中，当日兵走进该屋时，4 人出其不意，一拥而上，将 3 个日兵一齐打倒在地，就地处死，割下了 3 颗头，将尸体抛入河中，这 3 颗头送交国民政府军部队，得到了奖赏。当时万埠日伪维持会长骆华林，向日本驻军告密，这个村庄虽被日军烧毁，但是人民的抗日怒火却越烧越旺。

同年四五月间，两个日兵进入万埠乡下庄村，走进一农户家中，见一少妇在家，不由分说，进行强奸，就在这个时候，该少妇的丈夫从田坂做事回来，踏进家门，见此惨状，十分恼火，他用尽全身力气，将铁锹向日兵铲去，一个日兵当即被击毙，另一日兵拼命逃去。当晚几十个日军包围该村，将少妇及其丈夫和公公以及一邻居杀害。

下庄村张念斌（新中国成立后任万坪大队中共党支部书记 20 多年）、张有升、张增棉和下桃花庄村张维西等青年人，身强体壮，学了武功，在日军横行的日子里，他们自动组织起来，出没在长均山区的树林里，经常袭击日军。1944 年 10 月的一天早晨，3 个查哨的日军，在公路上无故打人，张念斌等看见，火冒三丈，他们装着修路工，等日军走近时，出其不意，同时将 3 个日兵的脚抱住，打翻在地，随手拾起一块大石头砸死一个，张维西等三拳两脚打死一个，另一个想逃命，被村民截住，用锄头铁锹打死。

1942 年 6 月的一天上午，鼎湖乡甘田村农民吴家康等二人，带着装有一些花生的麻袋，来到上板村的垄塘边上，有个日兵正在洗衣服，招手叫他们过去。当他们打开麻袋时，日兵见了花生，高兴得连忙伸手往麻袋中抓花生。说时迟，那时快，他们一人抓住日军一只脚，将日军塞进麻袋，扎紧袋口，将这个日兵活活砸死。约一个月后的一天晚上，伸手不见五指，吴家康等人摸进上板村的日军哨所，见一哨兵靠在哨棚上打瞌睡，他们眼疾手快，把日军哨兵的口用衣服堵住，眼睛蒙住，捆绑起来，然后处死。从此以后，日军非常害怕，便把哨所改到驻地的屋顶上去了。

在长埠乡有一农妇，一天，一个日兵要强奸她，她扭打不脱，紧急关头，急中生智，顺手摸着放在床头的剪刀，将这个日兵的生殖器一刀剪断，日兵痛得昏死过去，夫妻二人立即将他卡死，埋在村庄的后山上。

万埠乡深塘村张元虎，少了一条左腿，右腿和左手也被日军打残，这是日军罪行的活见证。他回忆说："那是1941年下雪天的一个晚上，十多个日本兵和五六个汉奸，闯进我的家门。人在屋内坐，祸从天上来。他们不由分说，把我捉去，关进万埠街的北祠，严刑拷打，要我承认是中国兵，并招出中国兵的去向，我拒不招认；日军又用松柴在我身上乱打，打得遍体鳞伤，死去活来；接着又以正在燃烧的鲜红木炭向我脚上烙来，双脚烧成粥状，比下油锅还难受；然后又把我双手绑在木桩上，我左手食指被打断。这天晚上，日军烧、打我3个小时，没有从我口中得到任何东西，我在万埠街被关了3天3夜，粒米滴水未进，后又押我到县城坐了3个月的班房。"张元虎在日军暴行面前守口如瓶，誓死不招，这正表现了中国人民的骨气。

鼎湖乡庵塘村余家庆，是抗战前曾在日本留学的知识分子，家乡沦陷时，他带着全家人逃难到西山。有一天在山区遇见日军，当日军喝令众人跪下时，他怒立不动，一日兵举起大刀要杀他，他依然昂首站立，毫不畏惧，日军无可奈何而去。他正颜厉色指着自己的妻儿骂道："你们为什么要向敌人下跪，真没骨气！人生自古谁无死，宁可站着死，不可跪着生。"余家庆先生这种民族正气，深为大家所钦佩。

1943年农历5月4日，驻扎在安义石鼻、燕坊等地的日军，集中了1个团的兵力向高安进发，准备开去攻打湖南。当地农民得知这个消息，及时报告了驻在社坑、石湖等地的国民政府军第51师。这天，中国军队早有准备，陈兵在梧桐岭等候。当日军进入火力点时，中国军队居高临下，猛烈射击，日军死伤惨重，田垄山脚尸横遍野，日军连着三次冲锋都被打败。当时，国民政府军的一个连长，站在一块大石背后，英勇杀敌，一枪一个，一连打死日军12人后以身殉国。这一仗，日军大败，死亡四五百人，大灭了日军的锐气，大长了我抗日军民的威风。

总之，日军在安义罪恶滔天，而人民奋起反抗也给了日军应有的打击，体现了安义人民英勇抗敌的爱国主义精神。

（转录自南昌市政协文史资料研究委员会编：《南昌文史资料》第3辑，1985年版，作者史正文）

7. 九江沦陷经过及日军暴行

1938年6月29日马当失陷后，日军波田支队主力乘装甲汽艇40余艘，继续溯江而上，凭借其军火优势，冲过了国民政府军层层江防封锁线，先后攻克了彭泽和湖口，向九江迫近。

湖口失守后，国民党九江军政当局下令疏散居民。九江城里一片混乱。7月6日，第九战区司令长官陈诚电令李汉魂负责九江防务，指挥第8军李玉堂部，并要他立即赶到九江部署。当日，李汉魂由瑞昌抵浔，往访刘兴、李玉堂等商量作战事宜。8日，国民政府空军多次轰炸湖口日舰，重伤10余艘。同时，苏联顾问余罗夫来九江视察第29军团李汉魂部防务，并协同规划作战方案。10日，国民政府空军三次轰炸东流、彭泽、湖口一带日舰，击沉二艘、伤一艘。15日，第九战区第2兵团总司令张发奎自瑞昌抵九江视察，同李汉魂、李觉、李玉堂等商量九江防务。20日，第九战区司令长官陈诚由南昌抵九江，设行营于莲花洞（第九战区长官司令部设在湖北阳新县城内）。翌日，在此召集师长以上军官训话，并讨论作战问题。23日凌晨，日军波田支队七八百人分乘汽艇70余只，由湖口驶入鄱阳湖鞋山附近，分两路向西岸姑塘以北地方强行登陆，遭李汉魂部各要隘守军顽强抵抗，击沉日汽艇10余只。天亮后，日机20余架凌空反复轰炸，投弹400余枚，日舰又以排炮轰击，李部沿湖阵地悉遭破坏。因增援部队均遭敌阻，反攻未能奏效，姑塘遂告沦陷。

姑塘失陷后，日军波田支队与第106师团联合进攻九江。25日清晨，日军大规模进攻九江和小池口。28艘日舰同时炮击九江城区和对岸的小池口刘汝明第68军阵地。日军调用70架飞机对九江城区猛烈轰炸，并投燃烧弹。在日机掩护下，日海军陆战队即从东郊马场湖及洋油栈两处强行登陆猛攻城区，且包抄进占八里坡，国民政府军第8军受到严重威胁。当夜，日军冲进九江城内，同李汉魂部守军展开了激烈的巷战。同时，日军又继续猛攻小池口，守军刘汝明部伤亡过半，是日黄昏小池口失陷。九江城内巷战一直持续到26日下午7时30分，九江才完全被日军占领。

国民政府军奉命向南浔线之牛头山、金桥、钻林山、赛湖一线转进。九江沦陷后，南浔线之军事由第九战区第一兵团总司令薛岳负责。他当即致电张发奎及瑞昌霍揆彰、孙桐萱，请速令瑞昌、九江部队，将瑞昌、九江之间的余庄、阎家渡、官湖港、张家渡、老港口、项家铺等处江堤、湖堤彻底破坏，引江湖之水灌成泛滥，阻止日军机械化部队西进。由于各方面的原因，此计划未能完全实施。九江城区沦陷后，县属地区沙河、马回岭等地，不久亦相继陷落于日军之手。

日军踏进九江古城以后，即实行极其残暴的军事占领和殖民统治。他们灭绝人性地提出："烧杀以助军威，抢夺以助军需"，实行杀光、烧光、抢光的"三光"政策。1938 年 11 月 10 日，九江沦陷不到 4 个月，当时《新华日报》刊载的记者所写《日寇在九江之暴行》一文报道：

"……因为有的被全家杀光，有的即使有一幸存者逃走他乡，无处询问，所以要调查日军在九江之种种暴行和人民所遭受的全部损失，是不容易的。这里只举令人痛心疾首的五件事：

（一）强迫市民以法币换伪币。日军一占据九江，即将他们在台湾正经银行的伪币运来九江，强迫市民以"法币"换取伪币，街市上所有一切交易一律勒令使用伪币，如查出不肯兑换者，或稍有非议反抗者，就立即抓去处死。有被狼狗活活咬死的，有强迫自己挖坑活埋的，有慢慢施用各种世所罕闻的严刑以取乐而折磨死的，有集中用机枪扫射而死的。在 1938 年 8 月一个月当中，遭屠杀的市民达 1000 人以上。

（二）捉青年妇女打绝育针和防毒针。敌人在九江所施的这种最酷虐的手段，最毒辣最叫人痛恨。很多青年妇女被他们奸污了，并且还要打绝育针和防毒针，日军这种用心乃是：一方面企图用断绝青年妇女的生育来灭绝我中华民族后嗣；另一方面是为了更好地供他们兽欲之发泄。

（三）拆毁市内建筑物和大肆抢劫。九江是长江流域比较繁华的一个商埠，市内建筑物很多。日军占领九江后，即大肆拆毁，将所拆下的钢、铜、铁、铅等全部运走一空。连由三马路通大中路的一座龙开河铁桥都被日军拆毁。至于工厂、商店物资和居民的贵重衣物均遭敌寇数次抢劫，使繁华的九江成了一座荒凉的城市。

（四）天主堂内 300 多个避难同胞被杀害。在日军还没有攻下九江的前夜，许多耶稣教信徒都扶老携幼纷纷进入天主堂避难。还有乡下一些耶稣教信徒，也都赶先跑进天主堂，满以为这儿是安全窝。日军占据九江几天后，敌舰水兵每天登陆数次，每次约 100 多个水兵，来天主堂捉人去当苦役。后来由于这些避难同胞反抗，日军便把这 300 多个同胞不分男女老幼一齐捆绑起来，投入南门外的甘棠湖内，全部活活淹死。

（五）用飞机监督修筑公路。九江通瑞昌的一条公路，曾被我军（指国民政府军——引者注）撤退时破坏，因此日军强迫我同胞修复，并以飞机来回地在公路上空监巡，倘发现哪一段不用力修筑，或没有赶快完工，或发现工人休息和‘偷懒’，敌机就用机关枪扫射。这样，同胞们不知道牺牲多少……”

日军为了巩固其在九江的殖民统治，实行了“以华治华”的政策，迅速搜罗汉奸，建立伪政权。组织了伪难民整理委员会，汉奸刘若民任委员长，两个月后，改为伪治安维持会，吴应池、王国瑞为正副会长。约6个月后，又改为伪九江县政府筹备处，朱文超为处长。不久，即成立伪九江县政府，王国瑞为伪县长。日本人以正式官吏及顾问身份，监视伪政府工作。大小事情必须征得日本官员的同意，才能施行。九江的军事则完全由日驻军司令部管理，下设宪兵队。伪县政府成立后，将城区钟亭以西辟为日本人开设商店，以东则为中国人居住。城东城南均设有哨卡，中国人来往，须向日军哨兵深深鞠躬行礼，稍不注意，即遭毒打。中国人欲迁居或开店营业，须先报请日伪特务机关及日军许可。

日军在九江大力推行奴化教育。1938 年 7 月 9 日至 22 日，日本五相会议通过了《从内部指导中国政权大纲》，规定：“彻底禁止抗日言论，促进日华合作”；“对共产党，应绝对加以排除、打击；对国民党，则应修正三民主义，使之逐渐适应新政权的政策”；要“振兴儒教”，宣扬中国封建道德和伦理观念，达到征服中国民心，服从他们的统治的目的。这是日本帝国主义在文化教育方面奴役中国的一套理论。当时，九江城区多数居民到外地逃难，儿童就学者甚少，仅办一所小学，后又增办一所中学，校长为田汝梅，地址在荫园。对这两所学校，日军经常派人来巡视，向教职员和学生灌输“中日亲善”、“共存共荣”、“大东亚新秩序”等蛊惑人心的谬论。日军还强令中小学把日语列为必修课，认为这是考验伪政权实行“中日亲善程度与真诚情势”的重要问题。课本中凡涉及抗日爱国的和容易激发学生爱国的内容尽行删除。在史地课本中，篡改中国历史和中国疆域。教员稍有正确解说即罹大祸。

日军经常到九江农村进行“讨伐”，实施“三光”政策，使成百个村庄被烧毁，成千上万的无辜百姓被杀害，下面略举几例。

1938 年农历 7 月 10 日上午，一队日军荷枪实弹、杀气腾腾窜到沙河曹家垄村。他们把村庄围住，到各家各户翻箱倒柜，把值钱的东西抢个精光。然后把全村男女老少 75 人集中到祠堂里，用机枪和步枪向祠堂中人群扫射，中国民众的鲜血从祠堂门口流到谷场上。随后，日军又将祠堂四门堵上，浇上煤油，燃起一把大火，把祠堂化为灰烬。

1938 年 8 月中旬的一天，日军以发救济粮为名，将赛阳刘家大屋及周围村庄的群众72人诱骗到村后山脚下的草坪上，架起机枪扫射，72人均遭惨杀。

1938年8月下旬的一天，一队日军窜到庐山西侧文殊寺，发现有70多个避难的群众聚集在这里，立即封锁道路，将70多个群众枪杀在山坳里。

1941年农历4月28日，驻瑞昌县九源的日军中队长小野次郎，决定对抗日游击队活动中心地区九江县戴家山实行一次报复性的“大扫荡”。这天天刚蒙蒙亮，一队日军由伪警备队长、汉奸肖承带领，悄悄地窜进戴家山冲，挨家挨户搜查。日军抓不到游击队员，就抓老百姓，在戴、陈两姓共抓走48人。途经简家坳又抓了瑞昌的3个农民，总共51人，用绳捆成一串，边走边用刺刀戳，血染黄沙。他们被押到瑞昌九源楼下村，两个人一组被拉到高坎边，一个个被刺死。51名无辜的群众惨遭杀害。

日军在九江强奸妇女，不分老幼。1940年6月，一对陈姓夫妇出九江城东门口，过哨卡时，日军故意刁难，竟将陈妻拖入营房内轮奸，并要其丈夫旁观。几个日军发出野兽般的嚎叫，以此取乐。陈某不堪忍受如此的凌辱，奋起抗争，当场遭日军杀害。新塘乡一刘姓妇女，因抗拒日军强奸，抓伤了日军的面孔，一伙日军竟丧尽天良地将该妇女全身衣服扒光，绑在树上，全身涂上猪油，让山蚂蚁咬噬丧生。

日军在九江还推销鸦片，妄图毒害民众，亡我民族。他们在西园“难民区”周围开设有许多鸦片“吸售场”，发给售吸执照，最多时达70余家，并分为若干等级，按等级配给烟土。甲级馆每月32两，乙级馆每月24两，丙级馆每月16两，丁级馆每月8两，戊级馆每月4两。此外还发给个人吸烟户照，每月酌情配给烟土。西园难民区一带的居民，整日都在乌烟瘴气中度过。不少人弄得倾家荡产、骨瘦如柴，大伤民族元气。

据《江西省抗战损失调查总报告》记载，九江县抗战期间死亡人口达23537人，其中男性22062人，女性1033人，儿童442人；重伤1556人，轻伤3239人。烧毁或拆毁损失房屋13213栋。各项财产总损失为2808639.1万元法币。

（转录自九江市政协编：《九江文史资料选辑》第3辑，1985年版，作者潘治富）

8. 日军飞机轰炸德安县城的惨状

德安县城自1912年南浔铁路通车后，工商业逐渐繁荣，至抗日战争爆发以前，县城共有700多家商店和作坊、行栈，其繁荣为赣北各县之冠。

1938年6月26日，日军攻陷江西省第一道门户——马当后，便开始窥伺南浔铁路。同年7月20日，日军派出两架飞机，第一次轰炸南浔线上的德安县城。敌机低空盘旋、扫射，扔下了几颗炸弹在南门城口的前街和后街，被炸死的几个守卫城门的士兵，血淋淋的人肉，飞溅到邹裕成（老五）的屠砧上、店铺上、屋檐上，人肉、猪肉混淆一起；地上这里一只脚，那里一只手，东边一段腰躯，西边一点五脏，街人见之，无不伤心痛恨！住在邓广丰屋内的胖大娘的小女孩到后面塘里（现在电影院）洗衣服，亦被机枪扫死。

敌机首次轰炸德安县城后，大部分居民逐渐往乡村疏散。不过几天，一场空前的浩劫又来临了。同月26日上午7时许，德安县上空出现日军飞机，3架一批，接连3批，低空狂吼着，刹那间倾泻下成吨成吨的炸弹，那狂轰滥炸，一直炸到下午5时多。最后两架飞机，低空盘旋着，还想再找可炸的目标，从县城到杨家桥一带用机枪扫射达1小时之久，直到太阳落山，夜幕降临，才罢休飞去。

这次轰炸，远在永修杨家岭都能看见德安县城的浓烟烈焰，听到德安县城震耳欲聋的爆炸声。

县城虽有防空室39处，可容纳2000余人，但有的人躲避不及，不是被炸死，就是被烧死或是被压死。如通津街有一位邱大叔就被活活压在断垣瓦砾里，人们花了很长一段时间，才把尸体扒出来；在火车站防空洞里，因容纳人太多，日机扔下的炸弹正落在洞前，挤在洞口的人当即被炸死，连死者的面貌都难以辨认。国民政府军某团部驻扎在新新酒楼，除一位军需幸存外，其余数人全部被炸死；南门外罗家巷被炸后，压在塌屋下的尸体，散发着臭气，令人作呕，行人只得掩鼻而过；还有在廖谦和隔壁的一位店员，竟被炸得头颈分离，并卡在断桁条之中，其惨状令人心碎。

县城的衙前街，本是繁华热闹的商业中心，各种商品购买方便，但有名的裕生和、金兰斋、赵益成等商号均被弹烟烈火吞噬了；通津街上有一处接连有几幢房子，前面是邮电局，中间是办公室，后面是西式楼房住家，可与南门外福音堂的房子相媲美，一霎间也化为灰烬；南门外陈森茂从前到后共4幢楼房，片瓦无存。全城不论是富人的高楼大厦，还是平民的矮屋陋室，大多被炸毁。

通津街上的一所天主教堂，有不少中国人躲藏在里面。法国神甫在屋顶悬起一面法国国旗，表示这是法国的教堂，不要轰炸。日本飞机毫不理会，硬在后院扔下了一颗炸弹作为回答，充分暴露了侵略者的野蛮。

义峰山下博阳河畔的繁荣街道，仅仅只一天时间，竟化为废墟。县城原有房屋 851 幢，被日军飞机炸毁 821 幢。

日机在投下炸弹的同时，还投下了毒气弹（毒瓦斯），致使不少人中毒，轻者终身残疾，重者慢性窒息而死。

日机疯狂轰炸过后，从城里到城外，处处是断垣残壁，几千居民凄凄楚楚无处栖身。

日本军国主义侵略中国虽成历史，但日军在中国制造的深重灾难，我们永远也不会忘记。

（转录自德安县政协文史资料研究委员会编：《德安县文史资料选辑》第 1 辑，1985 年版，作者谢振民）

9. 日军在德安县塘山乡的暴行

塘山乡位于德安西北部，海拔500米，四面环山，地势险要，山上茂林修竹，物产丰富，百姓安居乐业。自日军侵略塘山后，塘山人民饱受了战火的摧残，遭受了重大的灾难。当时塘山1000余栋房屋全被日军烧毁，耕牛2000余头和生猪8000余头被日军抢去，被日军杀死、烧死、活活用石磙压死的人就有好几百个，其景之惨，令人目不忍睹。仅以罗家垅邹村（现新塘行政村第二自然村）为例，不仅将全村19户的农房烧光，牛猪抢光，还将尚未跑脱的3人活活打死。邹孚堂60多岁，被日军用机枪扫死；邹良能被活活放进柴堆里烧死，烧得只剩下一个肚子；邹良宝被瑞昌县政府保安中队抓夫，逃跑时大腿挨了一枪，被日军发现后，说他是中国兵，竟被活活砍成四大块，收尸时，尸体也拼不完整。

当时冯家岭村（现新塘行政村第一自然村），是一个50多户的山村，人都躲进了山洞。一天拂晓，日军袭击该村，一个民办小学姓余的老师因跑不掉，他就写了“大日本军”四个大字，悬挂在门上。驻李家山的国民党情报组知道后，次日晚上，派人将教书先生和他的侄儿暗杀了。第三天，日军再次袭击该村，得知此事（未见教书的人），为了报复，见人就杀，见房就烧，还将冯必辉用铁丝穿进脖子，捆在村前大樟树上，将他身上的肉割下喂狼狗，割下三天，只剩下一个骨架子。日军除了在该村打死了几十人外，还在一坑里活埋了20余人，地点在枫树旁边。有的人被活埋了一大截，头被露在外面示众。

惨遭灾祸的曾家岭，是一个只有11户人家的小村庄。由于密探报告该村驻有国民政府军，引来日军深夜包围全村，将该村曾愈宝、曾宪恭、曾广元、曾广利、曾广员、曾先宝、曾愈忠、曾金应、曾庆法等10余人捉到瑞昌青盆街，用石磙活活压死。

（转录自德安县政协文史资料研究委员会编：《德安县文史资料选辑》第1辑，1985年版，作者邹孝义）

10. 记日军在德安聂桥的三件罪行

在德安沦陷的岁月里，德安人民遭受着深重灾难。今追记日军在德安聂桥犯下的三件罪行，看看日军的残忍。

一

1939 年 8 月间的一天下午，我和本村两个孩子在周家山上砍柴，突然听到一声枪响，我们随着枪声方向望去，只见夏家铺街后的土茅山上有一个女子往山上跑，身后有十来个日本兵正在追赶她。那女人刚刚跑到一棵大枫树下，日兵围拢来把她捉住了。开始那女子哭叫起来，日兵把她按倒强奸，一个站起来，接着又一个俯下去，十来个日兵轮奸完才下山走了。女子当时没有起来，等日军走了好远，我才看到她被两个人从那山上抬下来，一直抬往夏家铺街上去了。

夜饭以后，我村上有几位妇女到夏家铺街上去看望那个被强奸的女青年，她们回来说，那女青年姓胡，才 17 岁，母女俩逃难来此。女孩在日军强奸时挣扎，日军就用皮鞋踩断了她的手脚骨头，胸部亦被日军的枪弹匣子压伤。她遍身剧痛，羞愤异常。当时天气酷热，无钱医治，不到半个月她就离开了人世。

二

1939 年 11 月间的一日，太阳刚刚从东方升起。忽然听到报警的钟声响了，日军又要来打掳。我同全家跑到村背后的大山腰的竹林中一望，看见夏家铺的南头空草坪里站着一大群日本兵，其中一个挥起雪亮的长刀，嗷嗷大叫着。一刹间，一群日军围成一个大圆圈，正中有一个日军抓住一名中国人，把他按倒在地上，骑在他背上要他往前爬着走。那人爬了三圈停住，日军又嗷嗷怪叫起来。那个拿长刀的日军举起长刀向中国人横竖砍了好几下，只听那人惨叫几声倒下不动了。

日军走后，附近的人去看被日军砍死的是谁，我也跟着大人到那里去看。那个人已被日军割掉了耳朵，劈断了手脚，还拦腰砍成两段，肚子里的内脏撒在草地上，血糊糊的尸体，惨不忍睹。当天中午有人来收尸首，说被无辜杀害者是住在戏子垄（现爱民乡土塘村）放养群鸭子的河南人，他姓王，家有妻儿多人。

三

1940 年 10 月某日下午，彭山尖峰搏碉堡里有 3 个日兵窜到山下的爱泉垄一个姓吴的农民家，他闺女正在家洗碗筷，不知日军进了庄，没有来得及躲避，被日军拖到堂屋中间，剥去衣裤强奸。奸完后，就要屋里一个老公公去奸她。老公公闭着眼睛装做没有看见、没有听到，日军就用枪上的刺刀逼着要杀他，老公公宁死也不这样做。日军一脚把他踢倒在地，扯掉了老人的裤子，再用脚踩着，又用刺刀刺他的屁股。残忍的日军发疯似的笑着走了。日军走后，这一老一少呼天唤地大哭要寻死，当时人守住未成。这闺女是许了人家的，择定年底出嫁，她主动要求男方退了婚事。3 个月后她还是上吊自尽了。

（转录自德安县政协文史资料研究委员会编：《德安县文史资料选辑》第 1 辑，1985 年版，作者聂和钟）

11. 日军在德安县吴家庄的暴行

1938年农历11月12日，驻扎在永修县燕坊附近的日军一共8名，全副武装，气焰嚣张，突然窜到我的家乡德安县磨溪乡小李洼下面一个村子——吴家庄，抢劫掳掠，奸淫妇女，吓得老百姓有的躲、有的跑、有的藏于深山密林之中。此时，抗日游击队把这伙日军引到泉水背后山头打了一仗，日军被打败了，老百姓把逃散的两名日军用斧头活活砍死，消解心头之恨。哪晓得惹起大祸来了，真是"祸从天降，殃及茅庐"。这月15日，来了100多名日军，四面包围吴家庄一带，杀人、放火，予以报复。

日军在吴家庄一带的残暴罪行骇人听闻。

一、杀人

农历11月16日早晨，日军在吴家庄一带进行搜山，将躲在山林中的农民杨礼先（30多岁）、杨的母亲（70多岁）和9岁的女儿统统抓来了，带到吴家庄门口大田中，先将杨礼先本人当做把戏玩，强行要他模仿家狗四肢爬行，日军捏饭团像喂狗的样子，要他在地上用嘴抢饭吃。玩了一阵，其母亲看到此事心里难受，跑去护了一下，日军当场把她枪杀了。过了一会儿，杨礼先被日军玩厌了，也就地枪杀了他。最后只剩下杨的女儿，日军毫不留情，用力举得高高的，猛抛在几丈深的田坎下山谷中跌死了。就这样灭绝了一家三代。农民李光焰的母亲是71岁的老人，一双小脚，走路非常困难，见日军追来了，跑也跑不动，只得躲藏在王家冲木桥头边矮山上通竹林里。他的嫂嫂也跟随着躲藏在此处山林中。后因听到家养一只小花猫到山上找人的叫声，日军怀疑山中有人，便赶来搜山，发现了她们。日军照李的母亲胸部连打两枪，其当即含恨而死。李的嫂嫂的腿部和胸部被日军连射数弹，但未命中要害，当时装死。过了片刻日军走后，有人将她抬在一棵松树下，盖好棉被。当时天上还下着鹅毛大雪，天气寒冷，其他人不敢久留，各自奔散逃命。李的嫂嫂又痛又冻，等到半夜时就死去了。像这样悲惨的事例，实在举不胜举。这一次，日军在吴家庄周围一带杀死的老百姓（包括男女老少），据初步统计，一共有450多人。

二、放火

吴家庄是一个小小村庄，只有四五户人家，共有房屋五栋，都是青砖到顶的瓦屋楼房，被日军放火统统烧光。在放火烧屋时，日军还把无辜的老百姓金文映关在房子里活活烧死。后来，他的儿子来收尸时，只找到父亲穿的棉鞋尚有一只未烧掉，便拿去作为遗体埋葬了。吴盛乾的爱人，也被日军关在一栋房子内，封闭大门，活活地烧死在里面，最后剩下来的一副肚子没有烧掉。吴收尸时，哭得泣不成声。日军多么残忍！吴家庄附近的廖村，全村六栋房子，尽被日军放火烧光。其中有一栋房子靠近路旁，里边住的尽是逃难的难民，100 多人，因躲避不及，日军来了，就把四门紧闭，用干柴把房子点着，难民全被活活烧死。正在放火烧的时候，难民哭的哭叫的叫，哀声实在刺心。吴家庄一带被日军放火烧掉的房屋共有 200 多栋，毁灭的村庄共有 20 多个。人们无家可归，过着风餐露宿的生活，痛苦万分。

三、抢劫

日军所到的村庄，每家每户的财产遭到抢劫一空。除了抢劫的外，拿不走的全部用火焚烧，化为一堆灰烬，弄得老百姓十室十空，家贫如洗。回忆起往时这些辛酸之事，真是悲愤难忍！

此外，日军还恣意奸淫妇女，奸后处死。这样的事例也很多。

日军在吴家庄的残暴罪行，乡亲们一提起，人人伤心，个个流泪，永世难忘！

（转录自德安县政协文史资料研究委员会编：《德安县文史资料选辑》第 1 辑，1985 年版，作者李文升）

12. 日军蹂躏下的星子县

1938年8月20日，星子沦陷。日军进攻星子县城以前，星子县政府即离开县境，撤到战火尚未蔓延的都昌县，城内绝大部分居民都逃难他乡，仅留下百余名手无寸铁的平民。日军入城后，大肆烧毁民房，火光冲天，整日不熄。日军为巩固其统治，从各处招募来数百名汉奸，成立了“保安大队”、“警察队”、“顾问团”等伪武装组织，由左星芒任保安大队长，程世道任警察队长，陈明炼任顾问团长，罗福初任伪县长，为日军帮凶。敌伪一家狼狈为奸，在星子城乡大肆杀掠，所到之处生灵涂炭、庐舍成灰，人神共怨，罄竹难书。择其要者，整理如下：

一、狂轰滥炸

1938年农历1月13日，日机9架轰炸星子县城大西门、小西门。此时，正值星子县招收保学教师考试，参加考试的阳怀春等考生被炸死，县城居民李锦全、阳水贵、张文火、黄水林等死伤30余人。轰炸时，有人发现奸细在阳裁缝家的三层楼上用红色被面为记号，指挥飞机轰炸。

是日，日机轰炸海会军官训练团营房，投弹数十枚，营房大部分被炸毁。

2月18日，日机12架轰炸县城紫阳门及班本部营房，投弹多枚，炸死4人，炸毁房屋10多栋。

6月23日，日机6架轰炸胡家门前（今温泉乡），炸死第一区署工作人员6人、农民7人，炸毁房屋3栋。

8月27日，部分难民逃至观口山上，敌机发现无数非武装的群众，一连投下了12枚炸弹，继则以机枪密集扫射，死伤难民120余人。

9月中旬，日军窜至观口村，烧毁钱、傅两姓的房子30余间，使23户的群众无家可归。

9月25日，日机9架轰炸横塘铺，炸死农民6人、守军1人，炸毁房屋5间。

二、惨杀平民

1938年10月6日，温泉乡部分群众避难于庐山峰寺，因粮食被抢劫，30多人下山运粮，走至中途，遇上搜山日军，被押至大理庵，用机枪一一屠杀，其中一个不满两岁的女孩当时未中弹，在血泊中爬行，日军还是把她杀害。

后来，群众把死者的枯骨收殓在一个大木箱内，埋葬于东山村南侧，特立墓碑一块，铭刻着“一见心寒”四字。

10 月 8 日，朱家港村（今温泉乡新塘坂村）38 名避难于羲之洞中的村民，因晒衣暴露目标，被日军发现，遂将这 38 人押至三祖庵，用机枪扫射，只有魏世付乘隙跳下高坎，跃入森林，逃脱了虎口。死者中最惨的是芦善敏，日军选用五棵不同位置的山竹，同时攀曲下来，将芦善敏的头、手、足各系一根，突然将山竹松开，芦善敏就这样被五竹分尸而死。

过后，朱家港人将无辜死亡的 37 具尸骨收殓在一起，共葬于朱家港凤凰翅前。一位教书先生名项作贝，怀着悲痛的心情，替死者作了一篇墓志，其主要内容是：

“死者前年八月间（农历——笔者注），予亲属及郑里等避难三祖庵深谷中，未几中日战争是地，两边枪林弹雨，无隙可逃，致陷，三十七人皆死于非命，幸友得脱其难，传是噩耗，呜呼！”

10 月间，程家嘴村（今温泉乡）30 多名群众从庐山逃难而归，遇上驻扎在该村的日军，被枪杀在村东一口塘里。这口塘的水全被染红，后人称这口塘为“血泪塘”。

10 月 9 日日军来到殷家坂村（今隘口乡），将村民殷昌明、殷昌佳、陶招仁等 32 人，枪杀在三亩二分田里的炸弹坑中。这次大屠杀，使该村 9 家绝户。

10 月 9 日下午 3 时，日军包围了汪钱港村（今隘口乡星星村），当晚杀害村民 16 人，第二天又打死 5 人，使 8 户无嗣断后。日军又烧毁房屋 3 栋。

10 月初，日军窜至故里龙（今横塘乡），将村民刘水印、胡光竟、胡光秀、胡四元等 140 余人分别押至铜门嘴、枫树嘴、柴山嘴、鸡山嘴等地，用刀杀、棒打、枪毙等手段将他们杀害。

10 月间，日军在上阮家牌村，将村民吴隆春、吴木仔等 27 人押至屋背后山脚下，全部杀害。

10 月间，日军窜至董家岭村（今蓼花乡），将董万柏、黄边头等 6 名青年逐个杀害，把万土寿的耳朵割去，逼他爬，再割去鼻子、挖去眼睛，最后开膛破肚而死。

10 月 21 日，日军在堰堪上周村（今隘口乡），将村民周招署、周水香等 8 人押至屋背后竹峦里，压在禾戽里面，上面堆放松柴、木板等物，点燃火，将 8 人活活烧死。

1939年1月16日凌晨，日军将观口村包围，将村民付田席、魏才金等54人押至村外用机枪扫射。仅有一个两岁的女孩未中弹，她在死去的母亲怀里找乳吃。

三、强奸妇女

日军的强奸暴行，尤其令人发指。下至10余岁的女孩，上至五六十岁的老妇，都难免遭到日军的蹂躏。有的被奸污后，复遭警犬践踏，再遭残杀。就是替日军效劳的伪会长的女儿，也未逃脱日军的毒手。

1941年至1945年，日军集中了部分青年女子，搞了一个“慰安所”，供日军作乐，慰安所设在阳家祠堂，后迁一品斋楼上。

四、掠夺文物

1938年9月7日，日军用大炮击毁星子县重要名胜古迹——舍利塔（舍利塔位于归宗寺后的金轮峰上，是三国东吴赤乌年间所建，镌有经文及佛像，是我县最古之文物）。

这年9月初，日军将栖贤寺中的天王殿5间、方丈室3间和大饭厅、客厅、客房各5间尽行焚毁。

1939年11月，朱家港村魏召坚、钱兹玉、钱兹善、魏梅、魏富、熊家富等人在被毁的舍利塔脚下，挖出法华经一部、银塔一座、五宝瓶两个、舍利子粒以及红、白、绿等各色珠宝，还有铜灯、浪金子、沉香木等物。

这些珠宝出土后，因分配不均，黠者密告日军，日军逮捕挖掘者，夺去全部珠宝；不久，又有人在塔基取得佛像及经文，亦被日军劫去。

1930年间，日军通过伪县长罗复初取去栖贤寺中古物最著名的罗汉图7轴。1943年重阳节，日军先焚毁阮家棚、高家岭一带村庄，于下午抵寺，又将寺中文物悉数劫去。

1930年，日军将归宗寺洗墨池侧的藏金阁内所藏宋、明时代的名人真迹，包括黄庭坚等名家的书法石刻、明代宗鉴堂书法石刻28块在内，尽悉劫走。

1939年间，日军窜至江家坂张石林家，劫去同治皇帝赐给他家祖辈的“昭奉”一封。

日军在星子施行惨无人道的暴行，给星子人民带来深重灾难。

1. 抗日战争时期，由于日军大量施放毒瓦斯，余毒流入水中，使当地人民受到感染，引起疾病流行。其主要症状是：烂脚、生疮、打皮寒、烂苗瘟，死于烂苗瘟者甚众。据坡头熊村的调查：该村 15 户、60 人左右，生疮、烂脚的占百分之百，死于烂苗瘟的 31 人，仅熊传顶家里就死去 3 个儿子。

在当时缺医少药的情况下，沦陷区人民只好求助于神鬼，疫区做斋、打醮、抬菩萨、安天客等迷信活动到处可见，使遭受战火洗劫的民众彻底倾家荡产。据老人回忆，每天安一次“天客”需要花费光洋达千元左右。

2. 日军侵占星子初期，屠杀农民的耕牛达 3647 头，致使不少的农民无法耕种，只得用人耕田。据了解，新屋陈村当时有 30 余户，用人耕田的有陈作声、陈述良等 10 余户。

3. 由于日军肆意屠杀沦陷区人民，使星子县人口显著下降，田地大片荒芜。据 1935 年统计，全县人口 105722 人，到 1946 年统计，全县人口 66885 人，8 年抗战人口减少了 38837 人，比战前下降了 37%；耕地荒芜了 16890 亩，占 1935 年耕地面积 130842 亩的 13%。

（转录自星子县政协文史资料研究委员会编：《星子县文史资料》第 3 辑，1987 年版，作者骆星墩）

13. 庐山石门涧前血泪流

1938年农历闰7月18日清晨，天气晴朗。居住庐山西麓石门涧下、赛阳乡内的张家、蔡家、胡家六房等村的男劳力，像往常一样，到田间从事农业劳动，妇女们在灶边操劳全家人的早餐，天真活泼的儿童们在村前村后打闹玩耍。战争的阴云虽然已笼罩九江，朴实的中国农民想不到日军对这个庐山一隅的山村会突然光顾。早饭后，传来消息说，有一批日军今天要路过赛阳。老实的赛阳农民虽然没有见过日军，但也听说他们是一群杀人不眨眼的魔鬼。因此，男人们放下农田的活计，妇女们赶紧收拾一些东西，扶老携幼去石门涧下的"盐老鼠洞"和"鸟儿洞"两个岩洞暂避。一小时后，这里就汇集了50多个从四面八方来躲日军的农民。

上午9时左右，果真有几十个日军窜到了赛阳。当他们在村里找不到人时，不知何人告密，竟进山直奔石门涧。日军来到"盐老鼠洞"和"鸟儿洞"前，个个手持上了刺刀的长枪，逼向50多个手无寸铁、瑟瑟发抖的中国农民，不论男女老少，见人就用刺刀捅，顿时惨叫声震天动地，腥风四起。无辜农民的鲜血染红了两个岩洞，染红了石门涧水；有的身首异处，有的被开膛破肚，有的被砍去四肢，血肉模糊。

在这次大屠杀中，有两个幸存者，一个是赛阳乡赛阳村第三村民组王水英婆婆，另一个是赛阳村第一村民组杨秀枝婆婆。当时王水英才13岁，随同家人躲在"盐老鼠洞"。当日军闯到"盐老鼠洞"时，王水英和另3个孩子惊慌中拼命奔向石门涧。日兵连几个小孩子也不放过，拦路一一刺倒。日兵走后，王水英从血泊中醒过来，3个小伴们都死了。她感到下腹剧痛，原来，日军的刺刀从她右下腹刺进、左下腹穿出，左腹的板油从刀口挤出来一寸多，一群蚂蚁正在板油上觅食。王水英是个坚强的女孩，忍着剧痛，拂去爬在板油上的蚂蚁，把板油塞进肚内。这时，她感到口渴难忍，慢慢地爬到山下的水沟边猛喝了一顿水。直到黄昏时，她才艰难地爬到家。躲在别处的父母和弟弟这时也回到家。父母用盐水帮女儿洗了伤口，再用黄烟敷在刀口上。3个多月后，王水英才能直起腰走路。在她被刺伤处留下了两块伤疤。

杨秀枝婆婆1938年时23岁。日军闯来的那天，她的丈夫不在家，她带着50多岁的婆母随同村人一起逃到"盐老鼠洞"。婆母和其他人一起被日军杀害了，杨秀枝因为躲在洞上一个夹缝里，加上里面黑暗，才幸免一死。杨秀枝亲眼看到在日军进行疯狂屠杀时，乡民们并不示弱，赤手空拳与日军进行搏斗。胡家六房村女青年胡美玉拿起竹棍向日军头上打去，当即把一个日兵打昏；当刺刀插进她的胸膛后，她仍然挣扎着与日兵拼搏，大骂日兵是野兽、恶魔。

新中国成立后，当地人民政府多次组织干部、群众、学生到“盐老鼠洞”、“鸟儿洞”现场进行爱国主义教育，教育后代不忘日本侵略军残杀中国人民的血泪仇。

（转录自九江市政协编：《九江文史资料选辑》第3辑，1985年版，作者桂剡高、袁怀烈）

14. 回忆日军飞机轰炸景德镇

程霍然回忆：

一、炸了哪些地方

日机多半从西偏北方向进入景德镇市区，再掉头向南，沿着后街（中华路）这根轴线飞行投弹。上从薛家坞宗仁窑起，下到太白园，东到樊家井西侧，西到昌江河边这一地区。弹着点最多的是周路口地段。这里地形开阔，窑囱林立，坯坊集中，成了日机空袭的主要目标。董家岭、富商弄、黄家弄、牌楼里、戴家弄、十八桥、金家弄、陈家街、龙缸弄、彭家上弄等地方都多次挨炸。河西洋油栈附近（南门头大桥西端）落下 3 颗炸弹，但都未中目标。莲花塘陶瓷实验所（现市委院内）最后一次也着了弹，还有一颗落在防空洞前却未爆炸。唯有龙珠阁一处——琉璃黄瓦，高山全镇，目标十分明显，却始终无恙。传说日机有意保留，充作指引目标，不无可信。

上面说的轰炸区，现在看来似乎面积不大，可是当时来说，却是市内的中心地区。

此外，浮梁旧城和三龙两地，也被炸过一两次。

二、轰炸经过

1939 年农历 11 月 16 日上午，日本轻型飞机两架，从九江方向闯入景德镇上空，盘旋侦察。当时大部分人没见过飞机，竟到外面观看，幸好日机只在周路口投下一两枚小炸弹便飞走了。弹中把总衙（现景兴瓷厂背后），命中一家窟户的圆器坯坊，除了 2 人外出，全家遇难。这是第一次。

1939 年农历 12 月 16 日，日机又来景德镇轰炸。住在戴家上弄吉安会馆即鹭洲书院的南昌难民，有好几十户，计二三百人，挤着过活，景况可怜。这一天很冷，约 9 点多钟，大家正生炊做早中饭（一天两餐），忽然响了警报，飞机片刻即临市空。来的是 9 架“意大利”飞机（当时本地老百姓称平飞投弹的为“意大利”飞机，俯冲投弹的为“日本”飞机，事实并非如此，这里是借用当时语言），3 架一队，品字队形，一到上空，即平飞投弹，转瞬之间，墙倒屋塌，烟灰弥漫。周路口一带着弹最多。吉安会馆化成废墟，院内难民压在墙底屋下，或死或伤，全无幸免，运到河西掩埋的尸体多达100余具，死伤最为惨重。

1940年农历1月16日，日机再次轰炸景德镇。在董家岭的一处防空洞内，挤着60多人。本来很多人并不来此躲避，只因当天响了几次警报却没来飞机。最后一次警报响了，他们不愿跑远，便就近躲到这个防空洞内。据说最后一个人来到洞口，却被洞里的人赶跑了。不料，飞机真的来到上空，即刻轰炸，一颗炸弹偏偏命中洞口。除了弹片杀伤和洞塌外，更由于爆炸气浪的冲击，导致窒息，使洞内男女老少全部死亡。

日机除了投炸弹，还用机关枪屠杀无辜。记得还有一次日机来轰炸，投下炸弹后，便沿着河边，用机枪向河滩扫射起来。当日河边有许多槎柴堆，还有许多船只，也是沿河群众就近躲避之处。飞机毫无顾忌地低飞，侧着机身掠过河面。躲藏在此的人们，经受不住那撕裂心肺的吼声，跑动起来，正好成了机枪射击的活靶子。4架日机，你来我往，轮番穿插，追逐着四散逃窜的人群，不断扫射，折腾了二三十分钟。船边岸上，死伤累累，河滩成了屠场。真是惨绝人寰！

时至1942年夏，因日机好久未来，居民的警惕渐松。7月的一天，突然空袭警报响起，接着紧急警报大作，日机7批次来袭，弹着点从莲花塘到前街，从斗富弄到太白园，散乱得很。瞬时间屋塌墙倒，死伤无数。由于事出“意外”，引起极大恐慌，一连半个多月，日里街上行人寥寥，20多天才恢复正常，这次以后，日机没有再来。

想不到的是，就在这一次，国民政府军破天荒第一次组织了对空射击。虽说不太激烈，但终究抵抗了。

日本飞机威胁下的瓷都社会生活，无疑是紧张的，但也不是一直这样，概括地讲：晴天紧雨天松，日里紧夜里松；炸一次紧一阵，隔两周松一松。

飞机轰炸造成死伤，也不是次次都惨重。人们汲取了教训，调整了行动，死伤便减少了。有一次，仅仅炸死一条狗。

不过有一次特殊例外。那是一个晚上，忽然机声嗡嗡，在上空盘旋。夜里来飞机是过去从未有过的事，大家赶紧熄灯，紧张了一阵，但啥事也没发生，便都忐忑不安地入睡去了。事后，才听说那是美国飞机。

方维新回忆：

一、空袭警报

为了预报日机空袭，让人们及早采取措施躲避，在珠山之巅龙珠阁上设有钟一口，作为发空袭警报用。其他地方如般若庵也设有铁钟，均有专人负责。龙珠阁上的铜钟一响，其他地方的铁钟也跟着响了起来。“当，当当”前一后二为预备警报信号，是告诉人们日机向镇上飞来，但离镇还远，应赶快去躲避起来。“当、当、当”急促的钟声是日机即将到镇的紧急警报；听到紧急警报应立即就地躲避。“当——当——当”一锤一锤的缓慢钟声是日机已离镇远去的解除警报信号，这时人们可以回家了。

为了躲避日机的轰炸，人们在河西、马鞍山、夜叉坞、罗家坞、扫家岭、老社公庙垄里等地挖了许多大大小小的防空洞，一听到警报声就扶老携幼、拖儿带女到防空洞里去躲。开始日机来得不多，人们听到警报就躲，警报解除了又回来。以后日机来得频繁了，一日数次，经常是解除警报的钟声犹在耳边回荡，接着又响起了空袭警报，人们来回奔跑，疲于奔命，以后就干脆早出晚归，天刚亮吃早饭，而后带上干粮全家到天宝桥、新厂、老厂、黄泥头、银坑坞、湖田、罗家桥、圆通庵、青塘等较远的地方去躲，黄昏时才回来；也有全家躲到柳家湾、月山、朱溪、红源、庄湾、渭水、墩口、官庄等乡村去的。

二、轰炸情况

日机第一次轰炸景德镇是1939年农历11月16日，那天上午八九点钟光景，我跟先父上街买菜，走到般若庵弄口，只听得前方“轰”的一声巨响，接着就有许多人慌慌张张从万年街向樊家井方向跑来，说前面炸了坯坊，我们吓得也跟着往回跑。因为在这以前镇上没有来过日机，虽然听到空袭警报也不在意，所以街口的人还是很多的。事后得知，日机匆匆扔了两颗小炸弹就溜走了。一颗炸了把总衙一家姓程的窑户的圆器坯坊，一颗丢在扫家岭田里。日机第二次来是1939年农历12月16日，那天炸的地方也很多，有浚泗井、千佛楼等。1940年农历1月16日日机第三次轰炸景德镇。人们头天晚上过元宵的余兴未尽就大难临头，许多架日机对市区进行狂轰滥炸，观音岭窑、土地岭窑、项家窑俱被炸毁。因为敌机几次来镇的时间前后都是相距一个月，故人们把敌机来镇叫做“做满月”。到了“做满月”的日子，不论响了警报没有，人们一早就带上干粮到郊外去蹲防空洞，到夜才回家，这叫“躲飞机”。说到躲飞机，年纪大的人还记忆犹新。那时人们不敢穿白衣服，怕日机驾驶员看见丢炸弹、扫机枪。日机来了，躲在防空洞里不敢作声，惟恐机上的日军听见。有一次日机来了，和我同躲在马鞍山脚下防空洞里的一个五六岁的小孩，看见日机从防空洞口擦身飞过（日机来时一般都是低空飞行，有时连驾驶员的衣服、头部都看得清楚），吓得放声大哭，一洞的人都惊得面如土色，他父亲立刻用手捂住那孩子的嘴，憋得那孩子透不过气来。人们躲在防空洞里，飞机来了是绝对不敢说话的，就是飞机去远了偶尔说几句话时，也是轻言轻语的。那时人们在白天还不敢拿镜子，晚上不敢带电筒。警察说，这都是汉奸给日机打信号用的，带了就会有麻烦。

1940年清明节（4月5日），那天上午10来点钟的时候，从南山方向飞来日机27架，9架一组，作“品”字形，在市空盘旋一周就飞走了。人们见日机走了，纷纷出来。突然，那27架飞机又疾临市区，一来就丢炸弹。这是飞来轰炸景德镇的日机最多的一次。以往的日机是俯冲投弹的，这次投弹不俯冲，平行飞行。只见弹如雨下，炸弹响处，硝烟弥漫，火光冲天。陶王庙、落马桥、烟园口、花园上弄一带数百间坯房和民房被夷为平地。落马桥一个防空洞中弹，死伤数十人。戴家上弄中段被炸成焦土。住在吉安会馆的外地难民被炸死60余人，连当地居民在内，戴家上弄一带炸死不下百人，伤者无数。一个姓刘叫五古的窑户，除本人去外地卖瓷器幸免外，全家遇难。断垣残壁，满目疮痍，死难同胞，缺手少足，惨不忍睹。父抱子尸痛哭，女抱亡母哀嚎，捶胸顿足，呼地喊天！其他地方的轰炸也是残酷的。金家弄口的王长兴国药店（现火炬副食品店）被炸起火，烧得片瓦无存。赛宝坦（现陶瓷工业公司设计院门口）一袁姓卖牛肉的一家祖孙三口，其中母亲的脚炸飞到匣钵作坊瓦上去了，儿子炸得尸骨都找不齐全。还有一些未爆炸的炸弹。苏家弄口稻香村南货店岗亭边有一颗未响，过后挖了出来，差不多有扁担长、5升桶粗；大黄家弄有户人家，炸弹从房屋上空穿瓦直下，刚好落在米缸内未响，吓得一家失魂落魄；小十字弄有颗未爆的炸弹，至今仍埋在地下。

日机最后一次来镇是1942年夏天，吃金瓜的时候，有几架日机飞来，在空中盘旋骚扰，惹起了莲花塘专员公署门口站岗卫兵的火（有说是马鞍山的），对着日机打了两枪，吓得日机慌慌张张逃走了。过后，听说那两个卫兵还受了处分。从那以后，镇上就再也没有来过日机了。

熊正瑞回忆：

一、家属迁移

日机一边轰炸景德镇，一边向这个方位进攻，1941年5月，占领了鄱阳县城，这给浮梁带来极大的震动。一天，县长屠孝鸿通知全体科秘去他家里开会。人到齐后，他显得异常神秘，命令侍役退出，并亲自关上房门，轻声说：“现在日军向我大举进攻，根据获得消息，有向浮梁进犯模样。我们是无法守住的，已选定庄湾为根据地，万一冲散，就到那里集中吧。希望大家做好准备，但要绝对秘密，以免老百姓发生惊慌。”他没有说出其他应变计划，大家也没提什么问题，各自怀着不安的心情回家。

第二天，每人又发了一个布背包，作为紧急时装公文之用。此外，没有采取任何措施。其实，屠孝鸿所说并非秘密，都是大家早知道的。这次谈话，只是作为官方的正式通知而已。此后一连多天，人心惶惶，无形中停止了办公，互相探听小道消息。屠孝鸿也很少到县政府来了。

庄湾根据地，是专员酆景福指定的。在这危急时刻，专署和县府的眷属，纷纷迁移庄湾。这一行动是由专署统筹安排的，专署封用了大批船只，既不需自己花费一文，还可以将家中什物全部带走，好似平日旅行一样，非常舒适。到庄湾后，住的房子也已预先租好，不须自己费神，房租也很便宜。县政府的情况就不同了，虽然眷属已多迁去庄湾，但各自为政，互不照顾。专署第一科科长陈鸣佩和我住在紧邻，陈是我的同学、同事，又是亲戚关系，感情较好，他忙着搬家，看见我毫无动静，就来询问，我说：“我不搬。我家里没有什么东西，我和妻子临时走也来得及。”陈将这情况向酆景福作了汇报，酆景福说：“不搬是不好的。考虑到他平日为人拘谨，交通工具或有困难，可以让他妻子搭专署的船。到庄湾后，也可以分给专署租好的房子。”既然这样，我也只好叫妻子同陈鸣佩的眷属共坐一船去庄湾了。

除了把大批专署、县府人员的眷属迁到庄湾外，其他方面并没有作出什么布置。如果日军真的到了景德镇，庄湾这个根据地能坚持多久，实在是个疑问。幸好日军占领鄱阳县城后，只是推进到了古县渡，便停止了前进，局势日见缓和。20天后，县政府逐渐恢复正常工作。一个月后，专署、县府人员的眷属陆续迁回景德镇，庄湾这个根据地便渐渐地被人们遗忘了。

二、全城逃难

当时，国民政府军第21军军部驻在罗家桥，并无高射炮等防空设置，所以日机凌空肆虐，如入无人之境。县政府在县城和重要乡镇设立防空监视哨，只能发发警报，起到通知市民预先疏散的作用。景德镇市屡遭日机轰炸，居民一听到紧急警报，就惊恐万分，呼喊、奔跑，一片混乱，情状惨不忍睹。县政府人员却有一优越条件：防空哨设在电话总机室，总机室和县政府办公室邻近，对防空呼号，早已听熟了。如11－5和11－6，同样都是发出紧急警报。11－5，指偏离了本市方向，敌机不会到达本市；11－6，则正对着本市，十有九次，敌机飞临市空。因此，我们听到报的是11－5，可以安坐不动；若听到报的是11－6，那就非走不可了，而且不等紧急警报发出，就已离开了办公室。

1942年7月的一天，敌机飞临市空，一天之内，连续轰炸6次，落弹点十余处，房塌人亡，造成空前纪录，引起了人民极大恐慌。最后一次，敌机向莲花塘县政府临时办公处投了一枚炸弹。当时县政府为了逃避空袭，于莲花塘陶瓷试验所后设立临时办公处。莲花塘地点偏僻，从未受到敌机骚扰，在办公室旁山边，又筑有较坚固的防空洞，可算安全。不料，这次也着了一弹。投弹时，我正在防空洞内，只听见嗤嗤的声音，一枚炸弹准确地落到办公室旁，一直钻入土里，没有爆炸。飞机去后，大家纷纷围观称奇，有的说是定时弹。县政府技术力量薄弱，不能进行挖掘，也无法采取防范措施，只好听之任之。40余年时光，弹指之间，直到现在，这枚炸弹仍然安藏在土内。

屠孝鸿听到县政府被炸，也赶来察看，一见毫无损失，很是高兴。这时，屠的老父由家里打来电话，屠孝鸿一面接电话，一面对大家说："我的老父来电话，叫大家不要在办公室内办公，以免发生危险。"

第二天，全市景象凄惨极了。机关停止办公，商店停止营业，工人停止操作，居民也不在家安生。没有政府的命令，没经过群众的商议，大家不谋而合，采取一致行动：半夜起来烧饭、吃饭，天蒙蒙亮就纷纷出门，前往附近乡村躲避灾难。7点钟后，全市成了空城，仅有极少数不能行动的老人留在家中看守门户；直到黄昏时刻，逃难的人群才拖着疲倦的身躯各自陆续回家。奇怪的是，敌机后来虽没有轰炸本市，但人们恐慌的心理却与日俱增；他们总是担心，今天侥幸过去了，明天可能会有更大的灾难降临。因此，每天逃难的人群丝毫不见减少。我随着人流奔走，经常听到一些劳动人民的怨言："现在，家里还有米，可以逃难；吃完这点米，以后怎样生活呢？"在这混乱情况下，各行各业，谁不遭受损失？只有公务人员高枕无忧，虽然天天逃难，工资依然照领。这种早出晚归的全市性逃难，持续了半个月以上，才逐渐恢复正常。

我也经历了10天的流亡生活。这10天，我是和王伟在一起的，每天天不亮在他处吃早饭，然后跟着他出门逃难。

当时，全城的公务人员都参加了逃跑行列。酆景福感到这样长期跑下去不成事体，责成屠孝鸿恢复政府的正常工作。屠孝鸿大概是难以执行，采取了折中办法，决定我和民政科科长何普丰暂时负责处理县政府日常工作。我轮值每天上午，何普丰轮值每天下午。一天，电话铃响了，我拿起听筒，传来酆景福的声音："请屠县长说话。"我答："屠县长不在县政府。"酆景福又问："危秘书在吗？"我答："也不在。"酆景福发怒了，骂道："县政府没有人了吗？"我听了感觉屈辱、忿懑，立即回答："专员，我不也是人吗?"酆景福辨出是我的声音，便问："你是熊秘书吗？县政府的工作恢复了吗?"我答："已恢复了正常。"酆景福又说："你总是负责的，很不错。希望今后好好工作。"由于酆景福的查勤，局面又日趋稳定，县政府人员都陆续回来办公。20天后，恢复了正常秩序。

（转录自景德镇市政协文史资料研究委员会编：《景德镇文史资料》第2辑，1985年版，作者程霍然）

15. 萍乡人民的血泪控诉

程庆麟（安源区人，原为市防疫站主管医师）：

八年抗战期间，萍乡城内商民饱受战乱之苦。那时每天只要警报一响，就要关上店门，跑到郊外去躲避日机轰炸。为避免损失，不少商人只好把值钱的货物搬到乡间去，仅留少量的应付门市。警报频传，商店无法正常经营，市场萧条也就可想而知。上海、杭州相继沦陷后，货物来源困难，浙赣路仅通富春江以东诸暨、义乌一带。金华为商贸聚集之地，萍乡商人办货，须远走温州经永嘉、青田、丽水至金华转运回萍乡，沿途时有敌机轰炸，货物要安全到家，千难万难。1938 年秋，永丰祥百货号经理肖开惠派伙计赴温州先后购货两批，其值 5000 元左右，运至丽水候车，遭敌机轰炸，货物全部被毁，伙计仅穿一身裤褂回家。商店因此大伤元气。同年初冬，商民姚守一、商号昌华斋等，在温州购得匹头 20 余件（每件 20 匹），运抵金华火车站候运，也被炸毁殆尽。1941 年初夏，商民黎竹群等运百货匹头一批，计 10 多件，由金华抵达东乡到邓家埠，寄存源源运输行，正待运回萍乡，该埠沦于敌手，货物未及运出，损失一空。当年诸如此类事件不少，只是损失大小不等而已。至于 1944 年日军两次窜犯萍乡时，商界损失之大就更不用提了。据我所知，当年经营布匹、百货的商店如德泰福、华实、绿叶、五福、鸿记、杨美记等，分别将货物运到南坑、樟树下、横岗、瑶进等村亲友家寄存，日本鬼子一来，混乱中将货物左藏右藏，造成很大损失。仅德泰福一家就损失在 2000 元以上。日军第二次入侵时，惠元斋、元康、惠丰祥、万福元、正兴等南货号货物损失价值数以万计。惠元斋遭此一劫，大伤元气，抗战胜利后很长时间才振兴起来。

邱忠辉（曾任高坑中学校长）：

1944 年端阳节前后，日军逼近高坑地区，先派飞机狂轰滥炸一阵。本来静谧葱翠的山林，一时天崩地塌，弹片横飞，人们纷纷躲避。大星村杨麒纲、杨紫纲兄弟俩，扶病躲藏在一个岩洞里。由于奔波、惊吓和气愤，待日机走后，已经奄奄一息，家人把他俩抬回家中，便同时断了气。一个厅堂一时并排摆两副棺材，谁见了不心酸？

不几天，一只狗从山上拖下一条已腐烂的人腿，人们上山寻看，才发现三具已腐烂的尸体，是被日机炸死的国民政府军士兵。

当地居民听说日军就要进村了，便纷纷逃匿。日军进村后，见鸡就杀，见猪就宰，见值几个钱的东西就抢，把大便解在盛有米饭的饭甑里。茶亭里村的李绍文家猪栏里的两头肥猪被宰，一塘鱼也被用生石灰毒翻。

有的妇女因丢不下家而留下来，便有中年妇女在脸上涂擦黄蜡，装出老太婆模样，以为可欺瞒过日军，不会将她们怎样。哪知日军惨无人道，对妇女不分老少，逮住了就要蹂躏。如尚健在的茶亭里村瞿××，还有其他几个妇女，便被日军肆意糟蹋过。

当时国民政府军士兵，绝大部分是从穷苦农民中捉来的壮丁，在军队中长官不把他们当人看待。国民政府军第58军在茶亭里村小学设了一个伤兵医院，仓皇撤退时弃下10来名伤病员。日军入侵该村走后，村民陆续回村，闻到一股冲天的臭味从村中小学内散发出来。人们走进一看，这些伤兵的尸体都已腐烂生蛆。无疑，他们是被日军枪杀或饿死的。

日军撤走时，到处抓夫挑担。高坑乡江背村的何凤端老人不幸被捉，老人说："我今年已80岁了。"鬼子狞笑着说："好，80岁担80斤。"老人只有咬牙挑担上路。高坑镇吴立游被捉去后，至今杳无消息，不知尸弃何方。

日军离去以后，高坑乡一带鼠疫蔓延。如长塘下这个小小的村落，人口不满300，不到半个月，便被鼠疫夺去30多人的生命，唐施发一家6口全部死于鼠疫，家破人亡！

戴志明（湘东区黄堂村人，曾任城关区、安源区政协主席）：

1944年6月22日，湘东镇黄堂村，做砖的泥工文全昌与妻子在逃难时失散。文全昌妻子抱着孩子欲闯过田垄逃走，刚跑到大星塘岸，被日兵拦住，死死纠缠不放；她反抗，一个日兵竟夺过她怀里的孩子，一刺刀，高高挑起，在空中晃了晃，又甩进禾田里。在孩子绝命的惨叫和母亲撕心裂肺的哀号声中，日兵在塘岸上轮奸了这位良家妇女，之后又用刺刀捅她的下身取乐，并将她踢入水塘。

日军撤退后10多天，萍水河的洄水湾里还漂着十几具尸体。文全昌妻子的尸体还浮在大星塘里，肚子胀得像一面鼓。禾田里也有尸体，早已腐烂，一堆堆白蛆蠕动翻滚，一群群苍蝇飞起飞落，嗡嗡鸣叫；腥臭气味弥漫田野，令人胆水都呕了出来。屋场后面水塘里有一具老婆婆的尸体，衣裤被撕裂。她是老秀才袁养吾先生的遗孀，80多岁了。日军逼近时，她生死不肯跟子孙逃走，坚决守在家里。日军一来，这位老婆婆也未能幸免。

刘瑞铭（原为萍师附小高级教师）：

1944年6月中旬日军侵入上栗时，我任教的西区小学奉命疏散，我赶紧回到了木瓜山老家。父亲吩咐我带一家大小 15 人逃到曹水源去，祖母眼花耳聋，走不动了，父亲把她送到张婆婆家，让两个老人相伴，自己在屋前屋后躲避。6 月 29 日日军走后，我回家去探看，一路上只见庄稼多被糟踏，好几家房屋被烧，人、畜被抛尸于露天之下，臭气熏天。还听说日军在砚田抓夫上船，到黄花桥快上岸时，竟将年纪大的从船上推下河去淹死。在黄土岭用扁担活活打死 5 个老百姓。湘东老街下市里有个长寿老倌被日军抓住当夫子，因脚痛跛行，被日军用东洋刀在脑壳上划个“十字”，痛得他满地打滚而死。湘东街上有几具无名尸体，双手双脚被日军砍断，叫人惨不忍睹！待我回到家里时，没有见到父亲，跟随他一起照看祖母的二弟哭诉着：父亲被日军抓走了，两口塘里的鱼被捞光了，牛也被宰了，还说坳背老秋家媳妇、新塘 60 岁的老嫂都在被鬼子强奸后投河自尽。

10 多天后，父亲好不容易逃到黄花桥，离家不远了，但他再也走不动，是靠乡亲们抬回家的。只见他变得黑瘦如干柴，气息微弱，全身红一块紫一块的，到处是伤痕，还染上了痢疾。他是被日军抓去挑炮弹的，经南坑到莲花，一路上一次又一次被拳打脚踢，枪刺刀砍，加上酷热、饥渴，到安仁时又染上痢疾，心想是没命回家了。他是一天夜里趁日军睡熟时逃出虎口的。但没过多久，也就是湘东第二次响起枪炮声的时候，父亲终因伤病沉重，医药无效而死了。可怜他才 48 岁！

至今，每当我想起他的悲惨遭遇，耳边就会响起他在病重期间的愤怒控诉：“日本人信佛教，一路上见到菩萨就作揖下跪，可是杀人放火、奸污妇女连野兽都不如。”

善良的父亲何曾料到，就在他死后没几天，一群日兵竟在我家附近的龙王庙里，在菩萨神座前，奸污了好几个来不及上山躲避的妇女！

张一民（原为南台小学高级教师）：

1944 年日军进村那天，母亲与我一时不知往哪里逃，仓促间只得空手跟着邻居们向东门外无主祠方向跑去。谁知日军远远跟在后面追来，我们慌慌张张逃到王家屋后山暂时躲避。远望无主祠路上，一个妇女牵着一个约 10 岁的女孩跌跌撞撞地逃命，忽然女孩中弹倒地，那妇女不顾一切地把孩子背起来也朝王家屋后山跑。等到日军走后，大家才下山来探看那母女俩，只见女孩背腹中弹，脸色惨白，奄奄一息，众人七手八脚地弄姜汤、搞草药，想稳住后再设法送医院，可女孩终因耽误太久、流血过多而丧命了。女孩的母亲哭得死去活来，在场的群众也都流下了伤心的泪，都咬牙切齿恨不得把日兵抓来碎尸万段！

黄昏时分，我们听说日军走了，陆陆续续回到家里。才一天工夫，各家都被搞得一塌糊涂，我家几乎所有的木器、衣物都被烧了。那时我家还很贫困，哪里经得起这一击！不久我们母子二人又染上了疟疾，真是屋漏更遭连夜雨呵！要不是东门外街聂源泰药铺老板念及老街邻分上赊了点中药给我们，自己又在乡间弄了点土药方医治，还不知要出现什么结果呢？至今回忆起这件往事，还不免毛骨悚然！

向树藩（湘东镇退休干部）：

1944 年 6 月 21 日，日军第一次入侵湘东时，我家两头猪被日兵打晕割去后腿吃。人总算没遭殃，街坊杨圣年被抓去，至今不知下落；他儿子杨业举才 3 岁，被丢在一口大缸里盖上盖子，是刘永兴母亲发现后得救的。7 月 22 日，日军第二次来新城村时，伍增华一个不满周岁的女孩放在坐栏里，日军进槽门时，他来不及抱孩子，就往后门逃走了。日军离开后，他回到家不见孩子，到处找也没找到，几天后才发现孩子被杀死丢在门前稻草堆里。湘东后街张春生兄弟俩只有一个孩子，叫水锡，才 15 岁，与邻居青年彭光生一起逃到井冲，不幸被日军抓住绑在张家祠后竹山里用刺刀刺死了。张春生因此患精神病，不久便死了。

朱吕（萍乡市委政策研究室干部）：

日军进犯广寒寨山区，正是早稻成熟时节，农民没来得及收割，就被日军割去喂马。官陂、洞溪两个村 600 多亩早稻，几乎颗粒无收。这两个村共计不过 200 来户人家，被日军宰杀了肥猪 100 多头、耕牛 10 多头、鸡鸭上千羽。官陂下江背农民何冬生被杀成重伤，周仓生也被毒打险些丧命。官陂村被抓住充夫役的有汤方桃、张秋生、温庚生、朱洪操、汤吉古、巫炳生、段运寿等近 20 人，有的一直未归，可能死在外面了，有的半月一月后才逃脱虎口。但他们回家后，只见家徒四壁，衣物荡然无存，门窗、家具、牛棚、猪圈全被烧光，生活毫无着落。村民们因长期躲在深山里日晒夜露，备受饥渴，身体受到严重摧残。各处的人尸、畜尸没能及时掩埋，阳光曝晒，臭气逼人。日军又在饭甑里拉屎，水缸里撒尿，丢下的猪头、猪脚、鸡肠、鸡爪遍地皆是，致使苍蝇成群，蛆虫滋生，疫痢流行。官陂村几乎无一户不患疫痢。生病无医药，只有等着死。官陂高翰里朱福荃家 3 个 10 来岁的孩子便因患痢疾而死亡；石崖下萍中学生朱洪烈也因患痢疾而丧生。全村得痢疾等病而丧命者有几十个人，几乎占人口总数的五分之一，真是说来寒心！

彭雄（退休中学教师）：

我儿时家住腊市乡东洲村。1944 年 6 月中旬至 9 月，日军三次进犯萍乡。那时我虽是个孩子，但对日军的种种暴行至今记忆犹新。6 月 20 日左右，日军在骑兵和炮兵的配合下向县城进攻。我们书读不成了，憋着对日军的仇恨，跟着大人钻山沟，日军走后才回到家里。躲在山沟里真窝囊，连咳嗽都不敢。有的妇女带着吃奶的孩子，怕孩子的哭声招来日军，用衣服捂住孩子的嘴，结果将孩子活活闷死了。孩子死了，做父母的也不敢哭，忍着悲痛的泪水往肚里咽。

7 月中旬，日军又纠集大批人马来进犯，我们村里大多数人家都受到骚扰，我家里的东西被烧光、抢光，猪、牛被杀光。日军杀了猪、牛只割股上一块瘦肉，其他的白白糟蹋了。日军奸淫掳抢，杀人放火，无恶不作。我五堂叔被日军活活打死。隆开老汉失踪了，人们看到屋左梨树前成堆的苍蝇，才发现老汉被劈成几块扔在树下。藏在山沟里的老百姓被日军搜出来，男人有的被杀、有的被抓走，妇女被强奸、轮奸，死了很多。第一次日军来时，早稻正抽穗灌浆，被他们连晚稻苗一起割来喂马。日军为了抓鱼不惜把鱼塘水全放干，弄得稻田缺水，禾苗枯萎，颗粒无收。日军第二次来犯，早稻正当成熟，他们强迫民夫割来充军粮、马料。有的老百姓饿得撑不住，悄悄去割点稻谷充饥，被日军用乱枪打死。

家里待不住了，父亲将祖母、母亲和我们几个小孩送到离家 20 多里的东坑罗汉塘，丛山峻岭，十分隐蔽。同我们逃到一块的人很多，这里没有日军骚扰，但传染病却缠着逃难的人不放，伤寒、痢疾、疟疾等病闹得人们惶惶不安。山沟里缺医少药，天天有人死去，时常听到呼天抢地、撕人心碎的哭号。我们一家 7 口都染上了痢疾，日夜要解 20 多次脓血粘冻大便。我们被疾病折磨得只剩下皮包骨头，连走路的力气也没有。粮食接济不上，吃饭成问题，没有盐的野菜实在吞不下。那时交通被日军切断，盐运不来，100 斤稻谷还换不到 1 斤盐。正在无法可想的时候，父亲送了粮食来，还有一小块马肉。据说日军由打子石上千步磴，搜寻藏在山里的老百姓，马从石阶上滑下来摔死。饥饿的人们去割日军的马肉充饥，父亲恰好路过也割了一小块。母亲把它分成两次炒给我们吃，而且加了一小撮盐，我们美美吃了两顿，痢疾竟奇迹般痊愈了。后来我们听说是日军的细菌部队杀死牛、猪后割下一小块吃，剩下的投放病菌和病毒。牲畜腐烂后借苍蝇传播，使疾病流行。他们就是用这种狠毒的手段杀害中国老百姓的。而日军的马却给注射了防疫药，我们吃了马肉顺便把病治好了。传染病威胁着战乱后的百姓，失去亲人的哭号声声凄惨，数不清的新坟触目惊心。

陈选民（芦溪蔗棚小学教师）：

1944 年 7 月，日军进犯芦溪街以前，曾在源南乡石北村驻扎过，在这里，他们杀死好几名无辜者，将尸体扔在鱼塘里，浮尸好几天也无人收殓。过蔗棚村时，日军强抓糖屋场的张福祥和上屋场的陈梅生当挑夫，他俩后来总算找到机会逃脱了。日军还抓走 60 多岁的王新和、王新开二人，一个多月后，王新和从莲花逃回来，人瘦得皮包骨，王新开挑不起担子，在七里店就被打死了。芦溪街广仁堂药铺的熊善清老板，70 多岁了，又从来没干过挑担一类重体力劳动，被抓住后，挑不起担子，鬼子竟把他刺死在五里牌杨柳亭旁边的水田里。据他儿媳妇王美壮回忆，她家当年还有个 90 多岁的老祖母，她公公是为了照顾母亲留在家里的，哪里想到日军竟会这样残忍！在正大街，有好几个妇女被抓去了，其中有个 40 多岁的老板娘被一群日军轮奸了。在源南乡茶塘，有个妇女竟被绑在楼梯上轮奸致死。

肖兴汉（原芦溪县供销社退休干部）：

日军撤离芦溪好几天了，进山逃难的人才陆陆续续回家。我父亲带着一家大小也回到芦溪街，发现街上房子有的穿了洞，有的倒了墙，有的塌了屋角，地上到处是砖头和瓦砾。这是日军飞机丢炸弹炸后的惨状。当时我还特意跑到大丰坪（今前卫街）去看了，只见白马庙旁边的一棵大树上挂着一个像葫芦一样的东西，听说是一颗未爆炸的炸弹。日军为什么要炸芦溪？主要是想截断中国军队的补给线。那时人们一听到警报响，就拼命往山上跑，直到傍晚才回来，生产因此受到严重影响，连熟了的早稻也无人割，晚稻也无法按季节插下去。

张杰（上栗县人，原江西师范大学教授）：

抗战期间，我在江西省立临川中学高中部教书，1942 年上学期，为了避开日军骚扰，学校宣布紧急疏散。我历尽艰辛回到了上栗市王家大屋与家人团聚。1944 年上学期，我受聘在金山中学任教才 3 个月，日军便侵入上栗了。我带着一家大小 9 口人往附近的千丘岭逃。一家人除我以外都是老弱幼儿，3 个孩子最小的才 1 岁多，最大的不过 5 岁，父亲年迈体胖，母亲一双小脚，都走不动，我夫妻俩抱了小的又要背老的，好不容易走过十几里上山的路到了千丘岭张文藻家。听说当天晚上日军就在王家大屋一带宿营，翌日开走了。我赶回家一看，家里的东西全被糟蹋得不像样子：收藏在楼上的上品瓷器全部打烂了，一缸茶油里日军拉了大便，油漆桌椅全被烧成灰烬。尤其使我痛心的是，书房里的书不见了，有的被撕破烧了，有的被撕破垫在关马的地方。其中主要的线装书有《十三经注疏》《正续资治通鉴》《前四史》《四库全书总目提要》，精装书有开明版《二十五史》、英文《希腊史》《罗马史》《中世纪史》《十九世纪史》《英文修辞学》以及《法文字典》《法文读本》，平装书有《中西交通史料汇编》和鲁迅、郭沫若等名家的著作。这些书在战时是有钱也买不到的，战后又大都因绝版而无法买到，因此这笔损失对于我可以说是无从弥补了。然而，邻居还发生了更加令人切齿痛恨的事：年迈的三祖母竟被日军轮奸了整整一夜！

（转录自萍乡市政协文史办公室编：《萍乡文史资料》第 16 辑，1995 年版，由萍乡市政协文史办公室整理）

16. 民　夫　恨

一

萍乡市湘东区麻山镇刘家洲村刘祥奎老人，我在 1995 年对他访问时，时年 81 岁的刘老汉，对当年日军把他抓去做挑夫，仍记忆犹新。

1944 年端午节后，一股日军从湘东东南角的源头村向白竺圩窜犯。这是一支山炮部队，配有步兵保护，马匹很多，还抢来许多黄牛，分驮着炮轮、炮身和炮架。牲畜驮不完的，沿途便到处搜抓民夫，仅汶泉、刘家洲一带就抓了很多人，五陂下乡大田村段友开也被抓，其中有些十一二岁的孩子。与刘祥奎一起被抓的青壮年民夫共 28 人。

刘祥奎老人回忆说，日军抓住他们后，用枪押解到队伍时，立即有几个手拿绳子的日兵过来捆绑他们的手。轮到捆刘祥奎时，他鼓起劲来，气运双臂，捆绑完后偷偷一试，觉得稍为松活，可以勉强退出手来。日军将他们分开，掺杂在日兵中间，彼此连说一句话也没机会。吃饭睡觉也不给松绑。日军吃完饭，让他们吃一点剩下的饭菜，匆匆赶路。随后，日军便让这些被抓来的民夫挑担。民夫们挑着沉重的铁箱子，每人后面都跟着一名凶狠的日兵，稍有懈怠便会遭到毒打。

烈日似火，日兵押着挑着重担的民夫们由轿田翻山越岭，大家都累得气喘吁吁，汗流如雨，口干舌焦，有的人张着口喘气。一个担货郎担的民夫被扁担磨得两肩红肿，赤着的双脚血泡累累。他不停地换肩，艰难地移动双脚，每放下担子，就偷偷地流泪，连饭也吃不下。行至曹家，他再也迈不开步了，一屁股盘坐在路上，眼泪长流。日兵怒气冲冲“哇啦哇啦”吼叫；货郎目光呆滞，一动也不动。日兵扬起鞭子，双手狠狠地朝他抽打；货郎两只手紧紧地护住头脸，身体一耸一耸地抽搐，痛苦地呻吟。他两天来粒米未沾，连大声哼叫的力气都没有了，任凭日兵怎样抽打也站不起来。“嘎乒——”枪声在山谷中响起，一缕鲜血从他胸口冒出来，货郎两腿一伸，歪躺在路旁，圆瞪着两眼直视着苍天。

看到他的惨死，民夫们个个心惊肉跳，担心同样的命运不知什么时候也会轮到自己头上。刘祥奎当时心想，如果也被日兵打死了，家里人什么也不知道，几根骨头也没有人收回家去，像那可怜的货郎一样。想到这，他不禁辛酸泪落，脚步不觉迟缓。日兵一见，皮鞋尖重重地踢在他踝骨上，痛得他冷汗直冒，差一点哼出声来。他强忍住眼泪，一跛一跛赶上去，免得遭受日兵更残毒的折磨。

在炎炎烈日的烤晒下疾步行走，民夫们口干得喉咙里冒烟，日兵却不准他们停下来喝口水；听着山涧水声潺潺，看见溪流清澈见底，更觉口渴难耐。刘祥奎实在耐不住了，不顾一切地放下担子，俯身在溪里大口地喝水。刚一抬头，脸上重重地挨了一个耳光，打得他眼冒金星；嗡的一响，耳朵也失灵了，半边脸麻木胀痛；口角里湿漉漉的，耸肩一擦，竟是鲜红的血。他恨不得一脚将这个日兵踢下山坡，摔死这家伙，但前后都是枪刺闪闪的日兵，只有忍气吞声，心里盘算着怎样逃脱日兵的魔爪。

日军到达土下，靠山拴着马群，周围燃起篝火。日兵们呈半圆形躺在露天的场地上，将民夫们圈在他们和马群中间，用绳索绑住双臂，靠马的一面没有日兵。不过那些高头大马也的确有点吓人，一蹄子可以将人的筋骨踢断。刘祥奎决心冒险逃走。夜深人静，篝火渐渐熄灭，日兵睡得很死，一阵阵的鼾声传来。刘祥奎慢慢地扭动胳臂，使劲地退出绑绳，但又害怕惊动马群，犹豫了一阵；不过他马上又想，要是不走，被日兵发现自己脱了绑，也难免遭罪，于是慢慢地爬向马群。驮马爬了一天的山路也困乏了，站着一动也不动。他从一匹足有5尺来高的大马肚皮底下慢慢地钻过去，爬上山后就不顾一切地往密林深处急速攀爬。急不择路，竟走错了方向，跑到黄冈去了。天色渐亮，他暗自庆幸逃出了樊笼。瞥见路旁一具婴儿的尸体，吓得一跳。这是谁家的孩子？也许是他的父母被日军抓走后遗弃在这里的吧！见他尸体浮肿，散发出阵阵臭气，不觉毛骨悚然。刘祥奎冒着胆子从他身边走过，这时，真盼望有个同伴壮胆。前面似乎有个人影从山上溜下来，刚一闪眼便不见了。刘祥奎连忙追上去，的确是一个青年农民。他一见有人追赶，竟没命地快跑起来，他错将刘祥奎看作是追赶的日兵。刘祥奎大声喊："朋友，不要怕，我也是逃出来的民夫!"那人听到乡音，这才放下心来，收住脚步。有了同伴，两个人的胆子都大些了，逢人便探问前面有无日军，肚子饿了就讨点吃的，绕来绕去，走了三四天才回到家。

遗憾的是，刘祥奎没有机会带邻居刘甫元一同逃走，以后才晓得他不堪虐待，被日军逼疯了，在茶陵被枪杀。林在万、张新生、温罗仔他们一直没有回来，不知死在什么地方。刘保书、彭年生、刘思良等人侥幸相继逃脱，年近花甲的刘思良逃出时，两肩被磨得血肉模糊，枯瘦如柴，徒具人形，只剩一口气了。

大田段友开一路上备受折磨，挣扎着到湖南境内，日军被中国军队击溃，这才逃出来，帮人打了两个月短工，赚了点盘缠才回家。家里的人以为他死了，母亲天天涕泪横流，为他烧纸钱。一见他回来，母子相抱大哭起来，母亲一边哭一边大骂日本兵，听说那支日军被打散了，连连说："打得好，打得好，要他们统统不得好死!"

二

五陂下乡大田村的肖树发是日军第二次侵入萍乡时被抓走的。他身体单瘦，可是日军却毫不留情地强迫他挑担子。路上，他看到一个民夫因为挑不起，走不动，押担的日兵横起枪托朝他身上打去，两三枪托就将他打倒在地上。日兵吼着，那民夫动弹不得，日兵将他踢下水沟，搬起一块二三十斤重的石头活活将他砸死。日军窜莲花，肖树发随着他们走杂溪，刚刚放下担了，就听到机枪“嘎嘎”响个不停。原来有几个民夫受不住熬煎，到杂溪就冒着性命危险往山上逃，日兵追赶不上，气急败坏地用机枪扫射；接着又派部队包围山头，进行搜索，有一个民夫不幸被抓了回来。日军马上将所有民夫都押到村里的一块坪地上，将抓回的民夫五花大绑，推到民夫队群面前。腰挂战刀的日军官对着民夫们“哇啦哇啦”讲一通。翻译说：“皇军老远来帮助中国进行圣战，大家应该竭力支援。这几个逃跑的苦力大大的坏了良心，破坏大东亚共荣圈。现在让大家看看他们坏了的良心。”说完叫来一个日兵。只见他杀气腾腾，手握明晃晃的战刀，日军官手一挥，刽子手将刀捅进民夫的胸口，使劲向下一划。听到悲惨的呼号，所有的民夫都紧紧地闭上眼睛，不敢直看。“你们都看到了吧！以后谁要逃跑，就是这样的下场！”日军翻译恶狠狠地说。肖树发睁开眼睛，禁不住一阵战栗，那个民夫的心肺和肚肠全部剜了出来，鲜血流了一地。他吓得就要昏倒，紧紧攥住同伴的手。民夫都咬牙切齿，忍气吞声，将仇恨的怒火埋在心里。

过高步岭，到达磨头，日军才下令休息。肖树发眼前还晃动着剖腹掏心砍头的凄惨景象，耳畔回响着撕心裂肺的痛苦呼叫，心情沉重。他放担子稍慢了一点，一个凶神恶煞的日兵走过去，不由分说，劈头盖脸一阵鞭子，打得他血痕累累，浑身痉挛。他含恨忍辱，仍默默地挑着弹药行走。日军对民夫看管得越来越紧了。他们的马匹不断在战斗中打死打伤，在隘路上摔死，仅从王坑经沙苑到杂溪，一路上就看到10多匹死马的尸骸，现在他们就拿民夫做马牛，运弹药。日军到六江陂，纷纷去抢东西，顾不得押管民夫。机会来了，肖树发撂下弹药挑子，钻进河坑里，走青坑绕道回家，才捡得一条命。到家已瘦得不成样子了。

（转录自萍乡市政协文史办公室编：《萍乡文史资料》第16辑，1995年版，作者彭美锋）

17. 日军暴行永不忘

日军侵华，萍乡两次沦陷，我是一个亲身受害者，可作历史的见证人。记得在1944年的7月间，夏收的前夕，正值青黄不接，忽然乌云遮天，日军侵占了萍乡。日军开始在城内肆虐，到处抓人当挑夫，搜捉妇女侮辱强奸，将金银财宝打成包，衣物布匹满街抛，无恶不作，无所不为。几个日军跑到我家，将父亲与我搜抓出来，随即几个耳光打得我眼发花、脸发烧，哭不出声，被带到日军小队当上了苦难的挑夫。日军将抢来的财物和他们的背包、钢盔，都要我们挑着。天黑了，我们挑夫都被日军用棕绳吊了一只手。口渴得要命，日军就从路边的小水沟里提了一饭盒水给我们喝，水又脏又臭，无法入口，不得已也只好喝几口。等到晚上10点钟左右，日军带我们住进洪日升的新屋里（现萍汽家属屋），关在一间房子内。房门口坐着一个持枪的日兵看守，挑夫们都靠墙坐地闭着眼睛，是睡了，还是在思索什么？反正各有各的心事。我紧靠父亲身旁坐下，父亲轻声指点我，日军刚抓到我们看管得很严，不要调皮，等时间久了，情况熟悉一些后，有机会我们就逃跑。

天刚蒙蒙亮，集合出发了，往哪里去不知道，我们只是挑着沉重的担子，默默无声地跟着走。走到南门桥头，只见店门倒塌，横七竖八，油盐、黄豆、干鱼仔满地撒的都是，衣服什物扔得满街，两只发臭的死猪横搁街头。这种凄凉惨状，使我心发慌，跳得很厉害。路过长潭村附近时，一阵恶心的尸臭随风飘来，张眼四望，只见河里浮着几具尸体，有男的也有女的，男的还有衣服遮身，女的却光着身躯。同胞惨死，我不忍再看，随手在路旁摘了一把苏叶塞进两只鼻孔，嘴里也含了几片，好不容易才走完这段路，来到大田村的三侯庙，在庙旁的大樟树林里休息。日军将马拴在树上，把枪弹都搁在一处，个个卸盔脱甲，光着身子乘凉。有几个日兵很快就抢来了大批的油、盐、米、猪、鸡、柴火等，叫挑夫们做饭。日军吃完饭，将剩下的食物全部糟蹋，将屎尿撒满地，做尽坏事。

次日清晨出发，是朝南坑方向走，到车湘村扎兵做饭。日军将我们关押在一家祠堂里，机枪守门。通过大门向外望去，只见日军赤条条的，在寻找什么；忽听一阵女人的尖叫声从山下传来，随即又有几个日军朝女人尖叫处跑，一场罪恶的轮奸就发生在车湘村垄里。另外一些日兵挨户抢劫财物，静寂的山林一下子搞得乌烟瘴气。日军押着我们这些挑担的继续向南走。一天夜里，住在长丰镇高埠岭的两家小饭店内。日军害怕攻击，便在路旁烧了一大堆柴火，发出啪啪的响声；整整烧了一夜，将附近老百姓的门窗、衣柜、大箱等都抢来烧光了。第二日一清早，日军押着我们继续走，见路边水沟里躺着一个老乡，“哎哟、哎哟”地呻吟着。一个日兵上前用枪托捅他一下，后面一个日兵在路边拾了一块大石头，朝这老乡头部砸去，可怜的老乡即被活活打死在水沟里。

从萍乡到莲花，当时每隔五里路就有一凉亭，是过往行人乘凉之处。可是，这次我们经过凉亭不但不能乘凉，反而要事先搓好苏叶等东西将鼻孔塞住，因为前面经过的几个凉亭都躺着腐烂的男尸和女尸，臭不可闻。一路上，日军所到之处，白天奸淫抢掠，晚上杀人放火，十足的强盗暴行。

9 月间的一天，日军驻扎在莲花县城。上午，正当日军赤条条地在满街跑的时候，忽然来了两架飞机，在上空盘旋了两次，扔下了几颗炸弹。这时，日军乱起来了，到处藏躲。父亲和我都没有被关，在门外做饭，我烧火，父亲炒菜。逃跑的机会来了。父亲拉我一下，我会意地站起身来，跟着他就跑，通过两条小巷，越过大路，拼命地向山上狂奔。我们不敢走大路，都是从山上抄小路走。白天饿了，发现有乡亲，就下山讨点吃的；天黑了，有时住在山上，有时到老乡家里借宿。好不容易才逃离苦海回到家里。去时穿单衣，归时穿夹衫，几十天的辛酸苦辣都尝够了，这些不可磨灭的苦情惨状是永远不会忘记的。

（转录自萍乡市政协文史办公室编：《萍乡市政协文史资料》第 3 辑，1985 年版，作者王久发）

18. 南京大屠杀中幸存的萍乡人

谈到南京大屠杀，以前我们根本想不到在这场浩劫中也有萍乡人遭殃。上埠镇徐光洪老人的弟弟徐光延先生就是南京大屠杀中的幸存者，最近我们特地走访了徐光洪，听他讲述了他弟弟肩背上削了一个大刀口、侥幸虎口余生的惨痛经历。

抗战初期，徐光延先生与许多萍乡人一起在江西省保安团服役，后又一同编入野战部队序列，参加了保卫南京的战斗。1937 年 12 月 12 日，南京的中国守军与突入中华门、光华门、中山门之日军展开巷战失利。日军于 13 日占领南京后紧闭城门，到处搜捕中国军队官兵和无辜百姓，将失去抵抗能力的人们用绳索捆绑起来，一两百人连成一串，用机枪扫射，或在他们身上浇上汽油活活烧死。徐先生被日军抓住后关进国民政府考试院内，里面关了数千人，不给饭吃，饿得人们头昏眼花。每天有一批批的人被叫出去，一去就再也没回来，也不知他们到什么地方去了。12 月中旬的一个晚上，阴云密布，朔风四起，星月无光。一个日兵走到徐先生面前，做了个挑水的手势，将他和一个萍乡湘东老乡招呼出去，给了一顿饭吃，就领他们往外走。天黑黝黝的，伸手不见掌，不知走到了哪里，日兵叫他们站住。徐先生以为要干活了，连忙低头脱外衣，忽听“嚓”的一声，又听身边有东西骨碌碌滚动，接着好像有人栽倒。徐先生当即意识到发生了什么事，还没容他多想，又是“嚓”的一响，他肩背上一阵剧痛。徐先生就势栽倒。日兵没有听到人头落地的声音，朝他屁股上猛踢两脚，他一动不动；停了一会，日兵又狠狠地踢两脚，依然是硬邦邦的，这才放心走开。徐先生待四周没有任何动静，求生的本能促使他挣扎着往远处爬。爬行了几十米，也没有爬过死尸堆，真不知那地方杀了多少人！为了不让日兵发现，他钻进死尸底下，强忍住疼痛和恶心的血腥味。他一次又一次听到人头落地声，直到半夜才真正静下来。这时寒风凛冽，藏在冷冰冰的尸体堆里，更是冷透肌骨，他禁不住牙齿互相磕碰，身子索索发抖。他摸索着从尸体上脱件大衣穿在身上，这才勉强挨过寒夜。黎明时，他挪动着冻得发僵的身体，寻找逃走的路；不巧又被日兵抓住，照旧关在考试院内。有第一次的教训，这回他尽量往房子深处不显眼的地方钻。院内关的人逐日减少，几个湘东老乡相继上了断头台，眼看屠刀将第二次威胁他的生命。此时，国际舆论纷纷谴责日军大屠杀的暴行，侵华日军司令部不得不做点假象来掩盖日军的残暴，准许西方教会慈善机构将伤病人员领出治疗。徐先生这才再次躲过劫难。

作为日军在南京大屠杀的少有的萍乡籍见证人的他，已 70 多岁了，至今还健在台湾。

（转录自萍乡市政协文史办公室编：《萍乡文史资料》第 16 辑，1995 年版，作者彭雄、周镜城）

19. 忆日军飞机轰炸萍乡上栗镇惨状

回忆往事，清晰在目，日军轰炸上栗这件事，是我一生最难忘的事。

1939年农历8月22日上午，上栗镇区公所的防空哨所发出了“当当——当当——”的预备空袭警报，集镇上顿时骚动起来，有呼儿唤女的，有叫爹喊娘的，各种喊叫的声音和商民关闭店门的声音响成一片，满街上挤满了人，都纷纷向郊外奔跑，其情景是多么紧张可怕！这样大约经过10多分钟，防空哨所又发出“当、当、当”的紧急警报，这时街上的行人已经消失了，整个镇上静寂得像一座死城，只有很少的几个人在街上走动。正在这时，一架日军轰炸机从东方飞入上栗镇上空，发出“嗡嗡”的声音。在盘旋一周后，很快向西飞去了。一瞬间，又由西向东折回，俯冲下来，低低地掠过集镇上空，接着几声震耳欲聋的巨响，顿时烟尘滚滚，笼罩着集镇上空。那时我躲在一个离街两华里的弯江村，也感到地壳在震动，附近的民房窗户上的玻璃震得直响，屋内的灰尘纷纷落下。敌机投弹以后，立即向东窜去了。

过了不久，“当——当——当——”解除警报响了，躲在四周郊外的人们都纷纷奔回集镇，我也跟着人群奔回街上。当我奔到大桥头（栗江桥）的巷子里时，那里已围了一堆人，我从人堆中挤进去，只见地上躺着一个年轻的妇女，满脸都是血，地上也是血，我看着有些害怕。旁边坐着一个男子，手里抱着小孩，正在号啕大哭，哭声悲哀惨痛，睹此情景，周围的人们也都伤心落泪。原来那个被炸死的妇女叫黄玉秀，23岁，在尸旁哭啼的是她丈夫辜尊美，手里抱着的小孩是他们的儿子，才一岁半（现为上栗区金山乡供销社负责人之一）。

离巷子十几步远的地方是市民挑水码头，在码头的挑水板上躺着一具男尸，尸体上和挑水板上流了很多血。有几个人正在把死者从挑水板抬到码头上。我壮着胆子走近尸旁看了一眼，那人面生得很，据旁人说叫“三陀古”，杂货店里的伙计。

我离开桥头朝北往街上走去，经过五六个店铺就是同丰斋，这是我的同学李志羲的家，有许多人在他家进进出出。我也随着挤进去，听到屋里发出一阵悲惨的啼哭声，我的心里怦怦直跳，知道他家也受害了。我赶快走进靠河沿的后门，看见他哥哥李性菊躺在血泊里，两手还抓着地下的泥土；这是死者被炸后，由于疼痛难忍所作出的最后挣扎。死者的妻子脚上多处受伤。死者的弟弟李性鸾臀部受伤，一块弹片还嵌在肉中，鲜血直流。两个人都坐在那里不断呻吟。死者的父母及家属都在痛哭，特别是他那60多岁的老母亲，坐在儿子的尸旁痛不欲生，几次昏倒过去。惨不忍睹。

（转录自萍乡市政协文史资料研究委员会编：《萍乡市政协文史资料》第3辑，1985年版，作者张汉柏）

20. 日军在分宜十大暴行

在隆重纪念抗日战争胜利40周年之际，笔者特意走访了分宜县杨桥、高岚、操场和分宜镇等曾经日军轰炸和窜扰过的乡镇，和群众座谈，访问受害者，并查阅有关资料，对日军入侵分宜的残暴罪行进行了调查。这些地区凡年过55岁以上的老人，都没有忘记当年身受的屈辱和苦难。他们对日本帝国主义发动侵略战争无比愤恨，对日军侵扰分宜时的种种暴行历历在目、记忆犹新。尤其是在日军屠刀下逃脱的幸存者，对日军更是咬牙切齿、痛恨入骨。他们以自己亲身经历和耳闻目睹的事实，控诉日本帝国主义的滔天罪行。

“敌骑踏破中原地，赤县处处血如雨”（引自萧劲光诗）。分宜县也不例外。日军入侵分宜县的残酷暴行主要有两个方面：日军飞机对人口稠密的县城进行轰炸和扫射；日军在窜入地区大肆烧、杀、淫、掠。1945年7月26日，入侵湘桂溃散之日军数千人，由宜春兵分两路流窜到分宜。一路由宜春的栗村、双江口窜入分宜县洋江的长塘以及杨桥的水头、西田、庙上、建陂、新楼、顾村，到高岚及高岚的下塘、环桥、午桥、下坊、田西村，再到洞村的西坑等村镇，在庙上、新楼和高岚、午桥各驻宿一天，于28日再窜入上高县的马湖村；一路由宜春的大宇、横塘村窜入分宜杨桥的浪里、文江、泉邱、陂下，经操场的仓下、大湖、桂村、小江边、芳山、行背、塘西、上井到高岚的山背、弓江、奎、兰盘，在浪里、泉邱和小江边、芳山各驻宿一天，于28日窜入上高县的上梅村。日军所到之处，尤其是驻宿之地，杀人放火，奸淫掠劫，无所不用其极。其暴行规模之大、手段之残忍，为分宜县历史所罕见。具体来说，有十大残暴罪行：

（一）杀人。日本强盗穷凶极恶，杀人不眨眼。据不完全的统计，日军在新楼、泉邱、陂下、浪里、芳山、仓下、上井、高岚、环桥、赞奎等地杀死无辜村民21人，杀伤者难计其数。新楼村黄镇八，80多岁，日军逼他去割青（禾）苗喂马，老人坚决不去，指指天上，意思是割了青禾苗会遭雷打。一个日军用指挥刀对着老人的胸膛一捅，老人怒目而视，当即倒了下去。一个宜春人，替日军挑担子到芳山，因病再挑不动了，要求回家。一个日兵说：“你的回去的，开路开路的。”说完就把他杀死在禾田里。

（二）抓人。日军到处抓人带路和挑运抢夺来的财物。仅新楼、庙上、泉邱、义井、赞奎就抓去了数百人。黄冬牙、黄燕十、黄湖子、黄炳牙、黄广牙、钟磨七、钟合一、何富德、黄普牙、黄竹六的弟弟等人，抓去后至今杳无音信。被抓的人都用绳子绑起来，在背上打个十字架，绳子两头吊在扁担上，使你无法逃跑。山背林猪苟，当年才 13 岁，被抓去挑担一直挑到安徽省，日本投降后才逃回来。一路上，他看到日军杀了很多人，横尸遍野，目不忍睹。

（三）强奸妇女。日军每到驻宿之地，不穿衣裤，只在下身围一块三角布，见了妇女，不论老少，不分场合，强奸轮奸，许多妇女被强奸后得病，甚至终身残废或死亡。新陂里一个 14 岁的少女被日军强奸后，当时就起来不得。她的父母怕丢丑，怕没人要，急于出嫁，当年就嫁给芳山黄文四。黄文四是个老单身汉，因家境贫寒，无钱给她治病，结果不到两年就死了。新楼村黄炳牙被抓去当挑夫，妻子刚生孩子 7 天，就被日军轮奸，当即子宫脱垂三度，流血不止，造成终身残废。他的母亲见儿子被抓去未回，媳妇又被轮奸致残，孙子无奶吃饿死了，她悲痛万分，不久就死了。他妻子因生活所迫，只好带病改嫁。就这样，日军害得他家破人亡。

（四）掠夺和破坏财物。日军所到之处，特别是驻宿之地，掠夺和破坏财物是相当严重的，给群众造成了巨大的损失。他们弄饭吃，专烧油漆过的花板、桌子、抽斗、门板、柜门等。他们熏蚊子，专烧被子、蚊帐、衣服、布匹等。在泉邱堂门前，一次就焚烧了百余床被子、蚊帐和大批衣服、布匹。钟细牙一家就被烧掉了 4 床被子，弄得全家人无法过冬，只好盖蓑衣。大湖钟芹八，捡好一箩担东西，内藏 10 块光洋、5 个银子手圈，没有来得及担走，被日军掠夺去了。钟全一家里 2 头肥猪、20 多只鸡被杀光了，打破 5 口锅，还被牵走 1 头耕牛。还有更缺德之事，日军在油缸里、米缸里、酒坛里拉屎撒尿，在水缸里洗澡。

（五）宰猪杀鸡捞鱼牵耕牛。日军一日三餐，餐餐都要吃鸡、鱼和猪肉。杀猪剐瘦肉，杀鸡要剥皮，不愿吃的部分全丢掉，任其腐烂发臭。陂下村 30 多户人家，鸡、猪被杀光了，还牵走 1 头大黄牛。小江边和环桥，除杀尽鸡、鸭、鹅、猪外，还用石灰药死两塘鱼，计 2000 多尾。对于群众家里现成的酒、肉、菜饭，日军怕中毒，一律不敢吃，都把它倒掉或弄脏。山背黄伦六家里养了两头肥猪准备娶亲用的，被日军杀掉了，一床新被子也被日军拿去垫马背，结果弄得当年娶亲不成。高岚黄结九家一头黄牛，被日军牵去运子弹和抢来的财物，弄得他无牛耕田，田地荒芜。

（六）践踏禾田，糟蹋粮食。日军流窜到分宜县之时，正值早稻将成熟之期，兵马践踏和糟蹋损失粮食无法估计。新楼和泉邱村仅喂马就割掉了几十亩禾苗。陂下因国民政府军和日军相遇打仗，践踏禾苗 60 余亩。芳山黄二喜、高岚黄六妹，因家里已断存粮，各收割早谷5担接荒，结果都被日军军马吃个精光。类似情况，比比皆是。

（七）放火烧军火仓库和房屋。分宜有两个国民政府军军火仓库，一个在新楼村，一个在行背村。新楼村西公祠是一栋新屋一厅两间，上下两进（栋），国民政府军存放了大批枪支弹药，日军劫取有用部分后，其余放火烧毁，烧了三天三夜，仍有余火和爆炸声，结果连房基都被翻掉了。行背村的军火仓库，日军也是劫取有用部分，其余任其散失。泉邱村钟树七家一厅一间房屋也被日军放火烧掉了。

（八）破坏商业和手工业。杨桥和高岚都有一个小圩镇，是农村的集市贸易中心。镇上有百货商店、药店、酒饭店、米店和手工业作坊以及大小摊贩百余家，无一不遭到破坏。金银钱财全部窃去，百货布匹放火焚烧，油米盐杂拉屎拉尿，柜台门板砸烂毁掉。在日军的摧残下商业凋零，手工业破产。“同丰堂”是杨桥一家较大的中药店，柜台上的药罐全被打碎了，药库里90多袋药（每袋50～100斤）被窃一空。钟金牙鞋店是高岚有名的皮鞋店，70余双牛皮钉鞋（当雨鞋穿的）被劫走，100余张硝好了的牛皮，有的被割去垫马背，有的剪去垫座，店里的做鞋工具、家具、锅盆碗筷、门板柜台，全被破坏了，仅他一家就损失折合光洋200余元。

（九）破坏学校文化教育事业。日军对各级学校进行抗日的爱国教育恨之入骨，所以学校是他们破坏的重点。当时在杨桥的分宜师范、杨桥实用职业学校以及杨桥、高岚、文标、贳奎、操场等村镇的中心小学，都遭到严重破坏，课桌、板凳、黑板以及食堂饭桌、炊事用具等都被破坏无遗，还有老师的财产家具、学生的书籍等都被劫一空。据当时杨桥实用职业学校及附属棉纺工厂上报损失共2887170元（法币）。

（十）用飞机轰炸和扫射。日军侵占南昌后，就不断派出飞机对分宜县城进行轰炸和扫射。1940年4月14日，日机5架，投弹30余枚，炸毁房屋数十间。1941年8月7日，日机9架，投弹20枚，炸毁房屋12栋，炸死4人，炸伤9人。

有侵略就有反侵略。日军入侵分宜县，实行“三光”政策，无恶不作，激起分宜军民的无比愤慨。我国军队在坛湘的乌岭、芳山的青茅山、下塘的展石岭、兰盘的白樵山等地进行了阻击和抵抗，特别是白樵山一仗，国民政府军打得英勇顽强，虽然牺牲惨重（牺牲一个营长和五六十名士兵），但有力地打击了日军的嚣张气焰，击毙了一批日军官兵。分宜县人民也不甘心忍受日本侵略者的摧残、掠夺，采用各种形式同敌人展开斗争。新楼村黄天六的妻子，被日兵三次按倒在床上，额上被刀刺得鲜血直流，她坚决反抗，誓死不从，终于把这个日兵打出房门外，自己逃脱虎口。在大湖村，几个日兵追到山上去抓妇女，群众见日兵人少，围上去叫："不准抓人！不准抓人！"日兵见势不妙，只好灰溜溜地逃走。高岚黄债元，60 多岁，见日兵要强奸他的 14 岁的孙女，他同日兵拼搏，身上被刺 7 刀，终于把孙女救出来了。泉邱村一个后生，手拿一把镰刀，回家时正遇一个日兵强奸他老婆，他用镰刀砍破了日兵的头，日兵追赶他，他跑了，他老婆也乘机跑了。垱下村袁言牙，日兵抓他去挑担子，他把日兵打翻在地，日兵无可奈何。泉邱村钟厚皮在田里放鸭子，手中有一根竹竿，一个日兵去捉他的鸭子，他见日兵未带枪，就用竹竿向日兵头上打去，打得日兵嗷嗷叫，只好逃命。环桥村钟期八，坚决不给日军带路，头上被棍棒打得鲜血直流。

40 年前，日本帝国主义发动的那场侵略战争，给中国人民造成了深重的灾难，分宜县人民的遭遇只是一个缩影。这段历史世代子孙永远不能忘记。

（转录自新余市政协文史委员会编：《新余文史资料》第 1 辑，1988 年版，作者李德修）

21. 日军侵占鹰潭前后的暴行

南昌沦陷后，日军从1941年春天开始对鹰潭进行轰炸，1942年农历5月3日侵入鹰潭，7月底撤出。在这一年多时间里，鹰潭遭受了空前劫难，家园被毁，人民惨遭杀害。我们是从日本劳工营死亡线上挣扎出来的幸存者，至今身上还有那时留下的残疾和伤疤，它时时提醒我们不要忘记了这段国难史。

一、毁灭性的轰炸

1939年3月，日军侵占南昌后，浙赣铁路只能通到余江县城邓埠镇，大批货物和军用物资都在鹰潭集散。很多难民也流落到了鹰潭，人口达到三四万。从1941年4月开始至鹰潭沦陷前夕，日军飞机除阴雨和下雪天外，只要是晴天，上午8时准到鹰潭轰炸。每次少则3架、多则10余架，在一年时间里，100多人惨死在日机的轰炸下，1000多栋民房被炸毁；火车站是每次必炸，连附近的稻田都被炸烂了。财产损失不计其数。

轰炸最厉害的有三次：

第一次是1941年6月初，18架日机从南昌方向飞到鹰潭上空，由大码头转到龙头山，再到火车站。这条线上的100多栋房子，顷刻间被罩在浓烟里，几乎被炸光了。居民桂丹池等30多人血肉横飞，连完整的尸首都没找到！

第二次是7月初，12架日机从大码头一直轰炸到天主堂，再转到火车站，沿河投放硫磺弹。桂凤喜等8人被炸死，40多栋房屋被炸毁，100多艘木船被烧毁。

第三次是7月中旬，12架飞机从乌龟嘴（现电厂的位置）炸到项家，再到火车站。桂老初等6人死难，100多栋房屋被炸毁。

连续不断的狂轰滥炸，使鹰潭的两条街到处是断壁颓垣，几乎成了一片废墟。除山背损失稍小一些外，已没有一个完整的居民区，人们只好买船篷搭棚子栖身，白天躲飞机，晚上就挤在棚子里，后来连棚子也都被炸掉。到了冬天，日子就难过了，冻、饿、病死的人天天都有，一片惨状。

二、疯狂的洗劫

1942年农历5月3日，日军从抚州方向经毕家站、肖家、桥东侵入鹰潭。

当时有国民政府军的一个营在岱宝山同日军打了三天，子弹打光了，部队也散了。

日军侵入鹰潭后，人都逃走了，鹰潭成了一座空城。日军挨户搜查，见金银首饰和贵重物品就抢，家具、坛坛罐罐被砸得稀巴烂。日军还在粮食、油、盐里拉大小便，拌上泥沙，把东西全糟蹋了，比野兽进了家门还厉害！街上糟蹋后，又派出小股部队到乡下洗劫；离鹰潭城区方圆30公里的村庄，一个也没有漏脱。仅举我们所知道的来说，夏埠、湖塘、江上、白露、杨碧、双凤、严家、东溪等村镇，日军连续几次洗劫，还抓去650多人当劳工，杀死耕牛500多头、猪800多头，抓去鸡、鸭、鹅无数。搞得家家逃难，村村凄凉，连鸡鸣狗吠的声音也难得听到。

后来日军的暴行发展到了毁灭家园，凡进一个村庄便四处放火。夏埠街原先很热闹，有100多户人家，上百栋房屋，日军3次进村烧屋后，只剩下河边的一栋房子和两个猪栏。湖塘和江上艾家也是上百户的大村庄，日军一把火，烧掉了313间房子。东溪宋家当时只有20多户人家，20多栋房子被烧得只剩下两栋。白露、杨碧、桥东、祝家等村庄就更惨了，700多栋房屋全部被烧光。7月底，日军撤走时，又在鹰潭城区街上用汽油泼后放火，把没有被飞机炸毁的房子都烧了；一下子三条街上烈焰腾空，大火烧了两天一夜才扑灭，没有剩下一栋完整的房屋。

三、杀人取乐

中国人的生命，在日军的眼里还不如蚂蚁。他们拿中国人作活靶子练枪法，甚至以杀人取乐。很多人惨死在日军的枪口和屠刀下。

农历5月中旬的一天，日军在夏埠乡祝家村抓走了两个年过70的老人，把他们的胡须拢结在一起，逼着互相拉扯取乐，直至活活弄死。

农历5月下旬的一天早上，夏埠乡前汪村村民汪润元在虎岭彭家村彭街元家，商量头天被日军枪杀的汪炳财的尸体处理问题。刚坐下，日军突然闯进来，挥刀砍死彭街元，汪润元当即也被杀了。

农历5月底的一天，信江正涨大水，100多个日军乘坐一艘机帆船，窜到夏埠乡毛源村靠岸。当时老百姓正被洪水围在村内，日军一看便架起机枪瞄准扫射，当场被打死13人。

农历6月1日，一队日军窜犯余项村和流源彭家村，抓到一个抱着婴儿的70多岁的老婆婆，端起枪就打，老婆婆胸膛被子弹穿过，当场身亡。

农历6月上旬的一天，日军窜进江上艾家村，在水井中投放毒药，群众误饮毒水，一次中毒死亡55人。

四、奸淫妇女

日军侵占鹰潭期间，对妇女的侵害最深，许多人被日军蹂躏后又遭到杀害。

农历5月12日，日军在东溪村抓到7名妇女，剥光她们衣服，把她们赤身裸体地绑在树上，然后轮奸。有一名怀孕妇女躲藏在树边塘里的柳荫下，因时间过长而憋死了。过了几天，日军又进村抓到了8名妇女，剥光她们衣服后关到一间房里子；一个日军进房要强奸，大家拼力同他搏斗，最后终于卡死了这个日军。

农历6月1日，一队日军在流源彭家、余项、虎岭彭家等村奸污妇女24名。年轻妇女夏团花被辱后跳塘自杀。日军在回鹰潭的路上，遇到两名年轻姑娘，当众奸淫后，又把其中一个当作靶子开枪打死。

农历5月至6月，日军先后三次进湖塘、江上艾家村奸淫妇女34名。桥东铁道畈李家有一名年轻妇女正是经期，被日军抓到后，用竹竿插入阴部杀害，死后竹竿还插在身上，手段极为残忍。

（转录自鹰潭市政协文史资料研究委员会编：《鹰潭文史资料》第1辑，1988年版，作者宋龙儒、夏伙泰、黄佑林）

22. 血泪的控诉

——日军在赣南的罪行

摆在面前的是一张《赣南抗战时期人口伤亡、财产损失情况统计表》。仔细看看，表中那密密麻麻写着的仿佛不是一串串数字，而是一幅幅惨不忍睹的血淋淋的图景。

这张表，记载的是赣南一段悲惨的历史！

这张表，是赣南人民对日本法西斯强盗的血泪控诉书！

透过这张表，我们看到了日本法西斯强盗在赣南犯下的滔天罪行——

狂轰滥炸　百姓遭殃

自 1938 年 5 月至 1945 年，日军飞机多次对赣南狂轰滥炸。据抗战胜利后国民党江西省政府《江西各地受敌机轰炸及损失总报告》记载，日机在赣南先后投弹 500 余枚，炸死 350 余人，炸伤 620 余人，炸毁房屋 1500 余栋。

日机轰炸的目标，主要是机场、车站、码头、桥头、桥梁、渡口等重要军事交通设施和人口稠密的城镇。

日机首次轰炸赣南是 1938 年 5 月 29 日。

这一天，9 架日机飞临赣州，集中目标对准南郊的飞机场，投弹数十枚，炸死炸伤数十人。

此后，日机又先后 14 次对赣州进行轰炸。1939 年 4 月赣州连续 3 次遭 24 架次日机轰炸，同年 6 月又连续 3 次遭日机轰炸。最厉害的一次是 1942 年 1 月 15 日，赣州人民称之为“血腥的一・一五”。这一天，日机共 28 架次飞临赣州上空，轮番俯冲投弹。市区的阳明路、中山路、华兴街等主要街道被炸成一片废墟，处处残垣断壁，浓烟滚滚。这次轰炸，共炸死 200 余人，炸伤 300 余人，炸毁房屋 1000 余间，财产损失难以计数。

龙南县自 1938 年至 1944 年，先后 5 次遭日机轰炸，损失最惨重的有两次。一次是 1941 年 10 月 16 日，日机 7 架在县城投弹 27 枚，炸死 80 人，炸伤近 200 人，炸毁和烧毁房屋 600 余间；一次是 1943 年 10 月 1 日，9 架日机窜入县城上空，炸死 93 人（其中中小学生 37 人），炸伤 157 人，炸毁房屋 470 余间。

大余、信丰、全南、于都、瑞金等县，都先后遭到日机轰炸，损失巨大。

屠杀无辜 强拉民夫

日本侵略军是杀人不眨眼的魔鬼。据统计，日军自1945年2月至同年7月侵占赣南期间，共打死打伤赣南老百姓7481人，其中打死5037人，打伤2444人。仅赣县（含今赣州市章贡区，下同）伤868人，亡1190人；龙南伤907人，亡909人；大余亡948人；信丰伤192人，亡553人。

日军杀人，手段极其残忍。1945年2月9日晚，日军侵占大余县城，抓获4名国民政府军伤兵。日军将这4人紧紧捆绑丢入熊熊大火中，活活烧死。躲避在大余城郊上角头村的陈阳征夫妇，两人都已60多岁，不幸被日军抓获。日军将两位老人的衣服全部剥光，捆绑着将老人掷于雪地。两位老人被活活冻死，日军却在旁边哈哈取乐。侵占信丰的日军，一次在大塘埠罗吉村抓获1名教师、3名学生和3名拒绝为日军挑担的农民，将他们押至小江仓下村，端起刺刀就往他们身上乱捅，然后将这些人的双手反绑，投入一间被点燃的房子里活活烧死。日军在兴国县黄柏村看见一名5岁幼童在玩耍，竟惨无人道地端起刺刀猛地穿透小孩的腹部，然后高高举起旋转取乐。小孩痛苦得撕心裂肺地惨叫，很快被折磨致死。在定南县老城西门外，日军用刺刀一次捅死8名村民。驻这个县丁坊村的日军撤走时，往水井投毒，致使该村36人被毒死。日军还拿老百姓当靶子射击取乐。

日军侵入赣南后，到处强抓夫役，为其挑运抢来的物资。仅赣县、大余、信丰、全南、龙南、兴国等县统计，被日军强抓夫役者达11000余人，其中信丰、大余两县各3000余人。日军强迫抓来的夫役负重行军，稍有不从或抗拒，即遭杀身之祸。大余县一位叫刘友俊的男子被抓去后，因所挑的担子沉重，想用手巾束腰以保护腰肌，日军认为他是反抗，不由分说端起刺刀直刺他的胸膛，刘友俊当即倒地身亡。兴国县永丰乡一位姓谢的青年农民被抓后，挑着重担行军，因过于劳累迈不动步子，被押解的日军一刀劈死。夫役们遭日军鞭打脚踢、虐待致残致病者，更是不知其数。被抓的夫役中，除青壮年外，还有不少是六七十岁甚至80余岁的老人。日军竟毫无人性地规定年岁越大的人，挑的担子越重，挑不起走不动就挨打遭杀。许多民夫被活活累死饿死。信丰县被抓去当挑夫的3691人中，有1208人下落不明。龙南县被抓去的2000多人中，也有307人失踪。

奸淫妇女 肆无忌惮

侵占赣南的日军，肆意强奸妇女，其罪行令人发指。仅据赣县、大余、信丰、全南、龙南、兴国等6县不完全统计，被日军糟蹋奸淫的妇女共4000余人。其中既有80的老妪，也有几岁的幼女；既有身怀六甲的孕妇，也有奄奄一息的病人。大余县池江杨梅乡两名少女，被日兵连续轮奸十几次，当场被奸死。国民党大余县参议员王××80多岁的老祖母，也惨遭8名日兵轮奸。池江有两名70多岁的老妇，遭十五六名日兵轮奸致死。这个县城郊滩头村一名重病在身且带着婴孩的少妇，被6名日兵轮奸致死后，在一旁哇哇大哭的婴孩也被抛入厕所溺死。驻青龙的3名日兵，在路上遇到一位抱着婴孩的妇女。3名日兵似野兽般地从妇女怀中夺过婴孩，一刀砍为两段，然后对该妇女就地轮奸。信丰县有一名少妇被日军轮奸后，阴道中又被插入一块竹片。这位少妇不堪凌辱，含恨投河自尽。据统计，信丰全县被日军强奸的妇女中，有老妪725人，少女257人，被奸淫致死者125人。兴国县有个少女被奸死后，日军将其尸体用被子一裹，置于其家厅堂，酷暑天热，几天后尸体腐烂发臭。有的孕妇被轮奸致死后，日军还用刺刀剖开孕妇肚子，取出婴孩杀死。

烧房拆屋　劫掠财物

日军是一群野蛮凶残的强盗，侵入赣南后，他们疯狂地烧房拆屋，劫掠财物，使赣南人民蒙受128.67亿元（法币，下同）的财产损失，其中直接损失92.55亿元，间接损失36.11亿元。

全赣南被日军烧毁、炸毁、拆毁房屋共计15496栋，其中赣县7212栋、南康2657栋、信丰2409栋、大余1247栋、龙南1538栋。1945年7月中旬日军撤离赣州城时，放火焚烧了赣州城东、西、南部的浮桥及附近民房，并破坏了机场，城内部分民房亦被烧毁。

被日军毁坏门窗、器具和农具、运输车船等615325件，其中赣县、南康两县均在18万件以上。这些器具，不是被日军砸毁，就是被日军当成柴火烧掉。

被日军抢掠或毁坏各类衣物共计760250件。其中仅赣县就被抢、毁衣物325790件，南康县也被抢196483件。

被日军抢走的稻谷、小麦及各类杂粮总计921421担，其中赣县122748担、南康137908担、大余140553担、信丰385538担。

被日军抢走的耕牛共22751头，其中赣县3075头、南康3891头、大余3953头、信丰3137头、全南1486头、龙南2435头、定南3515头、兴国1110头。

被日军抢走的生猪共43740头，其中赣县7411头、南康7611头、大余2531头、信丰9100头、全南4508头、龙南4091头、定南4548头、兴国3506头。

被日军抢走的鸡鸭总计 462646 只，其中赣县 150543 只、南康 107712 只、信丰 100179 只，大余 10584 只、全南 11887 只、龙南 28618 只、定南 36891 只、兴国 10434 只。

日军饲养大量军马。每到驻地，他们就将军马放入稻田啃吃青苗，或者派人下田割取青苗喂马。仅龙南一县，被日军糟蹋的早稻青苗就达 9337 亩，造成全县当年近 1/10 的早稻田颗粒无收。日军在撤走时，还往驻地的水井中拉屎抛物，甚至投放毒药，破坏水源，毒死百姓。

日军在赣南犯下的滔天罪行，罄竹难书！

（转录自中共赣州地委党史工作办公室编：《赣南抗日烽火》，中央文献出版社 1995 年版，作者凌步机）

23. 赣州沦陷前后

1943年底，日军不断扩大战火，继续向我国内地大举进攻。1944年，日军大举向赣西南进犯。

1944年冬，日军第六方面军决定，驻湘境日军第20军第27、第40师团共4万余人向赣南进攻，夺取遂川、赣州、新城、南雄等处机场，为打通粤汉线南段作战创造条件。由于日军侵略战火的扩大，年底，在赣州代理行使专员职务的杨明拍电报给当时在重庆、任赣南第四行政区专员的蒋经国，告急"日军正进犯吉水，势将沿吉安、泰和，侵入赣南，赣州吃紧，请蒋专员决定对策"。蒋经国经过思量，电复杨明："应紧急发动民众，誓死保卫新赣南。我不日返赣。"

1945年1月上旬，蒋经国从重庆回到赣州。他为了表示自己"誓守赣南"的决心，召开了一连串的紧急会议，他在亲自主持召开的专署、保安司令部以及保甲长以上人员会上，情绪激昂，高喊"死守赣南"、"与赣南人民共同奋战"、"与新赣南共存亡"。他指示各保召开保民大会，宣称"蒋专员回赣南，决心和赣南父老兄弟姐妹一道誓死保卫新赣南"。22日，赣县县政府下令疏散人口、物资。28日，蒋经国乘美军运输机飞往重庆。接着，四区专署由赣州迁至安远县，赣县县政府也由赣州城迁至赣县大埠镇。

1945年2月2日，北路日军第27师团第2联队2000多人，沿赣（州）遂（川）公路侵犯赣南。3日，占赣县沙地。4日，进犯赣州城郊水西圩，与国民政府军展开激战。5日，日军一个班，一枪未发，从西门漫步进占赣州城，赣州沦陷。尔后，日军以一部兵力东进茅店圩，主力向南攻占南康，协同南路日军第40师团于8日攻占大余新城。不长的时间内，日军相继侵占了赣县、南康、大余、龙南、全南、兴国等县的全部或大部。

2月3日，日伪"复兴委员会"在赣州成立，汉奸戴鸣九任主任委员，汉奸林吉堂任副主任委员，汉奸温学良任赣州镇镇长。

日军侵入赣南期间，实行法西斯的"三光"政策，大肆进行抢劫，奸淫妇女，烧毁房屋，无恶不作，赣南人民蒙受极大的灾难。特别是赣州城，浩劫空前。城内的主要街道文清路、西津路、建国路、北京路、至圣路、章贡路、均井巷等，被日军纵火焚烧5个昼夜，百姓遭殃，财产蒙受巨大损失。其中：被杀害的群众181人，失踪98人，受伤623人；烧毁房屋1857栋，夺杀耕牛7084头、猪 15342 头、家禽 140591 只、鱼 80144 尾，被毁青苗 30346 亩，抢走稻谷 4281.74 万斤、大米 259.99 万斤；损失其他各种财物约 200 多万元（法币）。当时，赣州乃至整个赣南大地，民众都在水深火热之中挣扎。

在日军侵占赣州期间，赣州人民展开了英勇的斗争。在城南沙石乡，农民组织起来杀死日军 4 名，擒获汉奸 9 名。黄金村群众配合中国军队袭取侵占黄金机场日军的空军器材 80 余担和部分枪支弹药。赣南各县人民也展开了抗击日军暴行的斗争。龙南县玉石岩和杨坊村男女青年奋起抵抗，打死日军并缴获日军步枪多支。大余县黄龙、新城等地群众也纷纷起来抗击日军。

为了抗击日军侵略，中共中央指示广东区党委应以湘粤赣边为中心，迅速建立战略根据地，以使敌人败退时，华南抗日武装进退有据；同时，中央电令在湘鄂赣边之王震部队南下，以配合创造南方局面。在中国人民的沉重打击下，全国的抗日形势发生了重大变化，侵赣日军也不得不于 1945 年 6 月下旬开始，经赣州沿赣江北撤，7 月 12 日全部撤出赣州。日军撤离后，在赣州民众的配合下，汉奸林吉堂、温学良、钟磺等 23 人被捉拿处死，得到了充当日军走狗的可耻下场。不久，第四区专署和赣县县政府也相继迁回赣州。

（转录自中共赣州地委党史工作办公室编：《赣南抗日烽火》，中央文献出版社 1995 年版，作者刘平）

24. 日军入侵信丰的暴行

一、狂轰滥炸

信丰人民是在 1943 年 10 月 2 日开始蒙受侵华日军灾难的。

这一天，距前线千里之遥的信丰县，首次遭受日机空袭。当天早晨 6 时，15 架日军飞机由广东窜入信丰县境，分两批侵入县城嘉定镇上空，滥肆轰炸，投弹 52 枚（大多是燃烧弹），天主堂、粉干厂、彭家祠、卫生院、县府新厦和中正路（现解放路）西段店铺等多处中弹起火，炸毁烧毁房屋 151 栋，炸死 9 人，炸伤 24 人。

当时有一枚哑弹，县政府派人扛到南门外桃江中的一块沙洲上。第三天，有两个不懂事的小孩上前敲击炸弹玩耍，炸弹突然爆炸，两个小孩被炸死了。

自此以后，日军的飞机经常窜入信丰上空骚扰、空袭。1944 年春夏之交的一天，5 架日机在县城上空盘旋一阵后飞往花园坊，并在信丰县立中学礼堂前后各投下一枚炸弹，炸死 2 人。1945 年 5 月初的一天上午，六七架日机又窜入九渡水圩上空，在老虎山头桥边投弹 2 枚。炸弹当时未爆炸，直到下午太阳快落山时才突然发出轰隆隆两声巨响。3 个路过的百姓被炸得 2 死 1 伤。同年端午节前几天的一天上午，又有六七架日机再次窜入九渡水圩上空，丢下 3 枚炸弹，炸毁、烧毁房屋 20 多间，一个患病卧床的老人被炸死。

二、血腥屠杀

1945 年 2 月至 7 月间，日军曾两次侵入信丰县：一次是 1945 年 2 月上旬的一天，日军由广东南雄县侵入信丰县九渡乡袁屋、庙下等村庄，抢掠后返回南雄。另一次是 1945 年 6 月 6 日至 7 月 2 日，当时全县 30 个乡镇中有 22 个惨遭日军践踏。日军占领信丰后，挥舞屠刀，杀人取乐，共杀死杀伤无辜的信丰平民 553 人，其中杀死 192 人。

1945 年 6 月 18 日黄昏，日军窜入信丰县崇仙乡仙人迹等地后，挨家挨户抓人。当时有 10 多个人跑往山上躲藏，日兵开枪射击，打死 4 人，打伤 1 人。一姓邱的村民负伤后被日兵抓获，日兵将他绑着丢入水塘，还拖着他在水中打转转，直至淹死。岸上围观的日兵哈哈大笑。

日军杀人，令人发指。仅在大塘埠乡一口小水塘里就发现 9 具被日军惨害的尸体。罗吉村有1名小学教师、3名小学生和3名不愿替日军挑担的农民被日军抓获后，押至小江镇官仓下村，残暴的日军端起刺刀朝他们身上乱捅一顿，然后将他们捆绑着丢进一间房子里，放火把这7个人活活烧死了。这个村子还有一位姓姚的妇女，被日兵抓住，企图强奸，姚氏不从，日兵端起刺刀直刺她的双眼和胸膛。还剥光她的衣服，血淋淋地割下她的乳房。这位可怜的妇女被活活折磨至死。

三、凌辱妇女

日军无论窜到哪里，看见妇女就抓。不管是七八岁的幼女或十来岁的少女，还是七八十岁的老妇，只要落到他们的手中，都逃不脱被奸淫的厄运。信丰县城有两名70多岁的老妇不幸落入一群日军手中，日军先用皮带抽打她们的阴部，然后进行轮奸。这两名老妇当场被轮奸致死。有一名少妇被日军轮奸后，阴道中又插入一块竹片，这位少妇不堪凌辱，跳入桃江，含恨身亡。

信丰县政府在1945年7月一份工作总结报告上记载：全县遭日本侵略军强奸的妇女共计2199人，其中老妇725人、幼女257人，被奸淫致死的120余人。

四、强掳夫役

1945年6月上、中旬，日军第27师团步兵第2联队和第40师团第235联队，分别由北、南两地先后侵入信丰后，到处强掳民夫修筑工事和挑运辎重行李。日军见男人就抓，从十四五岁的少年至八旬老翁，统统不予放过。仙人迹一带有两名70多岁的老人被日军抓到以后，被迫各挑着70多斤重的担子，艰难地走了二三里路。他们刚放下担子想歇息一会，不料两个凶残的日军高叫着“八格牙鲁”，端着刺刀一下就将他俩捅死了。一队日军在牛颈圩附近抓回七八个逃跑的民夫，将他们捆绑在树上，野蛮地往他们嘴里灌塘水，直灌得这些民夫的肚子鼓鼓胀胀，水从口里倒流出来；日军还不罢休，又将他们摔倒地上，用脚猛踩他们的肚腹，这些民夫被踩得口里和肛门两头出水；这还不够，日军还用皮带和棍棒朝他们身上乱抽乱打，活活地把这七八个民夫折磨致死。据当时县政府档案资料记载：信丰全县被日军抓夫3691人，其中有1208人下落不明。

五、焚毁屋宇

日军窜入信丰后，每到一地，都要纵火烧房，还将驻地民房的门窗撬去当柴火煮饭。1945年6月7日深夜，日军第27师团步兵第2联队前卫部队窜入牛颈圩，放火烧毁店房7栋和一座白马庙。日军一部抵达人和圩时，遭到国民政府军第65军第

160 师第 479 团一部袭击后，丢下 9 具尸体溃逃，溃逃时放火烧毁民房 71 间。狗婆坑一带被烧毁拆毁的民房就达三四百间。全县被日军烧毁房屋 346 栋，拆毁房屋 6576 间。

六、糟蹋庄稼　毁坏器物

日军每到一处，便将骡马放入田中践踏水稻、花生、大豆等农作物。他们将毒药和石灰倒入池塘毒鱼，往驻地居民的米缸、油缸、饭甑里拉屎撒尿，翻箱倒柜掠夺财物，放火焚烧衣服、蚊帐、被褥和家具。据当年县政府工作总结报告中记载，全县被日军杀死耕牛 3171 头、猪 7115 头、狗 1148 只、鸡 71940 只、鸭 28239 只、鹅 186 只，被毒死的草、鲢、鳙等鱼类 80000 多尾，损失布 7540 匹、衣服 54841 套、铜 4289 斤、生铁 21058 斤、稻谷 383618 担、大米 1920 担、食油 9544 担、食盐 10580 担、金银首饰 11331 两，被践踏得无收获的早稻禾苗 16370 亩、其他农作物 4637 亩。有位叫戴日有的老人说，仅他家就被日军杀死 1 头耕牛、2 头猪和 30 多只鸡鸭，粮仓里的 100 多斤大米和四五担稻谷也被日军倒入许多泥土砂石。陈兰卿老人控诉说：日军撤退后，我们从疏散地回到城里时，一路上看到好多禾苗被践踏了，路边还有许多死牛死猪，不时还看到死人尸体，都已腐烂，臭气冲天。

信丰县遭受敌人暴行损失情形调查表

民国三十四年七月　信丰县善后委员会　调制

人口损失																				
拉充夫役			掳去小孩			被强奸妇女							杀伤					失踪		
合计	已回	无回	合计	已回	无回	合计	老年		青壮年		幼女		合计	杀死		杀伤		合计	男	女
							致死	未死	致死	未死	致死	未死		男	女	男	女			
3691	2483	1208	442	230	212	2199	72	653	40	1067	15	242	553	123	69	126	235	364	181	183

财产损失												
牲畜							家禽			鱼（尾）	拆毁房屋（间）	烧毁房屋（幢）
牛（头）	马（匹）	猪（头）	羊（只）	狗（只）	猫（只）	兔（只）	鸭（只）	鸡（只）	鹅（只）			
3171	23	7115	9	1148	55	25	28239	71940	186	80184	6576	346

财产损失											
布（匹）	衣服（套）	首饰（两）	食油（担）	食盐（担）	大米（担）	稻谷（担）	水稻麦苗（亩）	其他农作物（亩）	铜（斤）	锡（斤）	生铁（斤）
7540	54841	11331	9544	10580	9120	383618	16370	4639	2489	8051	21058

注：此表系信丰县政府民国三十二年至三十四年工作总结报告之附录（抄录自信丰县档案馆民国档案 0 宗杂目 61 卷）。

（转录自中共赣州地委党史工作办公室编：《赣南抗日烽火》，中央文献出版社 1995 年版，作者邹鸿光）

25. 庾岭呜咽　章江泣血

——侵华日军在大余的暴行

大余人民不会忘记：立春时日不见春，鞭炮不响闻枪声；梅关闯进日军来，千家万户临灾星。

1945年2月3日，日本侵略军第40师团第235联队侵占南雄县城后，大余县军政机关仓皇从县城撤退到山区左佛乡。国民政府军驻大余的第90师，亦将师部迁到距大余县城100华里的深山沟——崇义县聂都蛰伏，只有其第270团派了一个营驻大余县梅岭乡小梅关南面“白云天”，监视日军行动。2月5日清晨，日军第40师团第235联队第1大队200多人进至小梅关南麓。驻守“白云天”山头的国民政府军官兵发现敌情后，用机枪对敌扫射，但因距敌尚有数千米之远，不仅未杀伤日军，自己反遭日军炮击，只好慌忙撤退。日军兵不血刃，越过梅关天险，迅速占领了大余县城。6日至8日，又先后占领大余县黄龙乡、青龙乡、池江乡、新城区等地，与从北路侵入赣南的日军会合。大余境内沿赣粤公路两侧的80里平川，沦陷于日军的铁蹄之下。

日军侵入大余后，无日不烧杀劫掠、奸淫残害百姓。庾岭呜咽，章江泣血。

烧杀抢掠　惨不忍睹

侵华日军在大余恣意杀人放火，其手段之凶残，令人心惊肉跳，毛骨悚然。

2月6日，入城日军四处放火，城内烈焰冲天，日军还不许居民扑救。连烧3天，靖安桥头、中正门内至吉安会馆（现县农机局）街道两边和老城河边街等处店房以及石桥下的张宅烧尽，几乎半个县城变成废墟。日军侵入青龙乡，乡公所周围10余栋民房即被烧毁。驻新城区日军下乡抢掠扑空，恼羞成怒，纵火大烧民房，以致周屋、上石阶丘村均焚烧殆尽，仓下村100多间民房葬入火海。

日军恣意凌辱和残杀大余人民。他们到处抓人为其挑运物资，被抓者多数是老弱病残，挑不动也得挑，年纪越大挑得越重。新城区新城乡灌湖村的刘维心，年届七旬有余，白发苍苍，被迫挑100多斤。刘向日军哀求少挑一些，当场遭枪杀。壮年男子刘友俊被抓去挑担时，将手巾束在腰间护腰，日军却视其为抗拒，端起刺刀猛地戳入他的胸膛。刘友俊鲜血迸溅，当场倒地。

一天，日军至城郊上角头村骚扰，移居该村避难的县府雇员陈阳征及其老伴被掳。这对夫妻均60多岁。日军将两人衣服扒光，绑掷于雪地上，然后站在旁边观赏取乐，致使两位老人活活冻死。

2月9日晚上，驻县城的一小队日军窜入中国军队伤兵医院，抓获伤兵4名。日军立即从居民家中劫掠一大堆家具、门板，燃起熊熊烈火，然后将紧紧捆绑的4名中国伤兵掷于火中。伤兵们的惨呼之声撕心裂肺，皮肉焦臭四散难闻。

日军窜入乡村骚扰时，凡躲避的居民一旦被抓获，即被视为“逆民”，当场遭屠杀。5月8日下午，由于汉奸的告密，驻东山岭日军抓获国民政府军第90师便衣侦察员唐麒和县城居民何兆庆、何国庆、傅天民、韩治镜、黄勋等12人，立即将他们绑押到章江南岸，用刺刀捅死，接着又将尸体投入河中。

日军除烧杀肆虐外，还疯狂掠夺财物，糟蹋居民粮草、食物，毁坏农田庄稼。驻大余县黄龙乡卵岭的日军，一次骚扰黄龙乡大合村就抢去耕牛20多头。他们闯进村民家中，必翻箱倒柜，能吃的吃，能抢的抢，酒、肉、菜、米吃不了，就往上面拉屎、撒尿、撒泥沙。见锅碗瓢盆、坛坛罐罐就捣烂砸碎。烧饭取暖不用柴草，偏要将门窗、家具劈碎。日军所到之处，十室九空，一片凄景惨象。

日军还与当地汉奸走狗勾结，向居民发放“良民证”。凡有“良民证”的农民，可回家抢种庄稼。可是庄稼种下后，好好的青苗不是被日军割去喂马，就是被日军马匹践踏。当时，公路沿线的新城区、池江乡、城郊、梅岭乡梅山等地，处处可看到成片被日军毁坏的稻田。

蹂躏妇女　令人发指

日军在大余蹂躏、残害妇女，更是令人发指。

2月6日，两个日军窜入县城河边路缝纫店主李宝山家，将李五花大绑后，当着李的面，对其妻、女进行强奸。李宝山怒火中烧，愤而抗骂，当即遭到枪杀。其妻破口大骂，也被日军用刺刀捅死。日军还将她哇哇啼哭的两岁男孩抛入章江淹死。李宝山的女儿遭到凌辱，又见父母、弟弟惨死，欲哭无泪，悲愤交加，绝望地冲出屋门，跳河自尽。一家四口，家破人亡，毁于日军。

2月8日，驻青龙日军抓到几十名百姓，有男有女。男的被迫挑担背物，女的成了日军奸淫对象。光天化日之下，路旁旷野之中，这批妇女被日军肆意蹂躏。

一天，驻县城日军窜入城郊滩头村骚扰。村民郭文昌的儿媳妇抱病在身且带着婴孩，躲避不及，被日军抓住，竟遭6名日军轮奸，当场被糟蹋而死。她那嗷嗷待哺的婴儿，又被日军抛入厕所里溺死。

万恶的日本侵略者，给大余人民带来巨大灾难。据统计，全县被日军残杀及掳去后失踪者 948 人，遭毒打凌辱致残者 475 人，被烧毁房屋 1247 栋，掠夺损毁粮食 140553 担，掠夺棉麻 1044 担，掠夺耕牛 3953 头（占全县耕牛总数的 45%），被抢掠的猪、鸡、鹅、鸭和衣物等，则不计其数。

（转录自中共赣州地委党史工作办公室编：《赣南抗日烽火》，中央文献出版社 1995 年版，作者刘焕文）

26. 日军飞机三次轰炸龙南城惨状

抗日战争时期，我在城北犁头嘴做篾匠。日机三次轰炸龙南县城，我都身历其境，但幸免于难。至今历历在目，记忆犹新。

第一次轰炸发生在1938年6月20日，即戊寅农历五月二十三日。3架双翼型日本轰炸机，从东北方向窜入龙南城上空，低飞盘旋三圈后，飞往全南方向；在快要离开县境时，突然折回县城，对准城西白沙坝绿草中嵌着“龙南”两个银白耀眼大字的简易机场，投弹9枚，然后向西南方向飞去。9枚炸弹爆炸，机场跑道两侧出现数口小池塘般的弹坑，隔江斜对岸石路桥头王屋门楼被炸塌，机场周围绿草场上横七竖八躺着30多具牲畜尸体。查点结果，计炸死水西农民正在放牧的耕牛四头、马两匹，炸死徐志炎家正在放牧的奶牛20余头，酿成康乐牛奶房一度倒闭。在石路桥头观音庙设炉打铁的铁匠刘翰添，被炸弹片割断头颅，当场丧命。一对正在白沙坝种地的夫妻，看到飞机“屙屎”，男的立即扑地卧倒，并喊其妻赶快卧下，其妻来不及卧下就被轰倒，负了重伤。

第二次轰炸发生在1941年10月16日，即辛巳农历八月二十六日。7架日本飞机从西南方向窜入龙南城上空，低飞盘旋两圈，投弹29枚（其中烧夷弹1枚）。城基马路（今中山街）至上南门（今龙南县锁厂门口）一线和下南门附近纷纷落下炸弹。轰隆隆一阵巨响过后，只见烟雾漫空，经久不散。大街小巷，横陈尸体，躺满伤员，刹那间号哭之声骤起，哭爹喊娘、寻夫觅妻、呼儿唤女之声震天动地，整个龙南城沉浸在一片哀号之中。这次轰炸，计炸死城乡百姓80人（当时龙南县政府公布的数字，下同），伤132人。烧夷弹于城基马路（今中山街）爆炸，两边店房着火，霎时烈焰腾空，势不可当，加之人心惶惶，未着火的店家又各自急于抢救自家贵重财物，无人扑救，以致越烧越旺。靠城里一侧两头一直烧至有风火墙的地方才停熄下来；靠渥江一侧，南头烧至翰屏门，北头烧至椿茂隆（鉴记）油豆杂货店附近。这场大火计烧毁店铺、民房83栋319间，店中货物及民房财产焚烧殆尽，许多人家倾家荡产。

第三次轰炸发生在1943年10月1日，即癸未农历九月初三。9架日本飞机窜入龙南城上空，一改上两次连续投弹方法，实行星散点放，着弹点在学门口、龙南中学、陈家祠、大刘屋、王家祠、朱家祠、余屋巷、天主堂（美国教会堂）、上西门旱塘子等处。炸弹响过之后，只见天空烟尘弥漫，接踵而来的是恸哭哀号之声遍及城内各个角落。这次轰炸，计炸死城乡百姓93人（其中中小学生37人），炸伤157人，炸毁房屋18栋47间。被炸死的城乡百姓，有的无头，有的无手无脚，有的脸面稀烂、血肉模糊，有的拦腰炸断……很大一部分难以辨认。当时县政府在处理善后时，只好雇人把这些尸体抬到致良小学操坪上（今文化馆址），让失去亲人者从衣着上、个人特征上去识别认领埋葬。

惨绝人寰的日本帝国主义，深知要奴役中国人民，要掠夺中国的丰富资源，要迫使中国政府屈服，关键取决于战场上的胜负。因此，它采取双管齐下的策略，一面加紧正面战场的进攻，一面肆无忌惮地骚扰后方，妄图涣散中国民心，摧毁中国的抗战意志，截断我后方对前方的给养和兵员补充。他们不仅对我国大中城市实行狂轰滥炸，就连我们龙南这样的山州草县也不放过。八年抗战时期，日机先后轰炸龙南县城3次，加上轰炸杨村圩1次，轰炸大埠戏台村1次，共轰炸5次，平均一年半多一点时间轰炸1次。日机接二连三的轰炸，使龙南人民蒙受了深重的灾难。

（转录自龙南县政协文史资料研究委员会编：《龙南文史资料》第2辑，1989年版，欧阳光伟口述，曾润达、刘月房整理）

27. 日军蹂躏定南老城

定南老城（旧时又叫高砂）原是定南旧县府所在地，与广东和平县仅一河之隔，有江西的南大门之称。抗日战争时期，我家就住在老城的西门城内，目睹日军蹂躏老城的情景，至今还记忆犹新。

1945 年 6 月 14 日（农历端午节），当日军窜到广东和平县的下车村，距老城还有 30 里路时，国民政府军驻定南部队，用炸药把老城通往广东和平的五拱石桥炸毁，以阻止日军前进，然后向安远方向撤退。日军在没有遭到任何抵抗的情况下，一路经上陵，一路经岑江、汉洞，于下午 2 时左右窜入定南老城境内。

日军窜入老城后，对老城人民施以惨绝人寰的烧光、杀光、抢光的“三光”政策，枪杀无辜百姓，焚烧房屋，奸淫妇女，无恶不作。好端端的一个县城，被弄得鸡飞狗叫，乌烟瘴气，老百姓民不聊生，家破人亡，流离失所。

日军从 6 月 14 日至 6 月 21 日撤走的短短 7 天里，焚毁民房 30 余间，连国民政府军设在城内的被服仓库、盐库、粮库也统统毁于大火之中。这场大火烧了两天两夜，数十里外也能望见老城上空的火光，城中居民个个伤心落泪。

日军所到之处，横行霸道，见猪就宰，见牛就杀，不几天就杀死猪牛数百头，吃不完就到处乱丢乱扔。日军几百匹军马，放到即将成熟的早稻田里恣意践踏，使上百亩早稻颗粒无收。在丁坊村，5 个日军将一中年孕妇轮奸致死。第二天，日军又在陂头迳追逐一年轻妇女，定南抗日自卫队员发现后，向日军扔去一枚手榴弹，方使那名妇女幸免于难。城内外被日军强奸的妇女有好几十名。

日军是杀人不眨眼的刽子手。在汶洞村，日军用刺刀捅死一个 70 余岁的老人。日军撤出老城时，把关在西门城楼的 8 名老百姓，全部用刺刀捅死在西门外草坪上。离城 5 里的丁坊村，驻有日军一个中队，撤走时，他们在水井里投放毒药，使村里老百姓有 36 人被毒死。日军住在老百姓家里，离开时将坛坛罐罐砸得粉碎，油、米、水缸拉上大小便，真是禽兽不如。

（转录自中共赣州地委党史工作办公室编：《赣南抗日烽火》，中央文献出版社 1995 年版，张金辉口述，刘瑞林记录整理）

28. 日军入侵兴国罪行

山里人常说："受伤的野猪，凶残胜过猛虎。"用此话来形容1945年7月19日日军入侵兴国的罪恶行径，是最恰当不过了。

1945年7月19日，四五百名从赣南往北撤退的日军，经田村、白鹭，入侵兴国之江源乡（今永丰乡）、隆坪乡和精诚乡（今均村乡），打算经万安向南昌逃窜。

入侵兴国的日军，十分残暴凶狠。

他们肆意惨杀无辜的中国老百姓，凡穿中山装或理平头、西装头的青年人，都成了他们屠杀的对象。三坑村的丘福萌是兴国简师的学生，正回家度假。他来不及逃走，日军一进村，他就被枪杀了。石背村的蓝瑞生，因病躺在家里，被窜进家门的日军用东洋刀劈得脑浆四溅。这群丧尽天良、灭绝人性的强盗，还专抓妇女进行强奸，不论老少，有病没病，一概不能幸免。据不完全的调查统计，仅三坑、上迳二村遭受日军残害的妇女就有30余人。丘××年纪70多岁，竟被蹂躏。赵××年仅13岁，也被糟蹋。丘××产后才十几天也遭轮奸。抗拒强奸的郭××竟被日军用刺刀割去乳房，剖腹杀害。日军有时将妇女捆在板凳上，十几个人对其轮奸，以致有的妇女活活被奸死。有的妇女奸后被割去耳朵，甚至弄瞎眼睛而终身残废。有的被奸后得病而死。有个小姑娘被奸死后，日军就用她家的被子将其一裹，放在圈椅里，搁在厅堂内。酷暑天热，尸体很快腐烂发臭。这些受害者中，许多人都已辞世。其晚辈亲属，现在谈及她们遭害之惨状时，都泣不成声。

日军侵入兴国时，大肆抓夫拉丁。仅据三坑、上迳两个村统计，被日军抓去做挑夫的就有曾庆福、余秀山、赵光祺、丘福田等100多人。这些被抓去的人除部分拼死逃脱外，许多被枪杀于半路上。上迳曾广湖等3个农民，因力不能支，半路上被活活打死。竹园脑谢冬矮因年老体弱，无法挑担行走，被日军当胸一刀，刺死路旁。丘福田等几个人因没听从指挥，被日军当场枪杀。茂塅有一人因听不懂日本话就被割去一只耳朵。灭绝人性的日军，还拿屠杀中国儿童来开心。黄柏村一个5岁儿童，日军用刺刀穿透他的腹部，高高举起旋转戏耍，直至小孩无声息，又被抛到河里。

日军做贼心虚，色厉内荏。每次进村找住房、抢东西，都不敢从房门进出，害怕中“埋伏地雷”、“拉手炸弹”、“吊环手榴弹”。据说他们是在华北被抗日游击队的地雷战术吓破了胆，心有余悸。他们从老百姓房子的墙壁上凿个大洞，然后才敢在这“狗洞”里大胆地钻进钻出。他们最害怕老百姓“关门打狗”，将所有的门窗通通拆除，劈碎作柴烧。老百姓农家屋门前都堆有干燥片柴，他们偏偏不烧，而是将老百姓家中的台凳桌椅、橱箱柜床等一切竹木家具砸碎，用来烧火做饭。衣被蚊帐，则用来点火焖烟薰蚊驱虫。所有的坛坛罐罐，一概砸成碎片。家畜家禽，通通杀死。一头牛杀死后只取心脏；一头猪只割点腿肉；鸡鸭鹅等只要两条腿，其余全部扔掉，让其腐烂发臭。田里或塘中的活鱼，他们无法捕捞，就用石灰毒死。油、米、谷、豆、花生、水酒、食盐，吃不完带不走的，就在上面拉屎拉尿，因而再也不能吃了。

据当时兴国县政府档案记载，这次日军入侵兴国，全县共有 20 多个村庄惨遭劫难。被日军杀死杀伤 415 人。全县财产损失 128. 8 万元，其中房屋 47 幢，耕牛 1110 头，农具、家具 85270 件，稻谷 6761000 斤，植物油 192 斤，杂粮 12100 斤，木头 2600 根，水产 2500 斤，猪 3506 头，家禽 10434 只，衣物 16340 件。金银珠宝不在统计之内。当时县政府对日军奸淫妇女数未作统计，据新中国成立后不完全统计，全县被奸淫的妇女共 335 人，被抓去的男子 511 人。1945 年 7 月下旬《潋江日报》刊载七律一首：“无法形容大事哀，倭奴如虎寇乡来。震天炮火隆隆响，动地机枪啪啪开。结队兽兵奸妇女，成群匪盗掠钱财。寄语国人同敌忾，踏平三岛解仇怀。”此乃是当时真实情形的写照，也是人民群众仇恨满腔的抒发。

（转录自中共赣州地委党史工作办公室编：《赣南抗日烽火》，中央文献出版社 1995 年版，作者黄健民、肖宗英）

29. 日军抓我当挑夫

1945 年 7 月，我 15 岁，小学刚毕业，在兴国县均村乡石门村刘道生老师家里上补习班，准备下学期考中学。

日军进村时，我躲到自己家里阁楼上，躲过搜查，后逃到山棚里被搜山的日军抓住当挑夫，一起被抓去当挑夫的还有张声尧和篾匠王师傅。有个约 20 岁的广东人，是汉奸，每天给我们派工做，主要是砻米、捞鱼之类。第二天便经石溪、泮溪往五里隘走，在狮子潭河边，听说有个挑夫跳河逃走，日军朝他打了一阵枪，未打中。

在均村、泮溪两条路会合处，几棵松树上挂着 4 具被日军砍成 4 块的国民政府军士兵尸体，旁边一块木板上歪歪斜斜地写着一行汉字："谁要堵死皇军前进的道路，其下场就和他们一样。"听说这 4 个人很勇敢，昨天在这里（七里排）打死了十几个日本兵，后因负了伤，打光了子弹才被俘，被日军杀死在这里。

我们登上五里隘，前面的路破坏了，日本兵用大树搭了便桥，人勉强可以走，马却跌下几匹去了，故过得很慢。

这支日本军队叫秋山部队。他们中真正的日本人很少，大多数是朝鲜人和蒙古人，也有中国人，但都穿日本衣服，讲日本话。一个日本老兵告诉我，他是黑龙江人，平时他若暴露中国身份，日本人会枪毙他。日本人弹药缺乏，每人只有几发子弹，挑夫挑的弹药箱里装的都是些碎砖头，全是为了吓唬胆小的国民党"中央军"。日本人在北撤的路上，常遭"中央军"阻击，我们都希望"中央军"打过来解救我们，都不料"中央军"都是打几枪就退走，不敢坚决进攻。在泰和县的沙村，飞来 4 架"中央军"飞机，向日军队伍扫射了一阵，丢下两枚炸弹，炸死 4 名日兵，炸伤 15 人，还炸死两匹马。那天有大批挑夫乘乱逃走了。

因为挑夫逃走，日军又到附近村里抓人。两个日军骑着马押着我和张声尧进村帮他们挑抢来的东西。进村后，日军看见妇女，追上去要强奸。一个日兵拉住一个十七八岁的姑娘和姑娘的母亲。他要强奸姑娘，又不让姑娘的母亲离开。他将自己骑的马缰套在自己的腿上。这个日军脱掉裤子，刚拉着姑娘，那姑娘的母亲愤怒之极，"啪"地打开手中的大红伞。日军战马受惊，撒腿狂奔，将日军拉倒在地拖着走。那日军痛得哇哇乱叫，直到另一个日军赶来解救。这时，母女俩早已逃得不知去向。我和张声尧看到日军的狼狈样，心里直发笑。

一天，途中遇雨，雷电交加，一声震耳的霹雳，将一名骑在马背上的日军军官劈死，他骑的马也被劈死了，日军为掩埋这个被劈死的军官，队伍停留了3天。

在这停留的3天中，日军中那个黑龙江人，天天早晨要我跟他一起去放马。他偷偷地向我讲了不少这支日军部队犯下的滔天罪行。在河北的盘山，这支部队曾经制造过“无人区”，实行烧光、抢光、杀光政策。为节省子弹，他们曾把一个村庄1000多人，以开会为名诱入大院内，浇上汽油全部烧死。在北方某地还把中国民工在大热天赶到太阳下晒死，把妇女抓到军中轮奸。他们参加过南京大屠杀，整批整批残害中国战俘。有一次在江苏某地，他们捉住尼姑庵的几十个尼姑，先将年轻的捆起来轮奸致死，后来连十三四岁的小尼姑和七八十岁的老尼姑也不放过。在兴国的均村，有个日本兵把一个生孩子才3天、藏在空坟里的妇女拉出来强奸。这支部队里有个日本兽医，找不到年轻妇女时，就将七八十岁的老太婆捆起来，用注射器将阴部肌肉注入生理盐水使之丰满后强奸，甚至将阴部用皮带打肿来强奸。他们的罪恶，真是罄竹难书。秋山部队曾进攻山东八路军的解放区，他们仇视解放区人民，将抓到的中国人都用船送往日本当劳工，虐待致死。解放区人民反抗日军很勇敢。有一次，有个日军司务长，在一家农民家里抓住两个姑娘，是一对姐妹。这个司务长企图将姐妹俩一块强奸，但这机智的姐姐推说怕刀枪，要日军把刀枪放下，并让妹妹去隔壁才行。这个日军色胆包天，放下刀枪上炕强奸。不料这姐姐从被子里掏出剪刀刺在日兵肚子上，妹妹又拿刀冲进来，一起杀掉了这个司务长，拿着他的长枪和指挥刀走了。

秋山部队到南昌后，抓来的挑夫都逃走了。当时我们三个小孩不知道日军已投降，仍被裹胁到九江，直到日军上船。遣返时，一个日军大队的特务长，是中国人，他小声对我说：“东京投降了！抗战胜利了！你可以回去读书了！”我才如梦初醒。

（转录自兴国县政协文史资料工作组编：《兴国文史资料选辑》第2辑，1984年版，罗钦连口述，胡玉春、张开泉整理）

30. 日军在弋阳的罪行录

弋阳县城地处浙赣铁路与信江之间，交通便利，市面繁荣。1942 年，日本侵略军沿浙赣线对赣东北大举侵扰，弋阳遭到浩劫，人民蒙受了极大的灾难和损失。

早在 1937 年 11 月，日军轰炸机就在弋阳火车站投弹轰炸，阻碍与破坏铁路交通。1939 年 3 月，日军侵占南昌，大批离乡背井的难民，携老扶幼逃到弋阳，家破人亡的凄楚状况，使人见了心寒。1941 年 3 月 3 日上午 11 时许，日军 27 架轰炸机云集，狂轰滥炸县城，投弹数 10 枚，炸毁房屋数百栋，炸死城乡群众百余人，伤残者不计其数。当时全城一片火海，血肉横飞，惨不忍睹！这仅仅是日军还未侵占弋阳前所犯滔天罪行的一幕。

1942 年 6 月 29 日，日军由贵溪方向打来，当时，中国第三战区的国民政府军不战而退，弋阳沦于敌手。日本侵略军侵占弋阳后，到处杀人放火，奸淫掳掠，由县城而殃及农村，废田园，毁庄稼，连牲畜也难幸免杀戮。到 7 月 18 日，日军退出弋阳前夕，全城焚烧一空，浙赣铁路为之中断。

在日军侵占弋阳的腥风血雨的 50 来天中，据有关资料的初步统计，城乡遭受的损失是骇人听闻的。惨遭日军枪杀而死亡的就有 314 人，重伤致残的 52 人。在县城被烧毁房屋 1544 栋，学校毁损价值 325.2 万元（法币，下同）。农村所受损失也极为严重：被焚烧房屋 1518 栋，价值 8 亿多元；器具损失 63964 件；被抢劫现金 106.5 万元；损失稻谷 28850 担，价值 3063.5 万元；麦子 1964 担，价值 201.7 万元；杂粮 824 担，价值 127.8 万元；植物油 209 担，价值近 34 万元；木材 1608 株，价值 50.8 万元；竹 7710 根，价值 63.3 万元；水产 13 担，价值 9 万元；猪 3822 头，价值 4323.2 万元；牛 1953 头，价值 4214.3 万元；鸡鸭 3967 只，价值 67.1 万元；其他禽畜 167 头，价值 15 万元；农具 16091 件，价值 3255.4 万元；渔具 640 件，价值 92.5 万元；运输工具 640 件。此外，还有间接损失：迁移费 15 万元，防空设备费 190.3 万元，疏散费 4100.4 万元，救济费 5.7 万元。

日军侵占弋阳的罪证如山，罄竹难书！

（转录自弋阳县政协编：《弋阳文史资料》第 1 辑，1986 年版，作者李春生）

31. 两 笔 血 债
——记日军飞机两次轰炸吉水城

1938年农历7月7日（以下均为农历）那天，天气晴朗，万里无云。早上7时左右，天空突然传来“嗡嗡”之声。霎时，从吉安方向飞来7架日军轰炸机，至吉水县城不远处的墨潭村上空，突而俯冲直下，从县城南而入，随即听到一阵阵“轰隆隆”响，飞机翼下像母鸡下蛋一样，扔下了数十枚炸弹后离去。顿时，烟雾笼罩，辨不清东南西北。县城内到处是哭声、叫喊声、哀声、惨不忍闻。七七事变以来，虽历时一年有余，可这里是后方的后方，人们从未受此灾难，政府也没有任何防空设施，故没有防患，没有警惕。今突然祸从天降，哪里还躲得及，以至损伤惨重。笔者家住东街，前后房屋均中弹遭毁，唯舍间幸免厄难。但见对门一亲友，他从未来过县城，不巧先日来作客，次日一早便中弹炸死；后门的“胡家祠”，天井中也中一弹。这天正是“七巧”，很多人家求神拜佛点“天灯”，当日机来时，祖孙三代（祖母、母亲、孙子）正在对天跪拜，炸弹下来，将三代人炸得血肉横飞，尸骨四散，惨不忍睹。还有我小学同学高某，暑期在家随父学裁缝，这天清早，父子二人正在门口缝衣，炸弹落下，将二人拦腰炸断，可怜肚肠流了满地，老母挽着断腿，也不知道哪是夫腿哪是儿腿，急得寻死觅活，昏厥倒地，半日才苏醒过来。还有许许多多惨不忍睹的事，就不一一列举了。说来也巧，县政府（刘氏宗祠）左侧的梧桐下（时称之为花园）也落一弹，当时的县长梅缓荪就躲在树下，可算他命不该绝，这颗炸弹却没有爆炸，钻进土里，拱起一堆土包。直到第二年1月13日凌晨左右，人们在睡梦中听到“轰”的一声巨响，起来看时，原来是这颗哑弹爆炸了，炸开一个一丈多深的大土坑。幸好此时，没有过路人，故无损失。

这次7架日机共扔下30多颗重磅炸弹，给县城人民造成了巨大损伤。共计炸死33人，伤数人；炸毁房屋20余栋，炸坏其他物资无数。

1940年闰6月初的一天下午3时左右，也是个晴空万里的好天气。人们午休之后，正准备忙着工作、生产。这时预备警报声敲响（经过第一次轰炸后，政府开始设置了防空哨，“天主堂”屋顶装有报警钟，钟声能传遍全城），青壮年男女急忙扶老携幼逃往城外，但也有些走不动的老人、小孩留在家中看家。未过几分钟，第二次紧急警报声又响了。还不等钟声停敲，又见7架日机从吉安方向俯冲直下，至吉水县城上空扔下几十枚炸弹。日机过后，躲在城外的人们第一次没有出城躲避匆匆返回，呼儿唤女，寻觅亲人。东门张福庆寻找母亲，东找西寻无踪影，一家人急得顿足捶胸，后悔没有扶着老母出城。至晚，一邻居突然抬头望见张家后门的屋檐上垂下一双小脚来，急呼："屋上有人!"待张家几个兄弟爬上去一看，原来是他老母亲，可能是当时坐在后门口，被落在后门的炸弹气浪将她冲上屋顶震死了。

也有这样巧，东门李正荣新屋的后门口也有一颗未爆炸的炸弹，露出一截在地面。幸得那时城内驻扎一些国民政府军，闻讯后，立即派来工兵排除，拆卸引火线，将炸弹运走，此屋免遭罹难，保留至今。

这次轰炸，也炸死了20多人，绝大多数是老人、小孩。剃头师傅胡某的妻子和两个孩子就是在这次炸弹下丧生的，胡某悲伤得几乎痛不欲生。全城共炸毁房屋10多栋，财产损失无数。

自此以后，人们整日提心吊胆过日子。不论白天黑夜，时刻警惕着警报。每人准备着一个缩口布袋（当时还没有塑料、皮革制品），名叫"防空袋"，内装换洗衣物和零用东西，随时放在身边，一听警报声，提袋就跑，逃命要紧。这样的日子，整整过了几年，直到抗战胜利为止。

（转录自吉水县政协编：《吉水文史资料》第4辑，1989年版，作者刘衍義）

32. 日军在吉水县醪桥乡的暴行

1945年7月间，日军第27师团和第40师团，在中国人民沉重打击下，已是日暮途穷。本来他们从湖南等地窜往赣南后欲去广州入海逃奔回国，但是此路不通，于是便沿赣江直下，企图到南昌集中后，打通江西通往上海的道路，再入海逃窜回日本。然而这时，他们到处受到中国人民的阻击，成了瓮中之鳖。穷途末路的日军，仍然困兽犹斗，所到之处，奸淫、烧杀、掳掠种种暴行罄竹难书。本文所述，仅是日军在逃窜中于7月28日早上至8月2日路过吉水县醪桥乡时的种种暴行，令人发指。概括起来，就是“纵火、抢劫、奸淫、惨杀、捕捉”这10个字。

一、纵火

日军于7月27日在吉安受到阻击后，便分头向吉水河东、河西两岸逃窜。到达吉水县城后，便肆无忌惮地对那些未逃避的无辜群众进行奸淫、烧杀、抢劫。第二天早上，日军一个支队向醪桥乡进发。当时停在遂川机场的中国飞机顺着日军行军的方向追击，在空中盘旋约一个小时后飞走了。于是日军分头到各村去搜索，其目的之一，是探视是否有中国军队埋伏在附近对其进行阻击；目的之二，是打家劫舍，寻找妇女奸淫。当日军走到醪桥村东面靠山的青山下这个村子时，发现村中一个人也没有，走进屋里，连一点吃的食物也找不到，恼火了，放起火来，把整个村子房屋都烧光，只剩下一个厕所未烧。这充分说明日军的野蛮行为到了极点。除此之外，又在甫里、坝溪、塔下、雯塘、孔川、下相慕、施家山头、山下等村纵火烧屋，有的村庄烧1栋、2栋或3栋，有的村庄烧得较多，如山下村的后园就烧了10多栋，还烧了1座祠堂。在元石村也烧了祠堂。

日军对群众家里的日常用具也破坏甚大。他们夜间不敢住在屋内，而是住在场地上，把群众家里的棉絮拿来用刀割成条条，然后将竹竿破开，把割成条状的棉絮夹在里面，用绳子扎好，浸上食油，绑在木架上，当作蜡烛烧，一直照到天亮。

日军将屋内的宝壁木板、房门等拆下来，任意劈碎当作柴烧。马匹关在屋内，拴在屋柱上，或者在墙壁上打洞，将缰绳穿过洞口拴在洞外木棍上。喂马饲料，都是从稻田里把急待收割的早稻割下来，堆在屋内，让马任意吞食或践踏。

马粪马尿，在屋内到处都是，真是臭不可闻。

二、抢劫

日军在瞪桥乡的时间虽然只有几天，但是对于民间的财物，却任意抢劫。每到一村，首先是寻找食物，见猪就杀，见牛就宰，见鸡就捉，见到油、盐、米、酒就拿。见到贵重的物品，如黄金、白银以及好的衣物等，也是抢劫一空。

最可恶的是，日军把抢来的猪、牛、鸡，不是正常的屠宰，而是把猪、牛、鸡杀死，不刮毛，打开腹腔后，将内脏心、肝、肺、肾取去，并将两个后腿肉去毛割走，余下的就拖进住房内，放在床底下，让猪肉、牛肉腐烂、生蛆，散布细菌。离开之前，将抢来吃不完的油、米、酒、盐之类食物以及没有吃完的大米拉上大便和小便，使食物腐臭，再也不能食用。这些所作所为，更增加了中国人民对日本帝国主义及侵华日军的无比愤慨和痛恨。

三、奸淫

日军进入瞪桥乡境后，除了烧杀抢掠之外，便是对中国妇女进行毫无人性的侮辱。他们对于妇女不论老少，一见到女人，就在光天化日之下按倒在地奸淫。

山头有一户人家，因在仓促之间不能远逃，夫妻、女儿三人便躲在村旁后龙山丛林里，日军发现了，对母女俩进行奸淫，并勒令女儿的父亲站在旁边看，不准离开他们一步。含坑村的廖启寿，带着女儿（原定 10 月结婚）去逃避，刚走到青山下村就遇上了日军，父女俩被拦住去路。日军将廖的女儿廖九英按倒在地，要廖启寿将女儿穿的裤子扒掉。廖不愿这样干，被日军痛打一顿，并强令他站在那里看不准走，然后将其女儿进行轮奸。廖九英连续被 7 个日兵轮奸后，已经到了半死不活的地步，还有两个日兵仍要强行奸淫，廖九英拼死抗拒。这两个日兵恼羞成怒，毫无人性地将一截木棍插入其阴道中，让其挣扎取乐；待他们不愿再看时，又向女孩开枪，却不打中要害，让她在疼痛难忍中折磨一段时间死去。

竹陂村有个妇女名叫黄腊英，随丈夫躲在寨下，以为很安全，谁知日军跑进山里来搜索，黄腊英不幸被他们发现了。日军将黄按倒在水田旁的地上进行轮奸，每当一人奸淫后，便用田中水向黄的阴部冲洗，如此反复轮奸达七八次之多，黄腊英当场被日军淫死。

在山下村，日军将未逃赢的妇女集中一起，要她们用石灰放在塘里毒鱼给他们吃。妇女们在塘中弄鱼时，皮肤被石灰水刺伤已是疼痛难忍了，当她们将鱼捞上来后，日军又将她们奸淫。日军离开村庄时，又将村前3座石拱桥炸掉。

在胜坑（山坑名），日军来到这里搜索，发现这里躲了一些上了年纪的老大娘。日军不仅对她们奸淫，还命令老大娘们脱得一丝不挂，打着赤脚在小江边的沙地上走。六月天的太阳异常灼热，当这些老大娘走在沙地上，脚被石块炙得无法行走，全身发抖而出现左右摇摆之状时，日军则拍手大笑。同时还用小竹竿拨弄这些老大娘的奶头取乐。这真是对中国妇女的极大凌辱。

四、惨杀

这次日军来到吉水，表面看来气势汹汹，实际上是在日暮途穷的边缘上挣扎，别看他们每个士兵荷着长枪，其实弹药非常缺乏。他们每个士兵身边留有的子弹最多的只有五六发，有的甚至一颗没有，因此，不是到了万不得已的时候，他们决不会放枪。

然而，日军由于虐杀成性，又认为中国是一个弱国，可以任意欺侮，因此每到一处，大肆屠杀，常用刺刀或马刀砍杀中国平民，其惨状更是目不忍睹。如7月28日早上，日军到达元石村时，不见一个人影，恼火了，便放火将村里的祠堂烧掉；随即又到附近的村庄去寻找食物，走到杏里村，同样找不到人，准备再去村后的塘边村。当日军来到元陂寺旁，发现邓李氏和她的儿女亲家游自铨（游为吉水县城西门游家人，为逃避日军特地来到乡下）二人在那里行走，便上前围住。邓李氏临近分娩走不动，日军不问青红皂白，将她按倒在地准备奸淫，邓李氏拒绝，日军恼怒，用刺刀将邓李氏腹腔打开，把小孩挑出来杀死，然后将邓李氏杀死。当时游自铨上前拦阻，同样遭到日军的惨杀。

郭恩先是醪桥郭家人。7月28日早上，在江上村遇上日军，拔腿逃跑，不幸误跑到一个塘边的瓜棚处，被日军枪杀。

东园村的李某某，因病走不动，留在家里，日军强迫他做挑夫，李不从，日军便用香火把他活活烧死。

上面举的几个例子，仅仅是日军在醪桥乡杀人的一小部分情况。

五、捕捉

日军进入醪桥乡后，还不断寻找男子为他们当挑夫，运输一路抢来的财物。尽管他们在醪桥乡这块土地上停留的时间仅五六天，可是却闹得鸡犬不宁。

日军未来之前，人们早已躲进山里去了，留在家里看门的仅是一些老大爷、老大娘，还有少数无法行走的病人。因此，日军便经常上山搜索捉人。

为了防备逃跑，他们把捉到的人集中住在一起。尽管天气炎热、蚊虫多，楼上不能住，但是日军仍然强制被捉来的人住在楼上。连大小便也在楼上解，只是在吃饭时才允许他们下楼，四周分兵把守，吃完了饭，又赶回楼上去监禁。

他们离开的时候，将抓来的人夹在队伍中间，随军行走。在被捉去当挑夫的人中，有的因为年龄较大又有病，挑不起，走不动，遭到日军的杀害。如施家山头的施存德，因为有病被捉去当挑夫，挑到桐木村走不动，便被日军杀死在那里。又如黄家边村的黄美泉、庵山村的李长根、源头村的胡象贤等人，都因年龄大及身体不好等原因，捉去挑运不从，遭到日军的杀害。还有源头村黄杰贞的祖母，也被日军杀死。

被捉去当挑夫的，至今尚未回家的大有人在（可能在路上遭杀害）。据被捉途中偷跑回来的人说，他们天天可以看到日军捉人、杀人，一路上看到被杀死的人很多，有男人，有女人，有老人，也有小孩，特别最惨的是年轻的妇女，绝大多数是被日军奸淫后又遭惨杀，她们身上衣服均被撕碎，有的甚至是裸体。

日军在八年侵华战争中，干尽了坏事、绝事。日军在中国这块960万平方公里的土地上，杀害了无数中国人，毁坏了无数家园，劫掠了无数财物，践踏了中国大好河山！这一切，炎黄子孙永远不会忘记。

（转录自吉水县政协编：《吉水文史资料》第1辑，1989年版，作者刘惠生）

33. 吉水县抗日损失纪略

八年抗日，吉水县上下一心，有钱出钱，有力出力，出色地完成了政府分配的各项艰巨任务。1945 年 7 月下旬至 8 月初，盘踞赣南的日军垂死挣扎，望北溃遁，窜扰吉水县几遍全境，杀人放火，捕男奸女，抢劫财物，宰牛屠猪，杀鸡戮犬；在米桶中拉屎，在油罐里撒尿；掀梁凿壁，断垣颓瓦。日军暴行，亘古未有！

1945 年 8 月 28 日，江西省政府为彻底追查抗战损失，遵国民政府《抗战损失调查办法》，颁发《江西省抗战损失追查办法》，规定自九一八事变之日起，至 1945 年 9 月底止，凡境内所有“公私机关、学校、团体及人民，因抗战所遭受的直接、间接损失”，悉依《办法》追查清楚。吉水县政府当经派员调查，粗略统计：全县 502 人直接丧生于敌军屠刀之下，计男 411 人、女 91 人。这些死难者，除万全保等 108 人为抗日阵亡将士外，其余均为在家被敌机炸死和遭窜境日军杀死或强奸致死的无辜民众；直接被敌人杀伤击伤的计 994 人，其中重伤 470 人（女 150 人）、轻伤 524 人（女 21 人）。全县财产损失，总计 403493.5 万元（法币，下同）①，其中：

甲：直接损失 282369 万元，其中：

机关 252.8 元，含建筑物 11.3 万元、器具 106.8 万元、图书 14.5 万元、仪器 32 万元、文卷（宗）33.6 万元，医药用品 3 万元、现款 46.6 万元，其他 5 万元。

学校 211.5 万元，含建筑物 56.2 万元、器具 80.3 万元、图书 36.2 万元、仪器 24.3 万元、医药用品 4.8 万元、现款 0.4 万元、其他 9.3 万元。

农业 127086.3 万元。含房屋 697 栋，值 38916.5 万元；器具 31900 件，值 6380 万元；稻谷 502371 担，值 50586.5 万元；麦子 24051 担，值 2646.4 万元；植物油 50 担，值 60 万元；杂粮 4580 担，值 356.4 万元；水产 300 担，值 200 万元；畜产品 120 件，值 100 万元，猪 9766 头，值 10354.9 万元；牛 4093 头，值 7986.4 万元；鸡鸭 5400 只，值 200 万元；农具 15000 件，值 1500 万元；衣物 41538 件，值 6595.6 万元；其他 4012 件，值 1203.6 万元。损失的 697 栋房屋为：文蜂 37 栋（以下省“栋”字），乌江 28，平湖 2，砖门 2，八都 2，银村 9，住歧 5，北畔 203，阜田 8，盘谷 21，枫江 9，泥田 23，鹿峰 22，金滩 169，黄桥 33，刚筒 17，燕坊 2，醪桥 52，四达 53。

---

① 编者注：本文中货币数，未按全国抗战前法币币值折算。

商业32769.9万元。计店房187栋，值11915万元；器具3160件，值392万元；存货26450件，值20036万元；车15辆，值1.5万元；衣物1450件；值375.4万元；现款50万元。

电讯104万元、计房屋6万元、器具0.4万元、路线设备100万元、材料1.3万元、现款1.7万元。

公教人员121944.5万元，计房屋69314.9万元、器具17300.2万元、衣物22588.9万元、图书864.9万元、现款1657.2万元、其他10214.8万元。

乙：间接损失121124.5万元，其中：

机关482.6万元，计迁移费229.5万元、防空设备92.4万元、疏散费99.4万元、救济费30.8万元、抚恤费30.5万元。

学校47.5万元，计迁移费18.9万元、疏散费28.6万元。

农业减产70854.1万元。

商业减纯利49145.9万元。

医药及埋葬费594.4万元：计医药116.6万元，其中男98.6万元、女18万元；埋葬费477.8万元，其中男406.5万元、女71.3万元。

然而，许多事实表明，县府上项统计是极不完全极不公平的。上述"间接损失"仅涉及敌军窜境时祸及的"间接损失"之小部分。请看下列资料：

一、八年抗敌，吉水县征送了巨额兵员。自1937年冬至1945年秋，总计征兵20548名，包括1937年1057名、1938年5486名、1939年3100名、1940年2815名、1941年2621名、1942年2368名、1943年928名、1944年1403名、1945年770名。减少如此之多的强壮青年，农业生产难道毫无影响？再者，每名出征军人的安家费自10万元增至20万元，安家谷从6担增加到20担，此外还有对出征人家属的优待、抚恤、慰问等等，其经费虽说国民政府按定例时有散发，但是杯水车薪，绝大部分是要靠地方自筹，用"保甲经费"、"壮丁钱"等名目按户摊派。例如，1938年7月，县统筹入营士兵安家、救济基金2万元；1943年8月，每保筹募慰劳新兵入营基金50元，每名征人家属优待稻谷6石。1943年10月，为解决征属就业，筹办征属工厂，吉水县按乡镇派款22720元。其配额是：文峰、石莲各640元，乌江、丁江、福寿、刚简、泸江、三元各720元，砖门、八都、银村、住歧、北畔、鹿峰、枫江、泥田、四达、白沙各800元，平湖、燕坊、黄桥、螺田各880元，阜田、盘谷、金滩各960元，醪桥、泷江、冠山、下固各560元，白水400元。

二、征派大量民工。抗战军兴，吉水县即奉令成立抗敌后援会、动员委员会、军运代办所和战时任务运输队等，八方征召强壮劳力，组织县、区数级的救护、通讯、宣传、运输等队伍，整装听用，及时完成了众多繁重的战时事务。县战时任务运输队有夫者百余人，短夫十数人，1942 年 7 月出工 1644 天，8 月出工 1793 天，9 月出工 1888 天，10 月出工 2034 天。9 月份该队为国民政府军陆军第 74 军第 57 师第 170 团、第 50 师工兵第一连、第 57 师司令部、第 57 师军事教导队、第 170 团卫生队、陆军独立工兵第 8 团第 1 营第 1 连、第 86 军工兵营、第 16 师卫生队、第 86 军军需处及工兵营第三连、第 16 师无线电讯排第一班、第 86 军司令部军医处、军政部第 26 卫生船舶所、省保安第 6 团第 2 大队 4 中队、吉泰师管区补充第 1 团第 3 营、补充第 2 团第 3 营 2 连，以及吉水县政府等 17 个部门做了军运。同年 7 月 16 日至 10 月 16 日，征集民工构筑国防工事，每保派工 180 天，全县征工 51200 天，动用县仓积谷 1024 石。1944 年 3 月，全县出动民工 2000 余人去扩修遂川同盟国际机场，往返数月。年底奉令征民夫 1 万人赴安福运第九战区屯粮 4000 大包至沔渡，因劳力极度紧张，次春元月还是派了 4200 余人前去，来回半月。阜田镇民代表会呈县参议会云："本年元月派夫运送军粮，二月运送伤兵及军衣军用品等件，每保先后 40 余名。"军用派夫多，因而亏垫的款也大。1942 年 7 月，第九战区司令部参谋第二组及工兵第 5 团 10 连来县指导构筑国防工事，借用食米 13100 斤，全无正式印领；8 月复征用国防工程木料 1000 根，均由吉水县垫付。1944 年 3 月扩修遂川机场，民工每人日食糙米 25 两，盐 4 钱，油、菜费 5 元，各由镇自行筹给，每户派款 300 余元，全县总派 900 余万元。与此同时，县府还以"紧急命令"征收了巨额国防工事材料费。

三、人口伤亡惨重。吉水县人口，1937 年战前为 183501 人，至 1945 年秋日本帝国主义无条件投降时，仅存 149631 人。全县因日军暴行死伤和流离失所的难民与日俱增，其统计为下表：

年份	死亡及失踪	伤病	难民		
			上年原有	本年新增	年底合计
1938	180	287	350	231	581
1939	160	391	589	258	847
1940	1400	377	765	276	1041
1941	1086	401	1980	1013	2993
1942	5709	289	11136	5106	16242
1943	6187	1020	10172	3240	13412
1944	8810	904	3282	1700	4982
1945 年（7 月止）	10338	1141	3635	312	3947

总计死亡及失踪33870人，而前项县府统计仅死亡502人；伤病4810人，而前项统计仅994人；面对因日军侵略而流离失所的大量的无辜难民，更一字未提！

四、派购公债。1937年9月，国民政府发行救国公债，10月吉水县即奉令派购64000元。县府以1936年从收田赋26000元中的20000元作公债基金，先行垫付，随印发认购册至保，照数推销。全县公教人员踊跃解囊，中心小学教员各以1个月的薪津认购，保学教员各购10元，小学生每人认购2角，均于3至5个月内缴清了债款。自此，战时公债、救国公债、公益储蓄等络络而至，直延至战火结束。1942年度，吉水县奉派同盟胜利公债及同盟美金公债两项共230余万元，限次年2月底以前募齐。县府按田赋派20%、殷富30%、保甲20%、商家30%下达，于次春2月完成认购2155354.9元的巨款。其中：泷江乡20160.56元，刚简乡54600元，阜田乡41782元，石莲乡31400元。

五、捐献飞机。1942年10月14日，中国航空协会总会印发“一县一机”告全国同胞书，吉水县当即响应，认捐20万元，随后增至435000元。各乡镇认捐款是：四达21308元，八都、金滩各21000元，平湖、阜田各20000元，泷江19732元，黄桥19000元，北畔、燕坊各18000元，银村、住歧各17500元，白沙16000元，丁江15000元，刚简、螺田各14000元，醪桥13000元，三元12130元，乌江、鹿峰、枫江、泥田、盘谷、石莲、福寿、冠山各12000元，泸江11830元，下固9000元，白水7000元，砖门6000元。11月，全县认捐滑翔机捐款14919.18元。1943年1月，又派募国民飞机捐款9551元。此外，还开展了献废铜、废钢和废铁等活动。

六、派募大宗慰劳款物。吉水县民众于春节、端午、“七七”等节日主动捐募及按时派募大宗款物进行劳军，还开展文化劳军等活动，广泛慰劳前方将士、驻县部队和出征军人家属。1942年1月至1945年8月，全县筹集慰劳基金44400元。其中：文峰、丁江、八都、银村、鹿峰、枫江、泥田、盘谷、石莲、福寿、燕坊、泷江、泸江、白沙、冠山各1600元，乌江、住歧、醪桥、黄桥、三元、四达、白水、螺田、下固各1300元，平湖、阜田、金滩各2000元，砖门、北畔、刚简各900元。另有慰劳抗敌将士捐款5460元，劳军捐款27878元，春节慰劳捐款40114.6元，均按乡镇派募。1944年端午，县府募购留声机、平剧乐器、食品等礼物，着人前往慰劳驻三曲滩九五陆军医院荣军。“七七抗战纪念大会”发动献金劳军，县各级公教人员各献了一日薪津（公粮除外），阜田商会献金15000元，三曲滩商会献10000元，八都商会献7000元，同时按保甲派募了劳军鞋袜。1945年4月，奉省慰劳抗战将士委员会派募慰劳前线将士款

8600元，各乡镇配定数额为2400元至3500元不等。此外，尚征募了中、西药品和毛巾，寄往前方。有的乡镇还单独进行了劳军，如是年9月，三区各乡镇招待路过阜田的第58军，每保派款达1000余元。

七、收容外县难民。1937年，奉令设“非常时期难民救济委员会江西分会吉水支会”。支会附设难民收容所，当年收容难民4337人、遣送3531人，次年收容1001人，再次年收容2530人。其后各年，收容人口时有增减，其食米一概动用乡仓积谷。1944年3月，二区各乡交付第二难民收容所稻谷各为98.93石；6月,银村乡交付该所稻谷95.75石。

八、承办战时事务。吉水县承办的战时事务较诸邻县多而且重，除支付大量人力物力外，还垫了巨额财力。如1944年2月，陆军第40师驻入吉水县平湖，为办军队副食即垫亏80000余元，每保一次即摊500元。次年9月，阜田商会代办陆军60师过境部队军粮4800斤，第59师衡山某部过境部队用粮1000斤，领有军粮通知书11纸，但均未领回粮食。1945年1月至8月，《县承办战时事务不敷经费支付预算书》开：

（一）全年度预算数2810000元。

1. 军事情报费150000元。
2. 战时任务队经费300000元。
3. 运输军粮经费50000元。
4. 运输征实征借稻谷350000元。
5. 新兵征集、招待费50000元。
6. 优待征属经费50000元。
7. 军运公路桥梁补修费150000元。
8. 军队副食、马干差价4829760元。
9. 其他属于中央或战区事物补垫810000元。

（二）预备金1070240元。

罗平造于1942年6月下旬来县任县长，1945年8月卸职。任内经办战时事物不敷及奉解军队副食马干差价三期（每期1207440元），除经各乡镇上缴专款抵付者外，还亏8156500元，配赋文峰346500元，乌江、燕坊各302500元，丁江、北畔各253000元，平湖、福寿各264000元，砖门、八都、银村各242000元，住歧291500元，阜田379500元，鹿峰297000元，枫江、盘谷各275000元，石莲231000元，金滩335500元，刚简、泷江各236500元，黄桥、螺田各330000元，醪桥、冠山各269500元，泸江214500元，三元247500元，四达

352000 元，泥田、白沙各 280500 元，白水 165000 元，下固 148500 元。

罗卸任时，县参议会曾发动各乡镇清算其任期内的派款，阜田镇清算的结果是，派款 48 次，总计 2025054. 16 元，其中用于战事方面的 34 次，计 1992825. 36 元，占总数的 98. 41%。可见承办战时事务之重！

再如增加必要的战时储备，进行必要的备战破坏，添设必要的战事机构，还有因战祸猛烈，社会极度动荡不安，青壮年涌上前线，广大劳苦工农颠沛流离，甚至家破人亡，从而导致的生产大破坏……如此等等，其损失又何堪设想，其数目又何以计算得清楚？

八年艰苦抗日，吉水县人民深明大义，为国家民族尊严，忍饥挨冻，抛妻离子，含辛负重，竭尽全力，其在人力、物力、财力和精神上的损失无法计量。日本侵略军给吉水人民带来的灾难是深重的。

（转录自吉水县政协编：《吉水文史资料》第 4 辑，1989 年版，作者王行桢）

34. 日军在新干的侵略罪行辑录

在抗日战争时期，日本侵略军在中华大地上犯下罄竹难书的滔天罪行。就以新干来说，日军的空袭、窜扰、大流窜，使新干人民的生命财产遭受了巨大的损失。据《江西近代地方文献资料汇编》记载：在日军的枪弹屠刀下，新干人民伤亡 1059 人，其中死亡 192 人、重伤 207 人、轻伤 660 人；被烧毁房屋 2795 栋，宰杀耕牛 2454 头、猪 3257 头、鸡鸭 36501 只，糟蹋粮食 37390 担，损失总值 41 亿余元（法币）。

为了让人们牢记血的教训，痛定思痛，居安思危，永远告别“人为刀俎，我为鱼肉”的任人宰割、凌辱的历史悲剧，特将日军在新干的侵略罪行辑录于后：

1938 年 4 月 17 日晚，日军飞机空袭新干县城，投掷燃烧弹，烧毁西门街店房及县政府公廨 72 栋，死伤公务人员和市民 34 人。

1942 年 5 月 × 日，日军飞机在县立职业学校操场上空扫射并丢下 4 枚炸弹，好在学生疏散得快，未造成重大伤亡。

1942 年 7 月 8 日，日军骑兵 100 余人窜扰新干石口村一带，包围袭击国立中正大学战地服务团。团长姚显微、团员吴昌达徒手与敌搏斗，被日军杀害。另 5 名团员被日军俘走。有个叫女仔的渔民被日军打死在屋外。

1945 年 8 月 3 日，日军在即将无条件投降前夕，分三路流窜于新干县境：左路由长排过七里山窜往新余、清江；右路由上寨经麦斜过白蚁岭到桃溪窜往清江、丰城；中路沿赣江而下，在县城烧毁西门、南门、学背三街店房 200 余栋，在三湖烧毁店房 100 余栋。三路日军在新干县境内流窜了五六天，穷凶极恶地到处杀人放火，打家劫舍，奸淫妇女，无恶不作，使新干人民遭受了深重灾难。

（转录自中共新干县委党史工作办公室编：《新干党史资料》第 3 辑，1990 年版，陈秋元整理）

35. 日军窜犯泰和暴行记

日军窜犯泰和县，先后有两次。第一次是1944年农历12月11日至次年元宵，数万日军从永新拿山进入泰和碧溪，大部分经碧溪坳头过遂川新江往赣南方向，有小股几十人迷路乱窜，经牛牧、曲斗，顺六七河下，转马家洲、白土街，折上万安遂川。据反映，这支日军是计划开赴太平洋，到韶关受阻，折回江西赣南。第二次是1945后6月16日至19日。在赣日军向南昌方向逃窜，妄图经浙赣铁路去华北。6月16日，日军经万安进入泰和县，分三路北行，一路从上模油洲经冠朝、樟塘、灌溪、苑前、万合过吉安，一路从白土街、马家洲、上田、南溪、石山往吉安横江，一路从赣江水道顺水而下。

日军逃窜时，夜行日停。傍晚开拔，天亮扎营。日间在驻地附近抢劫，沿赣江乘船的也登岸为害。所到之处，烧、杀、淫、掠，擢发难数。

烧：日军流窜泰和县，时间很短，但烧毁民房不少。他们烧屋的恶意在于：一是进行毁灭性的破坏，造成中华民族遭殃，人民流离失所，无家可归；二是反动的信号，他们的先头部队到了宿营地放火，以示后续部队的行进方向，末尾的部队也放火，使先头部队知道其后续尾巴的距离；三是报复性放火。1945年6月16日清晨，日军一进马家洲就放火烧店，从青石桥烧起，烧至后街、半边街、前街、横街、公路街，一直烧到武丹桥附近，烧毁店房民房茅棚将近300栋。永昌圩严金沂老人口述：我被日军抓去当过挑夫，亲眼看到日军开拔前，把驻地屋内的桌椅堆在厅堂中，面上放棉被，底层倒煤油燃烧。1945年6月18日，日军在永昌圩放火，把永昌圩从赣江边到现今乡农机站，除枫书坛自然隔离火线外，所有店房民房茅棚200多栋统统烧光。邓连秀老人口述：日军窜犯时，我家损失很大，永昌圩街上烧了店、布匹货物，农村的家又被日军杀了牛，损失5万多元（法币，下同）。1945年6月17日，两个“乞丐”在沿溪乡新龙村附近行走，当时有人发现丐人手上戴了金戒指，便抓住了一个审讯，果然是日军侦察兵，村民出于气愤，用菜刀宰了。不料，逃跑的那个串通日军，第二天就来数十人，烧毁全村10栋34间住房，躲藏在山上的全村群众远看村中火焰冲天、熊熊燃烧，目睹住屋家产行将殆尽，也不敢回村抢救。

杀：短短几天，日军在泰和杀人200多。1945年6月中旬，民众听到日军将要窜犯泰和县的风声，都人心惶惶，弃家逃命，万户萧疏。男子挑担，妇女抱婴，少年牵牛，都躲往深山，没有逃跑或跑不赢的就被抓、被杀。日军在泰和县杀人如割草，挑担不起者杀，拒挑者杀，拒奸者杀，甚至杀人取乐。6 月 17 日晨，塘洲乡高城村大部分人在家，日军从赣江上岸围村，一次抓走 48 人。

永昌圩严金沂老人，当年被日军抓去当挑夫，到了吉水白沙脱逃，就在这沿路上，亲眼看见横尸 100 多具，都是因挑担走不动而被日军用刺刀捅死的。县城东门陈子鑫被抓，当年 80 多岁，要他挑 80 多斤，挑不起，走到县城北 10 多华里就被日军刺死。县城彭养泉的大儿子彭积澍，北京大学毕业，在家度暑假，也被抓走，一去不返，至今下落不明，不知死活。

杀人的惨景，真是令人寒战。杀人最多的地方是碧溪乡坳头、大湖村，被杀 21 人。沿溪乡龙洲村一口不上 3 分面积的水塘里就有 9 具尸体，这就是抗日时期泰和县龙洲惨案。事件的经过是：1945 年 6 月 17 日，两个日军化装成乞丐，在龙洲村鬼鬼祟祟，被该村群众追逐，乞人跑至新龙村，被新龙村民抓到了一个，次日，大批日军就奔赴新龙和龙洲，大肆烧杀，烧毁新龙全村房屋，在龙洲抓了当地村民 25 人，都关在龙洲村前右侧碾米间。日军把被关者逐一拉出跪在碾米间右侧樟树下，并把衣服剥光，强令招供被抓日兵下落，不供就杀。惨啊！日军不是用枪击，而是用刺刀乱刺，刺死后丢在一口小塘里，塘水染成殷红。如果丢在塘里还有挣扎，日军就用门板去压，真是惨不忍睹！被关的 20 多人中，有一人曾在上海皮鞋店做工，懂得几句日语，讲日语向日军求饶，结果去沿溪买了一箩爆竹赔礼，方才罢休。要不，这 20 多人都要毙命！零零碎碎的杀人不胜枚举。冠朝凰舞村谢克澡 70 多岁，被日军抓去当挑夫，70 多岁挑 70 多斤，没走 5 华里，日军就把他推下河里淹死。塘洲严达泗，父子被抓，挑担走了 10 多里，其子见父行走艰难，换挑。日军喝令严达泗跪地，随即用大刀朝严肩膀连砍数刀，命亡！6 月 17 日晨，日军从赣江登岸去塘洲乡龙口村抢劫，一进村就遇到一个国民党中央军校学生，名叫陈笃汉，日军见他穿黄服，举枪就射，陈应声倒地！同日，日军从马家洲往石滩的渡口边去，看到渡船上有两个武溪乡公丁，举枪即发，这二人一个死亡、一个重伤。碧溪乡大湖村张贞妹，30 多岁，眼瞎，日军来时未走脱，当时她手上抱一个不满周岁的婴儿，日军要强奸她，未从命，就把该母子二人推下河里淹死。塘洲乡严秋菊，年仅 15 岁，被日军抓获，欲奸，严不从，日兵二人倒提她双脚，头浸入水，数起数落，窒息而死。万合乡湖尾康定禄，躲在中埠村，到村口一望，恰遇日军进村，唐拔腿就跑，日军即发一枪，毙命。冠朝乡山田村尹在涤的表兄郭冬生，被日军杀死在其家楼上，还用一床棉被盖住，尸体臭不可闻，害得尹在涤磕头请人埋葬。

淫：日军铁蹄所至，见妇人就抓，宿营后，就到驻地附近追妇女，无论老年、青年、少年、产妇、病妇，不择室内野外，厅堂和炉灶房，抓获即奸，不从就杀。冠朝乡郭元婆65岁，视力不明，被日军抓住强奸。郭说，我老了。日兵说，你老我不老。栖龙乡大岭村有个妇女未跑赢，在其厅堂上被奸淫。塘洲乡龙口村有个叫白润秀的妇女，日军强奸后还把她推下塘里淹死。云谷乡乡长胡元培，夫妻俩躲在大冈村山上，其妻被日军抓获奸污，奸后又用刀刺入女人腹壁上。万合乡下塘村一产妇病卧在床，被日军强奸。塘洲乡洲头村30岁的罗连秀，被日军轮奸，妇不胜痛，哀乞停止，日兵竟用枪尖乱捣阴处致罗死。碧溪乡大湖村尹国后50多岁，被日兵9人奸淫，最后还被日兵用木棍捅死。

掠：日军所到村镇，翻箱倒柜，见金银等贵重物品就劫，布匹被帐撕烂，其他家具砸碎，墙壁凿洞；煮饭不用柴薪，专劈新床、桌椅；见猪就杀，见鸡就打。恣意毁掠！郭希元老人当年被日军抓去摇船，亲眼看到日兵把村民的时钟、炉坯等乱砸，见新被新帐就撕，每到扎营地就一丝不挂，扯民家的新被新帐裹身。冠朝乡山田村，42户人家，被日军杀猪71头，只在后腿割一点精肉，其余挂在房内或丢在床上，有的在猪头上砍一刀，杀死在猪栏里。鸡被打光，不吃就丢在暗房床下，或置入油缸米缸。由于到处是死猪死鸡，回村后臭气熏天，使全村160多人都感染病毒，患痢症疟疾。塘洲乡下村刘致恭，日军过后回家，发现屋内一床棉被盖了什么，旁边一双女鞋，刘致恭以为是杀了一个妇女在内，吓得拔脚就跑，后来家人回来，揭开被子一看，才发现是一头死牛。日军所经之地，十室十空，据塘洲乡高城村徐文忠老人提供，当时永昌乡公所进行过一次统计，全乡被抓挑夫500多人，财产损失值2000多万元。全县13个乡遭灾，短短4天，损失达4亿多元。

日军窜犯泰和县，罪恶累累，激起民众无比愤怒。当年，大湖村有个日兵掉队，村民把他抓住，用菜刀割脖子，最后还用一块大石砸碎了他的头。1945年6月16日下午2时，经河东窜犯的日军，其先头部队有小股到达山田村，冠朝地区的地方武装在狮形岭阻击，迫使日军龟缩到丛林中。塘洲乡渔民康昭元，1945年6月17日上午在茅洲上被一日兵抓住，日兵用手枪敲康的后脑，并不断地嚎叫，意即威胁康跟其快走。康眼疾手快，夺取日兵短枪，旋即拳打脚踏，日兵一命呜呼。

（转录自泰和县政协文史资料研究委员会编：《泰和文史资料》第1辑，1985年版，作者尹建华）

36. 日军在万安犯下的罪行

1945年2月2日，一股日军由遂川沿粤赣公路侵入万安县的柏岩乡。当时有国民政府军第140师和第60师在柏岩与日军进行了战斗，但因日军来势凶猛，国民政府军抵挡不住而往赣南撤退，日军占据了粤赣公路线上的要道柏岩。这时，日军已攻占赣县和遂川，常常往来其间，在柏岩、下造一带奸淫烧杀，蹂躏月余，人民吃尽苦头。2月7日，又一股日军约8000人，由永新经泰和的卢源，窜入万安白土乡（现划归泰和县）。由于日军来得突然，当地人民未来得及逃避，国民政府军第40师和第34师抵挡一阵后，因敌众我寡而撤退，日军遂沿粤赣公路和赣江沿岸，由白土乡向高陂、上横一带骚扰，纵横几十里深受其害。2月8日，日军又经韶口乡的观音阁、大源村等处，窜入潞田乡。10日，由潞田乡经罗塘、丁脑（今桂江）等乡，向遂川方向窜去。日军所到之处，见人非杀即捉，抢掠财物，烧毁房屋，无恶不作。据事后各乡初步统计，这一次，被日军杀死52人，打伤168人，掳去当挑夫和失踪的有236人，烧毁房屋46栋，抢劫稻谷19622石，宰夺马5匹、耕牛791头、猪2032头，抢走鸡、鸭、鹅不计其数，仅潞田、罗塘两乡就损失1.2万只。

同年7月12日，又一股日军由赣县的良富等地窜入万安县的弹前乡。第二日，另一股日军由粤赣公路赣（县）遂（川）段的沙地，窜入万安县的柏岩乡。这两股日军五六万人，在沙坪乡会合后，兵分两路，一路沿赣江经枫木坑、棉津、漂神、茶坑抵达万安县城对岸的蛤蟆渡，因我国军队已将所有船只凿沉，日军过河不得，于是沿赣江西岸，经嵩阳又窜入罗塘乡骚扰；另一路从钟鼓形出发，经东源、麻油滩，双溪至丁脑乡，与前股日军再次会合，于7月17日窜入读堂、潞田。途中遭到国民政府军第140师和第60师阻击，潞田乡警备队队长邱薏民率领警士多名，在战斗中殉职。因我国军队在广大人民群众的支持下奋勇抗击，日军只得经高陂、白土往泰和县方向溃窜。同日，又一股日军从兴国经太湖江北窜入万安县良口，驻守该地的国民政府军第40师第119团，在民众武装支持配合下予以抵抗，击沉敌船5艘，缴获大炮5尊和一些防毒面具、电讯器材等。激战一昼夜后，因日军有3万多人，我军民寡不敌众，遂撤往黄塘、涧田一带山区。18日，日军沿赣江北上，占据良口市，于是这个繁华的赣江要津许多房屋被烧，幼女杨某和其母、弟逃出村庄躲在山中，被日军发现，5个日兵将年仅14岁的杨某轮奸致死。刘洪烈因病重行走迟缓，躲避不及，被两个日兵枪杀。日军在良口作恶后，沿赣江而下，又占领武术等地。19日拂晓，日军先头部队到达万安县城南门下，县城仅有保安第10团一部和县保警队两个中队，不到1000人，仍奋起抵抗，歼敌百余，后因抵挡不住而撤出。当日下午5时，万安县城失陷。日军进入县城后，实行“三光”政策，仅店房就被烧毁200余家，全城精华在大火中无一幸存；并在县城四周烧杀抢掠，不少百姓惨遭杀害。附廓乡张家村的张汤逊，柏树下的赖钊家，窑田村的萧瑞敏，庵背村的廖九华，南坑村的刘庭阶，曾家村的曾贞祚等，均惨死在敌人刺刀下。八保接官亭村的女孩刘某，年仅11岁，被日兵捉住，轮奸致死。日军占据县城7天后，兵分3路继续骚扰。一路顺赣江直流而下，经百加、窑头等乡入泰和县；一路经古县道老虎湾一带，至百加乡；一路由背村经窑头十五保，至泰和县的冠朝圩。这时，日军矶谷师团3万多人由赣县的白鹭、田村窜入兴国，因遭我国军队阻击，于7月18日经均村进入万安县境的黄塘、黄竹、高坑、蕉源等地，22日抵石塘乡，在寨下、陈家、大坑口、蓝田等村将魏国海、陈厚培家中财物抢劫一空后，放火烧毁房屋多间。大坑口的刘英相、塘芫的张衍沂被日军抓住，一顿毒打后，还被强迫去挑弹药。蓝田村的妇女萧某被4个日兵轮奸。这股日军经南洲、蓝田、潭尾窜向泰和冠朝圩。这次，大批日军因害怕空袭，多走山间小路，并沿赣江成拉网式过境，所以全县21个乡无一幸免，全县179保中，被日军骚扰过的就有171保。从7月12日至26日，日军在万安境内蹂躏半月之久，给万安人民带来巨大灾难。据事后的调查，全县各机关毁坏用具2563件，其他器物483件；损失渡船9艘，15座桥梁被破坏，16个乡镇公所遭劫，电话线杆1500根被砍，损失电线3000斤，各类学校3500张桌子被毁；死亡1209人，受伤355人，失踪7175人；房屋被毁2045栋，掠夺稻谷66137石，践踏农作物21.2万亩，宰杀耕牛9626头、马10匹、猪2.4万头，其他财物无数；许多妇女被奸淫，其状甚惨。1945年2月至7月，半年时间日军在万安往来多次，进行抢、烧、杀、淫，无恶不作。据统计，损失至少有1亿零25万元（法币）。日军侵华给中国人民带来的灾难之巨大，由此可见一斑。

（转录自万安县政协文史资料办公室编：《万安文史资料》第3辑，1987年版，作者耿艳鹏）

37. 日军在永新的暴行

1944 年，中国江南地区的制空权已为美国空军所掌握，侵华日军空军已无能为力，只有利用地面部队来摧毁我军用机场，并占领铁路运输线。遂川的军用机场当然是日军消灭对象之一。

当时，日军远在湖南衡阳，为了“投石问路”，先派出一支小分队作试探性出击。1944 年 7 月 23 日午后，日军便衣队 30 余人，突然窜至永新县澧田镇，在街上鸣枪示威，抢劫民财，并从一间店房内抓走 10 余名市民，绳捆索绑，串连牵走。行至镇东约 2 里时，日军故意松手让被串绑的市民逃跑，随即开枪把跑散的市民射杀于野外。然后，日军小分队折而西返。是日半夜，消息传到县城，人们甚为惊慌，仓皇出城逃避。天亮后，家家关门闭户，全城皆空。县长王斌着人打听，才知只有日军便衣队 30 余人在澧田镇骚扰一番后，返回湖南，境内未发现其他日军。

1945 年 1 月 11 日，日军第 20 军第 27 师团侵占湖南茶陵县的高陇、界化陇，19 日侵占江西莲花县城，20 日侵占永新澧田镇，22 日凌晨侵占永新县城，逗留一月余后，2 月 28 日自县城开拔，过盐石、拿山向遂川前进。3 月 1 日全部离开县境。从 1 月 20 日至 3 月 1 日，日军侵占永新共 41 天。在此期间，全县 33 个乡镇被日军骚扰的有 21 个之多，先后有 353 人被日军杀害，178 人被伤，54 人被俘，540 人失踪，392 栋房屋被日军放火烧毁。在这段腥风血雨的日子里，日军平均每天杀中国民众 8 人，伤 4 人，烧房 10 栋。其惨无人道之暴行，罄竹难书，旷古罕见。兹择要叙述如下。

1945 年 2 月 22 日，日军侵占县城后，即放火烧毁实验小学的全部校舍，用木头撞倒未烧毁的房垣和围墙。一所占地 32 亩，拥有房屋 7 大栋，教室 12 间和一栋可容 1200 余人大礼堂的学校，被日军夷为平地。同日，北门外百余栋民房、8 家店房，甚至连残疾人居住的养济院均被日军焚毁荡平。此外，还焚烧了城内 7 栋新式两层楼房、2 栋平房，并拆毁一家药店房舍一段，烧其后院平房一栋。当时正值寒冬，下雪半月，居民的木器家具均被日军用为取暖。城内的商店铺门、板壁均被日军拆走，用于架桥。日军从四乡抢来的猪、牛等牲畜，宰杀后，头尾、肚杂一律抛于大街小巷，弄得满城臭气熏天。

乡间有一些妇女进城被日军捉去，有的充作营妓，有的献给上司，遭日军蹂躏后才放出。南街一家商店老板的娘子，欲顾家业，不愿离城，躲于店后暗室内，接连两天惨遭日军轮奸。有 3 名青年妇女被日兵拖至南街一栋三层楼房（现二轻局驻地）轮奸致死，被发现时，其尸腥臭难闻。

四乡离城 10 余里左右的村庄多驻扎日军。日兵撬开村民家的木箱，把衣服全部撕毁；在装有食油的油缸内乱解大小便；遇见家禽必扭断颈项，用箩担走，猪、牛被赶走。

来不及逃躲的村民，男的或杀或抓走，女的受辱，甚至辱后仍不免杀害。文溪乡发关周家村周细稿，日军进村时，卧病在床，被日兵用刺刀捅死。三门前村刘年章被日兵追杀于村庄后山上。文溪乡拿山街李文秀家被 3 名日兵抢劫一空，李文秀本人遭日兵乱棍打死。樟木山村黄喜玉、黄开莲、贺友德、黄湘开、黄圣发、贺仁元等房屋被日军放火烧毁。2 月 12 日清晨，白霜满地，日军百余人突然包围汴田肖家村，200 余户村民东躲西逃，退至禾水河边，顾不得天寒地冻，纷纷跳入河中，30 余名妇孺溺死。日军将未来得及逃走的男人抓走，女的带回；并剥光妇女的衣服，赤身裸体捆绑，供其淫乐。荷花塘一名年已 80 岁的老妪，因身体不适，留在家中未走，也被日兵强奸致死。文洲乡上坊村妇女刘某回娘家和平乡山田村躲避日军，遭 3 名日兵轮奸，每奸一次用冷水泼身，被活活折磨而死。其娘家财物被洗劫一空。山田村另一名妇女正值坐月子，也未能逃脱日军的残暴蹂躏。东里乡塔下村张王庙渡口船夫陈唐秀，见日军来到河对岸，急忙上岸逃走，被日兵开枪射杀于油菜田中。

日军将抓来的民夫，不分男女老幼，估计其年龄大小来决定挑物的重量。抓来的民夫，因肩挑过重，行走艰难，且时遭毒打，大部分死于非命。有的惨死于刀枪棍棒之下，有的病死在漫漫路途之中。

路口村黄铁花，年逾 60 岁，被日军抓走挑担，因年老体衰，行动不便，在沙市途中遭杀害。霞楼村龙才发，拒绝给日军挑担，3 名日兵用皮鞋尖踢破其脑骨，脑浆流出，当场毙命，上泉村贺永秀，在挑担过浮桥时，被日兵刺死，抛入河中。宋家村宋亨秀，有一次与挑夫围在一圈蹲下吃饭，稍微挪动一下身子，被日兵用刺刀猛刺屁股，顿时血流满地。文洲乡北田村贺福五，平时体质差，未做过重活，被日军抓去充当挑夫后，行至和平乡北岭脚下，步履艰难，被日兵用刺刀杀害，肚肠流满一地。同行的禾川镇陈尊玉，年近 70 岁，一路遭日兵拳打脚踢，在北岭脚下，被日兵用刀劈头部而死。有些民夫跋涉数日，仍不放回，被迫逃到赣南大余、南雄等县。还有一些人被抓去当挑夫，数月未归，不知死于何处。县境东面的盐石，山高路陡，是通往遂川县的必经之路。民夫挑担上山后在顶上歇脚，有的欲解小便，如有谁未经许可，就会遭毒打，甚至被踢下山涧，活活摔死。县城南门陈隆朵，在盐石顶上被日兵踢下山涧摔死，事后，其家属连尸首也未能找到。盛家坪有一老妪，60余岁，诨名哑婆，抓去挑担，一路惨遭毒打、侮辱，头肿脸青，好不容易熬到遂川，趁夜黑伺机逃脱，沿途乞讨而归。

城外的清塘、南株两处20余村，2000余人为躲日军，日夜宿于山上草棚山洞，担惊受怕，感受风寒，有320余人染疾而死。2月20日，日军把抓来的挑夫关押在发关、对江两村的祠堂内，挑夫颜天秀、颜脚俚、贺泮山等人，半夜破窗逃出，慌不择路，颜脚俚坠入河中淹死，贺泮山逃至河中沙洲，被日军发现后，惨遭枪杀。

短短的41天，日军在永新犯下的滔天罪行就如此灭绝人性；日本帝国主义侵华8年，给中华民族带来的惨重灾难，更是罄竹难书。

（转录自永新县政协文史资料研究委员会编：《永新文史资料》第1辑，1985年版，作者龙飞）

38. 壬午南城沦陷记

南昌被日军侵占后，南城位处抗日前哨。

1942年，盘踞南昌的日军有向赣南进攻企图，当时，因敌、我、盟军三个方面出现新的情况，日军急欲打通粤赣线。4月上旬，满城风声鹤唳，南城县党、政人员及城内外居民，争先恐后逃难避乱，车马舟楫，利市三倍。国民政府军则将北线公路桥梁全部破坏，并在城郭关隘要津筑好工事，以利迎战。

6月11日，日军板垣师团田孝行部，率兵2万余众，在空军的配合下，以骑兵为突击前锋，分兵三路，一路从龙骨渡过泽泉，一路从芙蓉山穿云市，一路迂回宜黄大雄关经里塔，三路包抄偷袭南城。次日，国民政府军第25军接火于盱江西岸。

凌晨，第25军军长夏楚中从金南岭到庙前，指挥部队仓促应战。第25军有5000余众集结于鸡公山、包家岭一带阻击日军，炮声隆隆，战斗激烈。午后，日军分由云市、里塔二路扑来，夏楚中因众寡悬殊，腹背受敌，乃跨过盱江，炸断太平桥，向上唐镇方向转移。江西第七专署由上唐镇迁至黎川，县府则随军迁至上唐，县城遂沦陷。

日军田孝行部窜入县城，四街关门闭户，路上行人绝迹，南城像一座死寂的空城，无人甘当傀儡出面组织维持会，日军军需供应更是无人筹理。日军深恨南城人民的抗日情绪，便下令屠城，大肆淫掳焚杀。

县知名人士程希文、程次哲兄弟，目睹日军残杀同胞，义愤填膺，当田孝行威逼利诱要他们出来维持地方时，他们慷慨激昂，大骂日军，被田孝行杀害。又有文人尧秘孙亦拒绝日军诱降，从容就义，饮弹牺牲。

屠城时，日军进行全城搜捕，城里有人连夜从水关头暗沟出城，逃到西郊外孙家边周司空一带，日军发现，便追到孙家边，烧光了沿途的村店，杀光了一路上的难民。

在麻姑山左侧的大山上，日军把山里村民全部抓来，用机枪围住，进行集体大屠杀。有的被割鼻子，有的被挖了眼睛，有的被割了耳朵，再一一用刺刀刺死。真是惨无人性。

城里还没有来得及逃出的居民，全被抓来，男的做苦工，女的被奸污，有数百妇女被解到陈福楼尧家大屋内，进行集体轮奸。杜向荣的妻子王五英抗拒日军侮辱，当场投井自杀，当时因被奸污而投井、投河、投塘殉节的妇女不下数百人。

在农村山区，日军所到之处，奸淫掳掠，无所不为。万坊农民罗氏母女被奸，同时投水；钟保生的女儿怀孕，日军奸污后又用刀剖腹杀死，胎儿也被用刺刀挑出来过斩。当天，还杀了10多个人，烧了100多间房子。

在麻姑山余家沅等地，日军破门打壁，宰牛杀猪，纵火杀人。还在黄狮沿公路一带用机枪扫杀农民。农妇彭白女，活活被日军轮奸致死后，又遭到刺小便、割乳房的毒刑。全县几百个村庄，沦陷之时，都遭到严重的灾难。

在城里的日军，一个个袒胸露体，手执大刀，恣意杀人。还无耻地把男女难民关在一块，勒令老人奸少女，孩子奸老妪。还把难民当枪靶，试枪法比眼力，杀人作乐。激起了人民的无比愤恨。

在万年桥下，有人摸进敌人营房，把几个日兵剁成肉泥；麻沆路家桥、岳口、黎头窠等地的农民抓到日兵，活活处死，以解心中之恨。

盘踞在县城里的日军，也胆战心惊。白天，用炮向城郊轰击，晚上便躲在房里。四街沿路，用洋铁筒，铁丝网设下岗防，行人绝迹。

日军占领期间，孤守空城，常遭袭击，慑于中国军队大举反击，便准备向临川逃窜。7月上旬，他们用烧夷弹和汽油在全城纵火，全城变成火海，几天几夜，火光不熄，百里以外都能看到火焰，一个月后余烬未熄。繁闹的县城变成一片焦土。南城遭受空前的浩劫，惨重的损失无可估量。

日军溃退后，国民政府军第25军军部，率南城县保警队、警察局首先入城，并由动员委员会派人打捞水井、池塘的尸体，清理战场。接着，县府、专署、保二团相继返回城内，维护秩序，恢复市面。第三战区派潘先知来县，在陶陶招待所成立南（城）临（川）警备司令部，严令各机关学校回县，复工复课；一面招抚流亡，抚慰难民，并组织军警督察处，巩固城防。当时，四街市店屋全毁，商贩集结街头，秩序紊乱。大兵过后，秽气回溢，瓦砾成堆，疫病流行。素称“物华天宝”的赣东名城——南城，竟在壬午年间毁于日军蹂躏之下，景物全非，久难复苏。

（转录自南城县政协文史资料研究委员会、中共南城县委党史资料征集领导办公室合编：《南城文史资料》第1辑，1985年版，作者胡定元）

39. 日军飞机对南城“三三”大轰炸

1941年3月3日，浓雾笼罩着南城县城。早晨，春寒料峭，街上人头攒动，一批批从南浔线上逃出来的难民，流落街头，扶老携幼涌向城关。正由鹰潭、金溪方面开往赣东南的客车、货车，一辆一辆停在路口。街道又狭，人车混杂，交通阻塞。这天，朝市未散，一反往常，出人意料，敌机一早就突然空袭城区。南城位处抗日前哨，为赣东军事要地，南城机场又是赣东空军要地，日机经常空袭，城中居民人心惶惶。本来平日规定白天为防空时间，朝市过后，群众自动向郊区疏散，至晚才归。这一天，防空哨所警惕不够，突遭敌机偷袭，死伤极为惨重。

7时30分左右，天一山将军岭的防空哨所发出了空袭警报，接着钟声齐鸣，惶恐的居民纷纷向外疏散，由于人群拥挤，商店正在营业，小商小贩尚未离市，街涌巷塞，疏散较慢。哨所旋即又发出紧急警报。这时，四门戒严，四街已切断通路，过往行人只有就地躲避。一时，全城寂静，关门闭户，街上销声匿迹。

浓雾沉沉的天空，隐隐传来飞机声，由远而近，人们屏息紧张。这时，由东向西飞来的27架日机，列为品字形，忽然分为3批，每批9架，变了队形，低空俯冲而下，尖啸的敌机群掠空而过。第一批，从株良方向飞来的日机，掠过城区，向城里疯狂滥炸，首先投下一批重型炸弹，北街粮仓、石家巷、府背、酱巷等处中弹。接着，第二批敌机从芙蓉山顶方向俯冲城区，向天一山、孝子巷、西街低飞投弹。第二批投过，第三批迅即轰炸。日机发出阵阵撕裂的尖啸，势如急风骤雨，爆炸声似巨雷霹雳。霎时间，天崩地裂，全城震颤，浓烟滚滚，尘土蔽空，高楼在倒塌，砖墙在崩裂，弹片四溅，血肉横飞。

日机投下炸弹后，急急向东飞遁。城中居民来不及等待解除警报，急忙出来抢救，哀号惨叫声混成一片，街头巷尾，沿路死尸遍地。中弹人家，有的翻墙挖土寻找亲人尸体，有的挖出了残缺尸体难以辨认。城中炸毁房屋40多栋，炸死炸伤千余人。

南城县中教师尧孝杰一家，住北街谨睦坊对面，白发的老母，襁褓的幼儿，被炸得尸无完体，血流满地，房屋变成瓦砾土堆。一眨眼间，家破人亡。

天一山孝子巷里，有一对新婚夫妇，蜜月佳期，正沉浸在幸福欢乐的日子里，想不到祸从天降，炸弹命中他们的新房，新郎新娘的尸体断腿裸背，挂在电杆木上，目不忍睹，惨绝人寰。

天一山防空洞中弹，群众全部死在洞里，挖洞清尸，有 30 多具，有的半边头，有的残留下半身，有的断肢折臂，分不出是谁的尸体，连死者的亲属也无法辨认。

酱巷有一户人家，正在办喜事，贺客盈门。空袭警报后，客人来不及疏散，躲在室内。房屋中弹，砖墙倒下，大门封闭，主人和宾客全被炸死，无一幸免，死尸都压在墙砖下面，挖了几天才找到全部尸体。

永丰坊附近有个防空洞，因洞侧一楼房中弹，砖墙倒下，砖石块封住洞口，防空洞里的难民无法逃出，等到清尸队挖开墙脚，清开洞口，洞里 42 个难民全部窒息而死。

这一天，全城棺木、寿板抢购一空，有些无主死尸和贫困人家，只好用竹席一卷，打出城外草草埋葬。

日机“三三”大轰炸，是南城人民在抗日战争中遭受的一场空前浩劫。

（转录自南城县政协文史资料研究委员会、中共南城县委党史资料征集领导办公室合编：《南城文史资料》第 1 辑，1985 年版，作者胡定元）

40. 日军轰炸、焚烧南城的罪行

回忆抗日战争时期，日军轰炸、火烧南城，我内心极其悲痛，也极其愤慨！

时间久远，有些事记不大清楚，但有些至今还记忆犹新，历历在目。今仅就1941年3月3日日军对南城县城的轰炸和1942年6月12日县城沦陷后的惨状追述一下。

先说1941年的“三三”轰炸。那时，我正在南城上唐镇上的心远中学读书。这里离县城约30多华里。这天上午，同学们正在教室上课，高空忽然传来越来越响的嗡嗡声，我们立刻听出这是飞机声，而且架数不少。老师马上停止讲课。同学们便不约而同地跑出教室，迅速登上了邻近我们教室的一座小山。抬头一望，只见27架日机，每三架一组，组成九个“品”字形，径直向县城飞去。未几，一阵阵爆炸声接连不断地从县城方向传来。这时，我们脚下的小山仿佛在抖动，空气变得沉闷，我的心颤动得几乎要跳出来。

“到区公所打电话去!”有人这样叫了一句。家住县城的同学被提醒了，于是争先恐后地朝区公所跑去。路上，我看到上唐群众虽本身未曾遭难，同样被那震天动地的爆炸声所惊骇，有些人眼里含着眼泪。

电话机旁已围满了人。我们很快获悉县城很多地方被炸，死伤惨重。听到这，大部分家住县城的同学都没回学校，直往县城冲去。我恨自己没长飞毛腿，不过，平日需要5个小时才能走完的崎岖乡道，这次只走了3个多小时便到了。

记得到达离县城10来里的罗坊村时，就可以看到县城上空尘烟弥漫，天空黯淡阴沉，笼罩着肃杀之气。

这时，我心中翻波涌浪，眼流着泪，心中滴着血。我家10余人都在城里啊，他们是幸免于难，还是同罹浩劫呢?进城后，正巧碰到我一个邻居，他告诉我，说我一家安然无恙，现避难在西门我外舅公家。我的心才稍稍宽慰了些。

看看那些被炸的地方，真是触目惊心！一幢幢商店和房屋被炸塌，断壁危垣，成堆瓦砾，东倒西歪的电线杆，血肉模糊的尸体到处可见，还在冒烟的余烬裹着刺鼻的恶臭，在混浊的空气中飘散着，使人窒息得喘不过气来。我看到在二府巷的一截断壁上，耷拉着一具只有头、颈和右臂的半边残体，在这残体上，全布满了紫色的血迹；一具小孩的尸体，扑在一片瓦砾上；离这不到一米远的地方，一根烧焦的倾斜着的电线杆上，悬挂着一块长长的带血的人皮，皮下还牵着一只脚，不知是不是上述半边残体的另一边；在天一山，一个披头散发的少妇，被破砖烂瓦掩埋了下半截身子，她的胸部横压在一根断木上，头低得靠近了地面，双手前伸。雍熙街黄家屋，里面有房子数十间，一颗燃烧弹把它全部烧成废墟；住在里面的一个叫李镐的，他爱人被炸死，他也被炸断了一条腿，成为终生残废。

触目惊心啊，不到 3 分钟的轰炸！

1942 年6 月12 日，县城沦陷，日军盘踞县城虽只有28 天，但被日军践踏过的县城，留下的是彻底的毁灭，整个县城成为一片荒凉的焦土。据说，当时未能逃出的人，百分之八十被屠杀，不少妇女被奸污，而且奸后还被残酷地处死。我的一个远房婶娘，虽年近花甲，也是被奸后又用刺刀刺进阴户而毙命的。

敌人撤离县城时，城里成为一片火海，一二十里内的地方都能看到。

我家当时逃难硝石夏家边姑母家，当县城全部烧光的噩耗传来后，我父亲痛感他一生辛辛苦苦积攒下来的两间店和店里的货物（我父亲经营百货业）以及其他所有的财产全部毁于一旦时，便不吃、不睡，整天捧着一把铜质的水烟壶，一言不发；当看到自己儿女时便泪流满面，不几天就忧郁成疾卧床不起，与世长辞了。父亲死后，我祖母见他的独生儿子先她而去，经受不了这种打击，在父亲死后不到半月就和我们永别了！

我家是在日军撤走大约半个月后，由我母亲带领我们兄妹伴随着我祖母和父亲的两副灵柩，饱含眼泪回到城里的。家破人亡，撕心裂魄！

踏上故土，使人感到大地在悲泣、在呻吟，到处疮痍满目，一片荒凉！人们还要振作精神，在痛楚悲愤的情绪中重建自己的家园。

这场战争，这场不忍回忆的民族灾难，虽已成为历史，但翻开这几页历史，我们仍然可以看到字里行间浸透着多少血、多少泪，多少人们忘不了的哀伤啊。

（转录自南城县政协文史资料研究委员会、中共南城县委党史资料征集领导办公室合编：《南城文史资料》第 2 辑，1987 年版，作者田水）

41. 日军在南城的罪行

1941 年，抗日战争进入最困难时期。1939 年 3 月日军占领南昌后，南城处在前线。由于日军常派飞机来赣东一带轰炸、骚扰，有时一日数次，弄得学校只好迁到郊区上课，商店只能早晚营业。南城县城居民整天处在恐怖、惊慌的气氛之中。

日军残害南城人民的罪行罄竹难书，欠下累累血债，最残酷的要算 1941 年 3 月 3 日和同年 11 月 14 日的两次轰炸以及 1942 年的侵占县城。现就记忆所及，追记如下。

一、“三三”大轰炸

1941 年 3 月 3 日，县城居民同往常一样提前吃饭准备到城外躲飞机。突然，空袭警报响了，人们慌忙丢下饭碗，学生背着书包，商人挟着账簿，公务员带着文卷，争先恐后地往城外躲避，只有一些走不动的老弱和必须留下照看家门、店房、机关单位的人员没有出城。

还不到 10 分钟，就响起紧急警报，只见 27 架日机已窜入县城上空，旋即狂轰滥炸，爆炸声震耳欲聋。从南门起，在金斗窠、小校场、西大岭、水关头落下了不少炸弹；县城由西向东，在耶稣堂、大旅社、罗家塝上、裕民银行、十字街、石家巷、下夹城猪行、犀牛望月等处也落下很多炸弹。日机还在飞机场、万年桥、杨家坊扫射了一阵，然后向南昌方向遁去。顿时，城内黑烟弥漫，火光冲天，哭声凄厉，惨不忍闻。

警报解除后，躲在城外的人们纷纷回家探望。上夹城有个小贩名叫水保，家住胡家猪行附近，躲避不及，一条腿被炸断飞到屋上去了。由于过度紧张，神经麻木，水保不知自己挨炸，见到回来的家人还大喊：“危险！危险！”家人看到他血淋淋的那半条腿，禁不住哭叫起来，这时他才发现自己一条腿被炸断。十字街口三星鞋厂隔壁一家成衣店，全家 7 个老弱全被炸死。据当时统计，这次炸毁房屋 400 多栋，伤亡在 1000 余人。这是日军欠下南城人民第一笔大血债。

二、“一一·一四”大轰炸

1941 年 11 月 14 日，日机又一次对南城进行毁灭性的大轰炸。

“三三”以后，为了减少伤亡，县政府下令紧急疏散。城里人早出晚归，只留少数人看家。机关、学校全部搬到城外办公、上课。

这天下午3时左右，学生正在上课，忽然空袭警报响了。不久，9架重型轰炸机排成三个“品”字，由临川方向进入南城县城上空，未经盘旋就俯冲低飞，投下大量燃烧弹。飞机场、县政府、粮米仓、学校到处起火，洪家巷、府前门口、酱巷、雍熙街、沿望亭、凤书岗院都中了弹。城内一片火海，血肉横飞，哭声震天。有几处防空洞倒塌了，躲进洞内的人全被压死。因这次丢下的大多是燃烧弹，西街有几百幢房屋，除7幢外，全被炸塌烧光。这次也伤亡几百人，有不少的人被埋在防空洞里。这是日军欠下南城人民的第二笔大血债。

三、侵占县城

随着日军的侵袭从南昌不断向赣东延伸，1942年3月间，南城已进入紧急状态，成立了戒严司令部，大量疏散人口，学校全部停课，县政府迁往里塔。城内十字街、沿望亭等处都建起碉堡，由自卫队、南抚师管区派兵守卫。形势紧张，谣言四起，日机又常来骚扰。我父亲带领我的几个侄子、嫂嫂躲在麻姑山下一个小村，留我在城内看动静。

6月10日，天一亮，就听到敌机的声音。城里的人不敢出门，不敢烧火，吃干粮冷食。街上没有其他东西卖，只有猪肉，价钱虽便宜却无人问津。连续几天都是这样。6月12日凌晨，敌机又飞临上空，却和往常不同，只是低空扫射侦察，连驾驶员都看得见，人们预感一场灾难即将来临，因为我们知道日军侵占一个地方，总是先用飞机扫射侦察，接着一阵炮轰，后面便是步兵。上午10时多，突然飞机声停了，闻到炮声，街上人声鼎沸，急促的脚步声中夹杂着低沉的喊叫声：“日军进城了！快走！”

我急忙打开店门一看，只见提着箱子的、挑着衣物的、背着小孩的人们，像潮水似地涌向十字街。我便从后门急忙出走，手里只拿着一双鞋子，连门也忘记锁就跟着人群跑出东门城外（因为听人说日军是从宜黄棠阴经南城里塔进犯县城），通过太平桥，再折向洪门镇方向走去。一路上，看见被丢下的不计其数的箱被衣物，谁也不想去捡。到了三门石村，天渐渐黑下来，进村口的路，一边是高山，一边是深河，伸手不见掌，有的老人、小孩滚下河去也无人去救。当晚我和一些人在三门石村一个破庙里过夜。这时，城内守军——县自卫队也来了，他们杀鸡杀鸭，大吃一顿，老百姓叫苦连天。

第二天，继续向洪门镇方向走去，一路上常会遇到撤退下来的国民政府军，番号是“永宁”、“永昌”。这支队伍，有大炮、机枪、马匹等装备，却不和日军接火。难民阻住了他们的去路，便大声呼喝，再不让路就开枪威吓。

日军在南城虽只有28天，但淫掳焚杀，无所不为。据幸存的受难者说：日军在城里天天杀人，奸淫妇女。斗姆阁的一个妇女被奸污后又遭枪杀；沿望亭的一个寡妇，不仅自己受污，小儿也被日军用刺刀穿心；白衣堂的几个尼姑不甘受辱，集体自杀。后来统计，县城里被杀死的有300余人。

日军在撤出县城之前，疯狂地焚烧房子。一连数日，火光冲天。城内外6000多幢房子，除磨盘山、学道背、府背、河东等处30余幢幸存外，全被烧光。

我是在日军退出后第四天进城的。但见满目凄凉，残垣断壁，血迹斑斑，臭气熏天。东西南北四条街荡然无存了。南门口可以看到十字街，十字街向西可以看到楼岭，向东可以看到太平桥。城内城外，一片焦土。到处躺着死尸，目不忍睹。皇城上、铁局塘有十几具已发胀的男女尸体；双眼井、三眼井、四眼井都塞满了尸体，散发出阵阵尸臭，豆大的蛆虫爬满井圈。

大难后，带来大灾，不久发生鼠疫。两个来月死了上千人。不少人家全户死绝，天天几十副棺材出城，实在太惨。

这是日军欠下南城人民的又一笔大血债。

日军在南城犯下的罪行，南城人民永远也不会忘记。

（转录自南城县政协文史资料研究委员会、中共南城县委党史资料征集领导办公室合编：《南城文史资料》第3辑，1989年版，作者张祥荣）

42. 日军在南城的“三光”暴行

南城是赣东重镇，在抗日战争时期，水、陆、空交通方便，是闽、赣交通枢纽，也是当年浙西、赣东南下广东的重要通衢。它城垣建筑宏伟、坚实，是附近各县所没有的。县城依山傍水，形势险要，是战略要地，有“扼五岭之咽喉”之势。那时，在城北外万年桥畔，建有偌大的国际飞机场；加之城池坚实，高达二丈五尺，厚近二丈，城脚基石宽达三丈多，是 20 世纪 40 年代足以抵御强敌、兵家必争之地。这里是日军企图吞并我国东南不可逾越的障碍。1942 年 6 月 11 日，日军铁蹄踏进了南城，12 日县城失陷。

日军占领南城，时间虽然只有 28 天，可是整个县城几乎被夷为平地，有些乡村也备受荼毒。

一、烧光

日军肆意纵火烧毁房屋、烧毁竹木家具。他们是有步骤进行纵火。先烧城市后烧乡村，先烧房屋后烧家具，先烧战略地屋后烧民房。他们带有纵火器械和固体的、液体的易燃物。据目击者说，烧房屋分高处用药与低处用药两种不同的药品。日军向屋顶高处纵火时，是用一种形似救火筒的器械，将纵火药液从筒内压出喷至屋顶，不一会儿，只见被喷药物处先冒烟，噼啪作响，渐渐火光漫延，火舌伸向四处，最终酿成大火，不可收拾。日军则在旁边看着狞笑。在低处纵火时，是用煤球式、纸片式的纵火易燃物，将这种易燃物放在房屋里器皿上或墙壁边，用火柴点燃，有时也开枪引燃，一引即发，火光熊熊，浓烟弥漫，终酿成大火。

据被抓去当挑夫的人控诉：“可恶的日军官兵，平日煮饭、烤猪牛肉、烤鸡鸭，全是烧家具、窗棂、壁板，就是有柴也不烧。”

日军在南城纵火，先将靠飞机场和靠北门街道一带房屋烧毁，然后烧城内的砖瓦大屋。世厚、株良、祥岗山一带也烧掉许多房子，孙家边一带村店竟被烧得精光。

经过浩劫，南城幸存完好的房子简直没有，残存的一厅半间也寥若晨星。

二、杀光

日军杀人，或是飞机轰炸，或是枪杀、刀刺，甚至奸淫致死。1941 年 3 月 3

日、11 月 14 日和1942 年5 月8 日，日机先后3 次轰炸南城县城，除炸毁大量房屋外，第一次轰炸死伤1000 多人，第二次轰炸死伤数百人，第三次轰炸也死伤不少人。我当时在县城南20 余公里处的新丰街省立南城乡师读书，岳母家在县城内南大岭下（今搬运站内）。1941 年 3 月 3 日那天，我一见飞机盘旋，扔炸弹，又听见隐约的爆炸声，心都飞向了县城，要去看未婚妻的安全。于是邀了几个家住县城的同学，飞也似的向县城奔去。我们赶到庙岭（今火柴厂）时，只见城内硝烟滚滚，隐约听见噼啪的房屋燃烧声，有一些携儿带女的老乡向我们奔来，并慌张地说："不得了呀，西街炸得一塌糊涂了，你们看，还在燃烧!"我们加紧步伐，来到南门口，见城内城外一片混乱，行人匆忙，喧声鼎沸，扶老携幼的，搬东西的，赶猪的，络绎不绝，奔向城外农村亲友处避难。这时，城门口有警察把守，行人许出不许进。我们只好沿城墙外从新东门进城。这时，见大岭下房屋中弹，倒塌大半，屋内居民哭泣声、呼叫声不断传入我的耳鼓，耳不忍闻。硝烟气味呛人，火光时隐时现，屋内有几人匆匆搬东西外逃。走进岳母家，见亲人安全，暗暗庆幸。这时，房内桌上摊开放着两三床重迭的被褥，原来这里是临时的"防空洞"。走到南街见几处中弹起火，西街更是炸得面目全非，房屋倒塌，断壁危垣，比比皆是，竹木家具横七竖八，电话线散乱在街心。更有甚者，有几处树枝上挂着人的断腿、折臂，血肉模糊，目不忍睹。

在南城沦陷的28 天里，惨死在日军屠刀下的百姓也难以数计。妇女不甘被蹂躏，投井投河的何止千百！皇城上一口井中打捞出来的妇女尸体就有20 多具。男的被抓去当挑夫、做苦工，稍有不顺从便被刀砍、枪杀。日军进城时，从里塔方向打过来，沿途见人就杀，难以幸免；进城后，更是用机枪扫射，尸体遍地，惨绝人寰!

我外婆家在株良乡祥岗山村，日军经过时，杀死了许多村民，还抓了许多妇女，关在村头的土庙内，全被日军轮奸。有个叫罗细俚的，他的妻子，一天被奸十几次致死。因反抗遭枪杀的，不乏其人。

三、抢光

日军在南城大肆抢劫，他们所到之处，全被洗劫一空。能吃的，如牛、羊、鸡、鸭，宰杀殆尽，好吃的部位吃光，不愿吃的就到处乱扔，时间一长臭气熏天。加之人们的尸体遍地皆是，无人收殓，到处血污，导致后来发生了严重的霍乱，死于霍乱的男女老少又是难以数计。我 15 岁的弟弟宁英华便是死于霍乱。除了抢吃的，更抢用的，他们专拣绸缎衣被，撕成布片，用来擦枪、弹。他们把好瓷器、珍贵字画、大座钟、精致箱笼、线装书籍，全扔在草坪上，作枪靶，一一试射，直至打碎打烂打中为止，无一幸存。我外婆家村庄上一颜姓和几家罗姓的村民家里的东西，都是被残暴的日军用这种手法毁灭的。

日军铁蹄所至，房无全梁，物无整件，人无幸存。那灭绝人性的“三光”暴行，使南城人民遭受到惨重的损失。日本军国主义者对中国人民犯下了滔天罪行。

（转录自南城县政协文史资料研究委员会、中共南城县委党史资料征集领导办公室合编：《南城文史资料》第1辑，1985年版，作者宁舒华）

43. 日军第一次入侵宜黄县城目睹记

1942 年，我刚满 11 岁，在省立临川实验小学（今县城沿江商店背后）一年级读书。因为日军两年前已占领南昌，临川便处于前沿，时局很不稳定，所以这所小学搬到宜黄县城。

1942 年 6 月 8 日 9 点多钟，我们正在教室上课，突然天空传来嗡嗡响声，我和同学们都跑出教室站在外面看，我看见两架飞机在空中盘旋。同学们围在一起指着飞机叫：“飞机，飞机在那里。”其他教室的同学和老师也跑出来看。过了一会儿，老师对我们说：“今天不上课，大家都回家去。”于是同学们都背起书包很快走了。不久两架飞机往北飞出了宜黄县。平日，我白天上完课都是在我的王保姆家，晚饭后回自己家，所以我照旧回到保姆家。她住在教导巷（今北门路），我家住在官巷（今县一中境内）。

我刚到保姆家里，飞机又来了，飞得很低，屋上瓦片被震得噼啪响。王保姆把棉被铺在饭桌上，飞机一来，保姆和我就躲在桌底下，一动不动。这天飞机来宜黄有七八次之多。

下午 5 时左右，我听得城外突然响起了一阵枪声，没多久，我看到几个自卫队的队员经教导巷朝城外方向跑；之后，又是一阵枪声，不久，又见几个自卫队员跑了回来。不到 20 分钟，教导巷南面山上传来一阵嘈杂声。山头上站着许多日本兵，凤凰山及教导巷附近山头（今林业局近旁）上也有一些日本兵。他们手里拿着枪挥舞着，嘴里也不知喊些什么，叫得很厉害，一直喊到傍晚。

晚饭后，保姆把我送回家。走到家里时，没有看到一个人在屋里。屋里的东西被翻得乱七八糟，院子里的鸡饿得咯咯叫。既然没有看到家人，我们只好往回走。我们走到南山岭脚下拐弯处，看到一个日本兵从小东关（今四堡街中段西）走出，离我们不远，他也看到我俩走过来。保姆叫我赶快跪下磕头，她自己也不停地向这个日本兵磕头。日本兵站在我们面前看着我们，一声不吭。过了一会儿，他说了几句什么，并用手挥挥，示意我们走开，他自己就往学前街走去，我们才爬起来。因为那里只有一条道路，所以我们只好远远地跟着他走。当时街上再也没有行人，这日本兵扛着枪，枪管上插着一面小旗子，径直朝街上去了。当我和保姆经过中山台（今体委内）时，听到前面有不少人的讲话声，我走过去看见二三十个载着脚铐的人，他们都是原来被关押在牢房里的犯人。这些被日军放出来的犯人集中在中山台场上不停地向日本兵磕头，讲些感激的话。在他们的前面站着四五个日本兵，拿着长枪，大声向犯人们叫喊，要挟他们参加伪军，充当汉奸。我们只略看了一眼，不敢久留。中山台旁边栽有许多柏树和杨树，我们从树下心慌意乱地走回家了。

晚上10时许，一个日本兵走到我保姆家，蛮横地用斧头劈开箱子，撩出衣物丢在地上，又到厨房翻腾，临走时，抢走了不少吃的东西和一个留声机头。这个日本兵走后，我们仍感忐忑不安，最后总算熬过了一夜。

第二天下午，又来了两个敌人，一个是日本兵，另一个是操南昌口音，也穿日本军服的汉奸。那个操南昌口音的汉奸跟我保姆讲了一些话，后来他们就走了。我保姆有个亲戚是南昌人，那两个敌人走后，保姆对我说其中有一个是南昌人，可能是翻译。到了晚上，突然从外面进来了5个日本兵，有4个人手中高高地举着蜡烛，一个没有举蜡烛的日本兵站在中间，腰上佩有一把刀，穿着长靴子。他们只在我保姆家各间房子里转了圈就出去了。

6月10日下午，日军撤离县城，宜黄自卫队又匆匆赶回来，并远远尾随敌军开枪。日军马上返回来，放火、抢东西，什么坏事都干，整个学前街烧得火光冲天，像一条巨大的火龙。

过了一天，日军部队才真正离开了宜黄县城。

（转录自宜黄县政协文史资料委员会编：《宜黄文史资料》第3辑，1990年版，吴荣儿口述，吴苏江整理）

44. 宜黄县城第二次沦陷见闻

1942 年 6 月 29 日，日军第二次入侵宜黄县城，城内居民昼夜处于恐慌之中，由于县党政人员早已逃光，城里治安一片混乱。

端午节刚过，从临川方向逃来的一群难民告诉我说，在宜黄潭坊圩看见日军先遣部队。百姓都说日军又要来，于是纷纷外逃，有钱的远走宁都和赣南等地，没钱的就在附近乡下暂避。我家境不宽裕，且父亲年老（时年 72 岁）多病，因此只好到城郊槎下村亲戚家暂避一时。槎下、潭坊同一方向，位于县城东北，离城 3 里左右，离潭坊 10 余里，我们觉得躲在那里实在靠不住，我和母亲便转移，过宜黄河逃到离槎下五六里的水北村，父亲因年老多病仍留在槎下村亲戚家。

6 月 29 日一早，日机频繁往来，在县城及城郊上空盘旋侦察，我躲在水北村旁的一个小山岗松树底下偷看，只见一架日机从我头顶上空飞过，朝槎下村旁埂上的人群俯冲扫射，我看得心惊肉跳，生怕子弹从头上飞来。

这时，从潭坊方向传来的枪声愈打愈激烈，从枪声中可以辨别出敌我的枪声，日军的机枪嗄嗄有力，而中国军队的枪声闷沉无力。时至中午，国民政府军第 90 师溃不成军，辎重全部丢光，每人只带自身武器往县城通棠阴的公路两旁山里退却；有一部分军队渡河退到水北山里，正在渡河的时候，日机不停地来回扫射，血染宜黄水，尸盖河床，也不知道牺牲了多少人。

我和第 90 师一位朱排长同躲在一块，他的部队全被冲散了，身边没有留下一个士兵，他一个人扛着一挺机枪，背上挎着一把马刀。他对我这个青年学生很友好，指着马刀上斑斑点点的血迹说，这是他杀敌的战绩。他对这次失败很不服气，说等以后部队集合整编好，一定还要打胜仗。不管怎样说，我认为这支部队虽然被冲散，但军纪比其他部队好得多，不会欺压老百姓，柴米蔬菜都是找当地保甲长摊派，有时还给点钱。

当天下午 2 点多钟，只见从棠阴方向来的日本骑兵向着大马路奋蹄前进，小钢炮不停地朝县城发射炮弹，一群群日军像野驴一般地嚎叫，直冲贯虹桥（现改名“解放桥”）而来。这时朱排长的机枪口正对准大马路高坡处，但不敢开火，他说已失去联络和指挥，只是以防万一。

就在同一时间，日军另一支部队从潭坊方向冲来，冲过了“丰乐桥”，两股日军在县城会合。县城再次沦陷了。躲在水北村的军民，因河水猛涨，日军无法过河，才幸免遭殃。而我年迈的父亲却惨死在日军屠刀之下。

当时我父亲躲在槎下村亲戚家，亲戚全家都逃跑了，而他由于行动吃力，未及逃跑。几个日军冲进他临时住的房间，拉来一妇女强奸，他正慌张地往外跑，正好撞上日军。日军恼羞成怒，朝父亲背上捅了一刺刀，父亲当即血流如注，惨死在日军的刺刀下。

日军在县城进行了大屠杀。在日军走后的第二天，我回到县城，只见街头巷尾遍布尸体，一片狼藉，臭气熏天。第一次幸免未烧的街道和民房，这次几乎被烧殆尽。

这笔血债，我终生难忘。

（转录自宜黄县政协文史资料委员会编：《宜黄文史资料》第 3 辑，1990 年版，作者邓友文）

45. 日军两次陷宜黄县城的前前后后

1939 年 3 月南昌被日军攻陷后，敌人一直盘踞在梁家渡西岸，国民政府军则在梁家渡东岸凭险构筑工事，扼守温圳镇。南昌部分难民逃来宜黄县避难，战争气氛笼罩宜黄。前县长熊家驹收容了 1000 多难民，指定县积谷保管委员张松生兼收容所主任，每月凭证发给生活费 4 元。

1942 年 5 月下旬，日军佯攻进贤温圳镇和李渡镇（当时属临川县辖），一时抚州告急，战局突然紧张起来，专员公署命令疏散人口。抚州戒严司令部的全部眷属及部分职员征用车船，满载财物逃退，广大群众也扶老携幼争相逃难。一时，中国军警、军官家属、难民蜂拥投奔宜黄县，敌特、汉奸也乘机乔装打扮混入宜黄刺探情报。日机整天轮番低飞侦察，县政府紧急通知疏散老弱妇孺。人们白天伏于乡村，夜间回城住宿，以躲空袭。

上旬一天凌晨，县政府与抚州戒严司令部通话，听说抚州前线无战况，士绅们顿觉宽慰并转告街市商号，声称抚州无恙。其实县城已危在旦夕，操外地口音的汉奸扮成商贩充斥街道，商店闭门，不时有敌机在上空低飞，政府在战乱下束手无策，只有听天由命。狡猾的日军不攻正面，绕道南昌县三江镇，由临川秋溪、崇仁县航埠过崇仁许坊、黄坊，经宜黄县红石门，在四三位一带、寨头岭进入城郊的黄陂桥。中国军队虽然进行了抵抗，但兵败如山倒，日军抢占了北关高地。这时城内听到枪声，县政府还称是抚州戒严司令部征用车船、拉夫开的枪，毫无警惕。继而机枪声、大炮声频频指向城内，日军长驱直入，北关人民呼天号地由北向南逃避。6 月 8 日，日军陷城，两三千骑兵在城内横冲直撞，未遭任何抵抗。日军进城后，乱枪扫射，许多未及逃走的老百姓卧尸街头。日军架起帐篷，在中山台广场宿营，小部分驻民房。他们不设门哨，防范松弛。外出不结伴，仅带武器，做饭不用带锅灶，把木棍、竹枝交叉支起，上挂一壶，内盛米菜，下放煤油、汽油、柴火（民房板、家具板）煮熟，各吃各壶，每菜多食糖。日军到处劫掠居民的粮食、物资、禽畜，并强迫夫役搬运。三五成群的汉奸，不知羞耻，认贼作父，手执太阳旗，宣传所谓大东亚共荣圈，鼓吹效忠日本天皇，资助盟帮占领大亚洲，拥护汪精卫，还兜售毒品（鸦片、红丸、白面）。日军搜遍天主堂，查寻美籍董神甫。然而董神甫在陷城之日上午即从附东桥出逃匿于大鹿村群众家。

日军占领县城前夕，县政府和抚州戒严司令部、自卫队、警察队均撤到黄陂镇和东陂圩，仅留财政科长应铭石驻大鹿村。日军陷城后，俘虏一批男女学生100多人，一部分囚禁于宜黄中学（龙泉寺），女生遭奸淫，日军撤退时，将这些学生枪杀，然后放火，死尸与龙泉寺付之一炬；另一批学生囚禁于益宜造纸厂内，女生亦遭奸淫，他们被残杀后，抛尸河中和饮水井内。在街巷中被杀居民的尸首东横西卧，惨不忍睹。益宜纸厂在日军撤退时，主要设备均被捣毁，致使该厂一时无法恢复生产。日军在占领县城的几天中，将掳掠的猪、牛、鸡、鸭等禽畜，只挖食内脏和瘦肉，其他则弃之满地，时值盛夏，天气炎热，腐烂发臭，苍蝇密集，蛆虫蠕动。日军在商业繁盛区——务前街、坪尔街、许家湾等处放火烧毁店房数百幢。当时正值雨季，宜黄河水猛涨，“三桥”（河东桥、通济桥、附东桥）上日军哨兵肆意戮杀、戏弄行人，如老人刘成茂、黄鼎先、刘贵茂、邹贵香等，过桥时被日哨兵撞入河内丧生，尸体被激流冲走，日兵却拍手大笑，以此取乐，真是灭绝人性。日军撤退时，途经棠阴、里塔和南城县，沿途掳掠、枪杀，所经之处作恶无数，逢人重则一刀，轻则脚踢。陈坊（县砖瓦厂）黄九仔被踢于塝下，脑浆四溅，令人发指。

县政府财政科长应铭石在这次陷城日军撤退后，组织掩埋队，将被日军杀死的尸首和被残弃的猪、牛、鸡、鸭打扫干净，掩埋于河东、南关、北关山坡。

6月29日，日军第二次陷城，同时烧毁宜黄县梨溪圩全部商店及民房。撤退时，又继续烧毁县城的下马市、十字街、横街、岳岭背、老码口、大南关等处店房数百幢，残杀数百名无辜百姓，养济院盲人吴伩伩、邹五仂被刀劈死。

日军在不到三周的时间内，先后两次侵入宜黄县城，给宜黄人民带来了空前的灾难。宜黄人民将永远记住这用鲜血写成的历史。

（转录自宜黄县政协文史资料委员会编：《宜黄文史资料》第3辑，1990年版，作者杨贤廉）

46. 日军在宜黄玉贤寺的暴行

当——当——当……

黄昏时玉贤寺的钟声，低沉地在狮子口、凤凰山回响，给人以吉祥太平的感觉。

玉贤寺依山傍水，坐落在西井村旁。这里山清水秀，树影婆娑，挺拔的松、枫、柏、樟等高大乔木把寺宇遮盖在阴影之下。正午烈日当头，太阳光直射在砖木结构的寺宇上，斑斑驳驳，好像装饰了不规则银片的反光板，更显雄伟。寺宇里面的佛龛阁子全部用樟木制成。门前是一条宜黄通往临川和省府的交通要道，人们常称官道、商道；道路的塝下有一条又宽又长的石阶，拾级而下便是宜黄河，流水清澈，波光粼粼，是路过船只停靠休息的好码头。

玉贤寺的下游，是一片桑田，十几里绿洲的潭坊盛产蚕丝，加工的绸缎早已通过西域丝绸之路远销西欧。这里还是明朝万历初年升任兵部尚书的谭纶的祖籍，谭纶就出生在这个小镇。

玉贤寺上游两里许的河岸口，是宜黄出口商品的集散地。棠阴的夏布，质地优良，白如玉，嫩如绸，细如丝，闻名全国，在这里下河装船，远渡重洋，销往中南亚。全县盛产的粮、油、豆、竹、木、笋、纸、柴、炭等，大部分都在此集装发运。这些船筏和商客运出去的是宜黄土特产，带回来的却是金银首饰、铜铁制品、糖烟酒、绫罗布匹。

玉贤寺的灯火长明不熄。由于水陆交通较为方便，官商到此，一般都会下桥、下船进寺烧香拜佛。当年谭纶因父丧丁忧回家，带着大小官员和丰厚捐资，进寺面对神龛，拱手举香，又双膝跪地深深作揖，以表虔诚。驻棠阴经销夏布的外国商办，路过此地，下马进寺，他们虽不信佛，但对中国古文化的精髓，赞叹不已。更多的是商客、船夫进殿求神拜佛，他们手拿三支香、三皮纸，在菩萨身上摸三下，然后连香带纸插在船头、货上，以保一路顺风，安渡“割笔头”的礁石险滩，回来时，他们都要自觉地谢殿。附近几十里的善男信女，初一、十五都来修缮养道，求助于神。因此玉贤寺门庭若市，香火越烧越旺，捐资可观，就连和尚也不必出门化缘。

然而，这片香火缭绕的佛门净土，却被日军侵略者野蛮玷污。

1942 年 6 月 29 日，骄阳似火，热得令人透不过气来。这天是日军第二次骚扰宜黄之日，4000余日军分驻宜黄潭坊、棠阴周围等村庄，进行烧、杀、抢、掠。县城一片火海，毁于一炬，就连慈善机构如敬老院，以及积谷仓、学校、庙宇等也不例外。日军在焚烧龙泉寺、孔庙、东门庙之后，派了一支40余人的分队进入东井村掠夺。

东井村，当时已有50来户人家，当杀人成性的日军进入宜黄后，村上男女老少都进入深山老林。日军进村后，便翻箱倒柜，劫掠民财，一连三天，把东井搞得一片狼藉。有的人在山上饥饿难忍，摸进村子后被日军发现，刀下身亡。久病的张时生卧病不起，日军放火连屋带人一起烧。白白仗走到东家桥被推下河用枪打死。60多岁的吴协质放养群鸭，不让日军捉鸭吃，即被捆绑连砍几刀身亡，扔在塘里。一个20来岁的潭坊青年，不幸在东井路遇日军，被一刀砍死在东井路旁。日军还奸淫妇女邹秋仗、许宝金、邹××，烧毁吴贤勋、吴寿生、吴春生、郑金良、吴仁轩、张时生等人5栋房屋共计45间，宰杀耕牛一头、大小猪100多头、鸡鸭300余只，烧坏门壁家具无法统计。

日军侵入宜黄潭坊时，逃难群众到处躲避，仅玉贤寺就躲进200多人。三天过去，寺内大米大部分吃光，余下不多，煮粥养生。由于天气闷热，人多目标大，寺内外时不时传出婴儿啼哭声和上山砍柴声。日军误认为隔河对面是个大村子，可猎取更多的民财，于7月1日吃过午饭后，24个日兵分乘两只竹筏，光着身子，只在小肚下夹了一块遮羞布，荷枪实弹，手持大刀，直奔玉贤寺。

当日军上岸时，一些在树下乘凉的人看到，便大叫“日军来了”。敏捷的人冲出寺门往外跑，随即机枪前后封锁，有几个人倒在血泊中。日军包围了寺宇，端着冲锋枪冲进寺内，杀气腾腾，穷凶极恶。人们在日军刀枪威迫下，一个个被搜身后，男的被赶到前殿，由两个日兵看守；女的被赶到后殿，其余日军也都来到后殿。妇女们吓得抱成一团，身如筛糠。一个倒眉尖眼、满脸横肉的日军抓起人群中的余冬仗（潭坊人），拖到厨房企图强奸，被余冬仗反抗咬伤，日军恼羞成怒，一刀刺过她的心窝，余冬仗手脚挣扎几下，倒在血泊之中。日军开始集体行动了，每个日军抓住一个妇女到后院厨房，就地奸淫。这种集体强奸的野兽般的行为，竟发生在佛门之地的玉贤寺！

玉贤寺老方丈僧明净（法名）也被赶到前殿，心跳得像打鼓，只好暗念金刚经，想唤醒菩萨救众生；老尼姑僧素青（法名）在妇女人群中悲痛欲绝，暗求“大慈大悲观世音”。

两个小时后，被淫妇女达30余人，年长的50余岁，年幼的只有16岁。

此时日兵个个大汗淋漓，有气无力，懒洋洋拖着枪、刀走出寺门吹风喘气。

只见一个日兵咕噜咕噜几声，全体日军端着枪对准男人，吓得男人心惊胆战，在一阵拳打脚踢后，选了30余人，解押过东井做挑夫去了。

日军走后，玉贤寺男女悲号，凄惨的哭声惊天动地。老方丈派人埋葬寺内外尸体，老尼姑落着酸楚的泪劝慰女人们要坚强起来。

入夜，寺内香火断绝，伸手不见五指，阴森可怕。

第二天早晨，天气阴霾，乌云像铅一般沉重，把人压得透不过气来。早饭后有人路过玉贤寺，说是日军已向梨溪、棠阴方向走了。听此消息，人们急不可待，扶老携幼各自回家。

两鬓皆白、两眉挂霜的老方丈僧明净，终经不起这样的打击，染病于床，临终时对弟子说："毁我佛教，罪孽深渊，必遭恶报"；"我没有对佛祖尽忠尽责，死后不必火化超度西天，而愿引渡寺后黄泉，魂游四面八方，告诫善男信女，千年万载，千世万代，永不忘记日军在玉贤寺所犯的罪恶。"

老方丈千古之后，一些年轻的和尚还俗的还俗，也有改投庙门纷纷出走，剩下的几个半老中生的和尚及尼姑，投奔罗家边白马寺去了。

（转录自宜黄县政协文史资料委员会编：《宜黄文史资料》第3辑，1990年版，作者伍澄）

47. 日军入侵宜黄棠阴的暴行

一、第一次入侵

1942 年 6 月 8 日下午，宜黄县城沦陷。6 月 9 日，日军兵分两路，一往棠阴，一往梨溪。国民政府军预备第 5 师接兵部队 20 多人退居棠阴车上村邱金堂饭店煮夜饭，虽设了哨兵，不料日军从 10 多年无人走过的王岭老路而至，20 多名中国士兵全部束手被擒，在新开岭的路旁（今宜棠公路侧）杀戮 3 个，其余沿途陆续被杀害，无一幸免。将近黄昏，日军绕道由承恩坊进入棠阴镇。帮人看店的吴细氓站在门口张望，日军一转弯就到了吴的面前，一枪将吴打死。日军进镇，街上不见人影，门户紧闭。日军不等扎下营来就窜到各家，翻箱倒柜，搜寻财物，东西抛得满街满屋，家家户户被糟蹋得凌乱不堪。日军见到男人就抓，抓着女人就奸。东巷姑嫂二人遭淫之后，双双跳入塘中自溺身死。一个十七八岁的少女遭轮奸几乎致死。

第二天上午 8 时左右，日机来了，在空中盘旋几圈。第一架飞到前面去了，日军开始集队出发；第二架飞机绕着日军而飞。前面带路的飞机是在侦察中国军队，探明前面情况。日军飞机飞走，军队就停下来，军队的行动由飞机指挥。

这次棠阴街上被杀 10 人，50 多岁的官法生被绑在枣树上杀死；被抓走 20 多人，内有两个十四五岁的小孩；数十个妇女遭奸淫。许多外逃回到家中的人，看着家具被打烂，东西抛得满屋狼藉，满腔愤恨涌上心头，有的牙齿咬得格格作响。猪杀了，腿割去，留下残缺的一堆。舀起米来，摸着一手的屎。食盐供销社的盐缸里屎尿臭气熏人。

二、重犯棠阴

日军第一次犯棠阴后，经永兴桥、松阴窜往南城。数日后，从南城经宜黄南源的东源、下坪返回，在棠阴的杨坊南华山遭中国军队伏击，死伤惨重，未及再进棠阴，向县城方向溃逃。

日军窜往县城，会不会再来棠阴？百姓个个惶恐不安。为了生命的安全，多数人栖避于远方山村或山林中，少数人暂躲在附近的王家堡村。

王家堡与棠阴隔河相望，那几天，连降大雨，河水猛涨，加之棠阴通往王家堡的桥梁又被拆断，所以不少人认为王家堡有天然屏障，安全可靠，商贾货物往这里搬，人也往这里躲，原本只10多家住户，一时家家挤满了人，这里仿佛是另一个世界。

7月1日，天气转晴，一切平静，对岸的棠阴间或可以看到穿便衣的国民政府军，除此再没有其他人影。早饭后，王家堡农民下地干活去了。农民黄时仁结伴上山打柴，看到通往樟源路旁的关公庙前出现10多个人，他们站下来看，"砰"的一枪向他们打来，原来是日军开的枪，接着大批日军向王家堡进犯。突然中国军队出现在河对岸，机枪、步枪一齐向日军开火。住在王家堡的人做梦也不会想到日军会从仙三都经西湖岭而来，人们争先恐后沿河向上游奔逃。

中国军队与日军接火后，一部分日军占据附近山头，相互枪战；一部分窜入村中抢劫财物、奸淫妇女。

约一小时后，棠阴外围一带都有机枪、步枪打来，而且愈打愈密集。日军知道中国军队后援部队已到，不敢恋战，抓了大批青壮年，挑着东西，向小源方向退去。守卫在狮尔山上的中国军队，虽然遥遥可望到敌军，但距离都在射程之外，机枪不能击中，只好眼巴巴望着他们远去。

日军退后，王家堡到处都是哭声，有的丈夫被抓，有的儿子被枪杀，人们蓬头垢面，泣不成声。

被抓的农民吴维高，被押挑担到源里高桥，放下担子想休息，被日军对着胸口一刀捅死。

日军两次窜扰，给棠阴人民带来深重的灾难和浩劫，我们永远也不会忘却。

（转录自宜黄县政协文史资料委员会编：《宜黄文史资料》第3辑，1990年版，作者吴秉权）

48. 日军在宜黄通济桥上的暴行

通济桥横跨黄水东西两岸，是宜黄县城通往棠阴镇的一条主要桥梁。桥长127.4米，宽6.4米，高8.5米，用花岗岩石块砌成。就在这桥上，历史上曾出现过悲惨的流血事件。

1942年6月初，一连几天倾盆大雨，河水猛涨，天气阴沉，乌云滚滚，远处时而雷鸣，时而闪电，好像天边炸开了裂口。就在6月8日这一天，日军从北门攻入，飞机声、枪炮声、炸弹的爆炸声震撼宜黄城，霎时间，宜黄城内的群众惊慌失措，弃城逃难。

日军进城后，首先占领了城外的交通要道，接着在城里城外挨家挨户翻箱倒柜，烧杀抢掠，一些走慢了一步的人大都成了刀下鬼。

横街上有4个老妇，她们是：剃头牙妹师傅的老婆牙妹师娘（74岁）、周进士的妻子进士婆娘（73）、李细伢的妻子老婆细伢娘（又叫细婆阿婆，84岁）、陈律士的母亲邹端英（78岁），这些老太太均因年事高，疾病缠身，走不动，便邀伴躲在牙妹师傅的小剃头店后，她们吓得魂不附体，全身战栗。正午时，突然几个日兵破门而入，四老妇一看，心里恐慌，连忙跪下，苦苦地哀求说："我们是老人！我们是好人！大军，饶了我们吧！"日军哪肯饶恕这些耄耋老妪，他们杀气腾腾地用枪托砸，用脚踢，连打带推，把4个老妇人推到通济桥上。在桥上值勤的日兵一拥而上，把细伢娘和邹端英背靠背，头发结头发，然后把两人抱起，抛入河中。刹时，在深深的旋涡中，看到邹端英头顶着细伢娘的头，挣扎着，不一会就被旋涡吞没。站在桥上的30多个日兵竟然狂笑不止。紧接着又把牙妹师娘和进士婆娘的头发结在一起，她俩却双手死死拉住桥墩铁链，大声叫："救命啦！天老爷救命啦！"凄惨的叫声，令人寒栗。可是万恶的日兵用脚猛踩老人抓铁链的手，又将她俩抛入河中，在急流恶浪中丧生。丧失天良的日兵，却在桥上手舞足蹈欢庆他们的"胜利"。

东门上有个伢伢瞎子，带着母亲、妻子、一男孩、一女孩，同抱着3岁女孩的黄连英，逃出城来。当他们走到通济桥上时，被10多个日兵追上。他们连喊声也未来得及发出，就被日兵抛入河中，连尸体也无从收葬。从而两家绝后。

岳岭背的舒端英（63岁）、六生娘（67岁）、南大路的生根娘（55岁）、春发娘（58岁）、西花院的银庆娘（64岁）、小东关傅师娘（46岁），因来不及离开县城，被日军赶到河边。20 多个日兵对这几个妇女，两人拉手，两人拉脚，像秋千一样，将她们一个个抛入河中淹死，只有傅师娘被树枝挂住，躲在河塝丛林下，幸免一死。

通津路杨冬英的弟弟刘牙牙（24 岁），被日军捉去以后，逃了出来，藏在通济桥下的一条小船上，又遇日军再来，把他推入河中，打了 3 枪，子弹穿过腭部，但没有打中要害，鲜血染红了河水。他忍着伤口的剧痛，装死漂流，过了河东桥后，游上河岸，经医治数月才留下了一条命。

如今通济桥巍巍屹立，河水波涛滚滚，它记载着宜黄人民遭受日军残暴屠杀的历史罪证，时刻唤醒人们不忘日军侵华史，牢记民族血泪仇。

（转录自宜黄县政协文史资料委员会编：《宜黄文史资料》第 3 辑，1990 年版，作者吴挺）

49. 日军入侵宜黄梅坊罪行实录

1942 年 5 月底，李渡镇至临川城一带的难民开始一批一批向宜黄县逃来。难民们有的坐船逆宜黄河而上；有的肩挑背驮，扶老携幼，手推独轮车辆而来。水陆两路，络绎不绝。啼声、喊声充斥于耳。这样混乱的情景一直延续了三五天，难胞们才基本过尽。1942 年 6 月 7 日，国民政府军开进临川龙溪镇，并在龙岗山上打了一天一晚的枪炮，子弹在空中横飞，枪炮声震天动地，人们谁也不敢出门。第二天一早国民政府军不知去向，老百姓更加惶恐不安。

乡亲们见此情此景，纷纷行动起来。先将粮食、耕牛、衣物坚壁起来，再把小孩、妇女和老弱病残者转移到深山密林中，准备好日常生活用品，作好较长时间的隐藏打算。而一批年轻力壮的男子，则日夜轮番在四周山岗上守望着，观察日军的行动。一旦发现日军有进山搜索的迹象，便立即告知山中人转移山头，免遭日军的抢掠和屠杀。为了不便日军找到隐藏的目标，大家白天不生火烟，只趁夜深人静之时，把一天所需的饭菜做好。

端午节已临近，日军飞机日夜低空盘旋，不时用机枪扫射和投放炸弹，为的是扫清步兵前进道路。

第二天，日军的步兵、骑兵随之进犯。这天，大雨倾盆，宜黄河水不断上涨，山洪暴发，日军由临川县荣山圩兵分两路而来。一路由荣山过司尧，经樟窑渡过宜黄河，进犯龙溪镇，烧毁龙上街和花家、范家等村后，进入宜黄县曾坊村，然后烧毁下易、侯家、万家诸村，沿被破坏了的宜临公路而上，进入上花村、路西村，四处搜索，沿公路向宜黄进犯。在上花村西边的荒山谷里，枪杀了 20 余名沿途捉来的难民，一刹时，尸横遍山谷，血流遍地红。由于日军陆续进犯，天又下大雨，所以一直拖延了 10 余天都无法埋葬，致使尸体暴露腐烂，后由村人草草合葬了。

进入曾坊、中黄的一股日军，先将村口的一栋政府粮仓烧毁，再将中黄村的所有房屋烧光，后又入曾坊村烧掉曾苛生、曾三福、曾国生、曾庆文 4 户的房屋两栋，杀死难胞 3 人，捉走村民张家仔（后下落不明）。日军到了下楼溪村，烧掉祠堂一栋；进梅坊村时，因下雨河水上涨，驻扎两天，烧毁房屋 30 余间，惨杀 21 人，其中不知名的难民 14 人，梅坊本村的有梅品山、李龙山、袁三仔、户仙珠、许家伩、梅爱玉、梅红生等 7 人。

户仙珠、许家伩、梅爱玉三人都是老年妇女，在家既不肯走，也不肯躲藏起来。日军捉住后，逼着想奸污她们，但她们拼命反抗，誓死不从，全身衣裤被撕光后，仍用嘴咬。日军无可奈何，把她们杀死，丢入池塘内。

梅红生是为了探听日军残杀村民情况时不慎被捉住的。日军和汉奸双双将马刀架在他颈上，逼着要他带路去搜全村躲藏的人，可他始终一言不发，只是摇摇头，以示不懂和不知道。结果他被日军用棉絮裹住全身，只留一个头在外面，再泼上煤油，点上火，一时火光满屋，他成了一个火球，在地上乱滚。可他始终不哼一声，一直到死。躲在村旁荆棘丛中的人们，确实目不忍睹，然而手无寸铁，怎敌得住日军的刀枪，因此始终未敢露面，只能暗自流泪哀叹。

这股日军，逆宜黄河而上，到大港村又杀死一人、打死一头牛，尔后一直往宜黄急赴。

另一路是由临川县荣山圩走赵家、廖坊村，过宜黄龙源村进入万家村，然后又分成两股。一股从龙源窜入下车万家村，烧掉万红兵等人房屋一栋共 8 间，上万村万连寿因回去灭火被抓杀害。日军到下艾村，又把全村 4 幢房子全部烧光，入上艾村烧去艾毛仔房屋一栋共 8 间，打死耕牛两头。另一股由龙源村直进湖田万家村，因涨水难以渡河，驻 10 余天，两股合二为一。在湖田万家村烧掉李玉仁、万保寿房屋各一栋，杀死万乐安一人，入许家村捉走了许兰书、许资生等六人（有四人后逃回来，许兰书和许资生则不明生死），然后渡过梨水河到颜家、荣前、户家等村，捉去户玉芳一人，又烧掉房屋一栋共 10 余间。

总之，日军所到之处，都是一片火光，到处搜索，见人就抓就杀，见家禽家畜也杀，见好的东西就抢。这就是日军施行的臭名昭著的抢光、烧光、杀光的“三光”政策。

（转录自宜黄县政协文史资料委员会编：《宜黄文史资料》第 3 辑，1990 年版，花必生记录，朱建宜整理）

50. 我们的遭遇

吴先高口述（宜黄县梨溪乡里阴村沙河村民组农民）：

1942 年端午节前夕，我全家和邻居共 20 多人从里阴村躲到外阴村油塘白蛇坑深山里。由于那年春季雨特别多，树下无法安身，因此在深山中搭起一间小茅棚，有了住处大家总算宽了一点心。谁知，几天后的一天，天刚蒙蒙亮，我们大家都还在棚里睡觉，突然被人用脚踢醒，朦胧中我睁开眼睛一看，只见 30 多个头戴钢盔帽、脚穿高筒牛皮靴、腰挎马刀、讲话叽里咕噜的人站在我们铺前，我们吓得呆若木鸡，几个小孩吓哭了。过了一会儿，我们清醒过来，才知道他们是日本兵，心想逃跑，但又跑不掉，大家只好跪在地上请求饶命。日军凶神恶煞地在我们身上和茅棚内搜了一遍，没有搜到什么特别的东西，只在我衣袋里搜出几张江西裕民银行发行的面额五角的钞票。他们把钞票抢走，就再没有什么东西好拿。

我们 20 多人当中，老的老、幼的幼，只有我和另外两个是青年，派得上用场，于是他们就把我们 3 个人抓了起来。我父亲看见日军要把我们抓走，就跪在草棚门口哭着求情。一个日兵大骂一声，一脚向我父亲踢去，还举起马刀要砍我父亲，好在父亲被踢滚到塝下去了，他砍不到。当时，我看到这种场景，心里真是比刀割还难受。

我们 3 人被日军带下山后，就强迫我们给他们背包袱、担东西。

接近中午，我跟随日军来到梨溪街河对面沙洲上，只见梨溪街上火光冲天，浓烟翻滚，一幢幢民房在火焰中化为灰烬。日军叫我们停下休息，他们大多数人过桥到街上找中午饭吃去了，只剩下 3 个人看守我们 3 个人。过了一会儿，他们来了 3 个人换看守我们的 3 个人去吃饭，而我们连米汤都没有喝，肚饿得难过，只好到河里喝冷水充饥。半小时后，只见无数的日军抓来了不少老百姓朝我们这儿走来。这些老百姓被日军强迫着给他们挑行李、抬担架，一个个压得东倒西歪，喘不过气来。这时，有两个日军抬来一副担架，叫我和一个同村的抬，另一个同村的继续给他们担行李。

日军吃过中饭，便向临川荣山圩方向开拔。梨溪到荣山全是崎岖的山间小道，天又下着雨，路面被前面行军的日军和战马踩得稀烂。我们这些民夫又累又饿，哪里走得动，稍走慢些，就要挨日军毒打。黄昏时，我们来到距荣山不远的地方，听到前面响起密集的枪炮声。押守我们的日军听到前面在打仗，就吆喝我们原地休息。过了一会，天渐渐黑下来，雨越下越大，我想，这是逃走的好机会。为了借机会逃走，我急中生智，假装要解大便，故意将裤子拉下蹲在看守我们的日兵身旁。那日兵看见就挥手叫我到前面去一点。我求之不得，走到前面一点，回头一望互相看不大清楚，我就悄悄逃到路旁山林里。刚爬上山岭，就听见日兵的吆喝声，并朝我逃走的方向开了几枪。原来他们发现我逃跑了。

当晚，我翻过几座山头。由于又累又饿实在走不动，在树下休息了一阵后，就在山上摘杨梅充饥。白天睡在深山丛林中，晚上走路，第二天晚上后半夜才回到家里。和我一道被抓的那两个人至今杳无音讯。

丁国民、欧阳匡臣口述（均为宜黄县梨溪乡里阴村沙湾村民组农民）：

1942 年端午节前几天，国民政府军第 4 军一个营来到我们里阴村，分别驻扎在沙湾、东源两个自然村。我和附近村上的上百个人被他们带去修筑工事。突然，侦察兵跑来向他们长官报告说，日军到外阴村了，距这里不到两公里。我们这些民夫听说日军来了，一个个吓得浑身发抖，趁部队慌忙集合的机会，丢掉手中工具就朝树林里跑。开头他们吆喝不准我们跑，但跑的人太多，他们也无可奈何。

大概过了个把钟头，我听见乒乒乓乓的枪声。打了一阵之后，日军的飞机来了，飞得很低，连飞机上的人我们也能看得很清楚。我们躲在树底下，飞机从我们头上飞过，大树被飞机卷起的狂风刮得摇摇动。飞机在龙回山上盘旋了一番之后，就开始扫射，机枪子弹像下大雨一样扫下来，接着又听见几声手榴弹爆炸声。过一会儿，飞机就飞走了。那天，我们又惊又累又饿，天黑后我们实在饿得慌，便冒死下山去找吃的。走到龙回村晒谷场边，只见横七竖八睡着一大片日本兵，他们把枪全部架在一块。见此情景，我们仍饿着肚子折回山里。半夜后，我们饿得眼发黑、头发晕，同村的周庆香首先提出：“躲在这里是死，不如下山去找点吃的。”几个青年一合计，派周庆香等两人下山去找吃的。过了一个多钟头，他们两人从龙回村旁捡来了日军抛弃的猪头和猪蹄子，还有一些猪内脏，我们就在山上用柴火烤了吃。

第二天上午，我们躲在山上看见东源村里火光冲天，浓烟滚滚。后来一打听，原来是日军说有两个中国伤兵住在东源村，经搜查未捕获，归罪于百姓，将村民张明标家的住房放火烧毁。幸好当时天降大雨，烧掉张家一栋房，火就熄灭了。天下大雨，我们没带雨具，躲在深山里全身都湿透了，尤其是老年人更冷得浑身发抖，于是沿着山林，避开道路，来到白头寺里避雨。白头寺建在一个山头上，我们进去时，那里男男女女、老老少少躲了不少人。这时，我们几个人衣服湿透了，就在庙里找了些干柴生火烤衣服。日军从山下看见庙里有火光和烟，几个日兵就朝庙里窜来。放哨的人发现日兵来了，我们就纷纷从后门向山上树林里逃走，其中有几个中年小脚女人来不及逃走就躲在菩萨背后。一个叫徐大伎、另一个叫邹凤眼的被日军搜到了，由10来个日军进行轮奸，奸后，还惨无人道地将地上的尘土塞到她们的阴道里。

日军在里阴周围四五个自然村未搜到中国伤兵，就从里阴经尚源往棠阴方向去了。由于里阴村通往棠阴镇的道路被中国军队破坏了，加之天下大雨，日军人马又多，前头的人马走过去了，把路踩得稀烂，后面的人马无法过去，有的马走了一段路就陷在烂泥里爬不起来。后面的为了赶上前头的日军，就到周围村庄老百姓家里拆门板、拿被子垫路，让人马通行。

那天晚上，我们看见日军走了，回村一看，只见家家户户都被洗劫一空，家禽家畜全被宰杀了，猪牛的头、脚、内脏到处都是，臭气熏天，蝇蚊成群结队。家具被砸烂，锅里、米缸里、水缸里满是屎尿，真是灭绝人性、惨无人道。

（转录自宜黄县政协文史资料委员会编：《宜黄文史资料》第3辑，1990年版，吴先高等口述，吴兆阳记录整理）

51. 血债永不忘

1942年农历5月18日，天气阴霾。清晨，听到日军进入宜黄县城，大家预料日军不日将侵入棠阴镇，一场可怕的灾难将不可避免。为了逃避这场灾难，住在棠阴港下一带的农民80余人，躲到河对岸的王家堡村。我家13口也跟着大家过了河，想凭借隔河的天堑，到王家堡这块“福地”，保护人身安全。

谁知我们料想不到的意外事情发生了。就在这天上午10时许，200多日军不经大路来棠阴，却从仙三都和鸟坪村过西湖岭村，经小源村来到棠阴对河西岸。一些在田里栽禾的农民抬头一望，只见满山是日军，逃跑是来不及了，只好到王家堡村里去躲，而村里的人又都向村外奔跑。这时日军端着寒光闪闪的枪刺，一个个凶神恶煞，一步一步把群众逼近王家堡，一场大屠杀在王家堡村即将开始。

日军蜂拥进村，把全村男女分别关在一处，尔后，有的翻箱倒柜、抢布撮米，有的杀猪宰牛、赶鸭捉鸡，有的搜身掠财，有的轮奸妇女，有的行凶杀人，有的焚烧民房。全村一片惨叫声。

那时我只有8岁，被母亲紧紧地搂在怀里。几个日军为抓我母亲，先把我拉出，狠狠地摔在门外的场院里，直摔得两眼火冒金星。我号啕大哭，幸好被人救起，死里逃生。

经两个多小时的折腾，王家堡村面目全非，一片惨景，满目疮痍，叫人寒心。凡是能吃、能穿的，日军打包扎捆，而用具等全被打碎。40多个妇女大多被轮奸，打死打伤群众10余人，临走时捉去30多个男人做挑夫，其中有我的伯父、父亲和叔叔三兄弟。日军以四人押一，各挑一副沉重的担子，经小源过源里到县城。

我的伯父吴维高42岁，是个裁缝，平时拿针，哪能挑百斤担子。一副重担压在肩，出村时就一瘸一拐地走着，苦苦地挨到观音桥（又叫高桥），累得透不过气来。一时他头昏目眩，两眼发花，身体摇晃，掉下了一匹布。他刚想拾起，被日军恶毒地一刀刺来，穿心而过。伯父按住胸前，宁死不倒，又被日军刺上一刀。可怜我勤劳正直的伯父，倒在观音桥头的血泊里。

我的父亲吴维珍，时年37岁，以杀猪为职业，被日军强迫挑了一担米和衣，一路不停脚，喘着粗气，压弯了腰。当来到宜黄城的通济桥上，放下担子想换肩，突然被日军捅了一刺刀，当即倒下，四个日兵合力抓起我父亲，抛到汹涌咆哮的河里，连尸体也没找到。

叔叔吴维祥时年32岁，以种田织布为业，身强力壮，一副重担一直挑到县城西北的官仓前。由于日军人多，几次想逃没有机会。入夜之后，他利用日军烧饭之机，偷偷地溜走；可没走出五丈远，被日军哨兵捉回，用棉被裹着把他捆得像一段木头，浇上煤油点“天灯”，被活活烧死。真是惨无人性。

我祖父吴宣初时年64岁，祖母饶木香时年61岁，年老体弱，身患痨疾，当听到三个儿子一天之内都遭惨死，悲恸过度，倒在床上，几天不饮食，与世长辞时双目不瞑。我伯母周兰贞，在无依无靠走投无路的情况下，含恨改嫁。父亲死后，母亲、俩姐姐和我，一家四口无依无靠。母亲将两个姐姐吴兰娇、吴贵娇，一个送给杨坊下杨桂花家做童养媳，一个被迫送给地主做丫头，都先后被主子虐待致死。我母子二人靠帮人洗衣和种菜、砍柴卖度日，两年后，我刚10岁就给地主放牛。我堂兄吴润远外出讨饭、逃荒，在亲朋故友的接济下，才九死一生留下命来。我婶母罗来玉有一手织布好手艺，才勉强没有饿死。

万恶的日军把我家害得家破人亡，这一血海深仇，我家子孙后代永远不会忘记！

（转录自宜黄县政协文史资料委员会编：《宜黄文史资料》第3辑，1990年版，吴友凡口述，吴挺记录整理）

（三）《江西民国日报》报道摘选（1937—1943 年）

敌机九架侵入本市[1]上空牛行被炸死伤惨重 投重量弹七枚毁民房数十间死伤人数已清查者数近百人

暴日惨无人道，每日派机在我各重要都会，滥施轰炸，而敌投弹技术不佳，每不中的，以致我无辜平民，惨罹浩劫者，不可数计，似此敌人残酷性成，尤不顾国际公法，施炸我非战斗员，诚足益增我全国人民抗战之决心。昨（十一）日上午敌机三架，又侵袭玉山投弹，下午复有敌机九架，侵入空袭本市，任意投弹，人民尤遭无辜之伤亡，残肢骸，惨不忍睹，兹将各情分志如次：

上午敌机三架，玉山投弹轰炸

本日上午一时四十分，赣闽边境，发现敌机三架，由东向西北方面飞来，势有侵入本市模样。防空司令部得报后，即发空袭警报。逾数分钟，发紧急警报。敌机飞去赣东各县上空，盘旋窥察，时达三十余分钟之久，即飞在玉山投弹数枚，损失尚待调查。至二时二十分，敌机始由闽浙边境飞去，本市即解除警报，一切恢复原状云。

下午九架炸王安石路及牛行

本日下午四时五十分，赣闽边境发现敌机十四架，由东南向西北方面飞来。防空司令部据情报后，即发出紧急警报。敌机五架在赣东各县上空盘旋，历时甚久。另有九架于六时十分，侵入本市上空，我空军适时迎击，及我防空高射炮部队，亦以密集炮火猛烈发射，当有敌机一架受伤，中部黄烟缕缕，飞行左倾右侧，势将坠地，不知如何，卒被挣扎飞去，是否中途降落焚毁，尚难遇料。余机见势不佳，仓皇在牛行及王安石路附近两处，共投弹十余枚。王安石路季襄医院砖墙被炸倾斜，附近房屋震损甚多，仍向原路会同在赣东盘旋之敌机五架遁去。至六时五十分，本市即发解除警报，一切恢复原样云。

牛行车站被炸，平民死伤惨重

敌机侵入本市后，因我空军及高射炮队迎击炮轰，乃仓皇在王安石路及牛行

---

① 编者注：本市，指南昌市。下同。

车站投弹十余枚。牛行弹丸之地，敌机竟投重量炸弹七枚之多，幸两枚落水，五枚分落于牛行车站待车室，裕民银行仓库等处爆发。该处所有民房及茶酒杂货等小商店，自沿江迄路一带，多被震倒，被炸死伤及房屋压伤者，截至发稿时止，闻经救护清查出者，数近百人。

党政军各界长官，均先在场，担任救护及救火人员，正拼命工作，被炸毙之男女死尸，断头截足者，横七竖八，摆置路旁。掩埋队正分头工作。而破瓦残垣，木架杂隙，情状之惨，不忍卒观。重伤轻伤者悉抬赴附近南昌医院救治。记者后赶往该院访问。到达时，见抬来重伤宪兵两人，轻伤士兵两人，妇女三人，小孩一人，尤以该孩被碎片伤及腹部，肚破肠流，其状至惨，医生正施行手术刀割，有无生命危险，尚难逆料。其余受伤者，仍踵接抬赶救治中。

1937 年 10 月 12 日

敌机十四架昨日下午进袭本市在王安石路等处投弹十余枚 炸死市民三人伤市民十一人震倒房屋十二幢损伤卅七幢 王队长击中敌机两架

敌机十四架，于昨（二十）日下午五时四十分，分四小队侵入本市上空，曾在王安石路、佑民寺、道德观、环湖路、永和门口等处掷弹十余枚，炸死市民三人，伤十一人，震倒民房五十余幢。当时我空军队长王汉动等，驾机追击，有二敌机被我击中，一落鄱阳湖东瑞洪地方，一机受重伤向余干方面坠落，绝难飞返。又王安石路曾中弹起火，当经各救火队前往施救，未久即已扑息。即行逸去。兹将轰炸及损失情形调查如下：

轰炸情形

敌机十四架分四小队于昨（二十）日下午五时四十分，侵入市区，我空军即起而近击。我高射炮部队，均以密集炮火向敌机射击。敌机见势不佳，当在王安石路、环湖路北、佑民寺、道德观、永和门口等处，掷弹十余枚。中弹地点调查如下：王安石路，附近空塌，落弹数枚；永和门口，落弹一枚；环湖路北六十六号，落弹一枚；道德观十四号，落弹一枚；测量局落弹三枚，永和门口二十一号，落弹二枚，共计投弹十四五枚，敌机仓皇投弹毕。

1937 年 10 月 21 日

敌机六架昨又侵袭本市在牛行投弹廿余枚
毁民屋百余幢死伤市民十六人
我空军追至鄱阳湖与敌剧战

昨（二十三）日下午五时许，敌机六架，自台北起飞，循赣闽边境，窜经本省赣东黎川宜黄一带。防空司令部据报后，即发出空袭警报，继发紧急警报。我空军旋升空迎战，敌机竟经过城西山中第二村侵入本市上空。我防空高射炮部队，当用密集炮火，猛烈轰击。敌机被我上下夹攻，见势不佳，不瑕久恋，仓皇在牛行投弹二十余枚，并有数弹落于江心，即向鄱阳湖，经闽赣边境逸去。我空军并跟踪追击。广播社记者，即经过赴灾区实地视察，该地被炸地点：（一）牛行小学附近，（二）水塔附近，（三）下河街第二诊疗所附近，（四）上河街江边，（五）中正桥上等处。惟中正街附近西岸桥身，曾中弹数枚，仅穴穿太行道上枕木两洞，其余各处，被炸毁坏房屋甚多，并伤亡人民。至六时一刻，我空军追逐敌机出境外，乃安然归队。六时半乃解除警报，霎时万家灯火。兹将见闻所得各情，分志如次：

敌机六架轰炸牛行

敌机六架，排列两队，侵入本市上空后，上被我空军严密监视控制，下有我高射炮部队猛烈轰击。上下夹攻，致敌机殊形惊惶，仓卒在赣河西岸牛行，及中正桥上，投弹二十余枚，分落牛行小学、水塔、上河街、下河街、中正桥，及江心等处。查牛行本月十一日，曾被敌机几度肆虐，死伤我无辜人民，今又侵袭，且投弹暴二十余枚之多，具见暴敌残忍狠毒之一般。敌机投弹后，即向鄱阳湖方面循闽赣边境逃去。我空军曾紧随追击，直至鄱阳湖天空上下翱翔，用机枪向敌扫射，使敌机益形狼狈。

中弹地点计有五处

是日敌机投弹共廿五枚之多，分落于上河街、下河街、凤凰洲等处。中弹地点，经详细调查，计中正桥左右人行道落二枚；上河街七十一号，对面河岸落弹一枚；二六一号门首落弹一枚；火车站面前落弹一枚；下河街二九号对面落弹二枚；七二号□后落弹三枚；一〇八号对面落弹一枚；一〇四号门首落弹一枚；一〇〇号即车房工友住宅落弹三枚；下牛行五号对面落弹一枚；六二号对面落弹三枚；凤凰洲落弹四枚；牛行小学廿二号内落弹一枚，共计投弹廿五枚，即行逸去。

（广播社）

死伤市民共十六人

敌机投弹后牛行分局局员万世楷，当率领全体员警，分赴各中弹地点积极督促办理救护事宜。当时将炸死市民，迅速备棺殓埋。受伤者，即由南昌医院救护队抬往诊治。被炸死者共九人，五男四女，受伤市民七人，三男四女；多数为震倒房屋压伤。下牛行六四、八一、八二等三号当时着弹起火，比由消防人员迅速灌救扑灭。震倒房屋，计上河街、下河街、下牛行、凤凰洲等四处共计一百余栋。其中有商店廿余家，均震坏。全部震倒房屋，尚在清查中。受伤者现在南昌医院救治中，计老罗、□氏、徐孝连、徐小孩、谢熊氏，及小孩一人。

（广播社）

1937 年 10 月 24 日

敌机空袭下

历次被炸统计

伤亡人员二百二十五人，被毁房屋二百六十四栋，财产损失约二百余万元。

防空司令部，以两月来敌机轰炸本市，既各县损害情形及概数，亟应明了，特饬由第三科将历次被袭损失伤害加以统计。南昌市方面共计空袭八次，死五十八人，伤一百三十人，投弹一百二十六枚，炸毁房屋二百四十六栋，被炸起火者，计五次，烧毁房屋十四栋。外县方面投弹五十枚，死亡十六人，伤二十一人，毁房四栋。统计本市及各县财产损失约计二百余万元云。

（唯生社）

1937 年 10 月 25 日

前日敌机轰炸牛行震毁房屋九十五栋死伤男女共计二十二人，财产损失约计三十万元

隔昨（二十三）日下午五时许敌机六架，袭入本市肆虐，在牛行车站、中正桥、凤凰洲等处，投弹二十余枚，毁屋伤人，原状至惨，尤以无辜人民，惨罹浩劫，各情已详志本讯。广播社记者，为使各界人士，明了损失伤亡精确起见，

特于昨（二十四）日，分赴各受灾区及医院，实地视察访问。惟昨（二十四）日晨零时四十分，赣闽边境，发现敌机七架，由东南向北方面飞行。防空司令部据报后，即发起空袭警报，旋紧急警报。至一时五十分，赣闽边境，又发现第二批军机四架，亦由赣东经赣西北向鄂境飞去。闻在武汉投弹多枚，损失不详。至五时二十五分，即解除警报，一切恢复原状，兹将各情分志於后：

毁屋确实统计

此次被炸毁及全部倒塌者，（牛行）计六四号、八一号、八二号等三栋；中正桥两岸左右人行道及栏杆约损坏一丈余，南浔铁路警察守望岗亭一所，牛行分局第一岗岗屋一所，南浔铁路车房面前第五线铁路约损坏四尺余，震倒商店及民房计（上河街）五号、六号、七号、八号、十一号、十二号、十三号、十四号、六二号、六三号、六四号、六五号、六六号、六七号、六八号、六九号、七二号、七三号、七五号、七六号、七七号等二十二栋，（下河街）计八号、九号、一〇号、十一号、十二号、一三号、二九号、三〇号、三一号、二七号、三四号、三五号、三六号、七七号、七八号、七九号、八〇号、八七号、二八号、一十七号、一一三号、一二号、一一九号、一六〇号、一二〇号、一〇六号、即新通堆栈、一〇〇号、即工务段车房、九一号、九二号、等三十三栋（下午行）计自一号起至一六号、又二一号、二十二号、二三号、五六号、九〇号、八〇号、五九号、五八号、五七号、七八号、七七号、六三号、六一号六二号六四号八一号八二号、八七号、三四号等三十五栋（凤凰洲）计二十二号、二十三号等十一栋、共计炸毁震倒房屋九十五栋。

（广播社）

1937 年 10 月 25 日

惨无人道

敌击十五架昨午，侵入本市投弹轰炸，中山路上营坊及近郊均落弹死伤七十九人，毁屋六十六栋

曾在市郊展开激烈空战

被炸地点

一区界内刘将军庙四号落弹一枚，中山路二二二号百花洲小学落一枚，中山路一九二号落弹二枚（一弹未发），百花洲路一三九号湖心亭附近落弹四枚，内

有三枚落水，六区界内新落弹四枚，村落弹七枚，七区界内湖滨公园前街附属医院内空地落三枚，墙外一枚，上营坊妇幼医院二枚。又十四号后面菜园落一弹，第十八号后面王安石路中间一枚，第五十号一枚，第一百零二号一枚，第一百零四号一枚，第一百三十三号一枚，半边街某工厂宿舍旁边二枚，永外后街第十七号一枚，八区界内共落四枚，九区界内董家窑第一号菜园内二枚，北站东沙沟田内二枚，尹家村一枚，蛟沙洲二枚，共计四十四枚。

死伤人数

死伤平民计一区界内，刘将军庙第四号死男子一人，女子一人；刘将军庙二十七号，墙外死行路男子一人；刘将军庙四号，伤男子二人，女子七人，过路伤男子二人，一二九号伤男子六人女子二人；又二二〇号受伤女子三人；又二二号受伤男子十二人；又二四六号伤男子一人；毛家园一人；七号伤女子三人；百花洲路一三九号，伤男子一人，以上共死男二人女一人，共三人，伤男十六人，女子五人，共三十一人；六区界内死男子一人，女三人，伤六人，以上共死四人，伤六人，共十人；七区界内附属医院死伤兵七人，水佚一人，上营坊一八号后面王安石路中间死男子一人，第六三号死男子一人，第一〇八号死男子一人，附属医院伤兵二人，上营坊一六号伤女一人，第一八号伤五人，第一〇二号伤妇女一人，共死十一人，伤二十人，共三十一人；八区界内，永外后街义亭花园伤兵二人，九区界内伤农夫二名，以上共计死十八人，伤六十一人，死伤共七十九人。

1937 年 12 月 10 日

日机投弹四十一枚，死伤平民十人，毁房屋四十余栋并掷燃烧弹南狱庙起火

本月九日敌机曾在南昌投弹六十余枚，死伤平民甚多，弹毁民房数十栋。今（十二）日下午零时三十五分，赣皖边境又发现敌机十四架，于一时十分侵入南昌上空，当在上营坊南狱庙、吊桥街、法轮庵等处投弹四十余枚，死伤平民十人，炸毁震倒房屋四十余栋，并在南狱庙掷燃烧弹三枚，炸毁民房三十八户，兹将各情分志如下：

敌机入境

昨（十二）日下午零时三十五分，赣皖边境发现敌机十四架，由东北向西

南方面飞来。防空司令部据报后，即发空袭警报，旋发紧急警报。一时十分敌机侵入本市上空，我空军适时升空截击，当在郊外发生激战。敌机不支，仓皇在顺化门外等处投弹四十余枚，狼狈向原路逸去。至二时十五分解除警报，一切恢复原状。

落弹地点

落弹地点，调查如下：

八区界内省立医院内空地上落三枚，又后门口一枚，后方第二医院办公厅一枚，病房一枚。六区界内进外法轮奄坟山落弹二枚，七区界内南狱庙一号落弹一枚，二号二枚，六十二号一枚，南狱庙背四十四号一枚，上营坊一四五号六枚，三十五号一枚，吊桥街苗圃内二枚，此外并在顺外进外各空地投弹二十余枚，共计是日落弹共四十余枚。

损失调查

此次计法轮庵死男子一人，又该处坟山附近伤农民七人，欧阳修路伤一人，沐英城伤一人，共计死二人，伤九人，死伤十一人，均属男子。炸毁房屋计有第二后方医院病房办公厅，上营坊一栋，吊桥街十栋，震倒房屋计有吊桥街十八栋后方医院病房四栋，传达室一所，药房一所，省立医院震坏洗衣房一所，工人宿舍一所，太平房一所，全部房屋震坏，湖滨公园后街及民德路等处震坏民房六栋，共计此次炸毁震倒房屋四十余栋。

顺外火灾

敌机此次侵入本市曾在顺外南狱庙地方，掷下燃烧弹三枚，该处民房，当即燃着起火，一时火光烛天，烟雾弥漫。本市各救火机关及担任消防工作人员，在未解除警报时，即全体出动，前往施救，幸各救火人员施救得力，未几即已扑熄。共烧去三十八户十号门牌，该处所居均属贫苦农民及苦工，火后情状至为凄惨。各灾民对日寇无故残害怀恨不已。

救护情形

敌机在各处投弹后，各担任防空救护工作人员，均在警报未解除前，全体出动，施救一切。各机关长官，亦在此时，亲赴被炸地点视察并督促各救护工作人员办理一切救护事宜。所有受伤者，均由担架队抬赴附近医院诊治，炸死者即掩埋，南狱庙之灾民无处安身者，由难民收容所收容。

（中央社）

二次敌机两架窥察浮梁

同日下午四时十分，豫皖边境，又发现敌机两架，由东北向西南方面飞来，似有侵袭本市模样。防空司令部据报后，即发出空袭警报。乃敌机窜在浮梁上空盘旋窥察甚久，并未投弹，继即逸去。至四时五十五分汽笛长鸣复解除警报。

（工商社）

1937 年 12 月 30 日

敌机三十七架昨袭南昌投弹一百三十余枚死伤市民八人 毁民房二十余栋击落敌机一架，死驾驶员七人。 此为第十五次投弹最多

敌机三十七架，于昨（九）日十二时半，空袭南昌，王安石路、金盘路、张家花园、坡头街、南站后桶巷、第一中学等处，投弹一百三十余枚共炸毁民房二十二幢，死伤市民共八人。敌机侵入本市上空后，我空军迎击甚烈，高射炮部队，亦以密集炮火，对准敌机射击，敌不支于下午一时向原路逃去。据该报有敌重轰炸机一架，被我击伤，落万年石子铺地方，内有敌驾驶员七人，均已毙命，兹将各情志下：

空袭情形

昨（九）日上午十一时五十五分，赣皖边境发现敌机三十七架，由东北向西南飞来。防空部据报后，当即发出空袭警报，逾时续发紧急警报，我空军适时升空截击。至十二时二十五分，侵入本市上空，我防空部队，猛烈射击，敌机不支，在城东南方仓皇投弹百余枚，旋即向原路逸去。一时十七分解除警报，一切恢复原状。事后调查，敌机所投之弹，除张家菜园坡头街、第四交通路、金盘路第一中校、王安石路，南站后桶巷等处外，余均落在荒郊。

落弹地点

是日落弹地点，调查如下：后桶巷南站前田中一枚，上楞大梵寺田中三枚，顺外坡头街四号门前一枚，二十八号三枚，金盘路背五十二号旁边二枚，第一中学空地二枚，王安石路池塘边四枚，粮秣厂四枚，测量局旁二枚，张家菜园四枚，永外正街二十七号五枚，某制造厂内二枚，第四交通路东首三枚，彭家湖内二枚，桥下刘村及谢村五枚，王阳明路空地一枚，顺外空地落弹四十七枚，进顺

外空地落弹二十余枚，共计落弹一百三十余枚。

损失调查

记者于解除警报后，随同防空司令部职员乘汽车赴各落弹地点调查，计顺外坡头街震倒民房十八幢，金盘路一幢，桥下村三幢，破头街石桥亦被炸断，张家花园有一小地下室，落一弹，炸死男子一人，此外桥下刘村及谢村，亦死伤数人，共计是日死男子三人，妇女一人，共四人，伤男子二人，妇女二人，死伤共计八人。当被炸后，各救护团体，在未解除警报前，即往施救，比将受伤市民，抬往各医院诊治。各机关长官，均往视察，并指挥办理救护事宜。被炸地点，以桥下村为最惨，该村房屋全部震倒，并有一谢姓，是日正在举行结婚喜庆。该户门前落一弹，宾客幸多已逃避，仅死伤三人。

击落敌机

当敌机侵入赣境后，我空军即凌空截击，高射炮部队，亦准备射击。敌机侵入南昌上空后，我空军奋勇追击，高射炮密集扫射，结果有敌机数架，被我击伤，内有重轰炸机一架，在万年石子铺地方堕落，内有敌驾驶员七人，均已毙命。防空司令部已据万年县政府来电话报告，此即令该县府迅将堕落敌机，运省展览以快人心。此次敌机轰炸南昌，为第十五次，投弹最多。

（中央社）

1938 年 1 月 10 日

敌机四十二架昨袭南昌又投弹一百余枚
毁民房五十余栋死农民十八人
落弹地点多在顺外及近郊乡村

敌机于昨（十二）日上午十一时五十分，第十七次毁炸南昌，在赣外南坡头街、三郎庙、近村桃、策李路徐村等处，投弹百余枚之多，当炸毁及震及震倒民房五十九栋，炸死农民二人，炸伤农民十五人，二郎庙着弹起火全部炸毁，其状甚惨。又中央通讯南昌分社发报台行行牧场，亦遭波及，伤乳牛二头，将空袭及损失情形志下。

空袭情形

昨（十二）日上午十一时二十三分，赣皖边境发现敌机四十二架，由东北西南袭来。防空司令部据报后，当即发出空袭警报，适时续发紧急警报，我空军适时凌空截击，高射炮队亦严密准备。至十一时五十分，敌机侵入本市上空，我空军比向前迎击，同时高射炮亦猛烈对准敌机射击。敌机不敢在市空逗留，乃在城区东南方，投弹百余枚后，仓皇向原路逸去。十二时四十二分，解除警报。事后调查所投之弹，多落在顺外金盘路一带。

损失调查

是日落弹地点，调查如下，第四交通路五枚，顺外空地三十二枚，坡头街六枚，示范路二枚，三郎庙徐村八枚，南狱庙背六枚，桃竹严谌村一枚，李路徐村五枚，□外空地数十枚，共投弹百余枚，计炸毁房屋：三郎庙徐村十二栋，桃竹严谌村一栋，坡头村四栋，南狱庙七栋，共炸毁二十四栋。震坏房屋计。坡头街十一栋，南狱庙十一栋，桃竹严十三栋，共震倒三十五栋：炸死人数，计桃竹严男子二人，第四交通路男子一人，共死三人，炸伤人数计：坡头街男二人，女一人，桃竹严男二人，女四人，菩堤寺男一人，三郎徐村男三人，女二人，共伤十五人。当敌机轰炸后，三郎庙徐村，曾中弹起火，延烧民房二栋。幸救火队及往施救，延烧不广。惟该村中，共中八弹，所有房屋多被炸毁，帅田园亦未幸免，农民皆啼哭失声，其状至惨。所有各处受伤农民均由救护大队招往医院诊治，又各机关长官，均前往被炸地点视察，并指挥救护人员办理救护事宜。

（中央社）

灾区惨状

当敌机离市空后，工商社记者，即赶赴各灾区视察，至南狱庙遵道而前，即见被灾男妇人民，咸从断瓦颓垣之内，搜寻劫后物什，一种悲惨可怜情状，殊非笔墨所能形容，而对敌机毫无人道之轰炸无不发指皆裂。盖敌机轰炸之技术低劣，漫无目标，故屡次偷袭均殃及无辜平民，惟此次行行牧场乳牛二只，及近郊坟地猪仔五头，均遭炸毙，兼连带徐村稻草一堆，亦遭焚毁云。

（工商社）

1938年1月13日

敌机九架，昨袭星子投弹三十余枚死伤三十余人，敌机投弹后向原路逸去

敌机九架于日昨上午十时，由赣皖边境向本省侵袭。防空司令部据报后，即发出空中警报。逾时续发紧急警报，我空军适时凌空截击，高射炮队亦严密戒

备。飞至彭泽后，即折向湖口星子一带盘旋。星子县政府因招考保学教师，是时正在考试，共有三百余人，因无地下室避难一闻警报，秩序大乱，或向空地四散奔跑，有的竞层集观望。敌机见有目标，即在该县城内，投弹三十余枚，震毁房屋数十余栋，死十余人，伤二十余人，县府房屋，亦被毁一部。并在距星子城内二十余里之地方，投弹数枚，但无甚损失。敌机在该处投弹后，仍由原路逸去。本市于十时四十分，即解除警报，一切恢复原状。该县被炸原因，系无地下室，以资避难，并秩序混乱，为敌机袭击目标，盖在平时对于避难所，未曾建策，以致遭此损害。希望各县政府从速医伤民众，多为建策，以策安全云。

（唯生社）

1938 年 2 月 13 日

敌机二十一架昨分三批侵袭吉安
在城乡内外投弹百四十余枚
震毁房屋数十栋延烧十余栋

昨（二十二）日敌机二批侵入赣境，再次轰炸吉安，第一次上午十时半在赣浙边境，发现敌机六架，十一时许侵入吉安上空，投弹二十余枚，复至吉水投弹一枚，无甚损失，下午二时半浙赣边境发现第一批敌机九架，续发现六架，

均侵入吉安上空，投弹一百四十余枚而去，震坏民房数十余栋，伤平民数人，兹将轰炸情形志下：

上午轰炸吉安吉水

昨日上午十时许，敌机六架，由赣浙边境向赣境侵袭，防空司令部据报后，当即转致我空军及防空部队严密戒备，敌机从赣东一带向赣南方向飞去，由南城县部通知吉赣一带县份，严加注意，十一时五十二分，该敌机飞抵吉安上空，在该县城区西南方郊外投弹二十余枚，伤一人，毁房屋二栋，无甚损失，敌机复至吉水投弹一枚，亦无损失，旋由原路仓皇飞去。

下午两批再袭吉安

下午二时五十分，浙赣边境，又发现敌机六架，由东北向西南飞来，该部据报后，於敌机将逼近南昌时，即发出紧急警报，旋又发现第二批敌机九架，由东北方向飞来，我空军凌空迎击，防空部队亦准备射击，该两批敌机，见我早有戒备，均向赣南方面飞去，该部比即通知各县监视哨，并另电知吉安等地，严加戒

备，敌机于二时二十五分，飞抵吉安上空，盘旋甚久，在该县城内外，投弹一百四十余枚，城内清水巷及县府附近房屋，震塌数十余栋，对河洲上房屋被炸起火，延烧十余栋，郊外投弹，均落荒地，未有多大损失。敌机均由原路逸去，本市至下午五时，始解除警报，恢复原状云。

（唯生社）

1938 年 2 月 24 日

敌机大举侵袭我英勇空军又奏凯歌共击伤敌机八架
发现坠落敌机三架机毁人亡
此次空战实开本市空前纪录
昨日午后敌机袭樟树

敌机四十余架，于昨（二十五日）日上午十一时四十分，侵袭南昌，我英勇空军，起而应战，继续武汉空战光荣精神，与敌英勇周旋，在市区及近郊并应战数十分钟，敌机被我击伤八架，此次空战实开南昌空战纪录。除已发现击落三架外，除在搜索中，敌机在市区近郊投弹八十余枚，死一人，伤一人，炸毁及震塌房屋民屋四十八栋。下午一时二十分敌机九架，侵入樟树上空，投弹二十余枚，多落荒郊，无甚损失，兹将各情志下：

敌机空袭情形

上午十时五十六分，赣皖边境，发现敌机四十余架，由东北向西南飞来。防空司令部据报后，当即发出空袭警报。逾时续发紧急警报，我空军适时凌空截击，高射炮队亦严密戒备。十一时四十二分，敌机二十五架侵入本市上空，我空军比奋勇向前近击，高射炮队同时猛烈射击。我空军与敌机在市东南方郊外上空遭遇，激战良久当击伤敌机八架，落于南昌县属淦山涂村等处。敌机不支，仓皇投弹数十枚，即循原路逸去。十二时二十四分解除警报，一切恢复原状。

投弹八十余枚

敌机投弹八十余枚，落弹地点调查如下：七区界内金盘路五枚，新春魏村六枚，下和湾红家二枚，甘家祠堂内二枚。老营坊十一枚，又操场五枚，某宿舍二枚，共计三十三枚，六区界内上和湾五十九号门首落五弹，上和湾一七号后门落三枚，共落八枚，两共落四十一枚，此外进外空场亦落弹四十余枚，两共落弹八十余枚。

损害详细调查

据警察局调查损害情形如下，七区界内炸毁房屋计金盘路十八号，廿二号，廿一号，二十三号，二十五号，四十号，三十八号，共七栋，老营房前四号，五号，六号，七号，及学校一所共五栋，新春魏村二十一号，廿二号，五号，六号，七号，八号，九号，十五号，十六号，十七号，二十号，二十三号，二十四号，共计十三栋，共计二十五栋，震坏房屋计七区界内金盘路二十二栋，六区界内上密湾一栋，共震坏房屋二十三栋，共计炸毁震倒四十八栋，金盘路死女一人，伤男一人，又下密湾红家山炸毙耕牛二头，猪一头。

下午又袭樟树

昨（二十五日）下午十二时五十一分，赣闽边境复发现敌机九架，由东北向西南飞来，有企图侵袭本市模样，防空司令部据报后，比即发出紧急警报，该敌机进丰城后，续向南方飞行，于□时二十分飞抵樟树上空，投弹二十余枚，多落荒郊，无甚损失，旋由原路逸去，本市於二时解除警报。

慰劳空军将士

南昌县动员委员会电慰空军，原电云：南昌中央通讯社转全体空军将士均鉴，自八一三沪发动以来，我空军将士本其□娴之技术，报祖国之热忱，前线后方屡奏奇功，与敌人莫大之打击，巩固后方，如盘石之安，顷又据报载我空军将士飞往台北轰炸敌空军根据地，直捣寇巢，捷报传来，万民欣慰，开抗战以来未有之伟绩，尚祈本此精神，再接再厉，以扫敌气，而寒敌胆，本会谨代表南昌四十万民众，专电慰劳，并致敬礼，南昌县动员委员会有印。

（中央社）

1938 年 2 月 26 日

敌机前在南城樟树肆虐我方损害情形统计投弹二百数二余枚毁屋二十余栋死伤十一人

敌机于上月二十五日至二十七日，先后在樟树南城等地轰炸，损害颇为惨重，兹据调查结果。

轰炸樟树损害情形

上月二十五日午后一时许，有敌机十二架，侵入樟树镇上空，在郊外投弹二十四枚，市区内□公庙落弹二枚，公巷一枚，上南桥一枚，沙田一带十余枚，倒房屋四栋，死平民男子二名，伤男女五名，损失颇重。

（唯生社）

轰炸南城损害情形

上月二十五日上午十一时十三分，敌机九架，侵入南城上空，在市郊投弹八十余枚，炸毁房屋数栋。又张家坊炸毁房屋三栋，炸伤男子三人，死女人一名，二十六日上午九时十五分敌机九架，侵入城市上空，在郊外投弹百余枚，均落荒地，仅震毁房屋数栋，无甚损害云。

（唯生社）

敌机十二架　昨晚分四批侵袭本市前后轮流投弹共计一百余枚，炸毁民房数十栋死伤二十余人

（本报讯）昨晚七时十分赣皖边境，发现敌机十二架，由东北向西南飞来，本部据报后，当即发出空袭警报，逾时续发紧急警报，我空军适时升空截击，高射炮队照空灯，亦严加戒备探照。该敌机侵入本省境内，即化整为零，分为四批，第一批于七时三十五分先行侵入本市，我空军比向敌追逐，同时高射炮队猛烈射击，敌机见势不妙，乃向南窜往。敌第二批，于八时五十二分继续侵入本市，我高射炮仍以密集奋勇猛烈射击，该敌机不支，仓皇投弹三十余枚后，即循原路逸去，其余两批，即在赣东一带，迂回飞行，其中一批，飞行未久，亦循原路逸去，一批即向赣东南一带飞去。第一批向南飞至樟树后，复由原路向北折回，于九时三十三分后侵入本市，我高射炮队仍集中火力对准猛射，该敌机即在城郊投弹十余枚后，由赣皖边境逸去，其飞窜赣东南之一批，于零时十分又折窜来省，投弹十余枚后，亦循原路逸去，至零时五十二分解除警报，并此次敌机所投之弹，除炸坏□瓜池顺化一带民房二十余栋，死伤二十余人外，其余多落方郊外，无甚损失云。

敌机三架昨袭吉安

昨（十五）日上午十时三十五分，赣皖边境，发现敌机三架，由东北向西南飞来，有侵袭本市模样，防空司令部据报后，当即发出空袭警报，并通知我空军及高射炮队严密戒备，敌机窜入本省境内后在赣东乐平，余江，金溪等地迂回飞行，窥察良久，于十一时许飞抵南城上空，盘旋一周后，向西南飞行，本市乃发出侵袭警报，敌机于十一时二十七分到达吉安上空，亦盘旋甚久，曾投下炸弹二十余枚，据吉安来电报告，敌机所投之弹，多落在郊外荒地，无甚损失。

（中央社）

1938 年 3 月 2 日

敌机十二架昨侵袭星子投弹五十一枚死伤四十余人，毁房屋百余栋全城几成焦土

敌机十二架：昨日上午八时四十分，发现于赣皖边境，由东北向西南飞来，防空司令部据报后，当即发空袭警报，逾时续发紧急警报，我空军适时凌空截击，高射炮队同时严密戒备。敌机在赣东北一带，略事盘旋，于九时三十分，飞抵星子上空，在县城内投弹五十一枚，全城四门住民密集处所，均已着弹，县府及学校均被炸毁，计死平民二十余人，伤二十余人，震倒房屋一百余栋，全城几成焦土，损失至为惨重。敌机在星子投弹后，仍循原路逸去，本市九时五十三分，即解除警报，此次敌机在星子轰炸市民，这足以表现其禽兽暴行云。

（唯生社）

1938 年 3 月 20 日

敌机三架昨晨袭南城在郊外投弹三十余枚死伤五人张廷孟赖伟英任防空副司令

昨晨七时五十分，敌机三架，由闽袭赣，该敌机于侵入赣境后，即飞往南城上空盘旋甚久，在郊外投弹三十余枚，死伤五人，敌机于投弹后，仍寻原路逸去。本省防空司令部据报后，以敌机无侵袭本市企图，故未发警报，以免影响市工作云。

（唯生社）

又讯：军委会前为调整各省防空，经商本省设立全省防空司令部，并派保安处长廖士翘兼任司令，廖氏奉令后，业于本月一日，将南昌防空司令部改组成立，兹悉该部昨奉军委会令，仍派张廷孟赖伟英兼任副司令，张赖二氏奉令后，即日就职视事云。

1938 年 5 月 12 日

敌机三十六架昨分七批竟日空袭赣北各地

曾在彭泽九江等处投弹十余枚

死伤平民十余人炸毁民房甚多

我马垱封锁线极巩固

敌机三十六架，于昨日上午七时至下午六时，竟日轮流空袭赣北各地。先后共分七批，第一批一架，第二批三架，第三批九架，第四批八架，第五批六架，第六批六架，第七批三架，第二批与第四批，曾在马垱附近及彭泽投弹，死伤平民十余人，炸毁民房甚多。第五批敌机，并在九江低空以机枪向下扫射，本市市民均入避难室，中弹者甚少。兹将空袭各情，分志于下：

第一次窥彭泽

昨日上午七时十八分，赣皖边境，发现敌机一架，由秋浦飞至彭泽湖口等处窥探甚久，于七时四十三分向西北方逸去。

第二批炸马垱

是日九时十四分，赣皖边境，又发现敌机三架，侵入马垱上空后，投弹十一枚。据报死伤无辜民众十余人，炸毁民房甚多，余无损失，至九时十五分循原路逸去。

第三批窥九江

十一时三十一分，赣皖边境又发现敌机九架，侵入赣境后，曾飞至九江湖口等县上空盘旋窥察。防空司令部，事前已通知该县警戒，故未投弹，向北逸去。

第四批炸江家湾

十一时三十四分，又发现第四批敌机八架，曾在马垱附近之江家湾地方，投弹数枚，炸毁民房十余栋，余无损失。十一时三十七分飞至彭泽投弹数枚，弹落荒郊，无甚损失。

第五批袭九江

下午二时十一分，又发现第五批敌机，并在九江低飞，以机枪向下扫射，幸市民已避入地下室，无甚损伤，旋向东北方逸去。

第六批窥察马垱

下午三时五十五分，又发现第六批敌机六架在马垱一带窥察盘旋，直至五时许，始行逸去。当敌机空袭各地时，我均放警报加以戒备。

第七次袭马垱

下午五时许，又发现敌机三架，侵入马垱上空后，曾投弹一枚，直至六时许，始离省境。闻所投之弹，落于空旷，无甚损失。我马垱封锁线，极为牢固，敌人欲加毁坏，决非可能。

（中央社）

1938 年 6 月 16 日

敌机十五架昨分两批空袭赣北

第一批十架飞彭泽等县窥察

第二批在东流附近投弹十余枚

敌人近来派兵舰多艘，在芜湖上游扰乱，并时派飞机在沿江各地空袭。昨日下午二时及四时许，先后发现敌机两批，共十五架，第一批在赣北各处窥察，第二批在皖境东流附近投弹十余枚。兹录空袭情形如下：

空袭情形

十八日下午二时许，赣皖边境先后发现敌机十架由东北向西南飞来，防空司令部据报后，当时电知赣北各地严加戒备。敌机侵入赣境后，曾在彭泽湖口九江等县窥察，历一时之久，三时许均行逸去。下午四时二十五分，赣皖边境又发现敌机五架，由东北向西南飞来，曾在马垱等处窥察，飞蹿至东流附近地方投弹十余枚遁去。

（中央社）

1938 年 6 月 19 日

赣北一带昨又遭空袭

敌机十七架分两批侵入

曾在马垱彭泽等处窥探

昨上午八时四十五分，赣皖边境发现敌机九架，由东北向西南飞来，防空司令部据报后，当即电知赣北各县严加戒备。敌机侵入省境后，在马垱彭泽一带窥察甚久，旋向东北方飞去窥至安徽所辖之至德县东门外投弹二十余枚，附近民房略有损坏，至九时许向原路逸去。又讯：下午二时许，赣皖边境又发现敌机八架，由东北向西南飞来，至九江、湖口、彭泽、马垱等处上空窥察数周。

（中央社）

1938 年 6 月 20 日

敌机十三架昨分三批空袭赣东赣北各地

在南城广昌马垱投弹四十一枚

我防备周密无甚损失

敌机十三架昨日分三批空袭赣东赣北各地，共投弹四十一枚。第一批五架，在南城广昌投弹共三十五枚，均落荒地，无甚损失；第二批六架在马垱投弹六枚，亦无损失；第三批两架，在赣北各县窥察，至下午六时始退去，未投弹，兹将空袭情形分志如下：

上午炸南城

昨日上午九时许，赣闽边境发现敌机五架，由东南向西北飞来，防空司令部据报后，当即通知赣东各县，严密戒备。敌机侵入赣境后，经黎川窥至南城上空，投弹三十二枚，所投之弹，均落荒地，无甚损失。

同时袭广昌

敌机在南城肆虐后，旋向西南方飞去，未几经南丰侵入广昌县上空投弹三枚。该县因早得防空司令部通知，人民均已预先防备，故无甚损失。敌机在广昌投弹后，即向闽境逸去。

下午炸马垱

是日下午十二时五十分，赣皖边境，发现敌机六架，由东北向西南飞来，防空司令部据报后，当即通知赣北一带，严密戒备。该敌机侵入本省境内，在马垱附近投弹六枚，旋由原路逸去。

两架窥赣北

下午五时许，赣皖边境，又发现敌机两架，由东北向西南方飞来，防空司令部据报，比即电知赣北一带严加戒备。敌机侵入省境后，曾在九江、马垱、彭泽、湖口等地窥察，至六时许始向原路逸去，未投弹。

（中央社）

1938 年 6 月 22 日

敌机袭彭泽

在张家港投弹四枚均落江中我无损失

昨日上午九时十分，赣皖边境发现敌机两架，由东北向西南飞来，防空司令部据报后，当即通知赣北一带严密戒备。敌机侵入本省彭泽县所辖之张家港，稍事盘旋后，即在江边投弹四枚，弹均落江中，我无损失，旋循原路逸去。

（中央社）

1938 年 6 月 24 日

敌机十七架昨分六批空袭彭泽

在码头城东分别投弹我无损失

两次用机枪扫射旋循原路逸去

敌机十一架于昨日分六批空袭彭泽：第一批三架侵入该县，以机枪向下扫射；第二批二架在该县窥察甚久；第三次一架，亦以机枪向下扫射；第四次四架，在该县轮船码头附近，投弹二枚，弹落江中，我无损失；第五批二架飞彭泽湖口一带窥察；第六批四架在彭泽东门外投弹二枚，均落空地。兹将空袭情形志下：

机枪扫射

二十四日上午八时五十五分，赣皖边境发现敌机三架，由东北向西南飞来，防空司令部据报后，当即通知赣北各地，严密警戒。敌机侵入本省彭泽县上空窥察，并用机枪向下扫射，旋由原路逸去。十时四十五分，又有敌机两架，由皖境窜来侵入彭泽后，在该县上空盘旋甚久始逸去。

投弹江中

十一时二十二分，赣皖边境发现敌机两架，侵入彭泽后，盘旋一周，并用机枪向下扫射，我民众均已避开，故未中弹，旋即逸去。十二时十五分，又有敌机四架，侵入彭泽后，在该县轮船码头附近投弹两枚，均落江中，我无损失，至一时许始行逸去。

（中央社）

弹落山地

［又讯］下午二时余，第五批敌机二架，飞彭泽湖口间盘旋一周即逸去。下午四时余，第六批敌机四架，飞彭泽湖口间盘旋，旋在彭泽县城东门外，投弹二枚，落于山地，毫无损失。敌机每次均循原路逸去云。

（唯生社）

1938 年 6 月 25 日

敌机五十架昨又分批袭赣北

在湖口投弹一百余枚死伤颇重

彭泽马垱两处亦落弹均堕江中

敌机近两周来，连日空袭赣北各地，昨日又有敌机二十七架，分五批空袭彭泽、马垱、湖口等处。第一批一架，第二批六架，第三批四架，第四批九架，第五批七架，分别在马垱、彭泽、湖口投弹五六十枚，湖口死伤平民数人，炸毁民房多栋，余无损失。马垱封锁线极为巩固，敌机在马垱所投之弹，均落江中，工事毫无损坏。兹将空袭情形志下：

轮流空袭各地情形

二十五日上午九时二十分，赣皖边境发现敌机一架，九时二十五分，续发现六架，九时三十五分发现第三批四架，九时五十五分，又发现第四批敌机九架。各批敌机未袭境时，防空司令部，即令赣北各地，严加戒备。敌机侵入省境后，轮流在彭泽马垱上空投弹三四十枚，直至十时许，始原路逸去。据彭泽来电报告，敌机虽连日对马垱轰炸，所投之弹，均落入江中，我封锁工事巩固如恒，丝毫未受影响，敌人欲加破坏，决不可能。又下午一时许，赣皖边境又发现敌机七架，由东北向西南飞来，防空司令部当即通知赣北各县注意。敌机侵入湖口县上空后，曾投弹二十余枚，旋向原路逸去。据湖口报告，该县所投之弹，多落江边，死伤平民数人，炸毁民房多栋，余无损失。

（中央社）

［又本报讯］本日下午三时许，敌机分四批，侵袭湖口。第一批三架，第二批四架，第三批七架，第四批九架，先后投弹八十余枚，多落该县城繁盛区域，市民死伤颇重云。

1938 年 6 月 26 日

敌机四十三架分批犯省被我空军击落两架

我英勇空军截击仅十架侵入

敌机堕落地点经防空部查明

敌机近两周来不断空袭赣北各地，而于我方毫无损失。昨日上午十一时许，敌机四十三架，分两批空袭南昌，我空军当即凌空截击，仅有十架侵入本市上空。第一批四架，在南郊东北方，与敌空军发生激烈空战，当被我击落两架。第二批六架，曾在城外荒郊投弹十数枚逸去，被击落敌机，一堕青洲沙滩，一堕羊子洲十四保附近。兹将空袭及空战情形志下：

首批击落二架

二十六日上午十一时许，赣皖边境发现敌机两批，第一批四架，第二批三十九架，由东北向西南飞来。防空司令部据报后，当即发出紧急警报，我空军适时凌空。首批敌机四架，敌十一时零十分侵入近郊，我空军比向前围击，一时展开激烈之空战，机声枪声大作。我空军人员，极为奋勇，与敌机搏战，交战数合，有敌机两架，被我击中油箱，向下堕落。余机两架见势不佳，乘隙低飞，由西南向东北狼狈逃逸。

二批投弹数枚

第二批敌机三十九架，由皖境侵至浮梁，经鄱湖企图侵入市区，因被我空军截击，不得深入，遂在都昌、星子、乐平、鄱湖、余干等处迂回飞行。十二时许，仅有敌机六架，窜入市区，当在本市东南方（□□）投弹十数枚，均落荒郊，并无损失，旋循原方向奔去。本市于十二时四十五分解除警戒，一切恢复原状。

敌机堕落地点

我英勇空军，击落之两架敌机，其堕落地点，我已查明，一架落于青洲沙滩，一架落于羊子洲十四保附近（距七里街约五六里）。落于青洲沙滩之敌机，机件完全焚毙，驾驶员亦已焚毁，仅遗敌机尾及零件少许，但仍可看到残缺不全敌国之红太阳国徽。堕于羊子洲之敌机，大部分插入土内，驾驶员闻已跌毙，正在搜查中。此次击落之敌机，均系战斗机，有昭和十三年出品之字样，防空司令部曾派员前往查察，机骸将运省。

昨袭赣北各地

敌机昨日又袭彭泽湖口等处，所投之弹，多落江中，无甚损失。我马垱封锁线，仍巩固如恒。惟据湖口报告，敌机二十五日下午分数批袭该县，县城内店铺民房炸毁十分之八九，死伤平民不下百余人，县城内残砖颓瓦，学校被炸毁，为状极惨。

（中央社）

1938年6月27日

敌机二十八架昨午窜入市空[①]肆虐

在顺外及进外共投弹二百余枚

死伤平民四十余人毁民房多栋

另敌机两批袭吉安湖口

敌机近日屡袭赣境，昨日又有敌机五十五架，分四批空袭南昌、吉安、湖口等处。袭击南昌敌机四十架，有二十八架侵入市区，在顺化门及进贤门外，共投轻磅炸弹二百余枚，死伤平民四十余人，炸毁民房二十九栋。袭吉安敌机九架，在郊外投弹十余枚，均落荒郊，我无损失。袭湖口敌机六架，在该县村廓投弹十余枚，亦无损失。兹将敌机空袭各地及本市损失情形志下：

敌机空袭南昌情形

二十八日午间十一时五十九分，赣皖边境，发现敌机四十架，由东北向西南飞来，防空司令部据报后，当即发出空袭警报，逾时继发紧急警报，我空军适时升空截击，高射炮击，亦同时严密戒备。敌机侵入本省境内，侦知我方戒备严密，未敢据尔擅入，乃在赣北一带迂回飞行。十二时二十三分，有敌机十八架，乘隙侵入本市上空，我空军即奋勇向前追逐，高射炮队亦猛烈射击，敌机不支，在市区东南方投弹百余枚，旋循原路仓皇逸去。十二时三十五分，又有敌机十架，窜至市空，仓皇投弹数十枚，均在市区之东，旋循原路逸去。十二时五十九分解除警报，一切恢复原状。

共投炸弹二百余枚

敌机侵入市区后，曾在顺外、进外投弹甚多。兹调查落弹地点如下：顺外甘家祠侧十六号后背菜园内，落弹一枚，进外柏墅万村二枚，后留盔谢村二十枚，墅溪胡村一枚，柏墅万村外田中道路二十枚，尤口西圩附近邹村一枚，共计四十五枚。此外进外及顺外落空场，落弹百余枚，总计共约投弹二百余枚。闻所投之弹，多属轻磅，落于进外顺外空场之弹，因在荒郊，无甚损失。

① 编者注：市空，指南昌市上空。下同。

落弹地点损失调查

本市损害情形调查如下：毁坏民房，计甘家祠十八栋，柏墅万村三栋，后留盔谢村五栋，墅溪胡村三栋，共计二十九栋，（死伤平民）计后留盔谢村死男三人、女二人，伤男十人、女七人，柏墅万村死女一人，伤男九人、女二人，共死男三人、女三人，伤男十九人，伤女九人，共死六人，伤二十八人，共计死伤三十四人。此外尚有尢口圩附近邹村，亦落弹一枚，死伤农民四五人。是日统计死伤平民在四十人之多，被炸之地方，瓦砾遍地，血肉模糊，状极惨酷。各界各长官，均往视察，并督促人员，办理救护事宜。

吉安湖口同遭空袭

又，二十八日下午一时十五分，赣皖边境发现敌机九架，由东南向西北飞来，防空司令部据报后，当即通知赣东赣南一带，严密警戒。敌机窜至本省境内，由宁都县永丰边境，侵入吉安，我空军比凌空截击，敌机不支，在该县附廓仓皇投弹十数枚，仍由原路逸去。又是日下午三时零五分，有敌机六架，由赣皖边境侵入湖口上空，盘旋一周后，即在该县附廓投弹十余枚，旋循原路逸去，损失情形待查。

（中央社）

1938 年 6 月 29 日

敌机九架昨分袭浔湖

九江落弹两枚均落空场

在湖口投弹毁民房多栋

敌机九架于昨日分两批空袭九江湖口，第一批三架，于上午六时五十分在赣皖边境发现，防空司令部据报后，当即通知赣北各县严密戒备。敌机侵入省境后，于七时许在九江县上空，投弹两枚，弹落空场，无甚损失。第二批六架，于下午四时许在赣北边境发现，旋窜至湖口县上空，投弹二枚逸去，闻炸毁民房多栋。

（中央社）

1938 年 7 月 3 日

敌机八架分两批袭赣

在姑塘湖口投弹多枚毁民房多栋并伤数人

敌机八架，昨日分两批空袭赣北，第一批两架，十时零八分在赣皖边境发现，防空司令部据报后，比电知赣北各地严密戒备。敌机侵入赣境后，曾在鄱阳湖西岸姑塘投弹十余枚，有三弹落于民房之间，当炸毁民房十数栋，伤平民数人。十时十五分，又发现一批敌机共六架，由东北向西南飞来，侵入赣境后，曾在湖口投弹多枚，损失未详。

（中央社）

1938 年 7 月 4 日

彭泽城被我包围中

流斯桥一带我歼灭敌军颇得手
敌与我军作战时又施放毒瓦斯

九江四日电：彭泽城内之敌，仍被我包围中，我军在彭泽湖口间之马影桥、流斯桥一带，歼灭敌军颇为得手，该处情势转危为安。马垱街及彭泽、湖口两县城，经敌机多次轰炸，平民房屋被毁十之六七，城内残砖颓瓦，景象凄凉。敌至马垱、彭泽，复大肆屠杀焚烧，惨无人道。又三日敌与我军作战时，施放烟幕及毒瓦斯，有士兵数人中毒，现移至后方医院救治。

（中央社）

浮梁四日电：我军在彭泽以南黄土岭附近，与敌激战，敌向彭泽溃退，我军进至彭泽城东，在尖山、凉亮山附近斩获甚多。我于攻克尖山双峰尖后，控制高点，逼近彭泽东门，敌仍据险顽抗。我正猛攻中，敌刻由马垱输送装甲汽车多辆，增援彭泽，并将四城紧闭，有固守待援模样。另一部在彭泽西面太平关、流斯桥等处，与娘娘庙登陆之敌激战中。张九坊梅关口，三日拂晓我敌激战甚烈。香山我军二日晚进攻香口，敌已全部动摇，嗣敌增援以敌舰掩护施行反攻，我仍退回原阵地，与敌对峙。香山附近江面有敌舰五十一艘，内三艘靠岸，我正严密监视中。张洪湾方面有敌汽艇四只，载敌七八十，企图登陆，被我击退。彭泽西岸有敌炮舰数艘。

（中央社）

东流四日电：三日上下午我军在彭泽南郊，将敌包围痛击后，清扫战场时，发现敌中队长之尸一具，藉知马垱附近及彭泽之敌，兵力约在一个混成旅左右。又我军此役俘获敌日记、文件、枪支及催泪瓦斯等战利品极多，□数小时，始装竣抬往后方，我军士气极为旺盛。

（中央社）

九江三日电：马垱、彭泽间之敌，约正规军两联队，及骑炮兵一小部，二日拂晓，我军向彭泽反攻，在彭泽东南之黄板桥、老屋洪等处，与敌接触，进展颇为顺利。当将彭泽城东尖山，及城南双峰山收复。正命县城进攻中。另一部在彭泽以西之流斯桥附近，与敌对峙中，香口有敌舰四十余艘，大部均已上驶，彭泽附近之□木矶，有敌舰十艘云。

（中央社）

英山四日电：安庆增敌约一联队，并在北□构筑工事，似有增援长江南岸模样，上石牌亦增敌三四百，潜山方面敌约三联队，在陈家桥、王家牌楼、芝麻潭附近对峙。三日晨敌约三千，由小道向红头山西进，企图进犯小池驿，大部兵力在黄泥馆、圣常墩一带因连日向我正面进攻，屡遭惨败，敌似有向安庆退却模样。合肥之敌军四联队，系由淮河北岸调来，有向六安进攻企图。

（中央社）

1938年7月5日

敌机二十七架昨又窜入市空肆虐

在市区东南郊投弹七八十枚

被我英勇空军击落敌机多架

查明一架堕南昌县境

敌机近来迭袭赣境，昨又有敌机三十架，分两批空袭南昌、湖口，第一批二十七架，二时十二分侵入本市上空，在顺化门外及进贤门外投弹七八十枚，毁我民房数栋，伤市民一人，余无损失。当敌机侵入市区时，我空军在郊外拦击，发生激烈空战，我空军奋勇厮杀，当有敌机多架被我击中油箱堕落。第二批敌机三架，下午五时许在湖口投弹多枚。兹将各情分志如下：

二十七架空袭南昌

下午一时五十二分，赣皖边境发现敌机四十余架，由东北向西南飞来，防空司令部据报后，当即发出空袭警报，逾时续发紧急警报，我空军适时凌空截击，高射炮同时严密戒备。一时十二分，有敌机二十七架侵入本市附近，我空军比展开阵容，奋勇向前猛烈迎击，敌机不支，乃仓皇在市区西南方投弹七八十枚，多落郊外，我无损失，旋循原路逸去。二时五十二分解除警报，一切恢复原状。

敌机多架被我击落

敌机侵入赣境后，我空军适凌空拦击。敌机窜入市区时，我空军在市郊东北方拦击，当发生最激烈之空战，我空军奋勇与敌厮杀，激战二十余分钟之久。当有敌机多架，被我击中油箱，纷纷下坠，多落于南昌县属之谢埠附近乡村。我空军及防空司令部现已派员前往窥察，敌机坠落地点及架数，正在调查中。

落弹地点损失调查

袭后调查市区以内，落弹地点，计六区界内新溪桥附近田内落七枚，七区界内菩提寺头门空地一枚，鸿声中学球场二枚，大郎岭背一枚，三郎庙谢村左侧藕塘一枚，金盘路一八号炸毁民房二栋，八区界内，中正医学院南侧落一枚，伤市民男子一人，永外后街空地三枚，王安石路空地一枚，永外后街炸毁民房两栋，毙猪一头，九区界内裘家厂七十号落手榴弹一枚，毁房屋一部分。是日市区内落弹十七枚，毁民房五栋，伤市民一人，余无损失。敌机共投弹七八十枚，余落荒郊。

空袭湖口低空扫射

四日下午五时许，赣皖边境发现敌机三架，由东北向西南飞来，防空司令部据报后，当即电知湖口、九江等县严密戒备。敌机侵入赣境后，曾窜至湖口县上空投弹多枚，并低飞以机枪向下扫射，幸我民众均已避入地下室，无甚损伤。惟该县迭遭轰炸，城内已成一片焦土。

（中央社）

又讯，昨日空战结果，敌机被我击落多架，我空军当局刻在搜查中。现业已查明者，有敌重轰炸机一架，堕落于南昌县属第三区第八保联一一九保大沙湖水中，我已派员捞获中。

（中央社）

1938 年 7 月 5 日

敌机二十七架昨又侵入市空投弹

东南郊落弹五十余枚无损失

同时敌机廿二架窥察赣东北

昨日上午十时五十分，赣皖边境发现敌机二十七架，由东北向西南飞来，省防空司令部据报后，当即发出空袭警报，逾时续发出紧急警报。我神勇空军，适时腾空截击，高射炮队亦同时严密戒备。十一时零八分，该敌机侵入市空，我空军即奋勇向前猛烈迎击，敌机不支，旋在市区之东南投弹五十余枚，旋循原路仓皇逃去，十二时零八分解除警报，市面恢复常态。事后调查敌弹内有一枚落在坡头街，炸毁十二号至十六号民房五栋，余落空地，无损失。

（中央社）

被害地带

敌机投弹五六十枚，除顺外坡头街十二号一枚，十六号、十六号左侧各中一枚，永外正街四枚，后街七枚，永外北岗山八枚，共落二十二枚外，余均落荒郊，炸毁房屋，坡头街十五号、十六号，永外正街，永外北岗山一栋，永外后街一栋，震毁房屋，永外正街一栋，后街二栋，北岗山一栋，炸毁及震破之房屋，均为四栋。至被灾平民，仅永外正街，死男一人，伤男一人。

（广播社）

窥察九江

昨日上午十时三十九分，敌机一架，由皖赣边境侵入九江市空窥察一周，旋向原路逸去。又讯，是日十时四十分，复又敌机十三架，在赣东北一带（鄱阳湖）窥察良久，始由原路遁去。

（中央社）

1938 年 7 月 10 日

敌机袭九江玉山

在九江投二弹我无损失

三架袭玉山损失调查中

昨日上午八时三十七分，赣皖边境发现敌机八架，旋侵入赣北，盘旋窥察，并在九江附乡投弹二枚，均无损失。又讯，今日下午三时零六分，敌机三架，由浙窜入赣境在玉山城郊投弹七八枚。损失情形在调查中。

（中央社）

1938 年 7 月 11 日

赣东北各地昨又遭空袭

敌机二十九架分数批在九江崇仁等处投弹

昨日上午十时零十分，敌机六架，十一时二十一分，敌机十一架，在赣东一带窥察颇久，旋在九江附近投弹五枚，均落旷地，又讯，昨日上午十二时二十二分，敌机六架，在蔡家河投弹十余枚，毫无损失。又讯，昨日上午十一时半，敌机六架，由赣皖边境，侵入赣境，旋在崇仁投弹数枚，仍循原途逃逸。

（中央社）

1938 年 7 月 12 日

赣东北各地竟日空袭中

敌机四十架分七批袭扰并在新港投弹我无损失

敌机连日分批在赣省境内窥察轰炸，昨日第一批敌机一架，于上午七时十八分由皖飞至新港星子一带窥察，未投弹；第二批敌机九架，于上午九时十七分，由闽赣边境发现，旋飞�门岭、信丰、崇义一带窥察颇久；第三批敌机九架，于上午十时四十分由皖飞至新港九江姑塘一带窥察一周；第四批敌机十一架，于上午十时十分，复由皖飞至新港投弹，均落旷地，我无甚损失；第五批敌机七架，于上午十二时零七分，由皖飞至九江窥察一周，旋在吴长岭投弹一枚，我无损失；第六批敌机一架，于二时零八分，由皖飞至星子都昌等处侦察；第七批敌机二架，于下午三时三十分，由皖赣边境发现，在九江一带盘旋后，循原路逃遁去。

（中央社）

1938 年 7 月 14 日

敌机昨又分三批窜入本省各地肆虐

首批窜入市区东南郊投弹

二三两批轰炸都昌及吴城

敌机连日侵入本省境内，肆意轰炸窥察，昨日又有敌机分批来袭。第一批敌机九架，于四时零八分，在皖赣发现，向西南飞行，省防空司令部据报后，即发出空袭警报。并施行灯火管制，四时十一分发出紧急警报。敌机于四时三十四分飞至市空，高射炮队亦集中射击，敌机不支，旋窜至东南郊外，投弹三四十枚均落旷地，四时四十五分解除警报。事后调查，黄溪店、黄村田中落五弹，死一女人，伤二男人，余无损失。

轰炸都昌

昨日下午，续有敌机数批，图袭本市，第一批敌机十九架于是日下午二时十三分，由东北向西南飞来，有袭本市模样，防空司令部据报后，当发警报，敌机旋于二时二十五分窜入都昌，盘旋一周，并投弹数十枚，循原路逸去，二时四十四分，本市解除警报。

轰炸吴城

昨日下午二时十三分，续有敌机十七架，于赣北方面发现，由北向南飞来，亦有袭本市模样，防空司令部复发警报，该敌机飞至德安转向吴城投弹多枚，三时三十三分本市解除警报，恢复常态。又，是日下午四时二十五分，敌机六架，在九江与新港间投弹多枚，损失未详。

（中央社）

1938年7月15日

本市难民收容所发生疑似霍乱症

患此症者七八人已死四人

永修等县亦发生类似疫症

卫生处筹设临时防疫医院

本市难民收容所以日来，天气炎热，发生可疑霍乱症，初患此症者约七八人，死者已有四人，内一女三男，其余数人，尚在医治中，闻卫生当局已予防范，俾免蔓延。

又讯，湖南及上海各地，现在相继有真性霍乱流行，蔓延颇为猖獗。本省卫生处，日前亦迭接永修、东乡、武宁及本市各方报告，发生疫疾多起，并有死亡，兹经探得详情，特分志于下：（一）永修涂家埠，日前忽发现疫疾，曾死亡四人，有一人疑似霍乱，但最近并未继续发现；（二）东乡方面发生疫疾五人，又染疫者五人，死四人，均疑似霍乱，现未继续发现；（三）武宁有补充营士兵两人染疫，现尚在卫生院隔离治疗中，居民则尚未有传染；（四）南昌方面计第四十后方医院，死勤务兵一人，第六重伤医院，死看护兵一人，浙赣铁路局死工友一人，又省立医院收染疫病人五人，死二人，均疑似霍乱，按霍乱为急性肠胃传染病之一种，患者上吐下泻，数小时内，即可丧命。传染原因，皆因饮食不洁之物所致，欲免此病，对于人口，每人皆宜注射预防针（本市医生事务所及各分所均可免费代为注射）。

1938 年 7 月 15 日

本市昨日两次空袭

敌机卅七架分两批窜入肆虐

先后投弹百余枚我无甚损失

下午敌机三架袭玉山

昨日上午八时三十五分，赣皖边境发现敌机三十七架，分两批向西南先后飞来，有侵袭本市模样，省防空司令部当即发出空袭警报，逾时续发紧急警报，我空军适时凌空截击，高射炮队严密戒备，两批敌机先后侵入本市上空，因我防空部队，严密堵截，乃在东南角投弹百余枚，仓皇逸去。兹将空袭情形，及投弹地点，损失情况，调查分志如下：

空袭情形

昨日上午八时三十五分，赣皖边境，次第发现敌机两批，第一批计十八架，第二批计十九架，由东北向西南先后飞来。省防空司令部据报后，当即发出空袭警报，逾时续发紧急警报，我空军适时凌空截击，高射炮队同时严密戒备。该第一批敌机于八时五十五分，侵入本市上空，我空军比向敌迎击，高射炮队亦对准发射，敌机不支，仓皇在区外之三家店附近投弹三四十枚，旋循原路逸去。第二批敌机于九时零八分，赓续侵入市空，我防空部队即严密堵截，该敌机旋在本市区东南方投弹百余枚，多落荒郊，毫无损失，仍由原路逸去。九时四十三分解除警报，一切恢复原态。

着弹地点

顺外普子塘刘村空地中弹一枚，辛家庵附近田内一枚，石泉谢村背后坟山上一枚，公路口火□旁边空地一枚，白马庙刘村前面田内一枚，溪田蒋村田内一枚，进外柏墅李前村屋后田内一枚，黄溪店熊龚村附近路旁及田中共四枚，黄溪店谈魏村附近田中五枚，下楼下村附近沟中一枚，以上共投弹十七枚。此次敌机投弹共一百余枚，除以上着弹地点十余处外，其余均落荒郊。

损失调查

震坏房屋共二十一栋，计黄溪店龚村九栋，黄溪店谈魏村十二栋，死伤人数溪田蒋村死男一人，伤男一人，柏墅李前村伤男一人，石泉杜魏村伤女一人。除死者比即掩埋外，伤者由救护队，抬至医院救治。此外普子塘刘村空地并伤牛一头。

（广播社）

［又讯］昨日午后五时四十分，敌机三架，由浙境飞往玉山投弹十余枚，我无甚损失。

（中央社）

1938 年 7 月 16 日

敌机三架昨晨袭九江新港

投弹廿余枚多落荒郊另敌机一批经省袭汉

昨日上午七时四十分，敌机三架，由赣皖边境来袭。该敌机侵入九江上空，盘旋良久，旋用机枪扫射，并投弹多枚，复飞至新港投弹二十余枚，多落荒郊，无甚损失，仍循原路逸去。又九时四十五分，敌机十八架，由赣皖边境向本省飞来，似有侵袭本市模样。防空司令部据报后，当即发出空袭警报，并通知赣北一带，严密戒备。该敌机侵入本省境内，即由都昌德安，折向西飞，经武宁、修水一带，往武汉窜去。本市于十时十五分解除警报，闻该敌机于十一时侵入武汉上空，投弹七八十枚，多落荒郊，无甚损失云。

（唯生社）

1938 年 7 月 17 日

本市昨晨又遭空袭

敌机廿一架分两批侵入市空

往返投弹四次共计一百余枚

弹落荒郊我无甚损失

昨日上午五时三十二分：赣皖边境发现敌机二十一架，分二批向西南飞来，侵袭本市，省防空司令部据报后，次第发出空袭及紧急警报，我空军凌空截击，高射炮队严密戒备。敌机两批侵入市空，在东南角投弹，并往总共投弹四次，共投弹百余枚，多落荒郊。兹将空袭情形，及损害调查，详为分志于下：

空袭情形

昨日上午五时三十二分：赣皖边境次第发现敌机两批，第一批十二架，第二批九架，由东北向西南飞来，省防空司令部据报后，当即发出紧急警报，我空军适时凌空堵截，高射炮队同时严密戒备。第一批敌机于五时五十分侵入市空，我空军比向前迎击，高射炮队亦对准发射，该敌机不支，仓皇投弹数十枚，旋循原路逸去。第二批敌机于六时五十分，又侵入本市，我空军复展开阵势向前猛烈围击，该敌机乃仓皇投弹，往返共投四次，计百余枚，仍由原路逸去，无甚损失。七时二十一分解除警报，一切恢复原态。

（广播社）

损害情况

敌机两批往返投弹四次，共投弹百余枚。黄溪店熊龚村附近坟山及田中着弹七枚，新溪桥□首田内二枚，上楞杨村前面田中□枚，桃竹丛王村田内二枚，桃竹丛谢村田中□枚，牛行火车站库房手榴弹一枚，牛行上河街手榴弹一枚，罗思九罗村田内手榴弹四枚，余均落荒郊，此外黄溪店熊龚村伤男一人，牛行上河街伤男一人，黄溪店熊龚村炸死水牛一头，房屋毫无损坏。

又，昨日上午九时许，赣皖边境复发现敌机一架，侵入都昌上空，在该县城郊西北角投弹十余枚，多落荒郊，毫无损失，敌机投弹后，仍循原路逸去云。

（广播社）

1938 年 7 月 18 日

敌机昨分数批袭本省各地

两次图犯本市均未逞

新港德安九江遭轰炸

昨日敌机分数批，侵入赣南赣北一带窥察，并在新港德安九江等处投弹。详情如下：

一次空袭

昨日上午七时四十分，赣皖边境发现敌机八架，由东北向西南飞来，防空司令部据报后，当即发出空袭警报。该敌机侵入本省境内，在赣北一带窥察良久，旋循原路逸去，八时十四分解除警报。

二次空袭

又，十时零八分，赣皖边境，复发现敌机十八架，由东北向西南飞来，本部据报后，当即发出空袭警报。该敌机侵入赣北，即在瑞昌一带盘旋，未投弹，旋向赣鄂边地逸去，十时三十五分解除警报。

新港投弹

又，八时零十分，敌机三架，由赣皖边境飞至九江一带窥察，旋飞往新港上空，在该处投弹多枚，损失待查。

轰炸德安

又，上午九时四分，敌机两架，在赣皖边境一带盘旋一周，旋窜至德安一带投弹□枚，损失待查，旋由原路逸去。

窥察赣南

又，十时敌机八架，由赣闽边境飞来，该敌机侵入本省境内，即在赣南之会昌赣县南康一带，窥察良久，旋由赣鄂边境逸去。

轰炸九江

又，下午一时九分，敌机十五架，由皖境分三批侵袭九江，该三批敌机，会合集中在九江□南方轰炸投弹近百枚，损失情况，正在调查中。

（唯生社）

1938 年 7 月 21 日

敌机五十四架竟日袭赣北

在浔投弹两次损失待查并飞星子一带盘旋窥察

昨日敌机五十四架，由赣皖边境，竟日分批袭扰本省赣北一带。第一批五架，第二批七架，第三批四架，在星子九江一带盘旋，第四批五架，于八时五十九分，在九江东南方投弹，第五批三架，第六批五架，第七批二架，第八批三架，第九批一架，第十批一架，均在九江星子一带盘旋，第十一批十九架，于下午五时许，在九江及十里铺投弹多枚。损失情形，正在调查中。又前日敌机窜至瑞昌上空，投弹十余枚，损失正在调查中。

（唯生社）

1938 年 7 月 22 日

敌机二十五架昨窜入市空窥探

另有敌机数批窥察赣北各地

星子被轰炸无甚损失

昨日上午七时起，敌机不断在赣北一带窥察，并在星子投弹四枚，下午三时许，敌机二十五架侵入本市盘旋一周，旋循原路逸去。详情如下：

下午侵入本市

下午三时四十一分，赣皖边境发现敌机二十五架，由东北向西南飞来，本部据报后，当即发出空袭警报，逾时续发紧急警报，我防空部队，比严密戒备，该敌机于三时五十分，侵入本市，我防空部队即对准射击，该敌机在市空盘旋一周后，仍循原路逸去，四时三十五分解除警报，一切恢复原态。

轮流窥察赣北

上午七时三十分敌机一架，由赣皖边境侵入星子一带窥察一周，旋循原路逸去，又八时零二分，敌机二架，八时十八分，敌机四架，又九时敌机二架，由赣皖边境先后侵入九江一带窥察良久，仍由原路逸去，又九时十四分，敌机一架，在星子投弹四枚，多落郊外，无甚损失，又九时二十二分，敌机二架，由赣皖边境侵入德安瑞昌一带窥察一周，旋循原路逸去，又九时三十六分，敌机九架，由赣皖边境侵入牯岭、星子、德安，略事窥察后，即往武宁向赣湘边境逸去。

（中央社）

1938 年 7 月 23 日

敌机昨轰炸南城

并分批在赣北轮流窥察

敌机昨日又分批在赣北一带侦察，并在马回岭及南城投弹，损失情况未详。兹将空袭各情，分志于后：

窥察赣北

昨日敌机又分批在赣北窥察，第一批敌机三架，于昨上午十时，由赣皖边境窜至马回岭一带窥探，旋循原路逸去，第二批敌机三架，于上午十时零四分在沙河德安一带窥察一周，仍由原途逸去，第三批敌机一架，于上午十时□□分又在马回岭姑塘一带盘旋，窥察良久。

轰炸南城

昨日上午十时三十分敌机三架，在马回岭盘旋一周后，并投弹多枚，毁破民房甚多，死二十余人，伤三十余人，余无损失。又，是日上午十时四十分，敌机六架，由闽赣边境窜入赣境，经黎川光泽一带，旋侵入南城上空，盘旋一周，并投弹二十余枚，损失情况待查，旋循原途逸去。

（中央社）

1938 年 7 月 26 日

敌机昨轰炸德安

县府被毁商铺民房损失惨重

王民厅长刘特派员几濒于难

敌机并在都昌永修窥探

［本报讯］省政府民政厅长王次甫，省党部常务特派员兼第五区党务指导委员刘家树，以敌军进陷赣北边境，企图袭取九江并沿江进犯武汉，乃利用甚优势炮火，在姑塘登陆藉以威协九江，因此对于赣北动员民众工作，至为迫切，特于前（二十五）日偕同妇女生活改进会总干事雷洁琼，联袂赴德安一带指导当地党政人员，积极协助军队工作。昨晨九时许，讵□敌侦察机二架侵入德安上空窥察随后重轰炸机十一架在县城，投弹多枚，县政府周围均被炸，县政府亦落五百磅炸弹一枚，房屋全毁，职员受伤甚多。适时王厅长及刘特派员正在县政府召集该地党政人员开会指示战时工作，敌机来袭时，即避入后院空地，幸免于难。下午一时，第二批敌机数架，又飞至德安投掷烧夷弹多枚，顿时起火，各消防人员入出抢救，敌机乃用机枪扫射，死伤甚众，闻商店及房屋被毁者数在一百余家以上，又下午二时许，第三批敌机侵入德安，在城内及郊外滥施轰炸。昨日敌机先后三次轰炸德安，损失极为惨重，刻正在料理救伤及急赈云。

又讯，昨日上午十时十二分，赣皖边境发现敌机九架，由东北向西南飞来，本市防空司令部据报后，当即发出空袭警报，逾时续发紧急警报，并通知我防空部队，严密戒备。该敌机侵入赣北后，即在都昌永修一带，窥察良久，旋由原路逸去。十时五十二分，解除警报，一切恢复原态。

（中央社）

1938 年 7 月 27 日

敌机十八架昨分两批狂炸樟树

在市区内投弹一百数十余枚

毁屋六十余栋死伤一百余人

敌机十八架，于昨日上午九时四十分，分两批由赣皖边境向本省侵袭，每批各九架，自东北向西南飞来，防空司令部据报后，当即发出空袭警报，逾时续发紧急警报，并通知我防空部队严密戒备。该敌机侵入鄱阳后，经余江进贤丰城，于十时二十八分，窜至樟树上空，略事盘旋，即在该处市区，投弹一百数十余枚，炸毁店铺住户房屋六十余栋，死市民四十余人，伤六十余人，损失至为惨重。该敌机于投弹后，仍循原路逸去。本市于十一时零七分，解除警报云。

（唯生社）

1938 年 7 月 29 日

敌阀率兽食人寇兵竟宰烹我平民

中古野蛮行为重见于今日

寇兵日记摄影不久可公布

浮梁三十一日电：中倭战事已一年余，在此期间，敌军所制造奸淫惨杀之记录，在人类历史上堪称空前绝后，吾人每见报载敌军之兽行，愕然不敢置信，殊不知敌军之灭绝人性，即原始神话中亦未之前闻。最近我某战区某司令部，获得敌兵日记一册，检视之下，竟发见有宰杀我平民，以为祭记，甚至炙肉而食之野兽行为，该日记为□部队门马忠男，时间为三月十七日，地点在长兴附近。其原文曰：“闻分队士兵言，架桥时曾杀一支那人为血祭，又曰午后七时半晚餐时，于第四分队杀支那人，炙其肉而食之，共食五人，皆为平民。”吾人应感谢此兽兵，留此珍贵之记录，为我同胞之警惕，现此日记正摄影中，不久全文即可展观于中外人士之目前矣。

（中央社）

1938 年 8 月 1 日

敌机二十七架昨分两批侵袭本市

在下沙窝一带投弹六十余枚

毁民房六十余栋民船十余只

死伤无辜平民八十余人

敌机二十七架，昨日又分批轰炸本市。兹将轰炸及损失情形分志于后：

侵袭情况

昨日上午九时四十五分，赣皖边境次第发现敌机两批，第一批十八架，第二批九架，由东北向西南飞来，防空司令部据报后，当即发出防空袭警报，逾时续发紧急警报，并通知我防空部队严密戒备。该敌机经彭泽浮梁鄱阳都昌进贤，于十时零五分，第一批敌机侵入市空，我防空部队即猛烈射击，该敌机不支，在城北下沙窝附廓仓皇投弹数十枚，第二批敌机乃在附廓盘旋，未入市区，旋一同循原路逸去。十时四十七分，解除警报，一切恢复原态。

着弹地点

昨日敌机空袭，事后调查，在城北下沙窝投弹二十五枚，新沙窝城北小学背后投弹二十枚，三纬路八九号落弹一枚，沿江路硝皮厂第五三号后面河内投弹约十余枚，均系爆炸弹，共计约六十余枚。

损失调查

损失情形如次，下沙窝炸毁民房二十三栋，震坏民房三十八栋，死男二十余人，死女数人，炸死狗一只、猪二只，肉血横飞，哀声震天，破壁残墙，一片瓦砾，为状至为惨痛，又新沙窝震坏茅屋三栋，伤男一人，伤女二人，三纬路第八九号震坏一栋，伤一男人，北站河内炸毁民船三只，炸伤民船十余只，伤船夫数人，共计炸毁震坏民房八十余栋，死伤平民八十余人云。

（中央社）

灾区惨状

敌机轰炸非战斗人员，惨无人道，早为世人深知。昨在下沙窝附近投弹轰炸，该处原为贫苦人民住所，被炸惨状，尽笔难书，当记者到场调查时，数处血泊，熏臭难闻，不全之尸体，触目皆是，肉血横飞，惨不忍睹。敌机此种惨无人道，非但我人民毫无恐惧，益坚我人民勇敢杀敌之决心，故灾区虽惨，而个个咬牙切齿，大有活捉倭寇，千刀万剐，非替死者复仇不可之势。

长官视察

敌机在下沙窝附近投弹轰炸后，党政军警各机关长官，深恐殃及平民，当即出发灾区视察，比饬救护掩埋各队，对于伤者即抬往医院救治，死者分别妥为掩埋。未几各救护掩埋队，疾速到场，分头工作，极形忙碌。闻各长官，以死者家属多为最苦人民，除分别安慰外，并拟设法救济云。

（广播社）

1938 年 8 月 5 日

南昌红万字会救济被炸难民

伤者已送医院死者分别殓埋

世界红万字会南昌分会，自抗战军兴以来，救济战区难民，极为努力，难民得其救济者，自二月起，已在四万以上，其热心善举，实为社会人士所钦佩。昨日敌机十七架，侵袭本市，在城北下沙窝、新沙窝、城北小学、沿江路、硝皮厂等处狂炸，死伤贫民八十余人，灾情极为惨重。该会会长朱中慧，悯念灾黎，罹此浩劫，特亲率同救济队长员夫及医助等二十余人，乘救护汽车，前往灾区，协同防空司令部救护大队人员，救护伤亡人员二十八名，由该会担架夫送往南昌医院等治疗。有炸毙平民妇孺三十余人，无人收殓，均由该会运来棺板装殓掩埋，并将各家姓名，标签为记，以资识别。尚有被难陈□生等家属，极为惨苦，已由该会发给救济费洋一十六元。此种义举，为惠灾黎，实无量矣。

（唯生社）

1938 年 8 月 6 日

敌机昨日窥察赣北并飞玉山都昌投弹

敌机昨日又分批在赣北一带轮流窥察，并在玉山都昌投弹轰炸。

轰炸玉山

第一批敌机一架，于上午九时由赣皖边境飞来在都昌窥察一周，旋循原路逸去，第二批敌机三架，于上午九时三十分由赣浙边境飞来，旋在玉山投弹十二枚，多落荒郊，我无甚损失。

图袭本市

第三批敌机六架，于上午十时三十七分在赣皖边境发现，向西南飞来，有袭本市模样，省防空司令部据报后，当即发出空袭警报，该敌机旋侵入都昌，盘旋一周，经吴城向赣北逸去，十一时零五分，解除警报。

肆虐都昌

第四批敌机二架，于是日上午十一时十分由皖飞来，侵入都昌市空，投弹十余枚，闻炸毁民房及市民伤亡颇重，详情正在调查中云。

（中央社）

1938 年 8 月 7 日

敌机十八架昨又闯入市空肆虐

在牛行一带共投弹六十余枚死伤男女平民共一百五十人

另一批九架轰炸樟树

敌机二十七架，昨日又分两批侵入本省境内，并轰炸南昌及樟树等地，惨无人道，实堪发指。兹将各情分志如后：

轰炸樟树

昨上午九时五十四分，赣皖边境，次第发现敌机两批，第一批九架，第二批十八架，由东北向西南飞来，省防空司令部据报后，当即发出空袭警报，逾时续发紧急警报，并通知我防空部队，严密戒备。该第一批敌机侵入鄱阳湖后，经余江进贤丰城，于十时二十分窜至樟树上空，稍事盘旋后，即投弹数十枚，多落荒郊，无甚损失，旋循原路逸去。

侵袭本市

第二批敌机，由休宁侵入浮梁乐平，经万年余干临川温家圳，窜至本市。我防空部队比以密集炮火，对准射击。该敌机不支，即在牛行一带，投弹六十余枚，炸房屋五十一栋，震坏房屋二百四十七栋，死伤平民达百数十人之多，其状至惨，并在距乐化三里许之小回岭投一弹，无甚损失，旋由原路仓皇逸去。十一时二十四分，解除警报，一切恢复原态。

损失调查

是日空袭，投弹地点，计猴地落弹八枚，凤凰洲落弹四枚，下牛行三枚，上牛行十二枚，下河街二十七枚，上河街八枚，共落爆炸弹六十余枚，炸毁猴地、上牛行、下牛行、下河街、上河街、凤凰洲房屋共五十一栋，震坏房屋共二百四十七栋，炸死猴地、上牛行、下牛行、下河街、上河街、凤凰洲平民男七十五人、女十二人，共八十七人，炸伤猴地、上牛行、下牛行、下河街平民男五十四人、女九人，共六十三人。

捉获汉奸

当敌机正在市空肆虐投弹时，石厂街第一百十五号内，发现一汉奸，于敌机南飞时，在晒台上以白汗衫乱摇，敌机北回时，复将白汗衫复于头顶。该地商民周子卿，目击汉奸行动，比奔往该屋内，奋勇登至晒台将该汉奸捉获。是时，适保安某团军士十余人巡查经此，乃协同将该汉奸押解团部，转送警备部严办云。

（广播社）

救护掩埋

警报解除后，本省各长官前往被炸区巡视，慰问各被害同胞家属，并有卫生处所组织之救护大队，警察局消防队，在进行救护消防掩埋，并有世界红十字会南昌分会副会长朱耀，亦率领队员四十余人，从事施药担架。

（中央社）

1938 年 8 月 8 日

敌机两批二十七架昨又轰炸吉安樟树

吉安投弹八十余枚无甚损失

樟树毁房屋六栋死平民一人

昨日上午八时许，敌机两批，第一批十八架，第二批九架，自赣皖边境飞来，分袭吉安樟树。兹将其袭击情形，录志如下：

侵袭吉安

昨日上午八时二十分，赣皖边境发现敌机两批，由东北向西南次第飞来，防空司令部据报后，当即发出空袭警报，逾时续发紧急警报，并通知我防空部队，严密戒备。该第一批敌机，由祁门，经浮梁、乐平、鄱阳、余干、东乡、临川、乐安、永丰、吉水、于九时二十五分，侵入吉安上空略事盘旋后，即在该处附廓投弹八十余枚，均落荒郊，无甚损失，旋循原路逸去。

轰炸樟树

第二批敌机，续第一批敌机航线，至临川后，乃由东向南飞至丰城，复向南飞行，于十时十八分，侵入樟树上空，窥察一周，并投弹三十余枚，炸毁旅馆房屋六栋，死平民一人，详情在调查中，该敌机仍由原路逸去。本市于十一时十分解除警报，一切恢复原状。

（唯生社）

1938 年 8 月 10 日

南昌医院英医师提出敌军放毒证据

我伤兵十九名入该院诊疗

达尔波博士断定受毒气伤

日内瓦九日哈瓦斯电：中国驻国联会常任代表胡世泽博士，倾以该国南昌医院英籍医师达尔波博士，所提出之报告书一件，送达国联会秘书长爱文诺。内容乃就中国士兵十九名最近在扬子江前线被日军施用毒瓦斯伤害之后，经该医师诊察情形，加以说明，略谓各该伤兵系于七月（二日至五日）之间，自扬子江前线送至南昌医院经在各方面加以诊察之后，余意乃系一种芥子气，甚或氯气所致。

屯溪九日上午十时电：敌军近来时在南北各战场使用毒气，惟因我准备周密，故损失尚微。据报日由宣城开往芜湖之敌，约有七八千人，附毒气五百余箱，刻均存置芜湖大华饭店，即运长江战场使用。

1938 年 8 月 11 日

敌机昨晨分两批袭吉安及本市

投弹多枚均落荒郊我无损失

玉山德安昨亦同遭空袭

昨日拂晓，敌机两批，第一批九架，第二批十二架，分袭吉安及本市，情况分志于下：

侵袭吉安

昨日下午二时四十分，敌机九架，由浙江桐庐侵入赣东，于四时四十五分，窜入吉安上空，盘旋良久，五时零八分在该处郊外，投弹二三十枚，无甚损失，至五时四十五分，始向赣西方面飞往上高、高安，窥察一小时有余，复窜至南昌县属之向塘一带，共投弹十数枚，旋由赣东北逸去。

轰炸本市

昨日上午五时三十分，赣皖边境复发现敌机十二架，由东北向西南飞来，省防空司令部据报后，当即发出紧急警报，并通知我防空部队，严密戒备。该敌机于五时四十分，窜入本市上空，我高射炮队比集中火力，猛烈射击，该敌机不支，旋在市郊东南方，仓皇投弹十数枚，均落荒地，毫无损失，仍由原路逸去。八时零六分解除警报，一切恢复原态。

（广播社）

1938 年 8 月 14 日

敌寇在赣北暴行之一斑

屠杀我平民并纵火

对被俘士兵竟刺心

马回岭十六日电：十五日午后，敌于沙河西北大肆屠杀我市民，并焚烧民房，我前线守军遥见该处火光烛天，历时四小时尚未熄灭。

马回岭十六日电：据昨日俘获之敌俘虏及日记内所载，敌对于我居民及我被俘士兵苛之虏残暴，实为古今中外所未有。据敌军日记记载：湖口周家村居民五十余，俱未及逃避，被敌将各家老幼男女三百余口，全数驱入池塘内，投以手榴弹，顿时全体毙命，池中之水尽为之赤。又据俘虏供称，该俘虏于本月八日，曾目睹敌对我被俘士兵先用刺刀切去头颅，再以刀尖刺其心窝。该敌满拟此次被俘决无生望，不意我军对渠优待有加，故感激而将上述情形见告，并表示再不参与任何侵略战争云。

（中央社）

1938 年 8 月 17 日

鄱湖战事侧重西岸

敌军主力猛犯星子县城沦陷

向星子以西玉筋山现犹鏖战中

德安二十三日电：大江南岸敌军，被阻于南浔路正面，西犯瑞昌，亦未得逞。二十日开始向鄱阳湖东西两岸进犯，主力侧重西岸，已登陆者约步骑炮一混合联队，在星子方面，被我歼灭过半。现敌援续到湖口约二万人，湖口敌小型舰泊于姑塘以南，星子以北较多，约二十余艘，有窥袭德安，切断南浔路之企图。沿湖一带我方驻有重兵，士气旺盛，利用优势地形，准备与敌血战。至我主要阵地，尤能避免湖上敌海军炮火之威胁，敌绝难越雷池一步云。

（中央社）

德安二十二日电：鄱阳湖流域，二十二日战斗情形如下：

（一）湖东方面，二十日晨敌军约四百人，分向螺丝山、风屏山冈山登陆后，经我痛击，风屏山之敌，全被击退，螺丝山冈山之敌，正在围剿中。敌在东岸登陆作用，系掩护西岸敌军进犯，并欲防东西两岸之夹击。

（二）湖西方面，二十日晨敌在东岸骚扰时，星子附近驶来敌舰三艘，向岸猛击，并派飞机轮流沿岸狂炸，星子流星山、轮山等处我阵地损毁颇多。迄午，敌施放烟幕，一部在星子县城登陆，一部在星子南流星山沙山附近登陆。我沿湖警备部队，奋不顾身，英勇抗战，颇有伤亡，敌兵葬身湖畔，为数亦众。我炮兵并击伤敌舰一艘，惟星子县城地势平坦，与湖接连，在敌海陆空军威胁之下，我军阵地尽毁。至二十日晚星子遂告沦陷。二十一日敌军向星子增援，共约一联队，现正加强工事，防我反攻。二十一日晨敌军在海军炮火掩护之下，向星子以西玉筋山进犯，鏖战惨烈，晚间玉筋山南部高山仍在我手。

（中央社）

马回岭二十二日电：江南敌主力似已东移星子，昨夜至今晚，敌集中一联队，向星子城西北猛犯，我军浴血奋战，曾为数小高地争夺至五六次之多，敌死伤过半，仍续增援中。敌之目的在夺取庐山麓下距星子约二华里之玉筋山。该山之高仅次于庐山。敌图占此山，以图牵制附近诸岭，故不惜重大代价，企图侵占。但鏖战迄晚，敌仅据有该山附近二小山头，其最高峰仍在我手。

（中央社）

1938 年 8 月 23 日

昨晨敌机九架图袭本市未逞

在都昌德安等地窥察

昨晨七时许，敌机九架，由赣皖边境向本省侵袭，该敌机侵入本省后，在都昌德安永修一带，盘旋甚久，有侵袭本市模样，防空司令部据报后，当发出空袭警报，该敌机旋由新祺周向鄱阳湖都昌方面逸去云。

（唯生社）

1938 年 8 月 23 日

敌主力仍溯江西犯

窜扰星子究似牵制扰乱作用

香山黄山我军击伤敌舰八艘

赤湖战事入重要阶段

马回岭二十四日电：敌在星子一带强行登岸，各处窜扰，究似牵制扰乱作用，其主力似仍在溯江西犯，迄午为止，敌在大江及湖面船艇之分配状态，即可见其一斑，计自九江至瑞昌江面，有敌船艇五十四只，内有巨型运输舰一只，沿江上驶中，湖口有舰艇八只，含山有六只，鄱湖共有十三只。

（中央社）

浮梁二十四日电：二十二日有敌舰多艘经过香山黄山，我军以猛烈炮火射击，共有八艘被我击伤，敌损失重大，是日晨四时，有敌舰十余艘，经黄山上驶，有两舰中弹冒烟起火，五时又有敌舰七艘上驶，被我击中三艘，一中头部，一中尾部，一中腰部，八时又有敌舰两艘下驶，全被我击中，下午四时又有“二二”号敌舰一艘下驶，该舰连中三炮，冒烟下沉，其余各舰亦皆起火。

（中央社）

浮梁二十四日电，军息，二十二日大小敌舰二十余艘，经山上驶，被我沿江炮兵击沉一艘云。

赤湖战况

瑞昌二十三日电：赤湖西岸战事，已进入重要阶段。二十三日黎明，敌机即在瑞昌四周盘旋轰炸，入暮始止。湖之北岸方面，二十一日晚敌我在大屋何一带有猛烈之争夺战。深夜我以两营兵力，向敌奇袭，当将朱庄克复，毙敌极伙。二十二日早敌复以卑劣手段，施放大量剧性毒气。我军不及防，两营壮士均口鼻流血。该敌又在飞机大炮及烟幕掩护之下，向我猛攻，我在乌龟山东侧迎击，至晚仍混战中。东岸方面我固守安成桥（瑞昌东□公里）陈家山□山之线双方隔水相峙，战况较昨稳定。二十二早迄敌虽数度向我猛攻，但均被我击退。

（中央社）

江北战况

浠水二十三日电：敌以江□东方尚无相当进展，故在江北方面不敢活动，但我利用此种良机，连日在潜山至宿松之间出击敌军，颇有收获。敌近将兵由宿运太，为数不多，侵入山南以西之敌，现已被阻于岔路口。

（中央社）

商城二十四日下午六时电：合肥之敌分两路西犯，一由合肥沿六安公路进犯，其先头部队六百，已到达官亭附近，另由桃溪镇推进之敌约四千人，昨日其先头部队亦到达官亭以南之岔路口附近。

浠水二十三日电：敌六七千人，昨由桃溪镇□龙头河，而侵至山南馆以西，因此，西北之六安，与西南之霍山，顿呈紧张局面，敌此种企图，乃欲在江北方面，如江南之战线，而展开其一面袭其两翼大包围徐州之故伎，惟敌是否由此续犯，目前尚难判断，但为牵制我兵力之一部，乃属显然之事实。

（中央社）

六安二十三日电：王家牌楼附近之敌，约二百余，二十一日夜向我仰天庵山麓阵地夜袭，激战二小时，敌不支溃退，源潭铺增敌千余，敌并以重炮向我张家山阵地射击，并以一小部袭击老岭头，自金寨，迄长□冈民房，均被敌焚毁。

（中央社）

1938 年 8 月 25 日

敌机二十二架分批袭本市

在附廓西南郊外投弹数十枚炸毁民房数栋死伤三十余人

敌机六架袭吉安

昨日上午九时许，赣皖边境发现敌机两批，每批各十八架，同时赣浙边境又发现敌机六架，闻由东北向西南飞来，防空司令部据报后，即于九时三十五分发出紧急警报，并通知我防空部队，严密戒备，第一批敌机经赣东北向赣湘边境窜去。

侵袭本市

第二批敌机十八架，于九时四十分侵入本市上空，我高射炮队，比猛烈射击，该机乃仓皇在附廓西南方郊外投弹数十枚，炸毁民房数栋，死贫苦农民十八人，伤二十余人。

轰炸吉安

另有一批敌机六架，于十时三十二分，窜至吉安，在该处稍事盘旋，即投弹三四十枚，均落郊外，仍由原路逸去。十时十五分解除警报，一切恢复原态。又敌机三架，于下午一时，由赣皖边境飞来，省防空司令部据报后，当即发出紧急警报。该敌由赣北侵入市空盘旋一周，并未投弹，旋即逸去，一时三十分解除警报。又下午二时许，敌机一架，由赣皖边境飞来，经赣北侵入市空，略事盘旋后，即飞去。

（中央社）

1938年8月26日

敌机十八架昨过赣袭湘

在车站附近投弹数十枚

昨日上午九时十分赣皖边境，发现敌机十八架，由东北向西南飞来，省防空司令部据报后，当即发出空袭警报并通知我防空部队严密戒备，该敌机由望江侵入都昌，经吴城、永修、奉新、靖安、宜丰、万载，向赣湘边境窜去，九时五十三分解除警报，嗣接长沙电告，该敌机于十时许侵入长沙市空，在火车站附近投弹数十枚，无甚损失，旋循原路逸去。

（中央社）

1938年9月1日

敌机昨又分三批袭南昌武宁

并在都昌永修一带窥察

敌机二十余架，昨日又分批侵入本市都昌永修武宁县属箬溪投弹窥察，兹将各情分志于后：

窥都昌暨永修

第一批敌机二十余架于昨日上午九时二十六分由赣皖边境飞来，省防空司令部据报后，当即发出警报，并通知我防空部队，严密戒备。该敌机由都昌侵入后，即窜至永修一带窥察很久，旋向赣北方面逸去，十时零四分解除警报。

袭本市及箬溪

第二批敌机四架，于昨日下午一时十五分，在武宁县县属之箬溪（距该县四十里），投弹二枚，均落野外，无甚损失；第三批敌机五架于昨日下午五时四十五分，由都昌飞来，省防空司令部据报后，发出警报，严加戒备，该敌机旋于五时五十分窜至市空盘旋一周，旋在城东南郊外菩提寺附近投一小型炸弹，落于荒地，毫无损失，六时解除警报。

（中央社）

1938 年 9 月 2 日

敌军再犯南浔全线瑞昌战事转趋沉寂

敌犯星子西南阵地又放毒气

乌沙硖登陆之敌我正扫荡中

马回岭二日电：今晨起敌对我南浔线左右两翼正面，再度施行全面攻击，以数十架飞机，在我阵地内外猛烈轰炸扫射，星子方面又施放大量毒气，我官兵有相当准备，中毒牺牲者，较昨前两日稍减云。

（中央社）

马回岭一日电：一日，敌舰向我星子南之王爷庙炮击数百发，我予以还击，八时许敌舰撤退。同时敌军向桃花尖炮击百余发，并分两队，每约三百余人，分向我万杉寺至东孤岭附近潜入，我官兵迎头痛击，利用峭壁对水中之敌，猛投掷手榴弹，毙敌百余人，敌不支退出。

（中央社）

马回岭一日下午七时电：星子之敌，昨攻我东孤岭万杉寺一带未逞，被我击毙百余名。现敌攻我星子西南东孤岭桃花尖一带阵地时，发毒气炮，在空中爆炸，落地黄烟弥漫，我军三十余人中毒，未几大雨如注，遂即苏醒，我援军赶到，将敌击退。

（中央社）

马回岭二日电：日来敌在江南各线，均在积极增援中，其最前线自沙河以东，至瑞昌以南，大致为一平行线，长约三十公里。三十一日起，约增加四五个联队，同时其后方仍在继续向前推进中，每日拂晓及夜间，敌在九江登陆者络绎不绝，隔岸相望，甚为清晰，其后续部队之一部，系自江北调来者。

（中央社）

白门楼二日电：瑞昌西郊磨山洪山一带，我敌三十日夜，均曾派队夜袭，发生接触，阵地无变化。一日竟日，瑞昌郊外各面战事转沉寂，仅有炮战，众料敌因屡次受挫，似有变更企图势。

（中央社）

上海二日合众电：日军因极欲进攻汉口之故，将京沪路一带驻军，大部调往长江，致日来京沪一带，中国游击队活跃异常，日军死伤极重。

（中央社）

德安二日电：昨日敌猛攻南浔路右翼牛头山，□□一带，战况猛烈，双方均有伤亡，本日上午，敌军进攻正面甚烈。

（中央社）

白门楼一日电：我军三十日夜，向瑞昌西郊之敌进攻，又占领磨山前高地，三十一日晨敌虽集中残部，以山炮二十余门，向我洪山磨山前高地反攻，仍被击退。敌因屡次受挫，气势已疲，似在整顿待援，故三十一日竟日，该线仅有炮战。其他□马□武□公□及马头以东之江岸，三十一日亦无接触，又连日我军各路皆捷，士气更旺，阵容尤趋稳定。敌机亦因惧我防空火器威力，不敢再在我阵地低飞，敌欲迂回该路，以威胁马头，显已遭遇打击。

（中央社）

阳新二日电：江南方面，瑞昌以西一日战况沉寂，瑞昌以南之敌，共约二联队，其一部约二三千，在阳铺附近与我对峙。

（中央社）

都昌一日电：敌自上月三十日至一日止，在□□乌沙峡一带登陆约五十人，与我某部激战，现我援军已陆续到达攻击中。

（中央社）

马回岭二日电：二日午敌百余人向沙河西南五里之熊家巴口，及其西二里之狮子山附近进扰，我军与之战斗一小时许，将之击退。

（中央社）

1938 年 9 月 3 日

敌机惨无人道昨狂炸本市市区

投弹四十七枚均落繁盛街道

毁屋四十余栋死伤平民甚多

到处断垣残瓦血肉横飞

敌机惨无人道，到处轰炸我无辜平民，尤以昨在本市轰炸，情形最为凄惨。缘是日上午八时许，赣皖边境发现敌机六架，侵至本市轰炸，漫无目标，投弹数十枚，房屋被炸毁及震坏者四十余栋，平民死三十余人，伤五十余人，到处断垣残瓦，血肉横飞，哭声震天，不忍睹闻。兹将空袭情形，及受灾详情分志于下：

空袭情况

上午八时零六分，敌机六架，由赣皖边境向本市方面飞来，省防空司令部据报后，当即发出紧急警报，并通知我防空部队严密戒备。该敌机由都昌侵入后，经永修于八时十三分窜至市空，我高射炮队，比集中火力，猛烈射击，该敌机即在市区内，兴隆庵、钟鼓楼、电灯整理处、河东会馆、萧公庙、冻米厂、葡萄架、中山路大成公园侧、洪恩桥、马家巷口、左家巷、三皇宫剑声中学、民德路新世界戏园、建德观、马王庙、中正路、淘沙塘、大井头、东大街、羊子巷、三义祠、三纬路、小金台等繁盛街道，投弹四十枚，旋由原路逸去。九时二十三分，解除警报，一切恢复原态。

着弹地点

是日第一、三、七、九、十等五区，共落爆炸弹手榴弹四十七枚，计洪恩桥空地及马家巷口落手榴弹二枚，三纬路一枚，左家巷二号二枚，三皇宫三四号三枚，中正路文子祠一枚，淘沙塘复兴里十四号一枚，东大街七七号一枚，洪恩桥恒丰馆落手榴弹二枚，牛行站猴地六枚，大井头三枚，马王庙八十八号一枚，新世界戏园内一枚，电灯整理处三枚，民德路五三〇号民生药店一枚，冻米厂二号一枚，三皇宫十一号剑声中学三枚，福隆庵七七、七八、七九、六二号共六枚，河东会馆七十一号七十五号各一枚，令公庙八十七号一枚，大成公园侧二九号手榴弹一枚，下水巷十七号一枚，葡萄架十二、十七号共两枚，东大街七五、七七号共二枚，上樟树下七六号一枚，灵应桥八六号一枚，萧公庙八号一枚、一九二号一枚，建德观恒丰米店一枚。

损失调查

计民德路五三〇、五三五号三铺面完全炸毁，左家巷一号、三皇宫三四号、大井头炸毁房屋五栋，东大街七七号、淘沙塘复兴里十四号、中正路文子祠各一栋，震坏猴地七栋、马家巷一栋、羊子巷恒丰馆一栋，炸毁冻米厂二号房屋一栋，震坏福隆庵七七、七八、七九、六二号房屋共四栋，炸毁令公庙六七号房屋一栋，又第五八、七四号共二栋，下水巷十七号一栋，葡萄架十二、十七号两栋，上樟树下七六号房屋二进，萧公庙八号一栋、一九二号一栋，三皇宫五号一栋，又东大街七五号，炸塌新世界广场一进，河东会馆七十号一、二、三进，又八十号墙角炸倒，共炸毁房屋三十四栋，震坏房屋十七栋。

死伤平民

洪恩桥空地炸死二人，马家巷口十六号死一人，鹅头巷死男一人，猴地死一人，伤五人，大井头死男六人，女一人，伤男八人、女五人，左家巷死男二人，淘沙塘十四号伤男一人，三皇宫十六号伤一人，新世界戏园死□人，伤男三人，电灯整理处死一人，隔壁义和厚米店伤男一人，冻米厂二号死男七人、伤男十六人，三皇宫十一号剑声中学死男六人、伤男五人，福隆庵七七、七八、七九、六二号共伤男三人、女一人，令公庙六七号死女一人，又五八、七四号、死男一人，伤男二人、女一人，下水巷十七号伤男一人、女一人，葡萄架十二、十七号伤女一人，上樟树下七六号伤一人，灵应桥八六号死男一人、伤四人，萧公庙一九二号死女一人，建德观避难室口炸伤二人，建德观恒丰米店死一人、伤一人，灵应桥树林茶社内死二人，共炸死平民男三十一人、女二人，河东会馆七十五号伤男一人，炸伤男五十人、女十人，共六十人。

灾区惨状

当解除警报之后，记者即亲赴各被炸区察看一周，斯时正各救护团体，尚在努力施行掩埋与救护工作。记者乃挨被炸户调查，目观各被炸平民：有身首异处者，有四肢断残者，有下腿被炸、仅留上半截者，有肠肚露出者，有奄奄一息者，有额部仅有半边者，有上膊击穿者，血肉模糊，惨不忍睹；尤以灵应桥树林茶社内住户史□捐，史儿子，脑浆迸出，令公庙六七号住户石昆山之媳，遍身被弹片烙伤，犹如触电致死一般。此外马家巷十六号内住户，有年约八十龄老人，因敌机轰炸时，彼尚在室内睡觉，突闻炸弹声，因受惊吓，立即毙命，一片抚尸恸哭，惨绝人寰之声，莫不愤恨敌寇不齿！敌寇如此疯狂滥炸无辜平民，徒增厚我人民抗敌情绪耳。

长官视察

敌机狂炸本市平民后，省党委兼书记长范争波，民政厅厅长王次甫，市长朱有骞，省会警察局长黄光斗，省后援会主任委员许德珩，兼总干事王枕心，调查股股长黄锡章，被炸平民慰问会主任委员黄鹤龄等党政各长官，亲赴被炸各区视察，并慰问被炸伤之平民及其死者之家属。惟此次狂炸情状虽惨，但被炸伤平民，均痛恨倭机惨无人道，益增我平民抗战之决心。闻各长官及被炸平民慰问会，对于此次被炸伤平民及死者家属，将设法予以救济云。

努力救护

敌机狂炸本市平民之后，红万字会等救护队，分头至各被灾区域，施行救护，对于死者，除由会掩埋者外，凡死者亲属自行掩埋者，由会给以十元掩埋费，另给死者家属三元救济费，并召集灾区附近壮丁，帮同挖掘死尸，各发以暑药，以防传染病疫。红万字会昨日用去棺木四十具，自朝至夕，工作忙碌，可见热心救灾之一斑云。

（广播社）

1938 年 9 月 4 日

瑞昌西北两郊血战我军奋勇将敌击退

敌犯东孤岭西孤岭均未得逞

我守军在武山击落敌机一架

瑞昌亭子山四日午后七时电：四日下午二时，敌载重汽车六辆，往九江，沿九瑞公路运弹药给养，至瑞昌西北约三里之胡村，被我炮兵所发现，当施以炮击，敌汽车悉中弹着火云。

（中央社）

瑞昌亭子山四日午后七时电：瑞昌西郊之敌，四日晨十时后，增至三千余，继续向郎君山反攻。我军不顾一切，仍坚守占领阵地。迤后敌情急无奈，又施放毒瓦斯，致该山一度被敌夺回，现仍在该山相持中。同时敌为防我磨山蛤蟆洞守军向敌之侧击，一部向该两地分犯，迄未得手，薄暮仍在激战中。

（中央社）

瑞昌亭子山四日午后七时电：瑞昌北郊方面，四日晨十时至薄暮止，均在混战中。犯该地武山梅山一带之敌，除有数百余自港口乘汽艇五十余艘，驶经赛湖，在西岸武山北麓之倒插脑及南麓之连山登陆者外，另有敌二千余，系瑞昌经□马公路向北增援。该部增援之敌，一股犯公路东之武山，另一股犯公路西之梅山及潢门脑之线。敌舰仍停于城子镇江边，续向武山一带发炮，其中且杂有毒瓦斯弹。此外上午有敌机八架，下午有敌机三架，冒恶劣天气，专在该地上空助战，我军除以大炮答复敌海军炮之射击外，并有一部生力军驰往该线增援。竟日虽受敌陆海空之大举进犯，阵线迄未动摇。

（中央社）

马头镇四日电：敌舰九日由九江西驶自城子镇附近以炮火支持其兵进犯武山一带者，计有两队。一队约有十六七艘，泊于城子镇东正江湾，另一队不得其数，位后于第一队约十余里。因射程关系，仅第一队向岸上发炮。敌舰虽自晨至暮，击射竟日，我阵地损失毫无。且因受我某处炮兵还击已有敌舰两艘受创，又由赛湖乘汽艇在倒机脑登陆之敌，曾有敌山炮四门，在乌龟山东开炮，为其支援，被我炮兵施以镇压射击，迄难发挥威力，且已被我击毁其阵地。

（中央社）

乌石门四日电：四日拂晓犯星子之敌，复以大炮轰击东孤岭万杉寺一带，同时以飞机多架，掩护步骑千余人，沿德星公路南犯。我军扼守东孤岭西孤岭及其西南阵地，与敌激战竟日，毙敌二百余，迄晚仍在东西孤岭与庐山之间苦斗中。

（中央社）

瑞昌亭子山四日电：瑞昌西北南郊战争，经血战终日，至晚八时半，始趋和缓，枪炮声寥落。综计一日来，敌用火攻击我两翼磨山及武山一带步兵，并附有山野炮数十门，敌舰十余艘，亦开炮为其支援；敌机多架，冒恶劣天气，飞临助战；在情急时，且不顾人道，施放毒气，可谓集陆海空及化学兵型之火威以攻。我英勇将士，不顾一切，死守阵地，并决迎战，不仅两翼之阵地，毫无变化，更将瑞昌西郊郎君庙占领。我神勇炮兵，亦发炮射击，使敌之支援炮火受挫，补给被毁。尤可奇者，我仅消耗六粒步枪子，竟换来敌侦察机一架。而敌以终日巨量消耗与重大伤亡所得者，仅武山两侧之倒插脑与连山西小高地，以及夺回郎君山之半个山头而已。预料敌受此奇创，日内或将□犯，吾亦将再度发挥机动性战术，继续予敌以打击云。

（中央社）

1938 年 9 月 5 日

敌机袭吉安

在郊外投弹卅余枚无甚损失

下午敌机二架侵入玉山窥察

敌人不顾国际公约，惨无人道，连日派遣兽机，侵入本省各地，肆意轰炸窥察。昨日又有敌机六架，于上午十一时十二分，在皖赣边境发现，旋侵入玉山，经上饶、横峰、弋阳、贵溪、余江、东乡，于十一时二十五分，窜至进贤。省空防空司令部据报后，即发报警，并通知我防空部队严加戒备。旋该敌机窜扰崇仁，□□□□□□□□□□□吉水，侵入吉安市空，盘旋一周，在城郊外投弹三十余枚，震坏民房四栋，死伤数人，旋循原路逸去。本市十一时五十五分解除警报。

又讯：昨日下午五时二十五分，皖赣边境发现敌机二架，旋侵入玉山，盘旋良久，始向东北逸去。

（中央社）

1938 年 9 月 9 日

敌机昨袭赣

在乐平临川吉安等县窥察

另敌机九架昨旋窥伺武宁

昨日上午十一时三十分，皖赣边境发现敌侦察机一架，旋侵入乐平市空，盘旋一周，即经万年、余江、东乡、临川，窜抵樟树，在该镇窥察一周后，经新淦、吉水，于下午一时三十八分侵入吉安市空，盘旋窥察，旋经泰和、永丰、乐安、汤溪，并侵入南城盘旋，嗣经弋阳、德兴，向东北方面逸去。

又讯昨（十二）日上午八时十八分，敌机九架，侵入武宁窥察一周，即向东北方逸去。

（中央社）

1938 年 9 月 13 日

南浔路及星子前线敌军屡次施放毒气

我获得敌毒弹及日记等铁证

前方官兵迫切需要防毒面具

隘口街十六日电：中央社记者在南浔路及星子前线，获得有力证据，证明敌军近来屡次施放毒瓦斯，以协助其步兵攻击。此种证据，可分三项：（一）记者在西孤山附近拾得敌毒气筒一个，系铁皮装以类似俘石之小块，高为二十二生的直径十一生的。上部有盖可揭开，取火点燃，毒气即顺风飘吹。下有一环，每兵可携于皮带上，中上部并画有红□，但外部之绿漆已刮去两行，显为用来注明毒气种类，及制造厂所与年月日之处。（二）敌兵津田联队高木队，吉田清氏之日记上，载有所谓“特种瓦斯”之使用法，并插以图形，与记者所得者完全相同，说明此系窒息喷嚏，与催泪性毒种瓦斯之混合毒气，使用时，须本人先行带上防毒面具，俟上官放射特种信号枪，证实风向系对敌方阵地时，始得点燃。刻此筒已运赴武汉。（三）记者在荆林街（马回岭东）附近，由我士兵手中得所获敌兵田中部队（一〇六师一一三联队）横田队林田队中付末太郎日记，九月二日所载“本日奉命协同友军发射瓦斯炮弹，向敌阵攻击，幸赖有此，故于黄暮后，到达指定位置”云云，此外记者十一、十二两日在西孤山背后之丫环山，曾亲见敌方三度以飞机及掷弹筒掷放瓦斯弹，其声与炮弹完全不同，声较轻脆，不如炮弹之沉重，且不夹尘土，纯为黄绿色浓烟，徐徐腾起数丈后，复向下徐降。十二日晨九时许，一次敌连发百余弹，于二五一二高地，历十分钟，毒烟始散。记者又在×××附近访问西孤岭退下之野战病院中曾中毒之官兵谈话，彼等神色显为困倦，两目虽睁，但对面不能辨认为谁，且声为谁，且声带因气管受创，异常迟滞。据断续声称，敌放毒时，有为自飞机掷下，有为点燃，有为由掷弹筒射出，亦有系山炮或迫击炮放出者。自七日至十二日间，敌每次集中炮轰时，均于一百弹中夹毒弹十数枚，每放烟幕时，亦必夹以瓦斯，至专施放毒气连达百余枚，前后有七次，以七日及三日为最烈。记者又在某处访某指挥官，据称，刻已获有敌军是近又携来剧毒性瓦斯之证据，目前前方官兵，迫切需要防毒面具，或至少能使之鼻口罩，极盼后方民众火速救援云。

（中央社）

1938年9月17日

敌机昨分六批窥赣北各地

一架曾窜至樵舍本市当发出警报

敌机昨日又分批在赣北一带，到处窥察，各情如次：第一批敌机五架，于昨日上午九时十三分，侵入张王庙桃野店一带（浮梁县属）侦察；二批敌机三架，于上午九时十七分，侵入经公桥（浮梁附近）窥察；三批敌机三架，于上午十时三十五分，侵入董家滩、黄土港窥察；四批敌机九架，于上午十一时三十七分侵入徐港桥（都昌县属）窥察；五批敌机九架，于上午十一时五十六分，侵入黄土港（彭泽县属）窥察，旋向西北飞去；六批敌机一架，于上午十二时零五分，侵入都昌盘旋一周，旋窜经吴城、樵舍（乐化附近）。省防空司令部据报后，于十一时三十分发出警报，该敌机旋在该处盘旋一周，向东北方向逸去，于十二时四十分解除警报。

（中央社）

1938 年 9 月 17 日

敌机六架昨又肆虐本市

在城北投弹卅余枚死伤多人

并另有一批窥察永修

敌机十六架，昨日分批窥察永修，并肆虐本市。兹将各情分志如次：

肆虐本市

敌机六架于昨日下午三时三十五分发现于吴城，旋经永修、乐化，省防空司令部据悉后，立即施行对空防御，移时敌机窜入市空，我高射炮队，猛烈射击，敌机不支，旋在城北方向下河街、下牛行及下牛行背后田中，共投弹三十余枚。

损害情况

事后经记者亲驰被炸地点调查，敌机在下河街旁边投弹二枚，震坏房屋数栋，伤二人，下牛行投弹数枚，震坏民房十余栋，死一人，伤四人，余在下牛行背后禾田中投弹二十余枚，大洞累累，四周熟稻，均受损坏。

努力救护

敌机肆虐后，省卫生处救援队，省抗敌后援会救护工作团，世界红十字会救护队，均纷纷驱车赴被炸地区，从事救护，轻伤者为之包裹敷药，重伤者即护送至省立等医院治疗。

窥察永修

昨日下午二时二十分，在赣皖边境发现敌机六架，未投弹，施循原路向东方逸去。

（中央社）

1938 年 9 月 22 日

敌机轰炸吉安

炸毁民房卅余栋余无损失

两度侵入本市附近窥察

昨日上午八时许，敌机一架，九时许，敌机六架，次第在赣东赣西一带窥察，并在吉安投弹二三十枚，损失甚微，各该敌机又先后二次侵入本市附近窥察。兹志各情如下：

窥察赣西

昨日上午八时五十一分，敌机□架，由赣皖边境飞来，似有袭本市模样，省防空司令部，当即发出紧急警报，并通知省防空部队，严密戒备。该敌机侵入本省境内后，经过高安樟树丰城进贤等处，旋经本市上空，向赣北方逸去，九时四十分解除警报。

侵袭吉安

又十时三十八分，发现敌机六架，由赣皖边境飞来，防空司令部据报后，比即发出第二次警报，逾时续发紧急警报。该敌机于十时四十四分，侵入本市上空，我高炮部队，比即发炮射击，该敌机未敢逗留，逸向丰城樟树新淦峡江吉水。旋于十一时二十八分窜至吉安，盘旋良久，并在该处西南方郊外投弹三十余枚，炸毁民房三十余栋，余无甚损失。旋分两路飞窜，一路由市北袭永丰崇仁临川南城金溪铅山上饶玉山，一路向北飞来，似有侵袭本市模样。该部复于一时零四分发出三次警报，并通知我防空部队严密注意。该敌机于一时十二分，经市空附近窥察一周，向东北逸去。一时二十五分，解除警报，一切恢复原态。

（中央社）

1938 年 9 月 29 日

敌机昨又狂炸市区[①]

在七八九三区投弹四十余枚

毁房屋卅余栋死伤八十余人

昨本市三次警报：下午三时一次，发现敌机五架，侵至本市上空，不顾公

① 编者注：市区，指南昌市市区。下同。

理，惨无人道，在市区内投弹四十余枚，滥肆轰炸平民。兹将空袭情形及灾区情形，详为分志于下：

空袭情形

昨日下午三时十八分赣皖边境发现敌机五架，向南飞来，省防空司令部据报后，于三时三十分发出紧急警报，并通知我防空部队，严密戒备。该批敌机由永修、昌邑、乐化，侵入市空，我高射炮队当密集火药射击。该敌机见势不支，仓皇在市区上营坊、上沙窝、二纬路、二经路、澹台墓、新东岳庙、湖滨公园、花园角、民德路、毛家桥、北坛、四纬路、城北小学等处，投弹约四十余枚，炸毁平屋六栋，震毁房屋三十余栋，死伤平民八十余人，余无损失，旋即向都昌彭泽县属万家店逸去。三时五分解除警报，一切恢复原状。

着弹地点

事后据记者调查，第七、八、九三区共投弹约四十余枚，澹台墓菜园一枚，湖滨公园前街二号附近一枚，戴家巷五十号一枚，湖滨公园音乐堂左侧一枚，体育场一枚，民德路一一三号、二〇六号、八二号、四二号共五枚，一纬路空地一枚，二纬路四一号门口空地一枚，三纬路右侧空地一枚，四纬路八五号门口一枚，四纬路八九号门口一枚，皇殿侧二十号一枚，新沙窝十七号右边空地二枚，北站河边三枚，上沙窝一三六号各一枚，城北公园空地一枚，三纬路九分局右边路口二枚，三经路空地一枚，新东岳庙五八号一枚，新东岳庙一枚，张家巷一一号一枚，永内谌家巷八号一枚，营坊街六一号一枚，花园角罗兴发缝衣店一枚，建德观一四号一枚。

损失调查

炸毁房屋，张家巷二五号房屋一栋，戴家巷五〇号一栋，死男一人、女一人；营坊街六一号一栋，民德路二六号一栋，伤男二人、女三人；花园角罗兴发缝衣店一栋，死男一人；上营坊一〇二号一栋，震坏房屋，计澹台墓一八、二一、二二号各一栋，四纬路八五号一栋，三纬路九分局窗院，营坊街六三号一栋，民德路二一二、二〇六、二一〇、二〇八房屋四栋，花园角一〇、一八、二〇、二二、二四、二六、三四、三六、一二四、一二八、一二六号房屋共十一栋，死男二人，伤男一人、女一人；王阳明路三四七号门口，死男一人，新东岳庙园地伤二人，新东岳庙五八号死伤十余人，张家巷震坏房屋一栋，伤二人，永内谌家巷死一人、伤二人，毛家桥四四号死男一人，建德观一一三号死女一人，王阳明路死男一人，上沙窝死男二人、女一人，二经路四纬路口伤男一人，张家菜园死男一人，花园角三二号死男一人、一二四号死男二人；又九分局境内死九人、重伤八人、轻伤二十二人。

视察灾区

敌机投弹尚未逸去之时，红万字会、红十字会等各救护团队，均出动至被灾各区救护。是时，省后援会主任委员许德珩，兼总干事王枕心等，驰至被灾各区视察，当经许□对于死者，饬队妥为掩埋，伤者，除立时敷以救治药外，并分别抬往各医院救治。内有一男人，炸去左腿，卧地呻吟，经医士提前救治，恐无性命之虞，但人已残废矣。

窥察乐化

昨日上午八时三十分，赣皖边境发现敌侦察机一架，向南飞来，省防空司令部据报后，当即发出空袭警报。该敌机由永修、安义，窜至乐化上空盘旋一周，窥察良久，旋由山渡永修，循原路逸去。至九时零七分解除警报，一切恢复原状。

轰炸永修

昨日四时十八分，四时三十分，赣皖边境先后发现敌机二批共七架，向南飞来，似有侵袭本市模样，省防空司令部据报后，当即发出空袭警报。四时四十三分，续发紧急警报，并通知我防空部队，严密戒备。该批敌机由吴城、昌邑、万家埠、安义侵入永修，闻在永修县城东投弹数十枚，损失情况不详。旋由都昌、彭泽县属万家店逸去，至五时零四分解除警报，一切恢复原状。

（广播社）

1938 年 10 月 4 日

敌机廿架昨分两批窜入市区滥肆轰炸

在豫章路等处投弹六十六枚

炸毁民房甚伙死伤四十余人

敌机连日肆虐本省，昨日又分批窥察轰炸。第一批计敌机二十架，于上午九时四十分先后侵入南昌市空，在豫章路、环丘街、王安石路、上下沙窝等处，投弹六十六枚，炸毁及震毁民房八十余栋，死伤平民四十余人；第二批敌机三架在新祺周窥察；第三批敌机六架，在山下渡窥察；第四批五架，在永修投弹。兹录各情如次：

空袭情形

昨日上午九时二十六分，敌机九架，由赣皖边境飞来，省防空司令部据报后当即发出空袭警报，逾时续发紧急警报，并通知我防空部队严密戒备。该敌机于九时四十分侵入本市上空，我高射炮队比即集中火力，猛烈射击，该敌机仓皇在豫章路、北坛、花园角、新东岳庙、经堂巷、王安石路、园丘街、豫章中学、南昌医院附近、带泉巷、上下沙窝等处，共投弹六十余枚，炸毁及震毁民房六十余栋，死伤平民七十余人，旋循原路逸去。九时五十分，赣北方面又发现敌机十一架，由北向南飞来，于十时零四分侵入市空，我高射炮队复猛烈射击，该敌机盘旋一周后，即循原路逸去。十时三十分解除警报。

（中央社）

着弹地点

是日敌机轰炸第六、七、八、九等市区，着弹地点，经记者调查如下：圩口巷路边二枚，圩口巷山上二枚，琉璃新村第四二号二枚，老营房□边菜地附近八枚，示范公路一枚，第三交通路一枚，洪门下彭村右侧手榴弹二枚，经堂巷第六四号一枚，新东岳庙第六五号空地一枚，新东岳庙第三十九号及十四号各一枚，戴家巷第十四号及十九号各一枚，民德路八十二号四枚，民德路一〇二号一枚，民德路一一八号二枚，王安石路空地二枚，花园角第一一二号及六六、六四号各一枚，花园角七八号十一枚，园丘街一一三号四枚，园丘街六一号后面空地一枚，上沙窝三号左侧一枚，上沙窝九一号一枚，背后河边三枚，上沙窝八四号一枚，江上新村二号一枚，下沙窝八一、八六、九二、七十号附近各一枚，下沙窝一二四号门口一枚，北站空地及河边共四枚，共落爆炸弹六十六枚，手榴弹二枚。

（广播社）

损失调查

（炸毁房屋）经堂巷一栋，戴家巷一栋，新东岳庙一栋，民德路三栋，花园角十栋，上沙窝四栋，园丘街一栋；（震坏房屋）琉璃新村一栋，经堂巷三栋，民德路一栋，新东岳庙一栋，解家厂、花园角十三栋，上沙窝十七栋，园丘街二栋，江上新村一栋，下沙窝二十一栋；死伤人数，琉璃新村死男一人，彭子江死男一人，新东岳庙死男二人、伤男三人，王安石路死男一人，伤男一人、女二人，花园角死男四人、伤男八人，下沙窝死男三人、女一人，下沙窝后面船上死男一人，又河边伤男一人，严公庙旁死男二人，环丘街伤男三人，经堂巷伤男二人、女一人，新东岳庙第三九号炸毙马三匹。共计毁坏房屋八十二栋，死伤市民四十七人。除死者已由掩埋队掩埋与各该家属领埋外，伤者均一律由红万字会，以及各救护团体送至附近医院医治，伤势均无大碍云。

（广播社）

灾区惨状

各灾区咸皆残垣破壁，一片瓦砾，触目凄凉，同时残体累累，令人不忍目睹。尤其新东岳庙、花园角北坛等处，受害最惨。有一家三人，炸死一男一媳，幸存老妪，围着死者哭诉，遭遇极为惨痛。一般民众，对敌机之残暴行为，誓与倭寇不共戴天。同时各机关长官，亦纷纷前往视察，对被炸同胞家属，极为轸念。

（中央社）

救护掩埋

当警报未解除以前，卫生处救护大队，防空司令部防护队，中国红十字会世界万字会救护队及掩埋队，省消防大队，省后援会救护工作团、宣慰工作团，分别驱车驶赴各灾区从事救护工作。轻伤者即施以医疗及包扎，重伤者护送至附近各院医治，或送至省立医院施以手术，因之该院全体医生护士工作，亟形忙碌。

（中央社）

轰炸永修

昨日下午一时十分，都昌发现敌机三架，旋窜吴城永修、马路口、新祺周一带窥察。又下午二时零八分，有敌机六架，侵入永修，在山下渡窥察一周，循原路逸去。又下午二时三十五分，敌机五架，在新祺周盘旋后，再度侵入永修，投弹十余枚，旋向东北方逸去。损失在调查中。

（中央社）

1938 年 10 月 6 日

敌机三架昨分两批侵入市空

并窜往丰城吉安等地窥察

永修一带遭敌机轮流轰炸

昨上午八时二十分敌机一架，由赣北方面向南飞来，省防空司令部据报后，当即发出空袭警报，逾时续发出紧急警报。该敌机于八时二十一分，经过本市上空，向丰城、樟树、吉安一带窥察，旋由赣东北方向逸去。八时四十二分，又发现敌机二架，由赣北向南飞来，于八时五十分侵入市空窥察一周，旋即循原路逸去。八时五十五分，解除警报，一切恢复原态。又同日下午三时零七分，敌机二架，在赣西一带，窥察良久，旋由赣北方面逸去。又同日敌机二三架不等，分批在永修一带轮流侦察轰炸。损失待查。

（广播社）

1938 年 10 月 7 日

敌机六架昨又窜市窥探

我高射炮队集中火力猛击

敌机盘旋数周循原路逸去

昨日下午四时零五分，赣北方面发现敌驱逐机六架，由北向南飞来，省防空司令部据报后，当即发出紧急警报，并通知我防空部队严密戒备。该敌机于四时二十五分侵入市空，我高射炮队，比即集中火力猛烈射击，敌机亦低空以机枪扫射，我无损失。该敌机窥察数周后，旋循原路逸去。五时十二分解除警报，一切恢复原态。

（广播社）

1938 年 10 月 8 日

昨日午后警报频传敌机分批侵袭省境

一批九架侵入市空盘旋一周

昨晚警报四次敌机经省袭湘

敌机窜万载投弹两枚

昨日下午十二时五十五分，敌机五架，由赣皖边境飞来，防空司令部据报后，当即发出空袭警报，逾时续发紧急警报。该敌机由赣北经赣东向西南方窜去，一时五十分解除警报。上批敌机窜至樟树、新淦一带窥察后，又折向北飞来，似有侵袭本市模样，防空司令部复于二时十七分发出第二次紧急警报。该敌机窜至丰城，乃向西北方逸去。二时三十七分解除警报。

敌机侦察永修、乐化

下午二时五十分，又有敌机九架，由赣北方面飞来，防空司令部遂发第三次空袭警报，旋即续发紧急警报。该敌机于三时三十五分侵入市空，盘旋一周，即旋循原路逸去。四时许有敌机八架，在永修、新祺周、乐化一带窥察数周，旋向原路逸去，四时十九分解除警报。又是日下午，时有敌机三两架不等，不断在永修一带窥察，又下午四时许，敌机两架，由赣北方面窜至万载，投弹二枚，旋由原路遁去。

（中央社）

昨晚警报敌机袭湘

［本报讯］昨晚八时三十五分，赣北方面发现敌机四批，架数不明，有窜来本市侵袭模样，省防空司令部据报后，当施行灯火管制，并次第发出空袭紧急警报，我防空部队亦准备炮火射击。该敌机第一、二、三批由赣北向南飞行，侵入湘省，其第四批窜至赣西一带盘旋甚久，即折回循原路逸去。本市当于十二时五十五分解除警报，并恢复灯火云。

（卿）

1938 年 10 月 9 日

敌机四架袭永修万载

昨晚本市发出警报

敌机三批经省袭湘

昨日上午十一时三十分，赣北发现敌机两架，向南飞来，有袭本市模样，防空司令部据报后，当即发出空袭警报。敌机曾在永修窥察，并在永修滩溪以机枪向下扫射，我民众早有戒备，未被伤害，旋由原路逸去，本市于十一时四十五分解除警报。又讯昨日下午三时三十四分，敌机二架，在赣皖边境发现，旋窜至万载上空，投弹数枚云。

（中央社）

［本报讯］昨晚八时五十八分赣北发现敌机两批，每批三五架不等，向西南飞行，有侵袭本市模样，各防空司令部据报，首先施行灯火管制，旋即发出空袭及紧急警报，我防空部队，同时戒备极严。该敌机见我有备，乃沿赣湘线窜入赣湘边境逸去。续又发现第三批敌机三架，由赣北窜来本市上空，我高射炮队，严阵以待。该批敌机侵入市空后，飞行过高未敢投弹，仍向西方飞行。闻已窜入湘境某地，投弹与否，尚待调查。本市于十二时五十六分解除警报，恢复灯火云。

（卿）

1938 年 10 月 10 日

敌机多架窥南昌永修
一架侵入市空盘旋另敌机两批窥安义

昨日晨三时四十三分赣北发现敌机四架，有袭本市模样，防空司令部遂发警报戒备。敌机窜安义侦察一周，即行逸去，四时二分解除警报。又下午二时三十五分，赣北发现敌机一架，防空司令部当发紧急警报，敌机二时三十九分侵入市空旋即逸去，二时五十分解除警报。又，是日有敌机多架，轮流在永修上空窥察。

（中央社）

（又讯）昨日下午六时二十分，赣北发现敌机两架，由北向南飞来，有袭本市模样，防空司令部当发出紧急警报。敌机在永修安义一带窥察后，即向南方逸去，六时三十五分解除警报。

（中央社）

1938 年 10 月 12 日

敌机六批昨日犯赣窥察本市轰炸高安

昨日下午一时十分，赣北方面发现敌机两批，第一批二架，第二批一架，由北向南飞来，有袭本市模样，防空司令部据报后当即发出紧急警报。该敌机先后窜至永修新祺周一带，略事盘旋后，即循原路逸去，一时三十四分解除警报。一时五十分，赣北方面，又发现敌机三批，每批各三架，次第由北向南飞来，防空司令部据报后复发第二次紧急警报，并通知我防空部队，严加戒备。第一批敌机于二时十分侵入本市上空，我高射炮队，比即集中火力，猛烈射击。该敌机在本市窥察一周后，旋循原路逸去。其第二批第三批敌机，乃由永修分窜高安、安义、万家埠一带窥察，并于二时二十二分，在高安投弹多枚，损失待查，旋亦向原路逸去，二时五十八分解除警报。又讯，是日下午四时三十三分，有敌机三架，在永修一带窥察。

（中央社）

1938 年 10 月 16 日

敌机五十五架分为七批昨过赣袭湘

另敌机一架窜永修投弹

本市先后发出警报两次

昨日晨六时三十八分，赣北发现敌机一架，窜至永修县上空，投弹多枚逸去。八时十一分，赣北又发现敌机三架，有袭本市模样，防空司令部当发出空袭警报，加以戒备，旋发出紧急警报。敌机曾侵入永修及安义万家埠一带窥察，未久即向湘境窜去。又八时十三分至五十分，赣北继续发现敌机五批，第一批五架，第二批十六架，第三批六架，第四批九架，第五批七架，共计四十三架，经赣北窜至修水向湖南境内而去，本市八时五十五分解除警报。上午十时十七分，赣北又发现敌机九架，由北向南飞来，防空司令部当发出紧急警报，敌机曾窜至都昌一带窥察，旋亦向湘境逸去，本市遂解除警报。总计是日过赣赴湘敌机共有七批，计五十五架云。

（中央社）

（1938 年 10 月 18 日）

敌机袭永修

一批十八架经赣袭湘

本市曾发出警报两次

昨日发现敌机三批，第一批十八架，由赣北向赣西窜向湘赣边境；第二批四架，投弹永修，第三批二架，窥察乐化、樵舍一带。兹将详情分志于下：

首批经赣窥湘

昨日午间十二时三十五分，赣北方面发现敌机十八架，省防空司令部据报后，因该批敌机直向赣西飞行，未发警报。该批敌机飞至赣西，即向湖南边境窜去。

二批轰炸永修

昨日下午二时四十九分，赣北方面发现敌机四架，由北向南飞来，省防空司令部据报后，当即发出空袭警报。该敌机飞经永修窜至新祺周后，复折回永修，略事盘旋，即投弹数枚，旋循原路逸去，三时解除警报。

三批窥察乐化

又同日下午三时二十九分，敌机二架，由赣北方面向南飞来。省防空司令部据报后，复发出第二次紧急警报。该敌机在永修新祺周、乐化、樵舍、谢埠一带窥察一周，旋向北逸去，三时四十三分解除警报。

（广播社）

1938 年 10 月 19 日

敌机二架昨窥察本市

另敌机六十九架分五批经赣袭湘

昨日上午八时四十分，赣北方面先后发现敌侦查机两架，第一架由赣北经赣西，于九时十六分侵入市区上空窥察一周后，向赣东逸去，第二架于九时五十分，经赣西窜入市空，旋即逸去。

五批敌机过赣袭湘

昨日，有敌机五批，过赣袭湘：第一批九架，于七时二十一分经赣西赴湘；第二批十八架，于九时零分在赣北发现，旋向湖南边境逸去；十二时十三分，发现第三批敌机六架；十二时五十八分，发现敌机十八架；一时十六分十八架，均经赣西窜入湘境。五批敌机，共计六十九架。

（中央社）

1938 年 10 月 20 日

敌人施放毒气毒弹我将士应持镇静

薛总司令指示消毒办法

令饬所属部队详为解释

本省各部队及各军警机关，顷奉薛总司令商总司令电令，以迩来敌我激战，敌每至感受我重大压迫，或遇坚强抵抗，无法进攻时，便不顾公法，使用毒弹或施放毒气，我士兵对此素少讲练，往往受巨大影响。惟查日前敌所使用之毒弹毒气，只催泪性与喷嚏两种。凡触过毒气感觉双目刺痛，流泪不止者，为催泪性毒气；喉鼻刺辣，晕眩微吐者，为喷嚏性毒气。二者皆为毒气中最轻微者，不过一时之刺激，绝无性命之危害。虽重至晕倒，二三四时之后，即可恢复常态。能保持镇静，呼吸正常，则吸入较少，受毒自轻，毒气一过，仍可鼓我正气，歼灭暴敌，竟我全功。并指示此项毒性既轻，消毒甚易，重伤者须□□肥皂或漂白粉溶水涤之，即可消灭。即希转饬所属各部队作战官兵，详为解释，务使明了云云。

（中央社）

1938 年 11 月 2 日

敌兵奸淫九江妇女

［本报讯］敌自占据九江后，焚烧劫杀，无所不为，据最近从九江逃出之难民谈，伪江西自治会，每日选送妇女二十人至光大瓷厂，供敌兵蹂躏。不从妇女，即遭枪杀，人民莫不痛恨入骨。

1938 年 11 月 4 日

敌机分五批犯赣

窜上高丰城等处投弹数十枚

死伤平民甚多毁民房百余栋

两次曾窜入市空窥察

昨日上午，赣北发现敌机两批，下午发现三批：第一批一架，第二批两架；下午第一批十八架，第二批九架，第三批六架。下午第一、第二两批，同时在上高丰城投弹数十枚，死伤平民百余人，炸毁民房商店百余栋，以上高损失较巨。敌机还在该县投烧夷弹，延烧房屋商店五六十栋。第三批经过本市两次窥察后，未投弹逸去。兹将各情志下：

上午发现两批敌机

昨日上午九时十一分，赣北方面，发现敌机两批，第一批一架，第二批两架，下午又发现敌机三批，第一批十八架，第二批九架，第三批六架，由北向南飞来，防空司令部当发出空袭警报，旋发紧急警报。第一批十八架，于下午二时许至上高县上空，在城南及城北，投弹三四十枚，并投烧夷弹多枚，延烧民房商店五六十栋，损失惨重，详情待查。

二批九架轰炸丰城

第二批敌机九架，由赣北侵入经赣西，二时许窜至丰城窥察，并在该县投下炸弹二十余枚，闻死伤平民十数人，炸毁震倒民房多栋，详细损失情形，尚待该县查报。第三批六架，曾飞经本市两次，均系窥察，未投弹逸去，本市于三时四十四分解除警报。又闻上高丰城被炸后，该两县政府刻正赶办救济事宜。

（中央社）

1938 年 11 月 6 日

惨无人道之敌机昨又分两批犯赣

首批九架窜温家圳等处投弹

第二批窜万载肆虐损失待查

昨日下午一时零三分，赣皖边境发现敌机二批，每批各九架，由东北向西南飞来，防空司令部据报后，当即发出空袭警报，逾时续发紧急警报。该敌机于一时曾先后飞经本市附近。第一批一时四十分窜至拖船埠、小江口、温家圳一带，投弹数十枚，多落荒郊，无甚损失。第二批于二时零八分窜至万载投弹数十枚，多落西门附近，损失待查，旋循原路次第逸去。二时五十分解除警报，一切恢复原态。

（唯生社）

前日袭上高损失之情形

前日敌机，分批袭上高、丰城，各投弹数十枚，死伤平民甚多。兹悉上高县情形如次：敌机八架，于五日下午二时二十分，侵入该县上空，当投弹三十余枚，南北街房屋炸毁百余栋，震倒房屋数百余栋，炸毁民船二艘，敌机并用机枪扫射平民，县政府后面中二弹，房屋震倒，电报局亦炸毁，电话局无恙，总计死伤二百余人，内船夫六十余名，多属平民，县长夫人及□□□均被炸死。惟该县此次伤亡惨重，损失极巨，除该县政府□办善后外，省府据报，已令民政厅办理灾区赈济事项云。

（唯生社）

1938 年 11 月 7 日

敌机连日袭赣昨又在清江投弹

大江口投弹四枚并用机枪扫射

五十架经赣袭湘

昨日上午九时零五分，赣北方面，发现敌机一架，由北向南飞来，防空司令部据报后，此即发出紧急警报。敌机于九时零九分，经本市向丰城、樟树一带窥察，旋即逸去，九时二十分解除警报。又九时许有敌机五十余架，分数批经赣西北向湘境窜去。

下午两批侵袭赣境

下午一时零五分，赣湘边境，发现敌机三架，向本市飞来，防空司令部据报后当即发出紧急警报。一时零十分，敌机经过市区，向北逸去，一时二十分解除警报。下午一时四十七分，赣北方面又发现敌机六架，由北向南飞来，有袭市区模样，防空司令部据报后，即发警报戒备。敌机于一时五十五分经过市区，二时五十七分窜至清江，在该县郊外投弹五枚，均落荒地，我无损失。三时五十分窜回大江口，投弹四枚，并用机枪扫射，亦无损失。四时零九分，复经过市区，向北逸去，四时十五分解除警报。

（中央社）

1938 年 11 月 8 日

敌机九架昨窥察东乡

以机枪向下扫射我无损失

昨上午九时零八分，赣北方面发现敌机九架，由北向南飞来，防空司令部据报后，当即发出空袭警报。敌机于九时三十四分窜至东乡窥察，并用机枪向下扫射，但我无损失，敌机旋即逸去，十时四十分解除警报。

（中央社）

1938 年 11 月 9 日

敌机二十三架昨分袭本省各地

在东乡进贤临川投弹数十枚

炸死农民十一人并伤十余人

昨日有敌机二十三架，分四批袭赣，上午八时四十分，赣北方面，发现敌机两批，每批九架，由北向南飞来，防空司令部据报后，当即发出紧急警报。敌机于九时五十六分，次第掠过市区上空，向东南方面飞去。九时二十六分，有敌机四架，窜至东乡县属之唐田投弹十一枚，当炸毙农民二人，伤四人，同时有敌机九架，窜至进贤县属之严家村，投弹十五枚，当炸毙平民九人，伤十余人，又在野可庙投弹四枚，我无损失。九时五十二分，有敌机三架，窜至临川县属温家圳对河康乐山投烧夷弹数枚，亦无损失。十时二十分解除警报。

敌机二架空袭虔南

昨日上午八时五十分，有敌机二架，由粤赣边境窜至赣南虔南县属之南迳圩投弹二枚，死伤数人，余无损失。又，是日下午一时零十分，赣北方面发现敌机三架，由北向南飞来，防空司令部据报后，当即发出第二次紧急警报，并饬防空部队严密戒备。敌机于一时十六分窜入市区，我高射炮曾放枪射击，敌机旋即窜至温家圳东乡一带窥察，未久即行逸去。二时四十六分，警报解除。

（中央社）

1938 年 11 月 10 日

敌机二批轰炸温家圳

投弹多枚并用机枪扫射

昨日上午八时五十五分，赣北方面发现敌机两批，每批三架，由北向南飞来，防空司令部据报后，即发紧急警报。敌机于九时掠过市空，向东南方逸去。九时二十分，第一批三架，在临川县属之温家圳西北方，投弹多枚，并用机枪向下扫射；第二批敌机，于十时四十五分亦窜至温家圳，在该处投下手榴弹二枚。是日敌机所投之弹，多落荒郊，无甚损失。十一时五十五分，窜回温家圳窥察，十二时十二分又过市空逸去，十二时十五分解除警报。

（中央社）

1938 年 11 月 11 日

敌寇发行军用手票迫沦陷区民众使用

星子农民拒绝使用全家遭枪杀

敌人穷凶极恶可见一斑

前方我保安第××团指导员办公室，于四日派员赴星子一带，侦查敌军行动。据当地民众云，敌人自侵占该地以来，奸掳烧杀，无所不为。敌军经济异常枯竭，所发糈饷，均系大藏省所发行之“军用手票”，强迫农民使用，内中以“五十钱”者为最多，印有龙凤花纹，下署“昭和十二年内阁印刷局制造”等字样。有农民名熊七仔者，因拒绝使用，全家竟遭敌人枪杀。沦陷区域民众，日处于水深火热之中，亟待我军拯救云。

（唯生社）

1938年11月23日

敌机空袭奉新炸毁民房五栋死伤六人

昨日上午十二时三十四分，赣皖边境发现敌机四架，向南飞来，省防空司令部据报后，发出空袭警报，逾时继发紧急警报，严加防备。旋该批敌机侵入奉新上空，在该县政府左旁夫子庙投弹二枚，死四男人，县府左侧棉花行落弹一枚，死二人、伤一人，县府右边附近楼上落弹一枚，空地上落弹二枚，计共投弹六枚，毁民房五栋，死伤六人。敌机肆虐后，循原路逸去，本市于一时二十分，解除警报。

（中央社）

1938年11月23日

敌机二十七架昨分两批过赣袭湘

本市先后发出紧急警报两次

在萍乡宜春两县属投弹轰炸

昨日上午十时许，浮梁县发现敌机九架由东北向西南飞来，省防空司令部据报后，当于十时十一分发出空袭警报；旋十时十六分钟，都昌又发现第二批敌机十八架，均向西南飞，该部旋于十时十八分，发出紧急警报，并饬各防空部队严密戒备。敌第一批飞机，由万年、余干、进贤、临川，绕道丰城、清江，沿湘赣铁路侵入湘境，第二批敌机，亦由永修、奉新、宜丰、宜春等地，向西飞，本部乃于十时五十八分钟，解除警报。十一时许，飞湘之敌机，有三架又窜扰萍乡，盘旋良久，于十一时五十三分，在该县宣风□□，投弹三枚。□□□十二时，该批敌机，又有六架，窜萍乡、宜春、新喻、樟树、丰城等处，向南昌方向飞来，省防空司令部，又于下午一时许，发出紧急警报。该敌机经□赣东北，向□□飞去，其余第二批侵湘敌机，亦先后由高安、奉新、永修、都昌□□飞去，下午一时三十二分钟，解除警报。闻该□批敌机，□□湘□□□，投弹多枚，损失待查。又昨日上午敌机九架，在宜春县属之□□地方，投弹轰炸，共掷弹四十余枚，□□□□，伤一人，伤马二匹，余无损失。该敌机轰炸后，又侵入宜春窥察一周逸去。

（中央社）

今日上午九时许有敌机九架侵入宜春在□□□□，又窜至宜丰车站投弹二十四枚，我客站略受损毁，并伤平民二人，余无损失。

（中央社）

1938 年 11 月 27 日

敌机十三架昨日分批轰炸吉安玉山

另一架在万家埠等地窥察

昨日敌机十三架，分批在赣省境恣意窥察轰炸，第一批敌机三架，于上午八时十五分，在赣北方面发现，飞经浮梁、乐平、鄱阳、余干、万年、弋阳、河口、上饶侦察，于九时四十分侵入玉山，在该县西北方郊外，投弹五十余枚，均落荒郊，我无损失，十时二十四分，该敌机仍循原路逸去；第二批敌机九架，于上午九时在赣鄂边境发现，飞经修水、武宁、靖安、奉新、宜丰、上高、新淦、峡江，于十时十二分侵入吉安，在该县郊外投弹七八十枚，毫无损失，十时二十五分仍循原路逸去；第三批敌机一架，于下午一时五十分由赣北方面窜经永修、乐化，向南飞去，有袭本市模样，省防空司令部据悉后于一时五十九分发出警报，并严加戒备。旋该敌机侵入万家埠、安义等处窥察一周，即循原路窜去，二时十八分解除警报。

（中央社）

1938 年 12 月 4 日

敌在修河北岸暴行之一瞥

极其奸杀劫掠之能事为人类亘古永未闻惨剧

张公渡通讯：日本法西斯强盗，疯狂地向我国进攻，爪牙所及的任何一城市一村庄，固然极其奸杀劫掠的能事，可是在修河北岸虬津一带，更表现出日本强盗最卑污残酷的暴行，是人类亘古未闻的惨剧，现在让记者忠实地报告读者吧。

时间大概是十一月八日晚上十时左右，雨像倾盆般地咤着，秋风在怒吼外，夜霭简直像死一样的沉寂。虬津附近的老百姓，因感到敌人的铁蹄已踏进了自己的田园，不愿做顺民的同胞们，都带着棉被衣服，扶老携幼的逃吧，人群像潮水一般地涌过南浔路铁轨的右边。哪知被寇兵发觉了，把机关枪堵住路，一个也不许偷走，四五百无辜的生命，断送在这咯咯底机枪声中。剩下来的千多个男女老幼，倭兵藉言检查，迫使跪在铁道轨上，妇女同胞，任其蹂躏，固不待言，就是银钱各物，只要他认为高兴，你敢不双手奉送？据说共劫去新旧棉被五百六十床，法币五千余元，衣裤二千多件，在这次大劫掠残杀奸淫的场合里，人群的哭叫声，求救声，刀枪声，杂着凄风苦雨声，汇成人间地狱一个惨痛的逃亡曲。

还有一件惨绝人寰的事实，就是虬津附近之李家村，壮丁妇女早已逃跑光了，就是一位五十九岁的老妪，伴着今年刚才九岁的孙女，在看守着她不愿意离开的村庄，有一天来了十七位兽兵，竟被发现了她，简直如同饿狼看见兔子一般，老妪女孩，被轮奸八次，气息奄奄，竟做了兽兵的胯下鬼。

现在敌人在修河北岸一带的村庄里，恣意劫抢衣服棉被，鸡鸭猪犬黄牛，壮丁和青年，看见了总以杀为痛快，妇女被奸淫，尤不知有多少。

（中央社）

1938 年 12 月 19 日

从敌人文件中所看到的敌军怎样施放毒气（一）

孙家杰

敌军在第二、三期作战中，放射了大量的毒瓦斯，然而敌军却往往无耻地否认这铁的事实。我们自己也很遗憾，缺乏了这类事件的详细记载。最近我军虏获了敌人一宗重要的文件，名为“徐州会战安庆作战的使用特种烟之战例及成果”，这原来是敌军使用化学兵器之战斗详报，是“中支那派遣军司令部”所辑的，上面注有“保守机密——本资材有特异性，尤须特别注意”。但是这项机密文件现在落到我们手中来了，这不但可以作为敌军施放毒气的铁证，而且可以看到敌军是怎样放毒的，以及我们应该怎样讲求防御的手段。

敌对化学战准备之情形

敌对化学战，是早有准备的。在步兵编制中，配有瓦斯兵，有些师团附以野战瓦斯队，如攻略彭泽湖口的台湾守备波田旅团，即附有一个野战瓦斯中队，在普通的步兵编制中，一个中队辖三小队，人数共一九八，内瓦斯兵十——计第一小队瓦斯兵二名，二、三小队各三名，中队部二名□□。如一〇六师团，队部编制，有瓦斯军士一，瓦斯上等兵及一等兵四名，中队指挥班的编制，有瓦斯班长一，瓦斯兵三名，此外并有独立的化学兵部队。至于化学战资材，不但化学兵部队有充足的配备，即每个师团的第一线部队，亦携带有充足的各种毒气。如文件中所载明的敌一线部队之化学战资材补给及携带法，师团应时常保持有相当数量，依状况之需要，可用汽车或其他之输送机关随时补给之。因恐失使用之时供应，时常分配与第一线相当之数量，第一线步兵备系□于背囊或皮带上携行之。□敌军对于化学战，虽有这样充分的准备，但在实战场放射，却也不久。如本年五月十九日敌近卫师团森田支队攻略固镇，在皖北□时，有敌化学兵部队所谓“力号”部队者，即野战瓦斯队，在实战场上使用一特种发烟筒，以本战斗为嚆矢。

毒气的种类及性能一斑

在文件中可以查出，敌军所用的所谓化学战资材有三载，一为“特种发烟筒”，这种烟筒，据文件的附注，即为“速效性□□，别名决胜□□”。这“□□”符号，在敌作战命令及其他文件中查出，乃是瓦斯二字。所谓特种烟者，即是窒息性毒气。二为“绿筒”，所谓绿筒，即是催泪性毒气。三为“白筒”，所谓白筒，即是普通的烟幕筒，不过这种烟幕筒不是单独放射的，敌军往往将其和催泪筒混合使用。在上述三种瓦斯中，后二种的性能大家所共知的，为催泪的及遮蔽的。至于第一种，所谓特种烟，文件中特别着重叙述它的性能，据记载，本年六月二日，敌第三师团第六联队所组成的上窑支队在上窑西方作战时，使用“特种烟”结果，“敌（指九军）多数因中毒而麻醉倒地吟呻”。五月十九日敌近卫师团后备步兵所组成去森田支队攻略固镇，敌化学部队放射大量“特种烟”结果，“敌军呻吟苦闷”，又据敌第二十师团使用“特种烟”之成果报告载，“关于特种烟之效力，虽被害之敌为一部，察其中毒情形晕倒状态，甚至有脱粪者，其效力已可见一斑”。不过这种窒息性毒气，并不能致人死命，据敌森田支队的报告，“因浓度之关系，虽不见因窒息而死之效果，而给予敌兵精神上感应甚大”。文件中亦指出：“特种烟之效力甚速，而其恢复亦速，大约在吸入后三十分钟则失其效力”。又据敌第九师团步兵第三十五联队在萧县孙圩施放毒气的报告称，“顽强抵抗之敌约四五百，由使用特种烟筒感到异臭，即行退却，约三十分钟，我军得由孙圩东□进至西端，当时友军因防毒面具不完全，约有十名一时丧失战斗能力，后约三十分钟然后恢复原态。”

1938 年 12 月 20 日

从敌人文件中所看到的敌军怎样施放毒气（二）

敌军在战场放毒之实况

敌军施放毒气，常在两种情况下实行，一为作战不利，一为预定计划攻略某地。在文件中如我们所看到的，敌军放毒，都是事先有缜密计划的，前者之例，可以敌上窑支队，六月二日在上窑西方的作战报告来说明，“午前一时二十分起，第一线步兵部队冒敌人猛烈之射击，逐次迫近敌阵，敌人从正面甲、乙、丙村中猛烈射击，而且十分正确，尤其是已村及其右方堤岸方向之侧射，最为猛烈，我军战死者续出，至敌阵约二百公尺附近，虽已辛苦迫近，但不能再进，午前九时二十分顷，战斗陷于交绥状态，于是支队长间宫少佐，用尽千方百计，使复行攻击，至午后二时，遂决定使用化学兵器”。至于后者，敌军有计划的放毒，可以敌森田支队攻略寿县的战斗报告来说明，这篇报告，是敌军化学兵器的战斗详报，非常重要，在这篇报告里，读者可以窥见近代化学战的实况，记者不殚烦琐，特将其全文抄录如后，希望读者能仔细去研究！

使用化学兵器引导有利战局之战例

（一）战斗前敌我之状况：

由上窑河之线战退之敌，仓皇逃至寿县东方高地之线，企图抵抗，其兵力约在二千五百上下，为第一七六师第七四师□西学生军及属于寿县保安队第二十五大队之正规军等。

白家村附近的阵地□图如附图第一。（略）

联队于六月二日乘薄暮强渡上窑河，急追击，使移动中敌军，不遑固守在南□坑附近一带阵地。至六月三日夜，奉旅团长命令，决于六月□日攻击当面之敌阵地，继续向寿县城推进而夺取之。午后十一时卅分下达之联队攻击计划其要旨如左：

〔甲〕方法：

左面第一线之正面□攻击之□□，如风向适合时可使用化学兵器，两大队共同向正面攻击，一联队而迫近寿县城，炮兵俟城区破坏，可使用绿筒突入之，逐次突入之。（下略）

〔乙〕要领：

使用化学兵器之场：

（一）今夜选定与第一线协力之指挥官，使与该大队长等商定为标准使用之数量及要领。

（二）能否使用化学兵器，以当日午前六时之测，□。

（三）在左右翼第一线全正面置配以适当之特种烟筒，预定放射时间为午前六时廿五分，其时第一线步兵须站在夜来出发之位置装载面具时机。

（四）当特种烟筒到达敌阵地时，步兵即起而突入，其时预定为午前六时三十分。

（五）夺取敌主阵地后，第一线步兵一面进至特种烟中，一面前进迫近寿县城。（下略）

依照此项攻击计划，联队负瓦斯责任之将校，待与化学兵部队协定后，建立如下之使用计划。

寿县东方六公里白家村附近化学兵使用计划。

〔甲〕方法：

一、风向适合之场合，以化学兵部队之协力为主，在左翼第一线大队正面，由联队控制使用之。

二、必须时各部队亦可临时局部使用之。

〔乙〕要领：

一、发烟实施部队

使用第一线两大队协力之森田部队为发烟实施部队。

第一大队正面，矶谷中尉所指挥之小队。

第二大队正面，清野中尉所指挥之小队。

二、发烟担任之正面

欲包围大队战斗地域内之敌而发烟，但战斗地域外翼应有若干活动余地，若变北或南风，对其战斗地域正面之发烟，应加考虑。

三、发烟位置

因风向而定，可能时发烟位置定在第一线步兵之前方或侧方。

四、浓度

发烟者之间隔以十五公尺为标准，放射数量以一筒半为比例，如筒不良，可增至适宜之浓度。

五、发烟，炮击，与突击时间之间关系，风向再□验，午前六时特种筒放射，午前六时二十五分突击，午前六时三十分化学兵发烟班藉第一线步兵之掩护，及炮之制压射击，即进入发烟位置。

待准备完了，即开始发烟，第一线步兵突入烟中，此时炮兵对准敌之自动火器作适宜之破坏射击，利用烟之效果，随时推进阵地，与步兵战斗紧密协同动作。

六、气象风向观察报告

观测班于午前六时后，每二十五分钟观测风向一次，将其成绩报告于联队之负瓦斯责任之将校。

1938年12月22日

从敌人文件中所看到的敌军怎样施放毒气（三）

孙家杰

（二）战斗地之天候气象及地情：

天候气象：

一般为阴天，拂晓时东风三四公尺，至午变东南西风，速度十五公尺，因此自正午后，即完全不能使用化学兵器。

地形：

多为起伏丘陵，尤以第二大队正面，有一〇五高地，一〇七高地，其余为田地及草地。

各村庄皆位置于低地内。

（三）战斗经过概要放射之状况：

化学兵较预定时间稍为迟到，到达后即位置于第一线两大队之间，完成准备。

联队右翼第一线第二大队，欠第八第五中队一小队，而配合第三机枪一小队之森田部队之半部□，左翼第一大队□配□速射炮中队三门炮，第三机枪中队一小队，野炮或轻榴弹之小队的森田部队之半部□。预配第九第十中队之兵力已部署就绪，于午前七时三十分，攻击前进。当时风向为东南风三四公尺，为使用化学兵器最适宜之时，化学化兵不失时机，移动至第一线中队之左侧方，先在□□小队正面，连续点起发烟筒及特种烟筒，化学烟即低空笼罩地面，将敌阵地完全掩覆，其状态极为良好。已认识化学兵器效果之第一中队此时已追至烟雾中，在敌阵内勇敢肉搏，比第二大队之正面，已有显著之进出成功。

发烟之浓度已达至可使二千公尺以内无面具之敌能悉被压制之程度。于是接近阵地之敌兵，抛弃阵地，逐次退却，欲占据一〇五及一〇七高地一带之最后阵地。

此时右翼第一线之第二大队，位置于八一〇五高地东□高地，而化学兵部队位置本部两大部中间之第一线上，隐蔽在一〇七高地上之敌机枪，此时侧斜射击尤烈，使第一线部队之前进非常困难。

至此化学兵部队本部，遂断行第二回放射，以包围一〇五高地一带为主。当烟幕散开时，出于意外，其效果如实具现，第一大队正面，始得战斗前进。与第二大队协同动作之清野小队，亦极力前进等候发射时机到来，但风向渐变西南，已不得发烟，不得已乃向第一大队正面移动。

此时获师团瓦斯将校西冈大尉之直接指导，果能将一〇五高地阵地一带完全制压，第三次放射，始得奏功。

此时因在夜间，或逆风，或上升气流使特种烟之效力完全消灭。第一线部队，只得在现在线上固守，成为对峙状态。联队依然攻击，先以猛袭，继以夜袭，锐意力攻，敌兵顽强抵抗，至暮遂开始敌退却。联队部看破此良机，遂起追击，处处扫荡敌力之抵抗。至次日午前六时，第一大队占领东门，继续西北南三门，亦入我手，午前六时三十分，遂全体进城。

1938 年 12 月 23 日

从敌人文件中所看到的敌军怎样施放毒气（四）

孙家杰

甲、本战期间化学资材使用数量

特种烟筒一□四个，发烟筒四〇个

乙、本战之发烟放射状况图如附图第二。（略）

四、使用化学兵器之效果

因浓度之关系，虽不见因窒息而死之效果，而给予敌兵精神上之感应甚大，一面对于我第一线之步兵，可使其确认新兵器之威力，而信□之，有形无形中，开辟一“必胜”之途径。

五、由经历获得之教训

甲、第一线步炮工兵队长与瓦斯队长，在攻击开始前，固应□现地实施紧密之联络，即前进后，亦应随时联络，遇风向变化甚大时，尤以为然。

乙、化学兵器放射，不能全委于化学兵部队，即第一线步兵对于阵地要部，亦应一面放射，一面前进，乃最为重要之点。

敌军对未来放毒之意见

敌军于皖北寿县、固镇，苏北萧县以及香口流斯桥等十三处战场，共放射毒瓦斯一千九百零八筒，计特种筒（窒息毒气）六百零一筒，绿筒（催泪毒气）五百七十筒，白筒（烟幕筒）七百三十七筒。敌军虽放了如许毒气，然并未达到其预期的成果，且因限于教育及经验的关系，发生了不少缺陷。因而敌军各部队及野战瓦斯队提出了不少的意见，殊值注意，兹择其重要的抄录如下：

“上窑支队：一、使用化学兵器时，往往因天气依地形风向等关系，而不能使用，应常考究种种方法及手段以克服之。二、第一线步兵，当因要深入敌阵，而且与化学兵器接触之危险，又关于勿失炮兵之机，而变□阵地。此二点应加以更大之研究。

“步兵第三六联队：甲、使用时机之选择，今后作战地因其气象，大概自晨至日出后约三十分钟，晚自日落后三十分钟，气温逆时变之场合外，上升气流甚大使效果大减，所以时机之选择，要特别注意。乙、使用时，某程度之集团使用，大约五十个以上，其价值并不见增大，如风向风速恰合好处，可适时行之，但如不然，务必分二时发烟，使时间延长。丙、发烟位置之选择，用简易测候器材观测之外，更应以应用材料先观察风向风速（必要时可用发烟筒一二试验之），以选定其位置。丁、使用要领，特种烟筒可与烟幕筒混合使用，使敌之戴面具时间延长而灭杀其战斗行动。

“野战瓦斯队力号部队：将来不独利用拂晓或薄暮作□计划的放射，即：攻击前进之途中，为要打开战局，亦不得不临时使出特种发烟筒。在此等场合，各队长间之通信联络，更应有训练之必要。

“野战瓦斯第十三中队，自香口登陆至攻略湖口时期，本期内战斗上综合之意见：甲、一般对于化学兵器的认识不充分，结果，对使用化学兵器时期及效果，多不能及时利用，至为遗憾，而且不能采用瓦斯队之意见，更不能如运用重火器或一般步兵一样，使用瓦斯队之威力得充分发挥，至为可惜。乙、化学兵器资材：一、特种烟筒就全部计算，有一成以上不能发火。二、烟幕筒约有半数不能点火，此为将来对内容与品质之改良，最应注意之事。”

第二□师团：关于特种烟：于次期作战，“确有彻底准备使用之必要”。

我对毒气战应有之防御

敌军在过去，已使用过大量的毒气，今后必更将大规模使用，这是毫无疑义的，所以我军对此，亟应讲求防御的手段。就敌文件中所看到的，敌军虽使用了瓦斯毒气，但尚无致人死命的效力，据敌军部队放毒的报告，使用毒气，大致都收得一精神上的效果，即所谓“对敌人予以恐惧心，因而造成敌人退却之动机”。故我军如遇敌军放毒，绝对需要镇定，万不可慌乱，以中敌计。又敌之放毒时间，常在拂晓薄暮，此为我最好攻击时间，务使战斗陷于交绥状态下，而使敌无法施其技。又敌化学兵常在敌前五十公尺或三十公尺放射毒气，其化学兵间隔为二十五公尺，放射毒气之先，大多放出烟幕，我应觅得其位置，以火力破坏，或者突入敌阵，使其不得不停止放射。又如遇到敌军作困兽斗，如不能即时白刃战，指挥官须留心风向，占领高地，预防毒气伤害。这里不过是记者个人所提供的一些粗浅的意见，记者并非军事家，尚望大家共同研究。（完）

1938年12月27日

敌向永修虬津进犯　张公渡昨剧烈炮战

北岸之敌受挫后无渡河力量

我炮兵瞄准射击敌死伤颇重

张公渡二十九日电：自昨晨敌军数部队，一度向我张公渡北岸阵地猛攻受挫后，但今日晨炮战较往日稍为剧烈，敌方似尚无积极渡河企图。

（中央社）

万家埠二十九日电：庐山附近之敌近发出通告，限住铁路以东居民，日内悉数移向铁路以西，否则即认为便衣，予以杀害。

（中央社）

张公渡二十九日军：今日午前张公渡以东之藕塘市，发现敌五十余名，我当即派兵追剿，敌闻讯逸去。

（中央社）

张公渡二十九日电：二十七日晨有敌千余，由德经□山市，分向永修虬津方面前进，为我炮兵发觉，当即瞄准连续射击，敌残部鼠散，鸡毛山附近隐蔽，敌死伤颇重。又同晨虬津敌炮向我张公渡附近阵地射击数十发，于经我还击后即止，我无伤亡。

（中央社）

1938 年 12 月 30 日

敌机十八架昨狂炸吉安市区

毁民房四十七栋死伤平民百余

另敌机三架侵入莲塘投弹七枚

敌机昨日分批恣意肆虐本省境内各地，第一批敌机三架，于上午九时三十分，由赣北方面向南飞来，有袭本市模样，省防空司令部据报后，即发出警报，并通知防御部队严加戒备。旋该敌机从永修、乐化，窜经本市郊外盘旋一周，即侵入莲塘，投弹七枚，死伤男女平民四十余人，复窜往丰城、樟树、新喻、宜春、卢溪、萍乡，向湖南方面逸去，十五时二十五分解除警报。

狂炸吉安

第二批敌机十八架，于上午十时三十五分，在修水发现，省防空司令部据报后，即发出警报。该批敌机经奉新、高安、上高、新喻、清江、樟树、新淦、峡江、吉水，十一时零五分，侵入吉安，除在该市郊外投弹四十四枚，毫无损失外，并在市区永叔路、龙阳阁、清税巷、李家码头、中山码头、善清巷、康家巷、大巷口、顺景巷、盐码头、永清码头、中河街、黛码头等处，共投弹七十八枚，炸毁民房四十七栋，死伤市民百余人，并在下河街炸毁民船七只。

窥察乐化

昨日上午十一时五十八分，敌机一架，在永修发现，向南飞来，省防空司令部据报后，又发出警报。旋该敌机侵入乐化，窥察一周，即向原途逃逸，十二时二十二分解除警报。又下午二时五十七分，敌机一架，复由永修侵入乐化侦察，省防空司令部发出警报，盘旋顷刻，即向北逸去，三时零九分解除警报。又敌机二架，于昨日上午十一时至下午一时，先后在万家埠窥察云。

（中央社）

1939 年 1 月 12 日

敌机十一架昨狂炸牯岭

内地会英国学堂亦被炸　弹落空地我方无损失

［本报十六日下午十时牯岭电］敌机十一架，今日两次狂炸牯岭，先是敌机六架于下午一时三十分，飞掠牯岭上空，在仰天坪投弹十余枚，脂红路图书馆、内地会□场等处投弹七枚，脂红路十五号民房当被炸毁一角，内地会旗杆炸断，余无甚损失。下午二时三十分，牯岭上空又发现敌机五架，在住宅区投弹十余枚，在国学堂附近落弹二枚，其余均落空地，我均无损失。

1939 年 1 月 17 日

杨挺亚刘振群电告吉安被炸灾情
死者无力殓埋伤者衣食维艰

恳乞拨汇赈款救济以惠灾黎

日前敌机九架，在吉安滥肆轰炸，投炸弹一百八十余枚，死伤平民一百余人，毁民房四十余栋，为吉安空前浩劫。防空指挥部指挥官杨挺亚，曾于未解除警报前，率同胡县长运鸿，及参谋主任陈镇庚，乘车赶赴各被难地区，督导消防救护，并对被炸灾民，恳切慰问。杨氏并于当日下午，面向熊主席与各党政军高级长官报告被炸灾情沉痛，吁恳捐济，当蒙各长官俯赐矜恤，慨捐巨款，杨氏遂召集吉安各机关开会，要求救济办法，其情已志前讯。兹悉杨刘两指挥官，以此次灾情，甚为残酷，为使一般灾民，及因公负伤之防空工作人员，获得切实救济计，特再电恳省政府，暨全省防空司令部，请拨款项，以施救济。兹探录原电如次：南昌江西省主席熊钧鉴，敌机九架，于真日上午十一时十三分，侵入吉安上空，在市区及郊外投掷爆炸弹，及燃烧弹，共计一百八十余枚。已经查明者，计死亡男女市民二十八人，负轻重伤者七十八人，并警备军警六名，炸毁民房二十一幢，烧毁民房十九幢，震坏民房五栋，炸毁民船七只轮船一艘。查此次敌机肆虐，滥施轰炸，被灾区域，状极凄惨，死者无力殓埋，伤者衣食维艰，妇孺老弱，流离失所，课由职汇同地方各有关机关商讨救济办法，并加强消防救护组织外，特电恳钧座，俯赐矜恤，汇拨款项，以惠灾黎，不胜迫切待命之至，吉安防空指挥官杨挺亚，副指挥官刘振群。

（唯生社）

1939 年 1 月 18 日

敌机日前狂炸牯岭损失情形

以外人房宅损毁最多

教会分电各使馆交涉

十六日敌机狂炸牯岭，以外人房宅，损毁最多。计脂红路附近河西路四十一号，内地会英侨葛牧师宅内落一弹，将地炸深丈余宽二丈余；四十四号德侨吴牧师宅内落一弹，将旗杆炸毁，深宽与四十一号同；河东路九号圣公会院内落弹一枚，上中路美以□会落弹一枚，房屋均未损毁；又英国学校四周，落手榴弹约十枚。闻教会已分电各使馆进行交涉，至我在山军民，对此敌人疯狂轰炸，益为激昂奋勇，中外人民，亦不以此为惧，同极愤慨，而秩序如常。

（中央社）

1939 年 1 月 20 日

敌犯牯岭未逞三路攻岷山

我钟部据报已严阵以待

俟敌接近定予重大打击

万家埠三十日电：敌围攻我庐山，经我击退后，现仍不断以小部队向我牯岭方面进犯，二十八日晨有敌约六十余，向我牯岭东之三叠泉阵地进攻，当被我奋勇击退，惟牯岭西南张家山阵地，敌现已停攻，我方正派队出击中。

（中央社）

万家埠三十日电：敌因围攻庐山，经我岷山游击队侧击，致受重创，近乃转移兵力约千余人，向我岷山分三路取包围形势，一路由瑞昌进犯，已抵德瑞路上之叶家垄；一路由黄老门进犯，已抵达黄老门西北九公里之鸡龙山；一路由德安进犯，已抵德安西九公里之晏家埠，三路同时向我钟部岷山游击队进迫，惟我钟部因历经瑞武路上及株岭方面屡挫强敌，据报后，早已严阵以待，俟敌接近，定予敌重大打击。

（中央社）

1939 年 1 月 31 日

敌暴行一瞥

在马迹山一带焚烧民房
残杀无辜难民惨绝人寰

万家埠三十一日电：瑞武路之敌，近在马迹山至筱源一带，沿途焚烧民房，达二百余幢，惨杀无辜难民达三十余人，其中有匿居山中之难民刘某等六人，被敌捆绑树上，先将耳目口鼻挖割，再切腹分尸，抛尸山野，惨绝人寰，附近居民，睹敌暴行，衔恨刺骨，均积极同我游击队袭敌。

万家埠三十日电：我某部突击队，于二十六日晚在南浔铁路之余家大屋，破坏铁路后，遇敌二百余，当与接触，我以任务完成，随即撤回。

（中央社）

1939 年 2 月 1 日

本市昨日警报敌机两批轰炸莲塘

毁民房两间死伤平民数人
另敌机数批侵入市空窥伺

昨日敌机十七架，分批在本省境内，恣意窥察轰炸，本市先后发出警报三次戒备。第一批敌机三架，于上午十时许，由赣北方面发现，向南飞来，省防空司令部据报后，十时零八分发出警报，该敌机旋越过鄱阳湖，向东南飞去，十时三十分解除警报。嗣该批敌机又由东乡经进贤，向本市飞来，省防空司令部于十时五十分复发出警报，该敌机窜入莲塘上空，投弹数枚，均落荒地，无甚损失，即向北飞去，十一时三十六分解除警报。第二批敌机一架，于十二时四十六分，由赣北方面发现，向南飞来，省防空司令部据报后又发出警报，该敌机旋侵入本市市郊上空，略事盘旋后，即向原途逸去。第三批敌机四架，于下午一时十五分，由武宁经永修发现，向南飞来，十二时十六分，该敌机复过市空，窜至丰城樟树盘旋颇久，循原途逸去。第四批敌机六架，同时由赣北飞来，窜入莲塘上空，在火车站附近投弹数枚，毁民房二间，死伤平民数人，该敌机复侵入本市市郊，略事盘旋，即向原途逸去。第五批敌机五架，于二时许，由赣北飞来，侵经市郊上空，窜至进贤、东乡、鄱阳湖一带上空，盘旋窥察，约一小时余，始循原途逸去，于四时十五分解除警报。又讯省后援会救护团，宣慰团，青年服务团，省卫生处等，于警报解除后，即携带药品，棺材数具，前往莲塘，从事救护其掩埋工作。

（中央社）

1939年2月1日

修河株林江一带敌向南岸炮击

我炮兵还击敌损伤颇重

瑞武路激战我续挺进中

万家埠三日电：三日上午十一时许，修河北岸株林江，寺前李村一带之敌，向我南岸炮击数十发，经我还击，敌炮突停止，嗣据我炮兵观测所观察，我炮弹适命中敌炮位，敌损伤颇重。

万家埠三日电：我某师一部向瑞武路大桥河团山之出击，激战猛烈，毙敌极众，现我续向瑞武路挺进。

（中央社）

平江三日电：赣北之敌，近在星子强征壮丁，第一批被征者约八百余人，已于日前被押赴九江。

（中央社）

1939年2月4日

敌机五架昨袭向塘

在车站附近投弹十枚

毁民房十余栋死伤平民三人

敌机昨（四）日轰炸向塘，窥察赣北，第一批敌机五架上午十时五十分发现于都昌上空向南飞行有袭本市模样，省防空司令部据报后，发出警报，严加防范。该批敌机侵入乐化及市上空窥察后，窥入向塘在站附近投弹十枚，炸毁民房四栋，震坏民房八栋，死平民二人，伤一人。省卫生处省后援会救护工作团，世界红万字会等，于警报解除后，即专车驰往向塘，从事救护工作。

窥察赣北

十时五十四分，敌机一架，由都昌侵入乐化一带，在南昌东北方二十八里窥察一周，向原途逸去。十一时四十三分，武宁上空发现敌机一架，盘旋颇久，向赣皖边境逸去。

（中央社）

（1939 年 2 月 5 日）

敌机十二架昨分四批窜入本省各地肆虐

在东乡宜春投弹死伤十余人

敌机袭东乡时被我击落一架

昨日敌机十二架，又分批在赣省境内恣意轰炸窥察。第一批敌机五架，于上午十时三十八分在都昌发现，向南飞去，省防空司令部据报后，发出警报，严加戒备。该批敌机侵经昌邑街、滁槎、进贤，在东乡火车站附近投弹数枚，车站被炸毁一部分，死平民三人，伤五人，敌机向原途逸去。第二批敌机一架，于十一时十四分在永修发现，旋在乐化盘旋良久，向赣皖边境逸去。第三批敌机四架，于十二时五十三分，在修水方面发现，侵经铜鼓、上高、新喻、分宜，在宜春县属彬江下浦车站投弹四枚，死伤平民十四人，其余无损失，旋该敌机窜经萍乡，向赣南边境逸去，十二时五十八分解除警报。第四批敌机二架，于下午三十二分在都昌发现，旋侵入进贤，盘旋一周，即向原途逸去。

击落敌机一架

昨日上午十时三十余分，敌机五架，轰炸东乡车站，被我驻军部队以机枪，集中火力，猛烈射击，该批敌机中一架，当被击中，着火落于东乡进贤之间，距进贤约十三华里之魏家村，为单翼轰炸机，机身完全火毁，获望远镜一副，保险伞一把，驾驶人员在逃，我正搜索中。

（中央社）

1939 年 2 月 6 日

昨敌机十七架在余江玉山投弹

死伤平民多人余无损失

一架侵入市空散发荒谬传单

昨日敌机十七架，分批在赣省境内，恣意窥察轰炸，一批敌机一架，于上午八时四十五分，由赣北飞至永修，略事盘旋，八时五十六分经新祺周向南昌飞来，省防空司令部据报后，即于八时五十八分发出空袭警报。该敌机于五时二十五分，侵入市空，投下荒谬传单，盘旋一周，当经我高射部队密集炮火猛击，该敌机即仓皇向北逸去。

轰炸玉山余江

第二批敌机六架，于九时二十分，在赣北方面发现，经都昌向南飞经鄱阳湖，向南飞来，有犯本市模样，省防空司令部据报后，于十时零五分，发出紧急警报。旋该敌机折转，经万年余江，侵至余江县属邓家站车站投弹六枚，均落车站附近，炸毙平民二人，余无损失，并盘旋良久，仍循原路逸去。第三批敌机一架，九时三十二分，在赣北方面发现，飞经都昌、鄱阳、乐平□□等处于□□□五分侵入玉山车站附近，投弹三十四枚，均落荒郊，炸毙平民五人，伤五人，毁民房□间，余无损失。该敌机□□□□，窜至上饶盘旋扫射，幸无伤亡，其余至玉山一带，盘旋约一小时之久，内有四架，窜至浙江衢州投弹八枚。旋向皖境逸去，二架沿浙赣路窥察，旋经鄱湖向北逸去，其余四架，循原路逸去。

（中央社）

1939 年 3 月 2 日

敌军盲目炮击牯岭

敌机散发荒谬传单

万家埠三日电：敌对庐山除加紧封锁外，近并不时向牯岭发炮，二十八日庐山迤东之花山及高岭之敌，向牯岭发炮百余发，死伤无辜平民二人，余无损失。二日午又有敌机一架，飞牯岭上空盘旋，约一小时，并散放荒谬传单，牯岭中外居民均极愤恨。

（中央社）

1939 年 3 月 4 日

永修小河街之敌炮击修河南岸

我游击队乔装女子智歼倭寇

某总司令赏五百元以资激励

修水十日电：敌近由瑞昌运大批防毒面具前往德安，敌在德安车站与飞机场，戒备甚严，永修小河街之敌，不时向修河南岸，作试探性之炮击。

（中央社）

万家埠九日电：瑞德路敌因不堪我军扰袭，近将由长岭至晏家墩一带之敌撤去，同时九瑞路方面，六日敌密集部队开浔，整日不停。

（中央社）

万家埠九日电：四日我岷山游击队分队长王杰，偕士兵化装女子，在九瑞路李家河诱杀敌小队长丸田加，某总司令以该分队长智勇兼备，特赏洋五百元，以资激励。

（中央社）

1939 年 3 月 11 日

敌机二十架昨分七批在赣东赣西窥察轰炸

所投发之弹多落荒郊我无损失

本市先后发出警报三次

昨日敌机二十架分批在樵舍、新祺周、山下渡、万家埠、西山、丰城、樟树、新喻、谢埠、滁槎、进贤、东乡、上饶、玉山窥察，分宜、宜春、拖船埠、邓家埠、贵溪、东乡县属之鹰潭等地投弹，本市发出警报三次警戒。详情志次：上午九时零六分，发现敌机一架，由昌邑街方面向南飞来，同时永修又发现第二批敌机二架，亦向本市方面飞来，省防空司令部据报后，当即发出警报。九时十九分，昌邑街方面，又发现第三批敌机四架，九时三十分，鄱阳方面亦发现第四批敌机六架。第一批敌机由昌邑街窜入樵舍新祺周一带窥察后，旋向山下渡方面逸去；第二批由永修经万家埠、西山、丰城、樟树、新喻，于九时四十四分窜至分宜，在该县附廓投弹多枚，均落荒郊，无甚损失，十时三十五分窜至宜春，在宜郊外投弹多枚亦无损失，旋由萍乡向赣湘边境逸去；第三批敌机，由昌邑街经山下渡、新祺周、樵舍、滁槎、谢埠、万舍，于九时三十五分，窜至丰城，稍事盘旋后即在拖船埠投弹数枚，均落荒郊，无甚损失；第四批敌机由鄱阳经余干东乡，于十时窜至邓家埠，投弹五枚，均落河内（内有一弹未爆发），无损失，旋由原途逸去，十时四十四分解除警报；十一时零三分山下渡方面，发现第五批敌机一架，由北向南飞来，省防空司令部据报后，当即发出警报。该敌机在新祺周、万家埠一带窥察后，由原路逸去，十一时十四分解除警报。又下午一时三十分吴城方面，发现第六批敌机六架，同时永修方面，亦发现第七批敌机一架，省防空司令部据报后，即发出警报。第六批敌机由吴城经昌邑街滁槎进贤东乡一带窥察后，内有四架向原路逸去，其余二架，即向贵溪、上饶、玉山窜去，并在贵溪县属之鹰潭附近投弹数枚，多落荒地，无甚损失。第七批敌机由山下渡至安义、奉新一带窥察旋循原路逸去，三时解除警报。

（中央社）

1939 年 3 月 16 日

敌机多架连日轰炸牯岭

敌由莲花洞犯庐被击退

九江一带我游击队活跃

［本报庐山十六日下午五时电］敌由莲花洞进犯庐山，经我军奋勇击退。又敌机连日轰炸牯岭，益增我军民敌忾心。今日敌机十八架，于上午九时至十一时狂炸牯岭，计炸毁日照峰三号一所，新路大华饭店一所，河西路中国银行一栋，小天池房屋数栋，医生凹天主堂一栋，上中路六弹，女儿城山上数弹，仰天坪数弹，关伯岭数弹，火龙院山上数弹，莲谷路二弹，炸伤平民五人，死一人，余无损失。又十五日敌机三架，飞牯岭向各山顶投弹，只在松树路炸死商人莲潮洲一名。

上海十六日路透电：日陆军发言人今日招待记者时，自承华军游击队在南京、九江、芜湖一带极为活跃。

万家埠十六日电：十三日晚我游击队某部在大坳左近遇敌南驶汽车二辆，突予猛击，一辆窜回瑞昌，一辆被我完全击毁，共毙伤敌二十余，并缴获步枪二支。

（中央社）

1939 年 3 月 17 日

昨敌机十八架狂炸吉安市区

盐码头以下房屋均被炸毁

死伤平民约数百人

昨日上午九时三十一分，吴城方面，发现敌机二架，由北飞来，省防空司令部据报后，当即发出警报。同时鄱阳方面，又发现敌机三架，该敌机先在赣东一带窥察后，即循原路逸去。九时四十分，武宁方面续发现敌机十八架，由西北向东南飞来，该部复于十时零三分发出紧急警报。该敌机由赣北经赣西，于十时三十五分窜抵吉安市空，投弹百余枚，内烧夷弹多枚，落弹地点，计盐巷、任席巷、县前街、木匠街、阳明中路、中山场、文信□公祠、中永叔路、仁山巷口、下永叔路，自盐码头至起习西桥书街一带房屋，均被炸毁，死伤平民约数百人，该敌机投弹后旋由原路逸去。十时三十九分，解除警报。

轰炸东乡向塘

又下午十二时十六分，敌机二架，由赣北方面飞来，省防空司令部据报后，发出警报。该敌机经滁槎进贤，于十二时二十五分，窜至东乡，投弹九枚，炸毁民房数栋，余无甚损失，旋由原路逸去，十二时二十分解除警报；又上午十二时二十九分，敌机三架，由吴城方面发现，经赣东于一时三十七分窜至温家圳，投弹数枚，均落荒郊，毫无损失；下午二时三十二分鄱阳发现敌机二架，向本市飞来，省防空司令部据报后，发出警报，该敌机经赣东于二时五十四分窜至临川温家圳一带窥察，旋在向塘沙埠潭先后投弹二枚，均落荒地，均无损失，四时十四分，解除警报。又，下午四时五十分，赣北方面，发现敌机一架，向南飞来，省防空司令部据报后，发出警报，该敌机窜经万家埠奉新安义侵入市空盘旋一周后，即向原途逸去。

（中央社）

1939 年 3 月 18 日

敌机十九架分批肆扰浙赣路

轰炸进贤东乡鹰潭等处车站

并在吴城投弹二次我无损失

昨日敌机十九架，分批肆扰浙赣路，在东乡进贤鹰潭等车站附近投弹，并轰炸吴城。详情如次：昨日上午七时四十七分，由赣北方面发现敌机一架，侵经永修滩溪，在万家埠安义一带窥察后逸去。上午八时五十分，敌机四架，在吴城投弹数枚，多落荒地，无甚损失。上午九时零五分，敌机二架，由赣北方面窜经昌邑街滁槎，侵入进贤车站附近，投弹二枚，东乡车站附近，投弹四枚，均落荒郊田内，无损失。上午九时十五分，鄱湖方面发现敌机三架，经东乡、余江、贵溪，在鹰潭车站附近投弹六枚，炸死贫苦工人一名，伤二名，余无损失。又，下午一时五十七分，在山下渡发现敌机三架，同时新祺周又发现敌机六架，向南飞来，省防空司令部据报后，于二时零五分即发出警报。该敌机侵入吴城，投弹数枚，多落郊外，无损失，旋循原途逸去，二时二十五分解除警报。

（中央社）

1939 年 3 月 19 日

敌机八架昨轰炸市郊

在永和等地投弹二十余枚

死伤平民共计二十八人

敌机八架，于昨日上午十一时许，空袭吉安，在市区附近之永和市，五里长塘、神岗山等处投弹二十余枚，死伤农民二十余人，毁店房两栋，炸毙耕牛三头。兹将空袭及损害情形志下：

空袭情形

昨日上午十时许，新淦方面发现敌机八架，由北向南飞来，防空指挥部据报后，当即发出空袭警报。旋发紧急警报。我高射炮部队亦严密戒备。敌机于十一时许先后窜入市区，我高射炮当以猛烈炮火射击，盘旋一周后，仓皇在市区附近之五里长塘等处投弹二十余枚，旋即逸去，本市遂解除警报。

损失调查

敌机是日在永和市（距市区约二十里）投弹四枚，当炸毁店房一栋，死市民一人，伤十人；在神岗山（市外）投弹八枚，四枚落水，四枚落于荒地，仅震坏民房一栋；在五里长塘（距市区五里）投弹十三枚，死平民四人，伤十三人，共计落弹二十余枚，死平民五人，伤二十三人，死伤共计二十八人，炸毙耕牛三头，毁民房两栋。

空袭统计

市讯：吉安防空指挥部昨公布三月份敌机侵袭统计如下：空袭共十四次，敌机共一百零七架，发现地点，樟树、丰城、新淦、南昌、新喻等处，被炸地点，三十六处，投弹九十枚（内有二枚未炸），损失情形，死二百零一人，重伤三十七人，轻伤一百九十七人，房屋炸毁五十六栋，延烧三百九十七栋，炸毁大小民船十五只。

1939 年 4 月 5 日

敌机昨分三批犯赣首批袭吉安

在郊外投弹均落空地

敌机袭玉山我无损失

敌机三十二架，昨分三批袭赣：第一批八架，上午九时许，轰炸吉安郊外；第二批十八架，十时许窥万载、萍乡、永新等县；第三批六架，于下午三时许，轰炸玉山，敌机是日所投之弹，均落空地，无甚损失。兹将各情志下：

首批袭吉安

昨日上午九时二十七分，樟树方面发现敌机八架，由北向南飞来，防空司令部据报后，当即发出空袭警报。旋发紧急警报。敌机经过新淦吉水，于九时五十分窜入本市，我高射部队当以猛烈炮火射击。敌机仓皇在市区郊外投弹二十余枚，均落空地，我无损失。敌机投弹后，即向原路逸去，本市遂解除警报。

二批窥永新

十时许万载方面发现敌机十八架，由万载经萍乡向永新方面飞来，防空司令部据报后，当即发出空袭警报，逾时续发紧急警报，我高射部队亦严密戒备。敌机经永新、莲花向湘境逸去，本市遂解除警报。

三批炸玉山

下午二时许，鄱阳方面发现敌机六架，经乐平，向浙赣路飞去，防空司令部据报后，比即通知浙赣路各县戒备。敌机三时许经上饶窜至玉山上空，在郊外投弹十余枚，旋即逸去。事后据报，所投之弹，均落空地，我无损失。

（中央社）

1939 年 4 月 7 日

又是一笔血债敌机四架狂炸吉安

在繁盛区域及郊外投弹三十余枚

毁民房二十余栋死伤平民三十七人

倭寇惨无人道，迭炸吉安市区，“三一七”死难市民血迹未干，昨日敌机四架，又滥炸本市，在繁华街道及郊外共投弹三十余枚，毁民房二十余栋，死伤平民三十七人。又，是日另一批敌机三架，在东乡投弹多枚，无甚损失。兹将本市空袭损害及救护各情分志如下：

敌机四架侵入市区

昨（七）日上午九时樟树方面发现敌机四架，由北向南飞来，有袭吉安模样，防空司令部据报后，即发出空袭警报，九时零九分，发出紧急警报。敌机经过新淦、吉水，于九时三十五分侵入市空，我高射炮部队以猛烈炮火射击，敌机仓皇在市区及郊外投弹三十余枚后逸，十时十五分解除警报。

繁华街道落弹甚多

事后调查落弹地点，计上永叔路二枚，中永叔路一枚，半苏巷二枚，栖凤巷三枚，中文山路二枚，西毛家巷一枚，王家祠一枚，豆芽巷一枚，大码头河中二枚，盐桥塘内三枚，市区郊外十余枚，共落弹三十余枚。中央银行及王家祠避难室被炸毁，华光日报、国货银行办事处、基督教青年会后进，亦被炸毁。

炸毁商店二十余家

是日被炸商店，计有中永叔路黄裕和、长记，上永叔路万世珍、怡泰昌、许子龄中三和、鑫记、长元赍、熊珐盛，洪渐逵、裕记、黄裕和、胡同发等二十余家，平房多栋，共计炸毁及震坏店房二十余栋，死平民二十六人，伤十一人，共死伤三十七人，财产损失，一时无法统计。

又唯生社讯：关于死伤人数，王家祠四十号防空壕内炸毙万长春、罗黄氏（女）、周国英；华光日报熊欣祥、王树成、葛希松、熊自镜，及平民汤桔、孙一文、宋义祥等十余人；栖凤巷炸死一小孩，伤一男一女；盐桥炸毙一军人，伤一男一女；半苏巷防空壕，炸毙胡有星、徐文彩、孔庆幕、刘昌福、罗家善、李光庆、谌文桃、卢国华、罗云鹏、王某、徐氏（女）等十一人，炸伤罗庆三人，共炸死平民三十余人，伤十余人，总计死伤四十余人。又栖凤巷二〇号至二十三号，炸后残木堆积，于下午四时瓦砾中竟告起火焚毁，可谓祸不单行。

（唯生社）

中央银行职工被难

中央银行吉安分行所筑之防空壕，建在半苏巷内，敌机七日轰炸市区，不幸该行地下室，降落一弹，当炸毙吉安行员吴启贤，及请愿警行役等十一人。南昌分行办公处房屋被炸，但人员安全，吉安行因急于办理善后事宜，当日停业一天。

华光日报又遭轰炸

南昌华光日报，曾于二月八日，在南昌被炸，此次南昌撤退，该报乃将印刷机件，迁移吉安，以免资敌，择定王家祠为馆址，准备出刊。不幸今日敌机狂炸吉安，该报又遭波及，广告主任熊欣祥，印刷领班王树诚，均已不幸遭难，另伤工友二人。该报虽迭遭打击，但决不因此而削减暴露敌人罪恶之勇气。

各界长官慰问灾民

敌机甫离上空，胡县长运鸿，陈主任镇庚，即驰抵王家祠灾场，立即集合第二警备大队官兵救护，消防警察人员及南昌社会童军，沪光童军等，并由防空指挥部，飞调师管区第一、二、三学兵队，奋勇扑救火灾，加紧抢救伤亡。旋防空指挥部接中央银行电话，当又立派学兵五十名，携带器具，跑步前往半苏巷抢救。直至下午一时许，始大部工作完毕，伤者已分送卫生院，省医院，死者已分饬家属认领，杨指挥官挺亚氏，以王家祠及半苏巷两处避难室，适中重弹，伤亡凄惨，特亲率陈参谋主任镇庚，分赴被炸地点，督饬善后，并亲至省立医院慰问伤亡。

（中央社）

1939 年 4 月 8 日

敌进占南昌时屠杀民众二千余人

妇女不分老幼概被轮奸

望我同胞奋起雪此大仇

南昌市民众，素抱有我无敌之心，此次敌寇侵驻南昌，对于民众，恨之入骨，不分男女老幼一概奸淫屠杀。昨据自南昌逃难来吉者云：敌进南昌。伊被包围在内，敌进市之日，挨户搜杀，是时不及逃出之民众，多避难于对河潮王洲，敌进市之当晚，窜至潮王洲，迫令男子集于旷地，用机枪扫毙二千余人，所有妇女，虽老至六十以上，及小至十一二岁者概行赶至潮王洲背后之一村，勒令脱去衣裤，赤身露腿，供敌轮奸，当场奸毙十余人，奄奄一息者尚不知其数。伊见上项惨情，深知不逃，性命难保，乃由小路逃难来吉，并谓敌经万舍，万舍民众不及逃避，被敌用机枪扫死三百余人。敌至向塘，向塘民众，相率而逃，敌用机枪扫毙二百余人外，并用刺刀戳毙孩童数十人。莲塘有一家婆媳及姊妹五人，被敌轮奸后，用刺刀剖开阴户，塞进木料石块，至今仍暴尸荒地。又有一家兄弟三人，被敌认为游击队，斩去头及四肢，仅剩胸及腹部，弃尸田旁，诚属目不忍睹。望我民众，努力参加抗敌，歼灭倭寇，以复大仇云。

（广播社）

1939 年 4 月 9 日

敌机滥炸各地

在上饶及东乡投弹数十枚

上饶九日电：敌轰炸机六架，战斗机三架，八日午又窜至上饶肆虐，在城厢内外，无目的，滥施轰炸，共投弹三十余枚，震毁民房二百余间，已发现尸体五十余具，重伤三十余人，轻伤三十余。

东乡八日电：七日午敌机三架，飞东乡肆虐，在市区投弹二十余枚，县政府被毁，余无损失。

1939 年 4 月 9 日

敌机九架昨狂炸玉山

在繁盛区投弹六十余枚

死伤平民共计二百余人

敌机连日迭袭赣境，昨日上午九时许有敌机九架，由浙赣路侵入玉山县上空，事前防空司令部据报，曾通知该县戒备。敌机侵入玉山上空后，在上西门城内城外，投弹六十余枚，夹烧夷弹八枚，当即着弹起火。据该县电话报告，敌机此次轰炸，漫无目标，所落之弹，均在繁华市区，炸毙平民约一百余人，伤平民一百余人，死伤共二百余人，炸毁及焚毁房屋共计三百余栋，民间损失甚巨，灾情奇重。该县刻正积极办理善后，并电省府请拨款赈济灾民云。

敌机一架窥察永丰

昨日上午九时，敌机一架，由北向南飞来，防空司令部据报后，当即发出空袭警报，旋发紧急警报。敌机经樟树新淦窜至永丰吉水等县窥察后，即循原路逸去，本市遂解除警报。

（中央社）

1939 年 4 月 10 日

盘踞南昌之敌兽行一瞥

烧杀奸掠无恶不作

民众罹难惨绝人寰

南昌逃来吉安之某难民谈，自我军放弃南昌后，南昌市民众撤退一空，敌军颇感种种辣手，对于运输上尤感困难，其在各乡搜掳烧杀，更无所不用其极。兹将某难民目击耳闻之敌军暴行一般，略志如下，诚一页痛史也。

拉夫妙计

南昌有少数苦力贫民，不及撤退者，自敌军进入南昌市后，咸躲避于荒僻街巷，以避其锋。敌军之车辎重军需，咸赖人搬运，乃妙想天开，利用伪军，化装江湖耍把戏者，鸣锣号召平民，久之仍然□无一人。有某姓小孩，伸首探其究竟，该耍把戏者，并饷以糖饵，且语曰速叫你的爹爹邻居来看把戏，该童信以为真，乃告知其父，其父见之亦无异状，争相传告，络绎来者，约十余人，或该卖艺者，饷以香烟，啖以果饵并谓我们变把戏是不要钱的，大家不要害怕，随即施演法术，如口中吞火，大变鸡蛋等等。这一班贫民，在敌人炮火下苟延了数天，得着了意外的安慰，亦破涕为笑，该卖艺者，见苦力贫民愈聚愈众，乃更鸣锣十余响，有敌军数人，蜂拥武装而上，尽缚之得二十余人，虽年逾六十之老翁，及不及十龄之幼子，均为拉去云。

脂粉地狱

敌军侵占南昌县属之万舍镇后，即下令各乡征集妇女一千人，以供兽敌伪军解决兽欲之用，尽三日之搜索，得四百余人。最初其条件在十五岁以上，四十岁以下者为合格，复因搜捕无法，即六十岁以上十五岁以下之女子，亦不能幸免。囚之于万舍附近之熊家祠，以为泄欲之用，派兽军一连，轮流看守，稍不如意，则鞭挞之，甚或置之死地而后已，号泣啼哭，声闻数里，真惨绝人寰之地狱也。闻汉奸之妻女，亦难幸免。敌军在南昌近郊一带，三五成群，乱闯民家，见人则索花姑娘，不获则杀之，因此许多农民，情愿离开生产，忍痛他适云。

鸡犬遭殃

敌军除任意宰杀耕牛猪只鸡鸭外，伪台军并喜食狗，南昌近郊及南昌县属沦陷各地，鸡犬屠宰尽净，荒凉的战区，已不闻鸡犬之声矣。

骨肉分离

沦陷区域，未及撤退之民众，分壮丁为一组，以备抽赴前线作当炮灰之用；妇女各一组，以为供敌兵发泄兽欲之用；老人为一组，嘱负责检举游击队分子；儿童为一组，由敌人派兵看守，以备将来掳送他地教养；青年为一组，监视特严，深怕有“恐怖分子”混迹其间，每日由敌特务机关负责人作个别谈话，而答问稍露不满之色，即于晚间秘密杀害之，其杀害方式，或活埋，或用石沉之于水底，而不露形迹，以致一家男女老幼，强行分开，骨肉离散，生命朝不保夕，皆食强寇之赐。

普遍搜劫

凡敌军所到之地，其金钱生银金饰食粮，均搜刮殆尽，虽破铜烂铁，亦在搜刮中，如有不遵者，则以游击队论罪，虽切菜之厨刀，亦不能磨得太锋利，否则敌寇则加以“企图异动”的罪而加屠杀云。

（唯生社）

屠戮民众

［又讯］自敌军侵犯南昌后，奸淫劫杀，惨暴已极，令人发指，其情已详志各讯。昨又据由新建乡逃出难民云，敌兵窜至牛行后，均不敢渡，乃盘踞于附近乡村，大肆掳掠。敌兵五人，在普前万村掳去一年约五旬以上妇人，绑至万家祠堂内，轮流奸淫，其夫得悉其情，愤恨已极，乃持屠刀赶至，连杀毙敌兵二人，其余三人，见势不佳，遂逃回邀集敌兵十余人至其家，将房屋焚烧，并将其三岁小孩，用刺刀割去两耳后，复又将刺刀挖其腹部，肠肚流出，惨不忍闻。又敌兵数十人，在田埠村，挨户搜劫财物，稍为贵重之衣物，尽行抢去，并在该村掳去乡民二十余人，代为搬运，俟运抵目的地，竟勒令被掳乡民于河边沙滩上，用刀砍去手足，使其欲生不能，欲死不得。维翰王村之耕牛十余头，亦被抢宰杀，供其烹食，惨暴之至，真所谓人畜不留也。又据由新建万寿宫逃出之难民云，敌兵数十人，在该处挨户搜劫财物，纵火焚毁民房数十栋，并在某杂货店掳去七旬余老翁将十指割去后，用铁棍猛击头部，旋即毙命，弃尸路旁，又掳去男孩二十余人，尽行杀害，其凶恶兽行，难以言喻云。

（赣健社）

1939 年 4 月 11 日

敌寇在南昌市近郊各村屠杀劫掠奸淫焚烧

邓家坊民众愤敌暴行群起杀敌

我游击队在史村毙敌三十余人

自南昌沦陷敌手，在市内及附廓四乡，大肆屠杀，奸淫掳掠，无所不为，其惨暴兽行，令人切齿痛恨。昨又据由南昌谢埠最后撤退之姚君，将目睹及耳闻情形语记者云，敌兵由莲塘窜至南昌县第二区属之邓家坊邓村，在该村挨户抢劫财物，掳去妇女数十人，集于一处，勒令脱去衣裤，不顾廉耻，在旷野中，轮流奸淫，发泄兽欲。该地乡民，目睹其惨暴兽行，愤恨已极，乃自动集合村民二百余人，不分老幼，手持刀矛和锄与敌兵拼命抵抗，杀毙敌兵十余人。敌见我乡民来势汹涌，竟用机枪扫射。后又窜至城南史村及城南聂村，掳去妇女数十人。该村除大部男丁已逃避他处外，尚有数十人未及逃避者，均被拉去，充当夫役，供作奴隶。敷林徐村，七旬左右老妇，竟被敌兵掳去，经二十余敌兵之轮奸，因而致死，其惨暴兽行，实足以令人闻之酸鼻。又据由九江最近来吉难民云，敌舰数艘，泊于江中，舰中敌兵甚少，竟用纸草扎成人形，立于舰上布岗，由此足见敌在九江兵力，甚为薄弱。四乡十余里以外，我游击队极为活跃，敌兵恐慌万状，畏之如虎，不敢越出市外十里，即有少数越出者，多不能生还云。

（赣健社）

敌寇侵进南昌，日派大批搜索队，冲往市郊各乡村，奸淫焚杀，近市二十里以内之乡村，悉被烧毁，男女老幼，奸杀殆尽，残暴情形，亘古未闻。兹悉敌在南昌，市郊尽为我游击队，不分日夜，出击敌寇，敌寇极为恐慌。昨据本月二日由小路逃难来吉之难民谈，敌进南昌之日，搜索队四处奸淫焚杀。离南昌市十五里之城南史村，原为近市大族，人口虽多，均已逃往外地，仅留老弱妇孺，看守家乡。搜索队搜至史村，立将该村妇女，禁闭于祠堂之内，经敌轮奸之后，复用绳索扎两手，拟牵往市内充慰劳队。在未启程之先，勒令村中将所有油盐菜米，取出馔饭充饥。是时我游击队在离村不远之地，得悉上项消息，摸至史村，与敌厮杀，敌只知取乐吃饭，不知死期已至，未数分钟，敌兵二十余人，概被我游击队击毙，并获步枪十余支。游击队奏捷后，比救出该村难民三十余人，护送至安全区域，先后绕道逃难来吉云。

（广播社）

1939 年 4 月 14 日

敌在永修涂家埠一带活埋我民众

敌畏我游击队时加搜查

该县吴区长率难民抵吉

永修第一区区长吴大勋，自敌寇占领永修，即登山组织民众，实行游击工作，不时予敌寇重大打击。该县民众，不甘受敌用，多迁居深山，吴区长以一般民众，久居山岭，终非善策，亟应护送安全地区，从事垦殖，增强生产，因是特亲率难民三百余人由永修出发，冒险突破敌军防线，于日前安然抵吉。据吴区长语记者谈，敌军在永修涂家埠一带，到处杀人放火，抢劫奸淫，惟畏惧我民众游击，乃大加报复，每日分队向各乡搜查，一见农民，不论老少，即捕去活埋，惨遭活埋者，不下数百人。敌之暴行，可谓已至极点云。

（唯生社）

1939 年 4 月 15 日

敌寇在生米街屠杀我民众千余人

生米河中仍浮尸数百具

我游击队不时予敌重创

安义、奉新、靖安自沦陷敌手后，奸淫焚杀，无所不用其极。昨有来自奉新之难民李立炳，谈及沦陷区之惨状甚详，敌寇窜进奉新，见人见村皆用机枪扫射，到处死尸惨不忍睹，在枪林弹雨逃出之难民，均绕道由西山小路逃来后方。行至西山万寿宫，商店住户，以及万寿宫殿，被敌焚烧，该地居民，多未逃避，敌兵窜到，杀个精光。行至生米镇，更为凄惨。该地被敌杀死之居民，在千人以上。尤以生米河中，现仍浮尸数百具，漂荡水中，无人捞埋。敌兵日则在生米街抢劫粮食财物，奸淫妇女，晚则散居山中树林内住宿，防我游击队袭击。敌住山中，并掳去妇女轮奸，奸后尚须代为做饭缝衣，稍不遂意，即杀之弃于山中，生米镇对岸之沙洲各村，每日亦有敌兵渡河光顾，遇女即奸遇男即杀，各村人民，已十室十空。但我游击队，不时予敌重创，生米一带敌寇非常畏惧云。

（广播社）

1939 年 4 月 17 日

敌寇又在南昌县属抢劫奸淫与烧杀

沙埠潭桃竹丛民众

愤敌暴行群起杀敌

敌寇侵驻南昌后，到处奸淫焚杀，其目不忍睹，耳不忍闻之惨状，本社业据多数难民口述，先后发表新闻。兹悉距南昌市六十里之沙埠潭地方，敌寇搜索队到达时，壮丁多已逃至附近山上，仅留妇孺看守村庄。敌寇不由分说，先开枪击毙十二人，是时妇孺既惊闭各入屋中，敌寇分头破门而入，强行轮奸，无一幸免，孩童则用刺刀刺毙，哭声震天，数里可闻。逃至附近山上之壮丁，深知妻母姐妹，遭敌奸淫，心尤不安，遂于晚间联合下山，拥至村中，驱走敌寇，敌不及防，毙敌十余人，余由村后逃走，救出妇孺甚众。惟救出妇孺，仍在壮丁所避之山上，敌寇遭此重创，恼羞成怒，翌晨大批敌寇赶至见全村无人，四处寻找，不知如何，寻至壮丁妇孺所避之山上，敌兵在上，勒令男女分站两边，壮男百数十人，悉遭机枪扫毙。妇孺提出姿貌较美者，就地轮奸，被奸者六十余人，奸后连同未奸之年老妇女，一并用绳紧系两手，押往南昌市送各部队重行轮奸，因而毙命之妇女十余人。押至在途，有四五妇女，明知送至市内，必被奸淫，行至塘边，跳入塘内，以身殉节。此乃该地最近逃出之难民涂立本所目击，敌寇之残暴，于此可见一斑云。

（广播社）

南昌沦陷后，敌军之奸淫烧杀残暴行为书不胜书。记者兹据确息，南昌近郊桃竹丛魏村，有敌兵十九名，至该村向村长强索青年妇女数十人，带往营中，以泄兽欲。乡中民众，不甘以妻女供寇奸淫，乃佯作殷勤，招待酒食，乘其不备，全村男女，遂将敌兵十九名，全部杀毙。旋敌军闻讯，赶来大军将该村男女少幼五百余人，概行机枪以扫毙，并放火焚毁全村房屋泄愤。又谢埠敌军掳去妇女百余人，屠杀农民数百余人，莲塘小蓝罗村乡民，被敌军惨杀达千余，罗村妇女，不分老幼，均被敌军掳去。又据由万舍逃出来吉之难民张文清云，敌军于万舍之残暴行为，如未目睹，诚令人难以置信。以前我看见报纸载敌军烧杀奸劫，以为是假的，不愿逃出，谁知敌军一进万舍，即挨户搜索青年妇女，当街轮奸，不顾羞耻。若无青年女子，即五六十岁之老妇，亦被污辱。未及走避之壮年者，认为游击队，全部杀戮，街市死尸堆积，无人收殓，臭气熏天。有一乡妇被敌兵三人轮奸后，并将沸水射入阴户，该女惨号而死。敌兵临走前，复将刺刀插入阴部，最后连其家属，亦被敌军蹂躏。言至此，该难民痛哭失声，极为凄惨。

（唯生社）

1939年4月22日

敌机袭浙赣路东段

在玉山贵溪投弹轰炸

首次袭内乡损失待查

上饶二十二日电：今日敌机分四批进袭浙赣路东段，第一次上午十时，敌机一架，自南昌方面东飞上饶、玉山、常山、江山等县窥察，旋循原路折返；第二次十一时许，敌轰炸机三架，飞玉山肆虐，在城内闹市，投弹八枚，损失未详；第三次十二时许，继四架，复自南昌方面东飞，离贵溪东四十公里处，投弹一枚，我无损失。敌机飞越上饶玉山，折向余江方面逸去。

……

（中央社）

1939年4月23日

敌机昨分三批袭赣在贵溪城内投弹

另二批在赣南赣东窥察

本市先后发出警报二次

敌机十六架，于昨日分三批袭赣。

第一批敌机十二架，于上午九时半，经过鄱阳上饶玉山等处，有三架在贵溪城内西中街投弹六枚，当炸毁民房四栋，余无损失。

第二批敌机一架，于十一时许在樟树发现，经新淦峡江向南飞来，防空司令部当发警报戒备。敌机于十一时三十分，窜过本市上空，旋窜泰和赣州南雄一带窥察，十二时许本市解除警报。敌机于一时许折回，本市发出二次警报戒备，旋即解除。

第三批敌机三架，于下午二时三十分在南城一带窥察。

（中央社）

1939年4月23日

敌机狂炸上高

金华丽水等处昨被炸

葡国商输亦遭炸微伤

昨日上午十时，有敌机七架，窜至上高上空，在城内外投弹三十余枚，迄十一时五十五分始逸去，损失在调查中。

……

（中央社）

1939 年 4 月 24 日

南昌市敌军暴行一瞥

遇男即杀遇女即淫

货物器具概被搬走

敌寇盘踞南昌，到处奸淫焚杀，残暴惨情，迭志本讯。昨据本月十五日由南昌逃出来吉之难民吴家鼎，详谈敌寇奸淫焚杀实情。吴君为中正路某布店之经理，一妻一妾，家资颇丰，南昌沦陷敌手时，吴因店中存货过多，恐留以资敌，设法抢运，不及逃避，遂被敌包围在内。目击敌进南昌，遇男即杀，遇女即淫，全市商店住户，门均洞开，货物器具，搬走一空，沿江路，广外直冲巷，胡琴街，羊子巷，纵火焚成焦土，已成一座死城，马路两旁，暴尸甚多，尤以高桥一带，尸积如山，达五六百具。最惨者，敌在近郊各乡搜来之妇女，均闭于广外米市街关帝庙内，约四百余人，日夜供敌轮奸，待至各人奄奄一息，纵火将庙焚毁，四百余妇女，烧成焦土。散居各巷之妇女，间有避居密室者，闻敌到处奸淫，深知终难幸免，颇多自尽殉节。筷子巷某户，家有妇女四人，同时自缢于一室，被敌发现，仍弃尸户外，剥去衣裤，用刀撬剜阴户为乐。吴君家中亦被敌光顾，妻妾各被敌轮奸至十七人之多，奸时命吴在旁注视。此时吴因妻妾命在旦夕，硬着头皮，跪地向敌哀求，敌遂大笑，将吴踢倒在地，扬长而去。吴因家中遭此惨事，只有扶同妻妾，于晚间摸出逃生，幸人机警，遇敌则同睡至地上装死，无敌又爬起再走，待至天明，摸出电网外，沿途足踏着之死尸，难计其数，言之心惊肉跳，后由小路步行至丰城，搭船抵吉。吴之妻妾，遭受奇辱，抵吉约同自尽，但吴以此为兽敌不可避免之残暴行为，对于妻妾，善言安慰，昨并送往本市法国医院休养。吴君并谈盘踞南昌之敌，甚为空虚，连日因我军反攻甚烈，晚间均渡河至牛行站住宿，军用器具，复向九江搬运，似有准备撤退模式。同时被围在市之人民，均望我军早日克复，个个存杀尽万恶倭寇而后快之决心云。

（广播社）

1939 年 4 月 24 日

敌机二架昨轰炸赣州

在郊外投弹三枚无损失

另一批飞石城一带窥察

昨日上午九时二十四分，丰城方面，先后发现敌机二批，每批各二架，由北向南飞来，省防空司令部据报后，当即发出紧急警报。该敌机经樟树新淦，一批窜至赣州，在郊外投弹三枚，我无损失，一批窜至石城宁都广昌一带窥察一周，旋循原路次第逸去，十一时零八分，解除警报。又前日下午一时，皖赣边境发现敌机一架，旋侵入进贤余江东乡贵溪等县窥察云。

（中央社）

1939 年 4 月 28 日

敌机袭丰城

死平民五人伤三人宁波昨晨同遇空袭

敌机七架，今（一）日下午一时四十五分，由修河北岸，飞至丰城投弹十八枚，及石子多块，平民死五人，伤三人，损害房屋二十余栋。

（中央社）

金华一日电：今晨敌轰炸机六架，侵入宁波，在城区投弹十七枚，死伤一百余人，毁民房二百余间。

（中央社）

1939 年 5 月 2 日

敌机六架昨分两批侵袭吉安

在郊外投弹十六枚我无损失

另三架在乐平上饶一带窥察

昨日敌机六架，分批空袭吉安，在郊外投弹十六枚均落荒地，详情志次：昨晨九时，丰城方面报告，发现敌机三架，由北向南飞来，省防空司令部当即发出空袭警报，逾时续发紧急警报，并通知防空部队严密戒备。该敌机经樟树、新淦、峡江、吉水，于九时十分窜至吉安上空，我高射炮部队，比集中火力猛烈射击，该敌机即在市区西南方郊外投弹四枚，均落荒地，旋循原路逸去，九时三十三分解除警报。又上午十时零五分，丰城方面续发现敌机三架，由北向南飞来，比发出第三次空袭警报，十二时十二分发紧急警报，该敌机于十二时二十七分窜抵吉安，在市区西南方郊外投弹十二枚，均落荒地，仍由原路逸去，十一时二十分解除警报。又午间十二时廿分，敌机三架，窜入乐平上饶玉山一带，窥察良久。

（中央社）

1939 年 5 月 5 日

敌寇在沙埠潭强奸老妇幼女

并捉获一幼童轮流鸡奸敌寇惨无人道亘古未有

南昌县属之沙埠潭，大遭敌寇奸淫焚烧，惨情已志本讯。昨接逃自该村之难民赵鸣谷，来吉谈及亘古未有之惨案数件，该村壕头乡赵鸣富之妻，年七十二岁，敌兵闯至该乡，有九敌围集强将该老妇轮奸，老妇拼命挣扎，轮奸至最后数敌，无法遂其兽欲，愤而将该老妇阴户用刺刀剖开，另将老妇两龄孙儿之头，塞入老妇阴户之内，敌在旁鼓掌取乐。后并将该老妇屋内器具捣毁，衣被则用火焚。该数敌兵，以兽欲未达，复找有该乡之八龄幼女，轮奸至五六小时，该幼女流血过多，立时毙命。后又捉获一仅十龄之小孩，轮流鸡奸，小孩支持不住，奄奄一息，卧地不起，数敌兵乃将奸毙之幼女，连同该小孩，用绳捆绑一起，悬挂树上，欢笑而去。于此足见敌寇惨无人道，世界确无伦比云。

（广播社）

1939 年 5 月 8 日

敌机三架昨轰炸三江口

昨日上午八时许，敌机三架，在三江口（距南昌九十里），投弹数枚，死伤平民十余人，炸毁民房数栋，余无损失云。

（中央社）

1939年5月9日

敌机到处滥炸

袭玉山萍乡炸衡阳郴州

狂炸翁源并窥宁波投弹

［本埠讯］昨（十三）日晨七时，有敌机六架，自赣北方面侵入玉山县上空，当在城内外投弹二十一枚，我无损失。

……

（中央社）

1939年5月14日

南昌繁华市区变成黑暗鬼窟

市内敌军兵力极为薄弱

汉奸认贼作父甘为驱使

自我军自动退出南昌后，敌军一切暴行及傀儡丑态极为各界关心。顷据最近由虎口逃出难民雷三毛谈称，敌人自侵据南昌，无不尽其奸掳焚杀之能事，市区未及逃避之贫苦平民，被其奸污残杀者，不下数千人，商店货物，劫掠一空，国货路带子巷瓦子角，沿江路等均成废墟，昔日繁华街市，一变而成黑暗鬼窟。现市内敌军兵力，极为薄弱总计不过数百人，分布在十字街头站岗，敌司令部设于中央银行，宣抚班驻广益昌，禾田部队驻市商会，敌特务机关设于财政厅（担任清查户口），宪兵第二分队驻万寿宫，宪兵营驻水警总队部。南昌失陷后，一部分丧心病狂之汉奸，竟认贼作父，甘为驱使。汉奸胡蕙，出任伪南昌市维持会长，谭墨山任秘书，梅子肇任官山一带伪维持会主任，方世保任邓家坊伪维持会主任，聂清海任黄司空庙伪维持会主任，并于五月一日起，分别在欧阳修小学、汽车站、北坛小学校内等处，举行顺民登记。经登记后，壮丁强押至前线送死，妇女供其奸淫，小孩则闭于一室抽血，灌救敌伤兵，我沦陷区同胞之苦痛，实非言语所能形容其万一也。

（中央社）

1939 年 5 月 21 日

安义难民千数百人陆续逃抵吉安

口述敌寇残暴行为甚详

久困沦陷区，不甘为敌奴，费时月余，绕道逃出之安义难民千数百人，于前昨两日陆续抵吉。兹据难民黄炳光申述，该县被敌蹂躏惨情甚详，据谈，该县沦陷敌手如此之速，全县民众不及逃出之原因有三：（一）全县人力物力财力，集中于第四区小坑地方，策划不密，悉数资敌；（二）敌寇逼近安义，木桥尚不拆除，故敌之坦克车，一夜冲过安、奉、靖三县；（三）不发难民证，致民众未敢逃出，有此三种原因，故安义之人力物力财力，损失极为奇重。该县沦陷后，敌寇到处奸淫焚杀，尤以石鼻至向坊一带，被敌杀毙千数百人，内六七百小孩，虽生下仅数日者，敌亦用脚踏毙，奸淫惨状，亘古未闻。该县长埠镇对河，戴村一老妇，年八十五岁，敌至逼妇之十五岁小孙，与该老妇奸淫，小孙大哭不从，敌即以刺刀欲杀，老妇爱孙心切，唤孙相奸，奸后并令婆孙互相用舌舔生殖器。此外奸淫妇女，逼夫脱裤，并令妇女赤身露体，卧于村外草地候敌轮奸，无日无之。房屋悉被拆作柴烧，器具打毁，稻谷辅垫湿地，衣被塞入马厩，鸡鸭牛猪，被吃干净。该县民众，至此已感敌万恶，纷纷奋起，随同我军杀敌。该县第二区区长陈其勋，决心报效国家，携其妻室儿女，登山招集游击队，人数众多，枪弹充足，寻敌厮杀，不下数十次，并尽力救出难民，补发难民证，向后疏散，队部纪律严明，全县民众均皆感激。新近到吉之千数百难民，亦全为陈之救出力量云。

（广播社）

1939 年 6 月 1 日

昨日敌机五架轰炸进贤

昨日上午九时，敌机五架，由南昌方面侵入进贤上空，投弹十余枚，多落荒地，无甚损失。又上午十时敌机七架，由闽赣边境侵入黎川，在南城临川一带窥察后，即循原路逸去。

（中央社）

1939 年 6 月 2 日

敌机三架昨窥浙赣路

侵入萍乡投手榴弹二枚

临川贵溪上饶同遭空袭

昨日上午十二时许，丰城方面发现敌机三架，窜抵樟树，省防空司令部据报后，即发出警报，严加戒备。旋该批敌机西窜清江、新喻、分宜、宜春、萍乡一带窥察，除在萍乡以北附近之老关，投手榴弹二枚外，并低飞扫射，我死伤平民数人。旋该敌机向湖南方面逸去，一时十分，本市解除警报。

（中央社）

［又讯］昨日上午十二时至下午四时，敌机九架，分三批轮流侵袭临川，在南城方面投弹数枚，损失情况待查。又上午十二时许，敌机三架，侵入贵溪，投弹二枚，均落荒地，我无损失。敌机肆虐后，又侵入上饶投弹三枚，并在河口用机枪扫射，旋向赣北方面逸去。

（中央社）

1939 年 6 月 5 日

敌机到处肆虐轰炸上饶贵溪

宁波绍兴等处亦遭空袭

上饶四日电：昨日下午一时十六分，敌轰炸机三架，窜上饶枫林渡投弹三枚，损屋数间，并于河口以机枪扫射。又十二时二十分敌机三架，在贵溪北门外投弹三枚，毁路轨数丈。

……

（中央社）

1939 年 6 月 6 日

敌机十一架昨分两批狂炸吉安

在市区及郊外共投弹三十余枚

毁民房十余栋死伤平民十余人

另敌机一批窥温家圳李家渡

敌因近在各战区，遭我重大打击，恼羞成怒，竟在不设防城市区域，滥肆轰炸，日有敌机十五架，分批侵袭赣省各地。第一批敌机五架，于上午九时五十五分，在丰城方面发现，向南飞来，省防空司令部据报后，即发出警报。该批敌机于十时二十分侵入市空盘旋一周，即在郊外投弹四枚，毁民房数栋，死伤平民数人。敌机肆虐后，循原途回窜本市盘旋后，向赣北方面逸去。

侵袭本市

第二批敌机六架，亦在三江口丰城方面发现，经樟树、新淦、峡江，于十时五十六分二批先后侵入本市上空。我高射炮队集中火力，猛烈射击，敌机仓皇在世兴庙、西萧家巷、戴家塘、皂角树、状元桥、钟鼓楼、道署坪等地，投弹三十余枚，炸毁民房七栋，震坏十余栋，死平民七人，伤十余人。又该敌机于市区肆虐后，旋在郊外某坟山投弹一枚，炸毁棺材数具，足见敌机投弹毫无目标，可耻已极。该敌机旋向赣北方面逸去，本市于十一时三十四分解除警报。

救护情形

本市各救护团体，于警报解除后即驶赴各灾区救护，计有防护队、省抗敌后援会救护工作团、市救火队、县卫生院医疗队、红十字会、世界红万字会等，分途从事救护工作，极为紧张，所有各机关长官，亦同时出发被炸地点慰问被炸同胞家属云。又第三批敌机四架，于上午十一时三十九分，由赣北方面侵入温家圳、李家渡一带窥察云。

［又讯］中央赈济委员会，前拨给的款，储存县府，专为急赈遭受轰炸难胞，闻昨日被敌机惨炸死伤市民，今日即可赴县府第二科领取恤金，死者十元，

重伤五元，轻伤三元云。

（民众社）

1939年6月6日

敌寇到处奸淫焚杀自称系奉命而行

逃吉难民痛述敌军暴行

九江市商会会长王试蓉，上海和平公权经理黄葆祥，因向后撤退，被困于莲塘向塘间之姚埠村，费时半月，设法绕道，于昨日领导南昌近郊难民二百余人来吉。据谈身受敌寇蹂躏惨情甚详：敌寇百余人，到达姚埠，初索鸡蛋，乡人尽各所有付给，继索鸡鸭，当时全村不留一只，全数给敌，希图不受蹂躏，王等为知识分子，深恐村民遭受残杀，出面与敌周旋。直至晚间，敌在村驻宿，复召王等索花姑娘，王等答复尽系良家妇女，乡村何有花姑娘？敌乃向王等讲，我等军人，出发作战，系不带家眷的，你们村上既系良家妇女，我们奉有命令奸淫，又不带走，何妨借用一下！村中有老者，并示以中国古训，妇女贞操，关系重要，请求原宥，敌遂翻眼拍刀，声谓不予妇女，即行杀人。该村妇女闻讯，扑至塘中自尽，以保贞操。敌并迫使男丁，非将妇女救起不可，救起之后，敌遂自动强拉奸淫，无一幸免。至当晚我游击队赶到厮杀，比毙敌数十名。□□敌搜杀队，窜进该村，集合该村男女五百余人，宣布“刚才我们奉到命令，说你们军民合作，杀我们日本人，你们既然要我们的命，我们也就要你们的命。”言声未了，机枪声大作，五百余村民，被扫死半数以上，其未被扫死者，敌兵复用刺刀追杀，结果逃出之民众，颇多遭受刀伤，此足见敌残杀我民众乃亘古未闻也。

（广播社）

1939年6月8日

敌机昨分批袭本市

任公井等处被炸死伤二十余人

并窜泰和赣州投弹无甚损失

熊主席手谕建设防火街巷

昨日上午八时零五分，先后发现敌机二批，第一批九架，第二批六架，由北向南飞来，省防空司令部据报后，当即发出空袭警报，逾时继发紧急警报。该第一批敌机于八时三十分经过本市上空，旋向南窜去，于八时二十五分飞至泰和，在城厢内外投弹十余枚，毁民房数间，余无甚损失。第二批敌机即在本市北门正街、塔水桥、府背、夏官第、马铺前、弓箭街、任公井、西刘家巷等处，投弹三十余枚，毁民房二十余栋，死伤二十余人，旋由原路逸去，九时三十五分，解除警报。又本日下午一时四十分次第发现敌机两批，第一批六架，第二批三架，由北向南飞来，省防空司令部据报后，复发出二次空袭警报，一时四十三分继发紧急警报。第一批于二时二十分窜至赣州上空，在县城区投弹二十余枚，无甚损失。第二批敌机于三时零五分，侵入本市，在十字街附近投弹数枚，亦无甚损失，前后由原路逸去，三时四十五分解除警报。

……

1939 年 6 月 13 日

敌机昨又狂炸吉安

在宝华楼等处共投弹十余枚

毁民房数栋死伤平民十余人

赣县昨日同遭轰炸

敌机十五架昨日又分批轰炸吉安赣县。昨日下午一时四十七分，丰城方面，先后发现敌机三批，向南飞来，省防空司令部据报后，即发出警报，严加戒备。第一批敌机六架，经樟树、吉水，于二时四十分侵入赣县，当有敌机三架，在郊外盘旋，三架侵入市空，投弹四枚，毁民房数栋，死伤平民数人，旋该批敌机向原途逸去。第二批敌机三架，第三批敌机六架，于二时十六分，先后侵入市空，在上永叔路、宝华楼、李家码头、大巷口、王家桥、北门菜园里等处投弹十余枚，毁民房数栋，死伤平民十余人，敌机肆虐后，旋向原途逸去，本市于三时四十分解除警报云。

（中央社）

1939 年 6 月 14 日

敌机惨无人道昨又轰炸本市市区

并分批在樟树新淦峡江等处投弹
本报编辑孙家杰夫妇不幸遇难

敌机不顾国际公约，惨无人道，滥炸我不设防城市，昨日又分批轰炸吉安、樟树、新淦、峡江等处。第一批敌机六架，于上午八时十八分，在丰城方面发现，向南飞来，省防空司令部据报后，即发出警报，严加戒备，该批敌机经樟树，有三架侵入新淦，投弹二枚，三架侵入峡江，在郊外投弹二枚，毫无损失，旋由吉水向北逸去；第二批敌机三架，于八时三十七分在丰城发现，经樟树、新淦侵入吉安市空，盘旋一周，即循原途逸去；第三批敌机六架，于上午八时三十八分，在丰城方面发现，经樟树新淦于九时十一分侵入市空，在九曲巷仁山坪乡师附小等地投弹十余枚，毁民房五栋，震坏十余栋，死伤平民数十人；第四批敌机六架，于八时三十余分，在进贤方面发现，经东乡、贵溪、河口向闽省边境飞去，在浦城投弹数枚，均落荒地，毫无损失，该敌机肆虐后，仍向原途逸去，本市九时四十五分解除警报。

二次警报

昨日下午一时十五分，敌机四架，在丰城方面发现，省防空司令部据报后，再次发出警报戒备。该敌机旋侵入樟树，投弹二枚，落河中，并相继在新淦峡江各投弹数枚，均落荒地，无甚损失，本市于二时十七分解除警报。

努力救护

省后援会救护工作团、中国红十字会、世界红万字会、防护团、县卫生院、急疗队、沪光童子军、南昌理事会、童子军、省后援会宣慰团等，于警报解除后，分别驰赴各被炸地点，从事救护。轻伤敷以药布，重伤者护送至省立医院、天主堂医院医治，死亡者由省后援会世界红万字会施以棺材掩埋。又省后援会常委姜伯彰、杨不平、彭文应，警备司令赖伟英等，于警报解除后，驰赴各被炸地区，督饬各救护工作人员，努力救护，并抚慰被害难胞家属，闻政府方面，将予以分别抚恤云。

（中央社）

家杰遇难

又讯：昨日敌机轰炸仁山坪时适本报编辑孙家杰夫妇在该处附近地下室内，一弹正落该洞旁，当将洞门震塌，计伤毙人数甚伙。时孙君即立于洞内，其夫人似为坐于凳上，炸弹爆发后，孙君即被土压毙，尸体均全，面目如生，其夫人则一脚板被炸断，七窍流血。此洞内除孙氏夫妇外，尚有范觉陶夫妇，亦遭浩劫云。

1939 年 6 月 15 日

敌机六架轰炸铅山万载

新闻界筹备追悼孙范二君

昨日上午八时许，进贤方面，发现敌机六架，旋侵入铅山县属之河口投弹十余枚，在岳王庙投弹四枚，共死伤平民十余人，毁民房十二栋，死伤平民二十八人。该批敌机肆虐后，复在万载附近之大桥地方投弹四枚，死伤平民五人，炸毁民房一栋。

……

（中央社）

1939 年 6 月 16 日

敌机三架轰炸大庾

毁屋二十余栋死伤十余人

另批在温家圳盘旋窥察

昨晨九时四十分，敌机三架，由广东方面侵入赣境，在大庾上空投弹九枚，三弹落卫生院内三弹落北门内，毁房屋二十余栋，死伤平民十余人，余三弹落北门外荒郊，毫无损失，迄十时敌机循原路逸去。又一批敌机三架，于上午七时四十分，由福建方面飞经会昌、雩都、兴国、宁都、瑞金一带，窥察后，窜至长汀投弹四枚各无甚损失。另一批敌机二架，于十二时十五分，由赣北方面窜至临川县属之温家圳上空盘旋窥察，旋即逸去。

（中央社）

1939 年 6 月 23 日

敌机三十架昨分八批袭扰赣境

在万载赣州临川等县境投弹

本市曾经一度发出空袭警报

日来天气晴朗，敌机恣意肆虐，昨日，又有敌机三十架，分八批袭赣湘：第一批敌机六架，于上午六时三十五分，经丰城上高，七时至万载县属之罗城地方，投弹四枚，炸毁民房二十余栋，死伤平民二十余人；第二批敌机六架，于七时十二分经丰城樟树新喻至分宜，改向南飞，本市于七时五十分发出空袭警报，嗣敌机飞抵安福后，又改向西飞，经莲花转入湖南衡阳投弹后，循原路逸去；第三批敌机三架，于七时二十分经丰城樟树新喻宜春一带窥察后逸去；第四批敌机六架，于七时三十四分经丰城新喻沿浙赣路西窜湖南衡阳投弹后，即循原路飞去，本市乃于八时二十五分解除警报；第五批敌机两架，于十二时三十分飞往临川县属温家圳窥察一周逸去；第六批敌机××架，于下午一时由广东境飞往赣州在郊外投弹数枚，循原路逸去，我无甚损失；第七批敌机两架，于一时零五分，飞往上高投弹五枚，我死伤平民各一；第八批敌机二架，于下午一时四十八分窜至临川县属李家渡投弹四枚，我毫无损失。

（中央社）

1939 年 6 月 24 日

敌机昨又袭扰省境

赣县临川南城等县俱遭轰炸

本市曾发两度警报以资戒备

敌机连日疯狂肆扰各地，昨晨又有二十五架，分六批袭赣，赣县、临川、南城、雩都等县，俱遭轰炸，并有敌机三架，在瑞金雩都兴国一带窥察，兹录各情如次：第一批敌机三架于昨晨七时五十分，窜至南城窥察历一时许，九时十分转窜临川投弹六枚，毁我民房五栋，余无损失；第二批六架，于八时经赣境窜至福建长汀窥察，于九时四十四分回经南城在北门投弹二枚，毁民房十余栋；第三批三架，于八时许经过樟树南飞，吉安防空司令部，当即发出空袭紧急警报，以资戒备，旋该批敌机于九时二十五分，窜至雩都，在郊外投弹八枚，毁我民房数栋，他无损失，本市防空司令部乃于十时二十分解除警报；第四批六架，于十时五十五分经龙南信丰南康，于十一时二十分侵入赣县市空，投弹三十二枚，毁民房三十余栋；第五批三架，于十时零八分由广东方面，窜至赣南瑞金雩都兴国一带，盘旋窥察，嗣有北飞模样，本市防空司令部于十时五十五分再度发出警报，严加戒备，旋该批敌机南窜，遂于十一时三十五分解除警报；第六批四架，于下午五时许由赣北方面窜至上高窥察，片刻而逸。

（中央社）

1939 年 6 月 25 日

敌机十八架昨又分五批袭赣

在瑞金投弹四枚无损失

本市先后发出警报三次

敌机十八架，昨又分批袭赣，瑞金被投弹四枚无甚损失，分志各情如次。

第一批敌机三架，于上午十一时，由广东方面侵入赣境，十一时许，经会昌北飞，于十二时五分窜至瑞金上空，盘旋窥察后，投弹四枚，多落荒郊，无甚损失。该批敌机肆虐后，即循原路逸去。

第二批三架亦由广东方面飞来，午十二时许，经大庾南康，十二时三十五分，侵入赣州窥察片刻后，向北飞行，本市于十二时五十分相继发出空袭紧急警报，严加戒备。敌机曾掠过市区，向南昌方面逸去，本市随即解除警报。该批敌机旋再自南昌南飞，又于一时四十五分，相继发出空袭紧急警报，以资戒备。该敌机于二时三十五分，经吉安泰和遂川，向湘境窜去，嗣又转窜广东曲江投弹四枚，损失不详，本市于二时四十分解除警报。

第三批三架于午后二时五分，经浙东窜至浙江丽水投弹四枚，损失不详。

第四批六架，于午后二时四十分，自赣北方面南飞，经临川赣南各县，向闽边境窜去，嗣复自赣南北飞，经雩都兴国时，曾盘旋窥察良久但未投弹。

第五批三架，于下午二时四十分经进贤东乡一带，向闽境飞去，迄四时许，循原路北逸。本市于五时十五分再度相继发出空袭紧急警报，加以戒备。旋该敌机遁向赣北方面逸去，本市遂于五时四十五分解除警报。市面秩序，随即恢复云。

（中央社）

1939 年 6 月 26 日

一笔巨额血债　南昌敌军暴行

唯生社记者余天荣

一、血的教训

抗战二十三个月来，敌寇所给予我们血的教训，就是残杀我们的同胞，奸淫我们的妇女，屠杀我们的壮丁，抢劫我们的财物，焚毁我们的田园屋宇，滥炸我们后方平民，密集不设防的城市，这些惨无人道的残忍暴行，字典上找不到字句来形容，历史不再也翻不到有倭奴这样凶残屠杀人类的纪录，虽然史页上有“扬州十日”、“嘉定三屠”的血迹，也不及敌人一万分之一的野蛮兽行呀！这累累的血债，刻镂在我们的心骨之中，永远不会消灭，不会消失的，索取这血债，是我们的责任，我们要踏着战士的光荣的血迹去为死难同胞雪耻复仇，歼灭倭寇，收复山河。敌人奸淫、屠杀、焚烧、劫掳的残酷，不但是亘古罕闻，而且是世界上任何民族未遭遇过的蹂躏和痛苦，在报纸上时常看到触目惊心、字字血泪的敌人种种兽行。我们目睹着这血迹斑斑的事实，脑海里就回旋着“我们很多同胞被狰狞的日本鬼子，在杀戮宰割”，“无数的妇女，在兽兵侮辱之下被蹂躏了，房屋被倭寇的火焰焚成了焦土、瓦砾灰烬，田园为敌人践踏得变成了丘墟”，遍地的血腥，尸体骷髅，恐怖地一幕一幕的像电影仍在脑海里旋回着，敌人的罪恶，是我们民族的奇耻大辱，世世代代的深仇巨恨。

二、野兽践踏的世界

记者为了要将沦陷区的敌人暴行报导给读者，顷赴南昌前线视察，在实地得了很多材料，下面就是血的事实。

敌自“三二九”进据南昌，在不知不觉中，敌寇先侵入了生米街、万舍、向塘、新村，于是南昌外围的乡村，遂陷于敌手，变成了野兽践踏的世界，又是人间的黑地狱。老飞机场附近，有两个大村落，一个是谢村，一个是徐村，人口都在一千余，这两个村庄上的乡民，当时以为敌人奸淫烧杀掳劫，决没有传说的那样狠毒惨酷，很多苟且偷安的不愿离开可爱的家乡，虽知敌人到来，却与他们所认为“日本鬼子哪里杀许多老百姓”，“烧得这多房子”的□□远得多了。敌兵闯进村首先便家家搜花姑娘，抓壮丁，抢法币衣物，又去打鸡呀，杀猪呀，剥牛呀，吃酒呀，闹得不成样子，后来兽性勃发，大肆屠杀，两村被戮一千余人，尸体纵横，堆积如山，血流遍地，浸涌田野之间，腥臭扑鼻。分路口杜村一农民家，正匍匐殡殓，办理丧事，兽兵三人赶至，迫令将棺中尸体倒出，并将吊祭亲友死毙男女九人，仅三人逃出虎口。萧家坑李村房屋，全被焚毁，妇女被污者无数，壮丁被杀掠约百余人，参政员李中襄家亦遭敌烧成灰烬。柏树李村，前房、后房（□□上万熊两村），城南史村，天灯万村塔子桥（吴郑两村）路北（罗徐等村），倭寇残暴地杀戮乡民蹂躏妇女，田园屋宇，都被烧成了废墟，剩了一堆之瓦砾。沦陷区的同胞，处于敌人水深火热的压迫下，只要奋斗抵抗，抱定必死的决心，与敌拼命，仍可死里求生，如若要是怀着苟安心理，在敌人虎视之下，忍辱偷生，供其宰割束手待毙，那就无异“自寻死路”。（未完）

1939 年 6 月 25 日

一笔巨额血债　南昌敌军暴行（续）

唯生社记者余天荣

三、父子奋起杀贼

现在我举一个血的事实来告诉读者：王台刘村和白马庙江村，都有壮丁百余人，刘村一日来了两个敌兵，只带了一支枪一把刀，该村壮丁，俯首被擒，遂一一遭寇惨杀，无一幸免，稚龄小孩，则捆系手足，聚集一块，架上了很多的稻草柴枝，纵火烧死。一村烈焰凶腾，惨啼哭号之声，飘扬四野，焦臭气味，传闻数里，天地为之暗黯，风云为之变色，这是没有抱定决心为敌死拼而想偷生的结局。万舍上路杨村，杨某父子，因不甘任敌宰割，父子奋力抵抗，各执锄头镰刀，在家待候机会杀敌，一日有敌兵十名前来，父子遂协力同心，冲杀出来，敌睹此情形，惊慌窜逃，其父跟踪追击，当杀毙一兽兵，凯旋而归。此种伟大精神，不独使倭奴心丧胆寒，且能自卫乡土，免受杀戮。旋恐寇兵前往报复，全村人遂相偕踏上光荣的民族战场。这两件血的事实，教训我们只有“奋斗抵抗”，才能得到生存，前的一百多人不抵抗，而被两个兽兵杀光了，后的父子只两人，他们能拼命，不但保全了生命，还杀死了敌人，两相比较，就是“战是死里求生，降是生中找死”一个铁证。

四、掳去妇女裸体游行

莲塘、沥口、万舍、市汊、岗上、下窑湾、荷花所、马路桥、东滩、丁坊、辜坊、太平桥、江前、王台、合山、超林、荆林、田垄、普山、花园邓村一带百余村庄，无一不遭敌之奸淫烧杀，田园屋宇，尽成废墟。每一村被杀者少则数十人，多则数百人，如东滩熊罗二村的乡民，男女老幼各百余人，皆已罹难。窑埠（钟村）的青年妇女百余人，全被敌掳去奸淫，男子只有五十余人，概被杀光，听说只有三个藏于粪窖逃脱了。超林有一个守了三十多年节的六旬老孀妇，被兽兵十余围奸，誓死不从，被敌刺腰，肠肚流出而死，敌寇复将其生殖器割下，狰狞大笑，复往他村搜索妇女。距新村一二里路，有一个新山庙，四面都是修竹茂林，青翠可爱，寇兵掳来妇女二百余人，迫令脱去衣服，一丝不挂赤条条围成一座肉屏风，轮流奸污，拍手而笑，此种无耻行为，实禽兽之不若。在某某地方，倭兵捉来一百多个年青貌美的女子，在禽兽般蹂躏后，令裸体奔跑为戏，且于乳峰上系一铜铃曳，玲玲作响。掳在敌营中的妇女，均裸体不许穿衣，或为之造饭，或使之河塘浣衣，或集中各乡捉去之妇女，裸体游行。我们要雪此奇耻大辱，为我们的被难同胞复仇。

（唯生社）

1939 年 6 月 26 日

某兵站站员口述敌寇暴行

军中给养全是抢掠得来

掳我大批妇女供其淫乐

某师兵站站员张瑞峰，于南昌失陷时，押给养船至生米街河岸附近，被敌俘虏，四月二日乘机逃出，上月底始返部，目睹敌人暴行，口述甚详，兹志如下。

余（张君自称）于三月二十六日，行至生米街附近，被敌兵俘掳，迫予等运输弹药，经莲塘时，见死尸横陈，惨绝人寰。当余在中正桥右侧，坐汽艇过赣江时，见中正桥破坏甚重，绝非短期所能修复，敌坦克车亦不能过江，敌军无兵站组织，所需给养，全系由占领区域内抢掠而来，纪律荡然。全城秩序凌乱，虬岭之敌，掳我妇女七八十人，大城之敌，亦掳有青年妇女百余人。四月二日黄昏时，敌兵迫余往找猪，行至一小村，发现一猪，乘敌兵持枪追猪时，余利用机会，爬过二山头，混入难民群中，幸免于难云。

（唯生社）

1939 年 6 月 28 日

敌机十七架昨分六批袭赣

在吉安泰和余江投弹轰炸
泰和受害较重余无甚损失

敌机十七架，昨日分六批袭赣。

第一批敌机三架，于上午六时十四分，经丰城樟树，向吉安方向飞来，本市当于七时发出警报，加以戒备。旋敌机侵入市区，在附郊投弹四枚，炸死平民一人，余无损失，本市于八时许解除警报。

第二批三架，于上午六时五十七分，经进贤窜余江县属之邓家铺，投弹六枚，弹落荒郊，我无损失。旋敌机又窜往上饶上空，盘旋窥察许久后，循原路逸去。

第三批六架，于上午七时，经丰城樟树吉水侵入泰和，在泰和投弹二十三枚，毁民房十余栋，死伤二十余人。

第四批三架，于上午七时十五分，经进贤窜至南城窥察一周后，即行逸去。

第五批一架，上午九时，经樟树峡江向吉安飞来，本市又于九时四十二分发出第二次警报。敌机于窜入市空后，盘察窥察一周，即行逸去，本市乃于十时二十分解除警报。

第六批一架，于十一时许在浙赣路沿线窥察良久而逸。

（中央社）

1939 年 7 月 5 日

敌机四架昨轰炸固江

投弹八枚毁民房八栋
另二架亦在南城投弹

敌机六架，于昨晨分两批侵袭赣境，第一批敌机四架，由赣北方面，飞往丰城樟树，向吉安侵袭，本市当于七时发出警报。敌机飞越市空后，于七时四十分在吉安县属之固江投弹八枚，毁民房八栋，伤平民三人，迄八时二十分，本市解除警报。敌机肆虐后，又于八时四十五分，后向市区侵袭，本市乃发出第二次警报。敌机于窜入市郊后，盘旋一周，即循原路逸去，本市于九时十分解除警报。第二批敌机二架，于上午六时五十五分，飞往进贤临川南城广昌，窜至宁都盘旋一周后，转扰南城，在南城城外投弹四枚，我无损失，旋敌机又以机枪扫射伤我平民一人云。

（中央社）

1939年7月6日

昨日敌机六架又两次轰炸固江

投弹十七枚毁民房数栋

敌机六架，昨晨又分两批空袭吉安县属之固江镇，敌机三架，于晨七时经樟树南飞，本市当于七时许先后发出空袭紧急警报，严加戒备。该敌机于晨七时四十分，逃窜至固江镇肆虐，投弹十枚。另一批三架，相继掠经市区，西窜安福莲花永新等县窥察后，又窜固江镇再次投弹七枚，两次除毁我民房数栋外，其余毫无损失，本市乃于八时五十五分，解除警报，一切恢复常态。

（中央社）

1939年7月7日

敌机四架昨分袭河口吉安

在河口郊外及固江投弹

敌机四架昨日分两批袭河口吉安，第一批敌机两架于下午二时四十五分，经进贤余江贵溪，于三时十分侵入河口镇上空在附郊投弹四枚，弹落空地，我无损失。第二批敌机两架，于下午三时经新喻安福莲花盘旋窥察后，即向东南飞来，本市当于三时五十八分，发出空袭警报，我防空部队，并严密戒备。旋于四时十二分，敌机窜至吉安固江镇投弹四枚，我毫无损失，敌机肆虐后，经吉安上空，向赣北方向遁去，本市乃于四时四十分解除警报。

（中央社）

1939年7月12日

敌机四架昨晨分袭赣湘

在临川属及攸县投弹

本市曾发出空袭警报

今晨敌机四架，分两批袭赣湘境内，第一批敌机二架，于上午六时二十五分，经进贤临川飞至南城窥察一周，即侵入临川属之某地上空，投弹四枚，毁民房六栋，死伤平民各一人，旋即循原路遁去。第二批敌机两架，于六时三十分发现，自赣北经樟树向南飞来，本市当于六时三十三分发出空袭警报。旋敌机又改向西北新喻方面飞去，乃经新喻分宜宜春萍乡侵入湖南攸县，投弹后，复循原路向赣北方面逸去，本市当于七时十分解除警报云。

（中央社）

1939 年 7 月 13 日

敌机三架轰炸松湖

敌机三架，于昨晨（十五日）七时由南昌方面窜至新建县属之松湖街，投弹二十余枚，毁民房六栋，死伤平民各三人。敌机于逞凶后，又飞往丰城盘旋窥察，历一小时，直至八时五十分，始逸去。

（中央社）

1939 年 7 月 16 日

靖安难民口述敌军暴行

靖安自沦陷后，敌人奸淫焚杀，惨绝人寰，兹将近由该县逃来吉安难民对记者谈及敌军在靖安暴行事实，记述如下：（一）敌军奸淫妇女，不论老幼，四处搜寻，奸淫后，有子在面前者，令其子淫，其子不淫，则杀之，种种奸淫惨暴，已至万分；（二）屠杀人民，倘获老年者，以棍击之或杀之，杀而未死，用火毁，倘遇少年壮丁，不论何种人，说是中国兵即行屠杀；（三）焚毁房屋，仁首庙前焦坑、石马等处，所留房屋，多不过十栋，而我游击队与他相斗之地点，则将该地房屋，尽行烧毁；（四）敌之哨兵多用稻草扎成，身穿军服，戴军帽，持军棍，夜提马灯，系榴弹，动则伤人，山头满插白旗，虚张声势；（五）敌之汽车去则军人藏匿于内，来则投身于外，使令探者不知虚实，表示增兵之势。

（唯生社）

1939 年 7 月 19 日

敌机九架昨晨又分三批袭赣

在赣县吉安玉山投弹轰炸

我因事先有备均无甚损失

敌机九架，昨晨分三批，分袭赣县吉安玉山等地，第一批敌机四架，经丰城樟树，向吉安方面飞来，本市当于九时发出空袭紧急警报，严加戒备。敌机于九时四十分，窜往赣县，投弹八枚，无甚损失，敌机旋经万安泰和安福，向东飞去。第二批敌机二架，于九时十九分，经丰城樟树，于十时许侵入吉安市空，投弹四枚，亦无损失。第三批敌机三架，于九时二十五分，沿浙赣路窜至玉山，十时十七分，在玉山投弹十四枚，旋即遁向原路逸去。本市于第一批敌机向安福飞后，乃于十时五十二分，解除警报。旋敌机又复向吉安飞回，于十一时零二分，发出紧急警报。敌机侵入吉安市空后，乃在城郊附近盘旋一周，即遁原路而逸，本市当于十一时十八分，解除警报。

（中央社）

1939 年 7 月 20 日

敌机四架轰炸三江口

敌机四架，今晨九时自南昌方面飞往赣江上游三江口附近盘旋侦察良久后，乃在该处乡村，投弹十余枚，旋即循原路逸去，我无损失。

（中央社）

1939 年 7 月 23 日

昨日敌机六架又在吉安疯狂投弹

第二批在鹰潭附近投弹四枚

第三批在临川南城一带窥察

敌机昨晨分三批袭赣，并在吉安市区及鹰潭投弹。第一批敌机六架，于上午五时五十分，经樟树向南飞来，本市于五时五十五分发出空袭警报，至六时，敌机逼近本市，当即发出紧急警报。旋敌机又飞往新喻峡江吉水，至六时二十分复侵入本市市空，投弹二十余枚并在市空盘旋窥察历时甚久，至七时，敌机始循原路逸去。第二批敌机两架，于六时，经余干至余江贵溪，六时二十五分在鹰潭附近投弹四枚，我无损失，本市当于七时四十分解除警报。第三批敌机一架，于九时二十四分飞往临川南城南丰一带窥察，旋即循原路向赣北方面逸去。

民众遇有警报应避入防空室

最近敌因鉴于各线战事之失利，益加疯狂地轰炸我后方不设防城市，冀图削弱我抗战精神，以挽回其颓势。吉安为本省重要后方，空袭在所难免，当局前为减少无谓牺牲，曾一面劝告市民，积极向乡村疏散，一面于市内郊外，增筑防空壕室，及挖掘防空掩蔽部，使人民于空袭时，有所趋避，诚属法良意善。惟民众不知所戒，或意存侥幸，于警报发出后，仍不避入就近之防空壕室，致遭无谓牺牲。昨日敌机空袭本市，一弹落王家祠，其附近居民，因避入该处之公共防空壕室，遂全部安全无恙。又一弹落于五岳观树林中，该处亦挖掘有一防空掩蔽部，其立于大树下之男女，多受损害，而避入此掩蔽部内之十余人，均免于难。查此两处落弹地点，虽离防空壕室均仅咫尺，而避入之民众生命，卒赖以保障，足证防空壕室效用甚巨。惟希今后市民，一遇警报发出，务须迅速避入就近公共防空壕室，或郊外掩蔽部内，以策安全勿在外自暴目标，以生命为儿戏云。

（中央社）

1939 年 7 月 24 日

敌机三十五架昨分六批空袭赣境

在新淦峡江樟树丰城投弹

本市上下午各发警报一次

敌机三十五架，昨日分六批，空袭赣境。

第一批敌机两架，于上午六时零五分，经丰城樟树南飞，本市当于六时二十分发出空袭警报，六时三十分发出紧急警报，加以戒备。旋敌机窜往新淦峡江肆虐，在新干投弹三枚，毁民房两栋，民船两艘，在峡江投弹三枚，无甚损失。至七时敌机始向赣北方面逸去，本市当于七时十四分解除警报。

第二批敌机六架，于六时二十分窜往丰城，在城内外投弹十一枚，弹落大码头及后街，毁民房三十余栋。

第三批敌机六架，于九时三十五分，自鄂境窜至修水盘旋窥察良久，嗣向赣北逸去。

第四批敌机十三架，于下午二时二十七分，飞经武宁修水，向湖南方面飞去。

第五批敌机两架，于下午四时四十分，自赣北侵樟树，在市内外投弹六枚，我无损失。

第六批敌机六架，五时自赣北窜至樟树，本市当于五时十三分发出空袭警报。敌机于侵入樟树后，又在樟树投弹二十余枚，旋在市空盘旋窥察后，循原路逸去。本市当于五时五十七分解除警报，一切恢复常态云。

（中央社）

1939 年 7 月 25 日

省府核准贷款十万元重建吉市被炸房屋

每户贷款以一千五百元为限

利率按月八厘计算四年摊还

本市因连次惨遭敌机轰炸，房屋损失甚巨，房东房客多有不能重建复业者。业经江西农矿工商调整委员会、江西省政府专员、吉安县政府，会同拟具贷款建筑吉安市房暂行办法，以资救济，而谋恢复。现经江西省政府核准，贷款总额预定十万元，裕民银行承贷五万元，建设银行及工商调整委员会，各承贷二万五千元，每户贷款，以五百元至一千五百元为限，并不得一次提取，利率以按月八厘计算，限四年分期摊还。自即日起，凡本市商民，均可前往工商调整委员会申请贷款云。

（民众社）

1939 年 7 月 28 日

敌机五架昨又分两批袭赣

丰城樟树均遭轰炸

除毁民房外无损失

敌机五架，昨晨分两批袭赣。第一批敌机一架，于上午六时四十七分，经丰城樟树向南飞来，至六时五十五分，本市发出空袭警报，旋该敌机复折返樟树，投弹三枚，毁房屋两栋。第二批敌机四架，于七时十五分，亦经丰城樟树南窜，本市当即发出警急警报，严加戒备，旋敌机于飞抵峡江后，复折向永丰乐安崇仁南城临川一带窥察，本市当于八时二十分解除警报。时该敌机乃侵入进贤上空，投弹九枚，毁民房九栋，余无损失。迄九时许，敌机始向赣北方面逸去。

（中央社）

1939 年 7 月 31 日

敌机九架昨又分两批袭赣

在安福固江投弹轰炸

本市曾发出三次警报

敌机九架，昨日分两批袭赣，安福固江均遭轰炸。第一批敌机三架，于上午七时，经上高分宜，沿浙赣路，侵入湘境株洲投弹，旋于八时许回窜赣境，经莲花安福窜至固江窥察后逸去。第二批六架，十一时许，经樟树南飞，先后侵至吉水安福莲花一带盘旋窥察良久，十二时许，内有四架在安福投弹数枚，另二架则在固江肆虐，投弹数枚即逸。本市先后发放三次警报，严加戒备云。

（中央社）

1939 年 8 月 5 日

敌机卅五架昨袭泰和上饶

五架袭泰和卅架袭上饶

敌机三十五架，于昨日分别袭赣。第一批敌机五架，于上午六时许，在丰城发现，经樟树向南飞来，本市当发出警报戒备。敌机于七时许经过吉安，侵入泰和，在该县投弹多枚，旋循原路逸去，本市遂解除警报。第二批敌机三十架，于上午十时许，先后在上饶轰炸，损失待查。

（中央社）

1939 年 8 月 14 日

敌机十二架昨又分批袭赣

第一批在泰和峡江投弹

第二批在河口投弹三枚

昨日六时四十五分，敌机六架，经丰城樟树向南飞来，全省防空司令部，于六时五十八分，令吉安发出警报戒备。敌机飞经吉安，折向永和方面飞去，略事盘旋侦察后，复分两批，一批窜至泰和，投弹两枚，一批窜至吉安永和投一弹，旋该敌机飞经峡江东门外投弹，均落荒郊。各该敌机投弹后，先后飞向赣北方面逸去，该部遂于九时二十五分解除警报。又下午三时许，敌机六架，经进贤、万年、贵溪，在上饶窥察良久，复窜至河口投弹三枚，详情待查。

（中央社）

1939 年 8 月 15 日

安义县科长袁继宏全家被敌惨杀

其妻抱婴儿投水自尽

满门忠烈足以励末俗

安义县政府第三科科长袁继宏，于敌寇逼近县城，尚在密集炮火下处理紧急公务，直至寇兵入城，始携同眷属逃出。当时因情况混乱，致与县府失去联络，事经数月，尚无下落。兹据与袁君同时逃出之难民云，袁君于本年四月间，由安义辗转逃至新建县属之生米镇附近，突遇敌兵，当在袁君身内搜出服务证件及党证等，比遭惨杀。兽兵见其尚余幼子三人，复用刺刀同时杀毙，旋将其妻王氏掳去，意图轮奸。袁妻出自名门，曾受高等教育，深明大义，目诸夫儿遭此惨杀，已经愤不欲生，旋即怀抱婴儿投水自尽，以殉夫节。按袁君字觉苍，安义县人，现年三十五岁，富有革命思想，今全家六口，惨遭杀害，可谓满门忠烈云。

（中央社）

1939 年 8 月 18 日

敌机二十四架昨分四批袭赣

在上饶县投弹两次

樟树某乡村亦被炸

敌机二十四架，于昨日分四批袭赣：第一批六架，于七时四十二分，经进贤，沿浙赣铁路窜至上饶投烧夷弹多枚；第二批六架，于八时零四分，由赣北窜至万年一带窥察；第三批六架，于下午一时零四分，经万年、贵溪，又至上饶投弹；第四批六架，于下午五时四十五分，经丰城窜至樟树窥察，并在某乡村投弹数枚逸去，详情待查。各批敌机，均循原路逸去。

（中央社）

1939 年 8 月 21 日

敌机十六架昨分三批袭赣

在上饶又投弹两次

另一批在吉水投弹

敌机十六架，于昨日分三批袭赣。第一批七架，于上午五时三十分，在丰城发现，经樟树向南飞来，本市曾放警报，严密戒备。敌机于六时许，侵入市区窥察，六时二十分，窜吉水投弹，旋向原路逸去，本市遂解除警报。第二批敌机六架，于七时四十分，在赣北发现，沿浙赣路飞袭上饶，八时许，在上饶投弹。第三批敌机三架，八时五十五分，沿浙赣路窜至上饶投弹，详情待查。

（中央社）

1939 年 8 月 22 日

敌机二十架昨又分两批袭赣

第一批在吉安投弹无损失

第二批在河口及上饶投弹

敌机二十架，昨日分两批袭赣。第一批六架，于上午五时二十四分，在丰城发现，经樟树新淦向南飞来，本市曾放警报戒备，敌机于六时零四分，侵入本市上空，在郊外投弹二十余枚，毫无损失。第二批十四架，于上午七时在进贤发现，沿浙赣路东飞，七时三十分，有敌机三架，侵入河口镇投弹十四枚逸去。其余敌机十一架，于八时四十五分窜至上饶市区投弹，旋循原路逸去。

（中央社）

1939 年 8 月 23 日

敌机十九架昨分五批袭赣浙

第一批在吉安市区投弹

有两批飞浙境丽水轰炸

敌机十九架，于昨日分五批袭赣浙各境：第一批六架，于晨六时三十分，经丰城向南飞来，本市当放出警报，七时零八分，敌机侵入市区上空，投弹多枚逸去，七时三十五分，解除警报；第二批敌机一架，于七时零三分，经进贤侵入浙境丽水窥察；第三批敌机一架，于九时二十分在丰城一带窥察；第四批敌机六架，于十时许经余江沿浙赣路窜入浙江丽水轰炸；第五批敌机五架十时五十三分，经余江侵入浙江丽水投弹，损失未详。

（中央社）

1939 年 8 月 25 日

敌机十七架昨分三批袭赣

在吉安樟树峡江投弹

莲花首次被炸无损失

敌机十七架，于昨分三批袭赣。第一批十架上午七时许经丰城沿赣江飞来，当有六架在樟树峡江投弹，另四架曾侵入吉安上空在郊外投弹后，窜至莲花投弹，即向原路逸去，是日落弹地点无甚损失。第二批敌机六架于九时四十五分由湘东飞入赣境，在赣西各县窥察未投弹逸去。第三批一架，于十二时四十分经樟树沿赣江飞来，曾侵入吉安赣州宁都等县窥察，旋循原路逸去，本市曾放两次警报戒备。

（中央社）

1939 年 9 月 10 日

敌机八架昨分三批袭赣

在安福樟树新淦吉水投弹

敌机八架，昨日分三批袭赣。第一批四架，于上午七时许，经过丰城向南飞来，旋侵入本市上空窥察，八时十分窜至安福投弹，内有两架在莲花窥察。第二批敌机两架，七时许经丰城向南飞来，七时四十分又侵入本市上空，八时许窜回樟树投弹。第三批敌机两架，亦于七时许窜至新淦投弹，八时十五分，侵入吉水附近投弹，均遁原路逸去。

（中央社）

1939 年 9 月 11 日

敌机袭萍乡

敌机二架，昨日分两次袭赣。第一次一架，于上午八时许掠过上高万载窜至萍乡附近乡村投弹数枚，无甚损失，旋向南昌逸去。第二次一架，于下午二时许，侵至高安上高等县窥察良久，未投弹而逸。

（中央社）

1939 年 10 月 5 日

敌机十七架分五批袭赣

在吉安广昌三次投弹

均落荒郊我无甚损失

敌机十七架昨日分五批袭赣：第一批七架于上午七时许经进贤、临川、崇仁窜至广昌投弹，并用机枪扫射，弹落郊外，无甚损失；第二批六架，经丰城向南飞来，本市于八时发出警报，敌机经乐安永丰侵入吉安上空，经我高射部队，猛烈射击，乃仓皇在郊外投弹后逸去，我无损失，九时解除警报；第三批一架九时许经樟树沿赣江飞来，本市发出第二次警报，敌机掠过吉安上空，窜至泰和赣州雩都窥察，本市十时十分解除警报，旋敌机窥察后，复经吉安，本市又发第三次警报戒备；第四批一架，午间由湘境侵入赣西在萍乡万载高安一带窥察后，向赣北逸去；第五批二架，下午一时十五分，经进贤临川南城侵入广昌，在郊外投弹数枚，向原路逸去，据报弹落荒郊我无损失云。

（中央社）

1939 年 10 月 10 日

敌机十一架昨分批袭赣

两架袭吉安七架袭玉山

两架窥察赣东西南各县

敌机十一架于昨日分四批袭赣：第一批一架，上午九时在温家圳发现，经南城、南丰、广昌、宁都、兴国、赣州、万安，十一时许窜至吉安上空窥察，旋向吉水、峡江飞去，本市曾放警报戒备；第二批一架，十时三十分，在余江发现，窜至上饶玉山一带窥察，旋经鄱阳向九江逸去；第三批二架，于十一时五十分在高安发现，旋沿赣江向吉安飞来，十二时许侵入本市上空在郊外投弹数枚，我无损失，本市曾放第二次警报戒备；第四批敌机七架于下午四时由浙境窜至玉山投弹，详情待查。

（中央社）

1939 年 11 月 1 日

敌机七架轰炸玉山

弹均落荒郊我无损失

宜昌我击落敌机一架

上饶三十一日电：今日下午二时十五分，敌机七架，自浙东海面敌舰起飞，经丽水江山等处，窜至玉山投弹多枚，均落荒郊，我无损失。

（中央社）

宜昌一日电：一日敌机多架，飞抵鄂南某地上空，向该地居民低飞扫射，极为残酷。当地团队愤激异常，以步枪猛烈射击，敌机一架，当即中弹起火，立刻坠地，敌驾驶员均已焚毙，敌机亦全毁。

常德一日电：今日有敌机四架，分三批侵入湘境，一架于十时许，窜至长沙市空，旋经衡山衡阳芷江桃源常德等地，向东北飞去；一架于午后二时五十分，飞澧县慈利一带窥察后东逸；另二架于三时半飞至华容县上空投弹数枚即遁去。

（中央社）

1939 年 11 月 2 日

敌机十三架昨分批袭赣

第一批两架在玉山投弹

第二三两批向闽省逸去

敌机十三架，于今日分三批袭赣，第一批两架，于七时许在鄱阳发现，八时许窜至玉山郊外投弹数枚，向原路逸去；第二批九架于九时许在丰城进贤发现，旋经崇仁宜黄黎川向闽境逸去；第三批两架于九时许在丰城发现，旋经崇仁宜黄黎川向闽境逸去，本市曾放一次警报戒备。

（中央社）

1939 年 11 月 2 日

敌机六架昨竟日袭赣

航行几遍赣东北南各县

大迂回轰炸广吉南三处

敌机六架于昨空袭广昌、南城、吉水等地。该批敌机上午九时许，在鄱阳发现，旋至丰城，沿赣江飞来，十时二十八分侵入吉安上空，继经泰和、赣州、瑞金、宁都窜至广昌，在该县郊外投弹数枚。在广昌投弹后，又向吉安飞来，十二时四十二分，掠过吉安上空。十二时三十分，在吉水投弹后，经永丰、乐安窜至南城郊外投弹，向赣北逸去，本市曾放两次警报戒备。

（中央社）

1939 年 11 月 5 日

敌机五架昨分批袭赣

第一批在赣州城外投弹

第二批窜玉山德兴窥察

敌机五架，于昨日分两批袭赣。第一批四架，于上午九时二十分，在上高发现，经新喻、峡江、吉水、兴国、万安，窜至赣州，十时五十分在赣州城外投弹多枚，旋经兴国、乐安、崇仁、进贤、鄱阳向九江逸去。第二批一架，于九时许经鄱阳乐平窜至玉山德兴一带窥察，旋向赣北逸去，本市曾放一次警报戒备。

（中央社）

1939 年 11 月 7 日

抚河赣江间敌施放毒气

并派队进扰被我击退

太平寺方面我敌激战

东乡四日电：抚河赣江间一带之敌，连日向各处盲目炮击，并施放毒气，继以小部队进扰，均被我击退。三十日晚，我军派队渡河，向太平寺罗家等处袭击，敌猝不及防，被我冲入罗家敌阵，以手榴弹刺刀猛烈轰击，敌仓皇四窜，计毙敌官兵藤田二郎以下一百二十余名，夺获械弹、刺刀、钢盔、日记等甚多，太平寺方面，与敌激战二小时，毙敌甚多，旋均安全撤回。

（中央社）

1939 年 12 月 5 日

敌机八架昨分批袭赣

一架窥察吉安泰和等县

一架炸浮梁六架袭玉山

昨日上午九时，樟树方面发现敌机一架，经峡江、吉水、吉安、泰和、赣县、瑞金窜入闽境，十一时许由闽境经黎川、南城、临川，向赣北逸去。同时有敌机一架，由赣北窜至浮梁，投弹数枚逸去。又是日上午十时许，敌机六架，由皖境窜入浙境，旋侵入本省，在玉山投弹，我无损失。

（中央社）

1939 年 12 月 8 日

敌机八架昨分批袭赣

一批窥赣南一批窥赣东

第二批六架至玉山投弹

敌机八架，今日分三批袭赣，玉山曾遭轰炸。第一批敌机一架于上午八时许，由赣侵至峡江、吉安、泰和、万安、南康、大庾等县窥察，旋向粤境窜去；第二批六架于上午十时由浙境侵至玉山投弹轰炸，损失在调查中；第三批一架，于上午七时许侵至临川、南城、贵溪、河口、上饶等处窥察，未投弹逸去。

（中央社）

1939 年 12 月 12 日

赣北敌军暴行一瞥

妊杀焚掠实惨绝人寰

敌给养困难反战益烈

临川十三日电，锦江以南高安四、五两区及奉新西郊一带村舍，被焚毁十分之八，民间家具牲畜，强被掠杀，荡然无余，难民餐风宿露，无以为生。就高安县调查，四、五区被杀男女四三七〇人，被虏三〇〇〇人，被焚房屋四万四千二百余栋，劫去谷米十四万六千余石，猪牛马一七〇〇头。又，高邮市二少妇被强奸后，裸体悬树梢。又，高安留尸数十具，下体裸露，臀垫烧转。江屋杨村少女被敌奸后，全被机枪扫射，惨绝人寰，自古所无。

临川十二日电：我抚河守军，夜袭敌阵，检获敌兵藤二郎家信及日记，证实敌国内民众，厌战反战，及在华敌军食物缺乏，给养困难，且敌军内部，反战气氛，亦异常浓厚。

（中央社）

1939 年 12 月 14 日

敌机三十三架分袭玉山吉安

弹均落荒郊我无损失

昨日下午一时许进贤方面发现敌机十九架，经东乡、余江、贵溪、弋阳、横峰、上饶、河口，侵入玉山，在该县上空投弹数十枚，弹落荒郊，我无损失，敌机旋遁原路逸去。又，下午二时许，丰城方面发现敌机十四架，经樟树、峡江、吉水，侵入吉安上空，我高射炮队，曾以猛烈炮火射击，敌机仓皇在郊外投弹十余枚，均落荒地，无甚损失，敌机旋遁原路逸去，本市于三时许解除警报。

（中央社）

1940 年 3 月 31 日

敌机二十三架昨分批袭赣

在上饶玉山乐平吉安投弹

袭本市时一敌机负伤逸去

昨日敌机二十三架，分三批袭赣。第一批七架于上午五时许在赣北发现，经鄱阳、浮梁、德兴向浙境逸去。未几复由浙境窜入赣境，由玉山侵至上饶，六时许在该县投弹多枚，仅毁民房两栋，余无损失。旋经德兴乐平，在乐平投弹二枚逸去。第二批九架，五时半由浙境侵入赣境，曾窜至玉山投弹数十枚，死平民一人，伤二人，毁民房二十余栋。第三批敌机七架，八时许由鄂境而来，经修水上高新喻，九时许侵入本市，在郊外往返投弹数十枚，毁民房三栋，死平民数人，伤二十余人，余无损失。当敌机侵入市区时，我高射炮部队，曾猛烈射击，闻有敌机一架，被我击中，负伤逸去。

（中央社）

1940 年 4 月 17 日

魔手下的靖安城

征派兵役

靖城敌的征兵，是玩了好几回，这么一个玩意儿，有的是征去安义受训，有的是征做本县的警察。命令一下，凡是年龄中选的，那便非去不可，如果你若逃避，那么你的家庭便要大糟其糕。实在民众在如狼似虎的敌伪监视之下，想逃也逃不了。最近敌又令维持会招募新兵一千人，以年龄二十岁至三十岁的壮丁为合格，如果不得足额的话，便由维持会向所辖各村实行征派。总计靖安敌治下的民众并不很多，从这少数的民众中，榨取这大多数的适龄壮丁，真是难乎其难。可是敌人哪管那么多，闭着眼睛，只是装腔作势地问着要。至于挖战壕、拆房屋、修马路以及守哨等等，时常是大派民工去做的。老百姓除了饿着肚子去供其驱策外，还敢做什么？

遣散居民

敌人近来在靖安城内，做遣散居民的工作，想把民众都迁到安义万家埠去居住，并每人给以少数的路费。他的意思，无非是因陷区民众心理的摇动，遣散后方，可以加强他的掌握和运用。谁知结果适得其反，倒给了民众逃归我后方来的机会。遣散工作越办得紧，逃归我后方来的民众越多，因为民众哪里会甘心倾敌，既不能驻足家园，断无再投身魔窟之理！

奴化教育

文化进攻，当然是侵略者必要的手段，尤其敌军有了一村或一城的获得，便希望进一步的使人诚服，使人都沐奴隶的洗礼，在靖城因种种牵制的关系，学校只有一所，规模很小，就学的也都是些小小蒙童。此外每日上午，由伪维持会强迫附近男女学习日文一小时，教之虽属谆谆，毕竟学之仍属藐藐，敌伪们也有点枉费心机之感吧？

土地登记

敌人为梦想稳定沦陷区的经济基础，以便于榨取起见，便着令维持会举行土地登记，凡价值一百元之土地，即须纳登记费五角。因失区民众的心理，根本是在动荡着，敌种种狂妄的宣传，总掩饰不了我方事实的摆布，因此前往登记的，毕竟还是少数。

紧守城门

靖城计有四个城门，那碉楼式的城门下，都站有敌兵长期的防守，老百姓是绝对没有进去的可能，据说维持会的会长都不能自由进出，有时得进去跑一场，也须得马上就溜出来，不能在那里有长期的耽搁，城里大部分是焦土，除了两个妓院以外，有少数的日军在里面驻扎。里面所藏的粮秣子弹也不多，大部分运到别处去了。他们这样紧守城门的缘故，大概也就是因为城内空虚，怕走漏实情，目的在来一套“空城计”。同时我方工作人员及游击队在四郊活跃，神出鬼没，当然也是他加紧城防的一个重要原因。

以上所述，是靖安城内目前最显著的几项事实，敌人花样尽管是这样多，时常变，但总离不了狠毒的圈套，离不了在罪恶中打圈子。我靖安政府当局，现正在施行种种政策，给了敌人不少的牵制，弄得敌人事事发生阻碍，处处碰壁搔首踟蹰。不知花样百出的敌人，现正在作何感想！

（战工，三月二十八日于靖安官庄）

1940 年 4 月 17 日

敌机五十架分四批犯赣

上饶贵溪等地均遭轰炸

敌机五十架，二十七日分四批袭赣，上饶、贵溪、鹰潭等地，均遭轰炸。第一批五架，于上午八时四十五分，由九江方面，窜至贵溪投弹数枚；第二批十八架，上午十一时侵入上饶，投弹数十枚；第三批十八架，于正午十二时半，再度侵至上饶，盲目投弹；第四批九架，下午一时许，侵至贵溪、鹰潭，在各该地投弹数枚，各该批敌机肆虐后，均循原路向赣北方面逸去。

（中央社）

1940 年 7 月 28 日

敌机廿七架空袭鹰潭

弹落荒郊我无损失

昨日上午九时许，敌机二十七架，分三批袭赣，先后侵入贵溪、鹰潭、邓家埠处投弹，事后据报，敌机所投之弹，多落荒郊，我方无甚损失。

（中央社）

1940 年 7 月 29 日

敌机廿七架昨分七批袭赣

九架在吉安市区投弹多枚

鄱阳弋阳清江同遭轰炸

敌机二十七架，于昨分七批袭赣。第一批五架，于上午七时许，侵入鄱阳投弹；第二批九架，于八时许在吉安市区投弹，并投燃烧弹多枚，敌机投弹后，八架向原路逸去，一架窜至宁都窥察；第三批一架，于九时窥察河口、余江等地；第四批三架，七时许轰炸弋阳；第五批五架，于下午二时许，在清江投弹；第六批一架，下午二时许窥察樟树；第七批三架，下午二时四十分，轰炸清江。

（中央社）

昨日敌机肆虐本市，滥肆轰炸，炸毁房屋数十栋，死伤平民数十人，下文山路一带，并投有烧夷弹，事后各机关长官赴灾区视察。省警总队、县警局徐局长化龙、红万字会南昌分会、第六医疗队、××后方医院及救火会等，均率队前往被炸地，救护及扑救火势，旋即熄灭云。

当局加紧疏散工作

敌机无聊，近日以来，对我不设防之后方县市，迭派兽机滥肆轰炸，此种野兽行为，为人类所不齿。我最高当局，特通令加紧执行疏散人口物质政令，以粉碎敌寇毒辣阴谋。闻省当局已饬所属遵照，并加紧防空设备云。

（复性社）

1940 年 8 月 4 日

敌机六架袭鹰潭南城

弹多落荒郊我无甚损失

吉当局发被炸市民恤金

敌机六架，于昨日分两批袭赣。第一批三架，于上午九时许，侵入鹰潭投弹，旋向南昌方面逸去。第二批三架，于下午二时许，窜至南城投弹，据报无甚损失。

（中央社）

敌机于三、四两日滥炸本市市区，死伤民众，亟待赈济。空袭紧急救济联合办事处依照规定，分别散发恤金，计死亡每名发给三十元，重伤每名二十元，轻伤每名十元，均于四、五两日分别散发。

（中央社）

吉安内地会被敌机炸毁

敌机于本月四、五两日，狂炸本市市区。吉安基督教内地会中弹七枚，礼拜堂两座，全部倒毁，该会陶牧师（英人）暨在吉教友，对敌机暴行至为愤慨，特电请驻沪英总领事，向倭方抗议，并赔偿损失。

1940 年 8 月 6 日

敌机袭吉

在市区盲目投弹并散发荒谬传单

昨日上午八时许，由北飞来敌机九架，另有敌机三架，亦同时飞来，于九时许，侵入吉安市区，投烧夷弹及爆炸弹，毁民房若干栋，并投下荒谬传单。敌机投弹后，各向原路逸去。

（中央社）

昨日，敌机轰炸本市文山路及其附近，闻有数处着弹地方，未曾爆发，吉安县政府，特派员实地调查。据悉上文山路七十二号后进一枚，阳明路五十一号厨房一枚，戴家塘八号一枚，便民巷三号一枚，宝华楼十六号一枚。该府以此类未爆发炸弹，恐系慢性弹，特饬警局，派员警加意戒备，禁止通行，并令附近居民，暂行迁移，免遭无谓牺牲，一面呈请空军总站，派员设法取出，以策安全云。

1940 年 12 月 19 日

敌不顾国际公法使用毒气弹

敌俘虏田中定义之供状

长沙三十日电：我军于十月二十四在赣北奉新西潭埠，俘获敌山炮兵田中定义，及十一月二十三日在鄂南通城属桂口市附近俘获敌一等兵外间喜松，先后审讯。据田中定义供称，所属中队于攻击时携炮弹二百发，内有多数系喷嚏性催泪性瓦斯弹。外间喜松亦供称，在第一线时使用瓦斯毒弹，敌寇不顾国际公法，使用毒气弹，又获一铁证。

（中央社）

1941 年 1 月 1 日

吉安“八·七”大轰炸

本报记者华君

［本报特写］对不设防城市滥施轰炸，这是侵略者惯使的残忍而无耻的伎俩，吉安遭敌的滥炸，已经无数次了！可是每次轰炸的结果最多不过损坏几栋房屋，和死伤一些平民而已！可是过些时候，房屋又在破瓦残丘中建造起来，而吉安市内的人民还是这样多；那么他能对我抗战军事上有什么妨害吗？对我大后方民心有什么影响吗？可是我们检查历次敌机在吉安投弹的地点都与我军事方面毫无关系，要说对后方民心有什么影响，也只是增加后方人民对暴敌的愤恨心复仇心，敌机每次多投一颗炸弹，即是为我们多种下一颗报仇雪恨的种子；我们眼见得敌机这一次轰炸吉安也还是和过

去一样，对我们实际上所损很微，而敌人的损失却远过我们很多。

吉安市内人民由于实际的教训，都还知道政府疏散人口的用意所在，因此市内的货物早已大部迁移乡区，人民也多及早往附郊防空。

此次“八·七”吉安的大轰炸，较上次“六·三”的大轰炸，灾区还较广，但是损伤却较微。此次被炸地区计有中山路、上文山路口、仁山巷、仁山坪、衽席巷、高峰坡等数处，其中以中山路及文山路损失较大。在衽席巷内有三四栋房屋被炸毁，附近房屋被震塌者亦有数幢。最不幸的在这里附近有两座防空室由于年久失修，而被震塌，以致压毙约有十余人，这是一个教训。我们希望防空当局，要接受此教训，而更进一步清查全市的防空的设备建筑如何？四川的大隧道案的殷鉴不远。

此外在工商俱乐部电影院右侧的塘里，也中了数颗巨弹，弹穴广深均达丈许，听说当时在附近躲避的人每一个人皆如污泥满溅全身。其他几处被炸地点，房屋的倒塌震毁，也是满地狼藉，所幸这次死伤的平民还不多罢了！

（三十年八·七，晚于吉安）

1941 年 8 月 10 日

敌机到处肆虐

九架袭恩施六架炸浮梁

并乘月夜狂炸西安潼关

［恩施十三日电］敌机九架，十三日下午三时侵入本城上空，在北门外近郊及清江，共投弹数枚，震毁房屋一栋，轻伤一人。

（中央社）

［赣东某地十三日电］十二日晨七时，敌机六架，侵入浮梁，在城内外投弹十六枚，并用机枪扫射，我民房被毁数间，伤平民八人。

（中央社）

［西安十三日电］敌机二十五架，十三日上午三时十分乘月明之夜，由晋袭陕。一批八架，二批九架，于四时许先后窜入市空狂炸，死伤十余人，三批八架，在潼关投弹后东逸。

（中央社）

1941 年 8 月 15 日

昨日敌机分五批袭赣

在吉安赣县南城等处投弹

［本报讯］昨日上午八时十二分，赣湘、赣闽边境同时发现敌机三十六架，分五批进窥本省，本市防空机关据报，即发出空袭警报戒备。第一批两架，在福建发现，由福建经过瑞金后，一架飞上犹赣县窥察，本市防空机关据报继续发出紧急警报；另一架由雩都经过兴国、吉水、吉安、泰和窥察，向原路逸去。第二批计九架，在福建边境发现，经过石城、宁都、吉安，在吉安盘旋后投弹，三架即循原路逸去。另六架经过泰和市区逸去。第三批计九架，由赣闽边境发现，经过会昌在赣县投弹后，亦循原路逸去。第四批计九架，由赣湘边境发现，经过湖南茶陵、赣境遂川窥察后，向闽境逸去。第五批计七架，亦由赣闽边境发现，经过南城等地窥察后，并在南城投弹，亦向原路逸去，本市下午一时零九分，即解除警报云。

［本报吉安专电］昨日上午八时，赣闽边境发现敌机九架，由石城宁都侵入吉安市区，盘旋后即投弹。中弹地点郊外、盐桥、仓口及上文山路多处，并有一处起火，损失不大。

1941 年 11 月 15 日

昨日敌机八架分四批犯赣

两批窜吉安郊外投弹

另一批窥察上高高安

［本报讯］昨日上午五点五十四分钟，丰城上空发现敌机三批，计七架。第一批一架，第二批三架，同时向南飞行，第三批三架，向上高高安飞行，本市防空机关据报后，即发出空袭警报戒备。六点零八分钟，该敌机一、二两批，由丰城经过樟树、新淦等地窥察，本市据报，继续发出紧急警报。九点十二分钟，该敌机由新淦经过峡江吉水窜吉安盘旋后，一架由原路回去，三架在吉安郊外投弹，均无损失。另三架向上高高安一带窥察后，均循原路逸去，本市遂即解除警报云。

又讯：下午三点二十六分钟，丰城上空发现敌机一架南飞，本市防空机关据报后，即发出空袭警报。三点三十二分钟，该机由丰城经过樟树、新淦、峡江、吉水、吉安窥察，并在吉市郊外投弹后，循原路逸去，本市即解除警报云。

1942 年 5 月 1 日

敌机又袭赣

两次均窜吉窥察

［本报讯］昨日本市两次警报，第一次上午六点零十分钟，丰城上空，发现敌机一架南飞，本市防空机关据报后，即发出空袭警报戒备，七点零九分钟，该敌机由丰城经过樟树、新淦、峡江、吉水等地窥察，并在吉市盘旋后，即循原路逸去，本市即解除警报。第二次，上午十点四十六分钟，樟树上空发现敌机一架南飞，本市据报，即发出空袭警报，十一点五十分钟，该敌机在樟树、新淦、峡江、吉水、吉安窥察后，亦循原路逸去，本市遂即解除警报云。

1942 年 5 月 2 日

敌机二十一架分四批犯赣

十二架窜赣县投弹

另一架窜吉安窥察

［本报讯］昨日上午八点四十五分钟，分宜上空，发现敌机一架南飞，本市防空机关据报后，即发出空袭警报戒备。同时广东南雄上空，发现敌机三批，计二十架北飞。九点十七分钟，该敌机一、二两批计十二架，由南雄、大庾、南康窜至赣县盘旋。第三批计八架，亦经南雄、大庾、南康窥察，本市据报，继续发出紧急警报。十点十七分钟，该敌机十二架在赣州郊外投弹多枚，毫无损失，旋循原路逸去。另八架在大庾南康一带窥察后，亦向粤境方面逸去，另一架由分宜、峡江、吉水、吉安等地窥察后循樟树方面逸去，本市据报后，即解除警报云。

1942 年 5 月 8 日

敌机又犯赣

一批七架窜吉安投弹

八架袭南城我无损失

［本报讯］昨日本市两次警报，第一次上午七点四十分钟，高安上空发现敌机□架，同时分宜方面发现敌机二批四架，分批向南飞行，本市防空机关据报后，即发出空袭警报戒备。八点三十一分钟，该敌机由分宜、安福、峡江、吉水、吉安等处窥察，本市据报，继续发出紧急警报。九点二十五分钟，该敌机在吉安窥察后，仍向吉水、安福、峡江、樟树逸去，本市遂即解除警报。第二次下午二点□□分钟，丰城上空发现敌机一批计七架南飞，本市防空机关据报后，即发出空袭警报戒备。二点□十四分钟，该敌机由丰城经过樟树、新淦、峡江、吉水等处窥察，本市据报后，继续发出紧急警报。三点三十三分钟，该批敌机由吉水侵入吉安盘旋后，并在郊外投弹，毫无损失，旋循原路逸去。本市据报，即解除第二次警报云。

［又讯］据防空机关情报，上午第二次警报发出后，南城方面发现敌机八架，在南城一带盘旋后，并在郊外投弹，亦无损失云。

1942 年 5 月 9 日

敌机十二架肆虐吉安

在郊外及青塘一带投弹

［本报讯］昨日上午十点四十六分钟，丰城上空发现敌机两批，计十二架。第一批九架，第二批三架，均向南飞行，本市防空机关据报后，即发出空袭警报戒备。十点五十分钟，该敌机由丰城经过樟树、新淦、峡江等地窥察，本市据报后，继续发出紧急警报。十二点五十分钟，首批敌机九架，由峡江窜吉安盘旋，并在郊外青塘一带投弹多枚，我无损失，旋循原路逸去。第二批三架，亦由丰城经过樟树、新淦、峡江、吉水、吉安等地窥察后，亦循原路逸去，本市遂即解除警报云。

1942 年 5 月 17 日

敌机三次袭赣

第一批一架在新淦投弹

［本报讯］昨日本市三次警报，第一次上午七点二十五分钟，樟树上空发现敌机一架南飞，本市防空机关据报后，即发出空袭警报戒备。八点四十二分钟，该敌机由樟树经过新淦、峡江、吉水、吉安等地窥察后，循原路逸去，本市解除警报。第二次正午十二点四十五分钟，樟树上空发现敌机一架南飞，本市防空机关据报，即发出第二次空袭警报戒备。下午一点十九分，该敌机由樟树侵入新淦市区盘旋后投弹数枚，并用机枪扫射，仍循原路逸去，本市即解除第二次警报。第三次下午一点四十三分钟，樟树方面发现敌机□架，本市关据报即发出第三次空袭警报。二点十五分，该敌机由樟树经过新淦峡江一带窥察后亦循原路逸去，本市即解除第三次警报。

1942 年 5 月 23 日

陷区痛事！敌大捕我壮丁

皖南捕去一万余人

彭泽限交一千五百

［中央社皖南某地二十九日电］敌在沦陷区各地，近曾大捕我壮丁，安徽方面共被捕去一万余人。第一批三千人，现已押送香港、新加坡等地训练补充，又彭泽勒令抽送壮丁一千五百名，限期速送，如逾期不齐，即行严办。

1942 年 5 月 31 日

昨敌机三次窜扰赣境

并在赣县郊外投弹

［本报讯］昨日本市三次警报，第一次上午七点四十五分钟，丰城发现敌机一架南飞，本市防空机关据报即发出空袭警报戒备。九点十二分钟，该敌机一架由丰城、樟树、新淦、峡江、吉水、吉安、泰和等地窥察后，仍循原路逸去。同时广东方面发现敌机□批计十二架向北飞行，本市防空机关据报，继续发出紧急警报。十点零一分，该批敌机由南雄、大庾、南康、赣县窥察后，并在赣县郊外投弹，我无

损失，仍向粤境方面逸去，本市遂即解除警报云。第二次下午二点，樟树方面发现敌机一架南飞，本市防空机关据报即发出第二次空袭警报。二点零九分，该敌机由樟树、新淦、峡江、新喻等地窥察后亦循原路逸去，本市据报即解除第二次警报。第三次下午三点零九分，樟树方面发现敌机一批四架向南飞行，本市据报继续发出第三次紧急警报。五点零三分，该敌机由樟树、新淦、峡江、吉水、吉安、泰和、兴国、赣州一带窥察后循原路由吉安向樟树方面逸去，本市据报即解除警报云。

1942 年 6 月 10 日

敌寇暴行录

［据可靠军事方面消息］三江口敌不时渡河游击劫去小孩甚多。

［据可靠军事方面消息］逃至临川李家渡之难民约六百余悉数被敌押往南昌，将编组送往南洋一带作战云。

［据可靠军事方面消息］南昌建国军总司令欧大庆率部随同敌寇进攻抚州，因遭我击败，被敌惩处，其部队一部解散，一部送九江，其余受敌寇严密监视，直接指挥。

1942 年 7 月 4 日

敌寇暴行

烧杀奸淫无所不为

［大路社前线专电］崇仁县保安警察队第二中队长汪某于上月为敌军俘去被囚八日，备受侮辱，脱险归来，目击犯崇仁宜黄敌寇种种暴行。据云，敌寇在南城沿途惨杀我难民约一百二十余人，休息及宿营时，按阶级轮奸我妇女，必奸死而后已。敌军每人均有杀人权，佥谓中国人最坏，杀一个中国人，就减少一个仇敌。攻陷南城时杀人尤多，尸满□□，街衢，途为之塞，沿途大书“倒努力迈进向大东亚主义完成”等荒谬标语，捉我民众，迫为挑夫，稍有力不胜或病，立即杀戮。在金溪因未与我军遭遇，乃杀民夫六十八人以泄□□，对英美教士及侨民，尤为疾视，每至一城，必遍索而杀毙云。

1942 年 7 月 12 日

敌寇暴行录

奸淫掳杀惨不忍睹

临川全城抢劫一空

［本报专访］昨有由临川脱险之陈君抵吉，据语本报记者：（一）敌人于五日侵入县城，开始三日，除迫出当地民众供给香烟鸡蛋之外。秩序尚好。第四日后即原形毕露，任意残害我同胞，凡九岁以下之小孩均被屠杀，九岁以上之男孩，则全部抢去。（二）敌人奸淫掳掠，无所不用其极。有某君夫人，被敌轮奸十次而毙，凡遇我女同胞，则就地强奸，惨不忍睹，临川县城，被抢劫如洗。（三）某校女生数人被敌掳去，被以马供用，某女子□□，行至□中，便驱马向水中驰去，人马均淹毙，忠节□□至深。（四）敌人以残害我同胞为乐，在文昌桥上，凡遇人经过，或迫向桥下观水而杀，或将□□□□而宰，其无人性，可见一斑。

1942 年 7 月 18 日

敌寇暴行一斑

浙赣沿线尽成废墟

民间存粮抢劫一空

［中央上饶二十六日电］敌军此次在东南战场开始崩溃，所有浙赣铁路沿线及其西侧城市村镇，于敌兵无法据守，被迫放弃之前，皆遭毁灭。西北赣江抚河区域之新淦、樟树、崇仁、临川、南城、贵溪、东乡、鹰潭、上饶、广丰，东至玉山、江山、常山一带，敌骑所至，庐舍为墟，沿线千里，杳无人烟，而敌于败窜之际，施以大火，一切公私建筑，民间存粮暨其他财资，皆被毁灭一空。南城、上饶、鹰潭、江山等地，昔皆人烟稠密，今已一片瓦砾。敌寇此种大规模之暴行，直欲毁灭我民族生存之一切根基。记者于拍发此电时，只又闻我军由玉山东进衢州遥见城内一片火光，可见其恶毒暴行，继续未已，则收复地区，我民众纷纷归来，于废墟中觅找旧居，痛恨之情绪，正愤怒燃烧于广大民间，暴敌结此深仇，行必自食其果。

1942 年 8 月 27 日

敌机十六架分两批袭赣

在遂川郊外投弹多枚

［大路社讯］敌机十六架，昨日分两批窜赣。第一批敌九六式重轰炸机十二架，在上高樟树一带发现，本市当于晨八时二十六分发出空袭警报。旋第二批敌零式驱逐机四架来袭，本市当于八时三十二分续发紧急警报。该两批敌机十六架，均经新淦、峡江、永丰、吉水、吉安，掠过泰和，经万安、兴国，在遂川郊外投弹多枚后，又分两批仍掠过本市上空向北逸去。本市即于十时二十九分解除警报。

1942 年 12 月 7 日

赣州被炸详情

正气日报全部炸毁

儿童新村亦被扫射

［中央赣县一日电］敌机十二架，今上午九时许袭赣县。九架在市区滥掷燃烧弹及爆炸弹，三架在儿童新村以机枪低飞扫射，伤儿童数人，市区出火数处。旋经防护人员扑灭，损失尚微，惟正气日报全部被毁，青年正气出版社印刷厂亦被投弹。

（1943 年 1 月 3 日）

赣东敌扰各县损失统计

死亡及失踪者五万人

房屋被焚三十余万栋

［本报特讯］去岁五月，敌在浙东萧山、绍兴两地发动所谓“五月攻势”，东沿公路线，中循浙赣路，西临富春江，大举进犯，赣北之敌，与策应浙东敌军作战，亦举兵窜扰，数旬之间，赣东北被扰三十余县，敌寇所至，奸掠烧杀，无所不用其极。旋经我军极力反攻，赣东各县复又重见天日。据当局调查，共计被扰三十四县，死亡及失踪者共五万人，房屋被焚三十余万栋，其他物资，财产稻谷等损失尚未计算在内。

兹将赣东各灾县被敌杀伤人数及烧毁房舍数采志如后：临川死伤七一三〇人，

房屋被毁三五四二六幢；南城死亡三〇〇〇余人，房屋被毁七〇〇〇余幢；崇仁死亡三一二人，房屋被毁五八〇幢，牲畜损失一三〇〇头；宜黄死亡三五九人，房屋被毁二〇〇〇余幢；金溪死亡三百余人，房屋被毁二〇〇〇余幢，牲畜损失一六五二头；鄱阳死亡九人，房屋被毁约值五十余万元；清江死亡一六六人，被掳三三四人，房屋被毁一二六幢，牲畜四六六头；上饶死伤一〇〇九人，焚毁房屋二五一五幢；贵溪死亡五〇〇〇余人，房屋被毁一六〇〇余幢；丰城死伤三一四人，失踪二三四人，房屋被焚一四九七栋，牲畜损失三八五八头；玉山死伤二一六八人，房屋被毁一〇七五三〇间，牲畜损失三三六二头；广丰死伤二七〇〇余人，房屋被毁二〇〇〇〇余栋；横峰死伤二十三人，房屋被毁一六八间；弋阳死伤□□□人，房屋被毁五四九八栋，牲畜损失四六八五头；余江死亡一二〇八人，房屋焚毁五四〇三栋；进贤死伤七九三人，焚毁房屋六五六七栋，牲畜损失一三八八头；东乡死亡六八三人，焚毁房屋一六八九一间，牲畜损失七四一八头；南丰死亡二十三人，房屋等损失约值一〇四七五二〇元；乐安（死亡数不详）损失房屋等约值四六〇九〇元；新淦（死亡人数不详），财物损失价值三十七万元；永修（死亡人数不详），焚毁民房百余幢；奉新（死亡人数不详）焚毁房屋五八〇余栋；九江长岭乡一带被焚一〇四户，焚毁房屋八九四间；德安乡区内死亡八人，焚毁房屋数十栋；新建乡区内死亡人数不详，焚毁房屋六十余栋。此外铅山、都昌、浮梁、资溪、高安、南昌三江口一带尚未调查清楚云。

1943 年 1 月 21 日

敌机三十三架昨分三批扰赣

在吉遂赣投弹多落郊外

［本报特讯］昨日上午五时四十八分，丰城方面，发现敌重轰炸机八架，该批敌机由南向北飞，经丰城、清江、吉水，窜入吉安市区投弹，计数十枚，弹落荒郊。又敌轰炸机二十五架，于同时在广东方面发现。该批敌机窜入省境，即分作两批，一批十二架，经大庾、崇义、上犹侵入遂川上空投弹，另一批十三架，经大庾、南康，窜入赣县上空投弹，两地投弹四十余枚，多落郊外，泰和省立医院于昨晚收容在遂川被炸伤之工人二人。据告遂川此次投弹均在郊外，并以机枪扫射，受伤者约十数人，内有吴仁安营造厂工程师，杨某，不幸因伤重毙命，余均伤势甚微，无生命危险。又闻赣县儿童新村亦被炸，死伤三四人，并烧毁房屋一栋。

1943 年 9 月 27 日

三、大事记

1937 年

8 月 15 日　侵华日军飞机 14 架首次轰炸南昌，投弹 10 多枚，炸死 6 人。

8 月　日机 9 架轮番轰炸崇仁县刘家渡飞机场。

9 月　日机 3 架轰炸萍乡县城，于东门外关王殿附近投弹 1 枚，一过路人被炸死。

10 月 11 日　日机 9 架侵入南昌市上空，牛行被炸，死伤近百人。

10 月 20 日　日机 14 架重轰炸机轰炸南昌市区，死伤市民 14 人。

10 月 23 日　日机 6 架轰炸南昌牛行火车站，并在市区投放毒气弹。

同日　日机轰炸牛行震毁房屋 95 栋，死伤男女共计 22 人，财产损失约计 30 万元。

12 月 9 日　日机 15 架，侵入南昌投弹轰炸。中山路上营坊及近郊均落弹，死伤 79 人，毁屋 66 栋。

12 月 12 日　日机在南昌投弹 41 枚，死伤平民 10 人，毁房屋 40 余栋。

12 月 13 日　日机首次侵扰吉安上空。

1938 年

1 月 9 日　日机 37 架在南昌市王安石路、金盘路、张家花园等处，投弹 130 余枚，死伤市民 8 人，毁民房 20 余栋。

1 月 12 日　日机 42 架空袭南昌顺外及近郊乡村，投弹 100 余枚，死伤市民 18 人，毁民房 50 余栋。

2 月 12 日　日机 9 架，昨袭星子，投弹 30 余枚，死伤 30 余人。

2 月 23 日　日机 21 架，分三批侵袭吉安，在城乡内外投弹百四十余枚。

2 月 25 日—27 日　日机在南城、樟树肆虐投弹 200 余枚，毁屋 20 余栋，死伤 11 人。

3 月 17 日　日机 64 架分批轰炸南昌市区，投弹百余枚。

3 月 19 日　日机 12 架侵袭九江星子，投弹 51 枚，死伤 40 余人，毁房屋百余栋，全城几成焦土。

5月 日机3架飞至崇仁县城，轰炸汽车站，炸死1名中国军官和1名小学炊事员。

5月28日 正午，日机在会昌半溪村投弹1枚，死伤平民2人。

同日 日机9架首次轰炸赣州南外机场。

5月30日 上午11时，日机6架飞至赣东北一带，在玉山投弹40余枚。

5月31日 日机8架袭赣，在赣北九江、彭泽、湖口、都昌、星子等地窥察，被我空军击落2架。

6月4日 下午2时许，日机对玉山五里洋飞机场进行轰炸，两次投弹63枚，炸死1人。

6月9日 上午11时20分，日机袭广昌飞机场，投弹7枚，损失物资为玻璃窗门2具、木板墙壁10块，死伤平民15人。

同日 上午9时许，日机6架逼近萍乡银行、兵丁征集处等地，连投炸弹36枚（一枚未爆），许多房屋被毁，炸死兵丁、居民260人。约10时半，在宣风乡珠亭山村杨泗庙处投弹数枚（一枚未爆）。

6月9日 日机于9日和21日先后出动8架次轰炸广昌县城飞机场，炸毁2个飞机棚，炸死保安第10团第一大队士兵4人，炸伤13人。

6月15日 上午9时许，日机对彭泽马当进行轰炸，两次投弹12枚，死伤10余人。

同日 上午11时，日机对彭泽县马当附近的江家湾村进行轰炸，投弹数枚，炸毁民房10栋。

6月18日 日机在马当、东流等地投弹200余枚，造成很大破坏。

6月19日 中日飞机在赣北沿江发生空战。

6月21日 日机13架分3批空袭赣东、赣北各地，在赣东南城、广昌、赣北彭泽马当投弹41枚。

同日 日军舰艇数艘驶至彭泽马当，炮击岸上。

6月24日 日机17架分6批空袭彭泽县城，用机枪扫射，并在码头、城东分别投弹2枚。

6月25日 下午1时至3时，日机在赣北湖口县城先后轰炸5次，投弹100余枚，损失甚大，炸毁民房占全城十分之八九，死伤100余人。

6月26日 日军在攻击彭泽马当要塞时，受中国守军顽强抵抗，竟向守军阵地施放毒气，致一个中队200余官兵全部中毒身亡，阵地失守。日军占据马当的当日，即在附近农村进行两次集体大屠杀，千余村民丧生，大面积房屋被焚烧。

6 月 28 日 日机 28 架窜入南昌，在顺化门及进贤门外共投弹 200 余枚，死伤平民 40 余人，炸毁民房 29 栋；日机 9 架空袭吉安城，在郊外投弹 10 余枚；日机 6 架空袭湖口，投弹 10 余枚。

同日 日军在彭泽马当登陆。

6 月 29 日 日军占领彭泽双峰镇（今县城龙城镇）后，又对双峰镇、黄花乡、黄岭乡等处进行疯狂烧杀，原有四五百户的村镇成为一片焦土，许多农家惨遭灭绝。

同日 彭泽马当要塞防线被日军突破，彭泽县政府当晚撤离，彭泽县失守。

6 月 30 日 彭泽县沦陷。

同日 日军千余人由彭泽县进入湖口县棠山，在周玺村杀害村民 10 人，并毁坏农宅。

6 月末 日军在彭泽南垄阳家村一带施放毒气，造成民众重大伤亡。

6 月 某天上午，日机沿吉安行政公署、吉安县政府（现市委、市政府大院）和吉安县城阳明路、高峰坡、古南镇一线进行轰炸，共死伤居民 20 余人，炸毁房屋二三百间。

7 月 1 日 日机 21 架分两批侵入江西省境，在湖口县城码头镇投弹多枚，多处地方成焦土。

7 月 2 日 日机 9 架分袭九江、湖口。在九江投弹 2 枚，均落空场；在湖口投弹 2 枚，炸毁民房多栋。

7 月 3 日 日机 8 架分两批袭赣，在九江姑塘以及湖口县投弹 10 余枚，炸毁民房 10 余栋，伤平民数人。

7 月 4 日 日机 27 架空袭南昌，在市区东南郊投弹七八十枚，一架敌机被击落在南昌县境。另有敌机 3 架空袭湖口，投弹多枚，并用机枪扫射。

7 月 5 日 湖口县沦陷。

7 月 9 日 日机 27 架空袭南昌，投弹 50 余枚，炸毁房屋数十栋，死伤 2 人。

7 月 10 日 日机先后 8 架和 2 架分别空袭九江、玉山，在九江投弹 2 枚，在玉山投弹七八枚。

7 月 11 日 赣北赣东又遭空袭，日机 29 架分数批在九江、崇仁等处投弹。

7 月 12 日 日军窜入彭泽县太平关乡望夫村，杀害村民 32 人。

7 月 13 日 日机 40 架分 7 批袭扰赣东北各地，并在九江新港圩投弹。

7 月 14 日 日机分 3 批窜入江西各地肆虐，首批窜入南昌市东南郊投弹，炸死 1 人，炸伤 2 人，后两批轰炸都昌县及永修县吴城镇，投弹数十枚。

7 月 15 日 日机 37 架分两批空袭南昌，先后投弹 100 余枚，炸毁房屋 21 栋，死伤多人。下午敌机 3 架空袭玉山，投弹 10 余枚。

同日 日军侵入湖口县棠山大仙庙，杀害村民 55 人。

7 月 16 日 日机 3 架空袭九江新港圩，投弹 20 余枚。

7 月 17 日 日机 21 架分两批侵入南昌，往返投弹 4 次共计 100 余枚，在南昌黄溪店能砚村伤男 1 人，牛行上河街伤男 1 人，黄溪店熊龚村炸死水牛 1 头。

7 月 18 日 日机分批犯赣，被中国空军击落 4 架。永修县吴城和赣州遭空袭。

7 月 20 日 日机于 20 日和 26 日先后出动 11 架次轰炸德安县城，炸死民众 1000 余人，炸毁民房 821 栋。

同日 日军侵入湖口县棠山周玺村，杀害民众 100 名，烧毁民房 73 栋。

同日 日机分数批空袭江西各地，先后在九江新港圩、德安县和九江西南方共投弹 100 余枚。

7 月 21 日 日机 54 架空袭赣北，在九江、瑞昌投弹多枚。

7 月 24 日 日军在九江登陆。

同日 日军侵占湖口县三里乡，杀害村民 70 余人，烧毁民房 34 栋。

7 月 25 日 日机轰炸南城，投弹多枚，炸毁民房甚多，死 20 余人，伤 30 余人。

同日 下午 3 时，日舰数艘迫近九江，施放烟雾掩护日军登陆。国民政府军撤退，九江失守。

7 月 26 日 九江市沦陷。

7 月 28 日 日机 18 架分两批狂炸樟树，在市区投弹 100 余枚，炸毁房屋 60 余栋，死伤 100 余人。

7 月 31 日 日军侵占湖口杨家山，杀害村民 16 人，烧毁民房 26 栋。

7 月末 日军窜入九江县文竹寺，将逃难的 80 余民众悉数屠杀在寺庙内外。

8 月 2 日 日军在湖口县孙白仓村杀害村民 29 人。

8 月 4 日 日机 27 架分两批侵入南昌市区上空，在下沙窝、三纬路、沿江路等地投弹 60 多枚，炸死炸伤 80 多人，毁房 80 多栋，毁坏民船 10 余只。

8 月 5 日 日军窜进九江县沙河曹家垄，将 75 名村民关进祠堂里，先用机枪扫射，然后将祠堂烧毁。

8月6日　日机轰炸玉山，投弹12枚。在都昌投弹10余枚，炸毁民房及市民伤亡颇重。

8月7日　日机18架轰炸南昌市，在牛行一带共投弹60余枚，死伤男女平民共150人，炸毁房屋51栋，震坏房屋247栋。另一批9架轰炸樟树，投弹数十枚。

8月9日　日机两批27架轰炸吉安、樟树。在吉安投弹80余枚，弹落荒郊；在樟树投弹30余枚，炸毁房屋6栋，死平民1人。

8月10日　日军窜进九江县黄老门乡大塘村陶家垄，屠杀村民54人，其中死亡48人、终身残废6人；随后又窜至赛阳刘家大屋，杀害村民72人。

8月13日　日军窜进九江县沙河曹家垄，将73名村民关进曹天成宅屋，放火焚烧，用机枪对逃出的村民进行扫射，当即烧死68人，枪杀、刀捅死5人。

同日　日军入侵九江县石油门涧，杀害村民50余人。

同日　日机分两批袭吉安及南昌，投弹多数落荒郊；玉山、德安同遭空袭。

8月20日　星子县沦陷。

8月23日　日军入侵湖口县鸟林峦村，枪杀村民50余人，焚烧房屋76栋。

8月24日　瑞昌县沦陷。

8月25日　日机22架空袭南昌西南郊，投弹数十枚，炸毁民房数栋，死伤30余人。另有敌机6架轰炸吉安，投弹三四十枚。

8月27日　日机2批10架次轰炸星子县观口山和横塘圩，炸死民众127人，炸毁房屋35栋。

8月28日　日机再次轰炸星子县观口分水沟处，致30余村民丧生。

8月　日机轰炸莲花县城，车站受损。

8月间　日军入侵九江城区，屠杀无辜市民1000余人。

9月3日　日机6架狂炸南昌市区，投弹47枚，均落繁盛街道，毁房屋40余栋，死伤平民93人。

同日　日军攻陷九江马回岭。

9月4日　南浔线日军分3路进犯德安，攻陷叶家集。

9月6日　日机18架空袭南昌一带，被国民政府军驻军高射炮击落3架，其余日机在南昌顺外等地投弹后逃逸，炸毁房屋26栋，震坏房屋66栋，死伤数人。

9月8日　日机轰炸吉安，在郊外投弹30余枚。一架侵入玉山，投弹10余枚，震坏民房4栋。

9月11日　日军在星子县西古山两次施放毒气，使中国300余军民中毒死亡。

9月13日　日军在九江县陶家垄处杀害村民60余人。

9月20日　日军窜入瑞昌县范家山村一带村落，将72名村民杀害于稻田中。

9月21日　日机6架轰炸南昌，在城北投弹30余枚，炸死1人，炸伤6人。

9月23日　日军在瑞昌县范家山村的郝家、叶家、王家3个村庄抓来9名村民，当活靶子枪杀致死，并将3个村庄烧毁。

9月26日　日军发动进攻德安战役。

9月28日　日机6架轰炸吉安，投弹30余枚，炸毁房屋30余栋。

9月　日机对瑞昌县南义张家铺村实施轰炸，并投燃烧弹和毒气弹，致使数百村民死亡，房屋被烧毁。

9月　日军在瑞昌县横立山乡山南杀害村民42人。

9月下旬至10月上旬　日军一〇六师团主力和一〇一师团一个联队，由星子、九江、瑞昌向万家岭集结，企图由德安取南昌，犯长沙，从南面包围武汉。武汉战区司令部电令薛岳兵团："乘机将该敌消灭于万家岭"。中国军队在该地周围先后集结了四个军的兵力，与敌军血战13昼夜，全歼日军四个联队1万余人，俘虏100余人，自己也付出重大牺牲。

10月3日　日机狂炸南昌市，在第七、第八、第九区共投弹40余枚，毁房30余栋，死伤80余人。

10月5日　日机20架分两批窜入南昌市区滥施轰炸，在豫章路等处投弹66枚，炸毁民房甚多，死伤40余人。

10月5日　日机轰炸全南县社迳圩，人员死亡男、女各1人，炸毁房屋损失价值1.6万元（法币，下同），家具损失价值5200元。

10月6日　上午，日机3架分2批侵入南昌窥察，并窜往丰城、樟树、吉安等地窥察。下午，日机两三架不等在永修一带轮流侦察轰炸。

同日　日军在星子县大理庵（庐山）杀害30余名运粮村民。

10月8日　日军在星子羲之洞将避难的38名村民全部杀害。

10月9日　日军窜至星子五柳殷家畈和汪钱港，将53名村民杀害于稻田中，并烧毁民房5栋。同时，日军窜至星子清风乡的4个村庄，杀害村民203人。

10月21日　日军侵入德安县老屋罗村，杀害村民53人，被杀者最小的只有 1 岁。

10 月 29 日 德安县沦陷。

同日 日机轰炸定南县高砂乡，损失桥柱一座，价值国币 350 元。

10 月 31 日 日机密集投弹 300 余枚，在南昌市中山路、胜利路、肖家巷等地进行地毯式轰炸，炸死市民 206 人，伤 183 人，房屋损毁 532 栋，交通中断。

10 月 定南县高砂乡迎阳桥被炸时所受之间接损失。迁移费 1235 元，防空设备费用 1645 元，疏散费 880 元，合计 3760 元。

11 月 3 日 永修县沦陷。

11 月 5 日 日机 36 架分 5 批犯赣，在上高、丰城等地投弹数十枚，死伤平民 100 多人，毁民房 100 余栋。

11 月 6 日 日机于 6 日至 10 日连续轰炸临川县温圳镇（1968 年划归进贤），炸死 300 人，损毁货物价值 10 万元（法币）以上。

11 月 9 日 日机 23 架分袭江西省各地，在东乡、进贤、临川投弹数十枚，炸死农民 11 人，伤 10 余人。

11 月 10 日 日机 6 架分 2 批轰炸温圳镇，投弹多枚，并用机枪扫射。

11 月 22 日 日机 4 架空袭奉新，炸毁民房 5 栋，死伤 6 人。

11 月 26 日 日机 27 架分 2 批过赣袭湘，途经萍乡、宜春两地投弹轰炸，死伤数人。

冬 南昌大批难民开始流入崇仁县。

12 月 3 日 日机 3 架在玉山县城西北方郊外投弹 50 余枚，又日机 9 架在吉安城郊投弹七八十枚。

12 月 26 日 日军在瑞昌县常丰畈处，将 10 个村庄的村民 300 余人杀害于大草洲上，烧毁民房 3000 余栋。

12 月末 日军入侵九江县杨村白水一带，杀害民众 200 余人，烧毁民房 300 余栋，并将 18 岁至 25 岁的青年妇女抓到九江城区日军兵营中，供日军淫乐。

1939 年

初 日军发动进攻南昌的“仁号作战”。战役从 3 月 17 日起，至 3 月 27 日止。中日军队展开了激烈战斗。日军公然违背国际公法，施放大量毒气弹，以死伤 3 万人的代价攻陷南昌。同年 4 月 17 日，蒋介石制定了反攻南昌计划。战役从 4 月 20 我空军轰炸南昌机场和赣江日舰起，至 5 月 9 日下令停止反攻击。反攻期间，我军曾数次入市区飞机场、火车站、金盘路及中山路东段，毙伤日官兵近9000人。我二十九军军长陈安宝等3000余官兵阵亡。

1月5日 日军在德安万家岭打了败仗后，不甘心失败，竟对战区百姓疯狂反扑：在磨溪乡宝泉一带，杀害民众450余人，焚烧民房200余栋；在永安堡，将50余村民杀害于龙山脚下；在岑家村，将60余村民关在民房中先用机枪扫射，后将房屋烧毁。

1月9日 日军在九江县蓝桥街附近，枪杀民众73人，并烧毁民房300余栋。

1月11日 日机18架狂炸吉安市区，投弹122枚，炸毁房屋47余栋，死伤平民100余人，在下河街炸毁民船7只、轮船1艘。另敌机3架侵入南昌县城莲塘镇，投弹7枚，死伤男女平民40余人。

1月16日 日机11架狂炸庐山牯岭，在仰天坪、内地会等处投弹10余枚，在住宅区投弹10余枚。

同日 日军在星子观口附近杀害民众54人，焚烧房屋30余栋。

1月21日 日军驱逐庐山脚下乡民，未及逃避者皆被杀。

1月下旬 日军在武宁箬溪惠民寺、罗坪等处，杀害村民60余人，并将村庄烧毁。

1月31日 日机两批轰炸南昌县莲塘镇，炸毁民房2间，死伤平民数人。

2月初 日军窜入德安县塘下李村，在池塘边杀害村民40人，并将尸体抛进池塘中。

2月4日 日机5架袭南昌县向塘镇，在车站附近投弹10枚，炸毁民房10余栋，死伤平民3人。

2月5日 日机12架分4批窜入江西省各地肆虐，在东乡、宜春投弹，死伤10余人。敌机袭东乡时被击落1架。

2月19日 日军在德安县下胡村、塘山村和罗家坟邹村等处，屠杀村民数百，焚烧民宅1000余栋。

3月1日 日机6架在余江投弹6枚，炸死平民2人；又日机1架在玉山投弹4枚，炸死、炸伤平民各5人，炸毁民房数间。

3月13日 都昌县沦陷。

3月17日 日机18架疯狂轰炸吉安城区中心地段，并投下烧夷弹多枚，炸死、炸伤市民数百人，炸毁房屋甚多。

同日 日军发起进攻南昌战役。

3月18日　日机19架分批肆扰浙赣铁路，轰炸进贤、东乡、鹰潭等处车站，在鹰潭车站附近炸死工人1名、伤2人；并在永修县吴城镇投弹2次。

3月21日　3架日机突然侵入安义县城，对县城浮桥一带狂轰滥炸，用机枪对手无寸铁的居民扫射。这次空袭，炸毁了浮桥及桥溪街一座民房，死伤居民10人，城内和西门也炸死10余人。

3月22日　奉新县沦陷。

同日　日军在飞机、坦克配合下侵占安义县，安义县沦陷。

同日　安义县五房村村民97人惨遭日军杀害。

3月23日　新建县沦陷。

同日　日军入侵永修县张公渡村，将200余名村民杀害于泉水坡稻田中。此后，在永修县藕潭刘家杀害村民40人，在青山刘家杀害村民48人，在大屋朱村杀害村民50余人。同时，由永修县押至安义县万家埠的民众100余人，亦集体被杀害。

3月24日　安义县蔡村村民72人惨遭日军杀害。

3月26日　新建县乐化地区沦陷，100多人惨遭日军杀害，10几名幼女被强奸致死，大片房屋烧毁。

同日　南昌县第6区第13保庐厦村朱春生家被日军焚烧3间砖墙房屋，损失价值200万元。

3月27日　日军第106师团、第101师团先遣部队会合于南昌城南，进犯莲塘、瓜山，切断浙赣铁路。当晚，南昌市区国民政府军第32军第141、第139师腹背受敌，撤至广阳桥。深夜，日军入城，南昌沦陷。

3月28日　武宁县沦陷。

同日　日军入侵都昌县苏山乡巴家山一带，先后屠杀村民492人，焚烧民宅217栋。

3月29日　南昌县沦陷。

同日　靖安县沦陷。

3月　高安县沦陷。

3月　日机多次轰炸东乡县城，酿成大火，毁坏房屋422栋。政府机关迁至长林下市祠堂办公，8月迁回县城。此后至1941年，日机先后空袭东乡县城20余次。

3月　日军进南昌城不几天，就有许多无辜的群众遭到残杀，在章江门、广润门、中正桥头一带，尸体遍卧，肝脑涂地，血聚成洼；许多民宅遭抢劫，日军挨户翻箱倒柜，到处十室九空；许多妇女遭奸淫，躲藏在万寿宫内的200多名妇女被集体轮奸，躲藏在广润门外关帝庙内的600多名妇女被日夜轮奸后活活烧死。

4月4日 日机袭贵溪，投弹10余枚，平民死1人、伤2人；在上饶沙溪车站投弹2枚，伤路工4人。

同日 日机8架轰炸吉安城郊神岗山码头一带和城北长塘圩、城南永和镇，共投弹20余枚，炸死平民5人，炸伤平民23人，毁店房2栋，炸死耕牛3头。

4月7日 日机2次轰炸东乡。上午7时许，9架日机轰炸东乡县城南门，炸死80余人（内有南昌难民70余人）；11时许，日机再次空袭县城，投下2枚燃烧弹，烧毁城南、城中房屋90余栋。

同日 日机4架狂炸吉安城，在繁华街道及郊外投弹30余枚，毁民房20余栋，死伤平民37人。

4月8日 日机在上饶城乡投弹30余枚，毁民房200余间，死50余人，轻重伤60余人。

4月9日 日机9架狂炸玉山县城，在繁华街道投弹60余枚，死伤平民200余人，炸毁房屋300余栋。

4月18日 庐山失守后，日军在山上屠杀民众达2000余人，就连法国传教士罗德功亦被杀，同时焚烧房屋480余栋。

4月22日 日机在贵溪城内投弹6枚，炸毁民房4栋。

同日 日军在安义县山下熊家，惨杀村民500多人，杀绝12户。

4月23日 日机狂炸上高县城，在城内外投弹30余枚。

4月24日 日机2架轰炸临川李渡镇，投弹4枚，毁民房4栋，死居民4人。

4月25日 日机3架轰炸抚州城区，投弹6枚，毁房5栋，死伤居民百余人。

4月28日 日军在瑞昌县上南乡华山坳杀害村民38人。

5月1日 日机轰炸丰城，投弹18枚，平民死5人伤3人，毁坏房屋20余栋。

5月2日 驻南昌县莲塘岗前村据点的日军倾巢出动，对附近村庄进行“扫荡”，先将100多名群众关进岗前村祠堂，后分批绑押到祠堂门前大坑边枪杀。

5月8日 日机3架轰炸南昌县三江镇，死伤平民10余人，炸毁房屋数栋。

5月9日 驻南昌县向塘据点的日军分两路窜进向塘河湾村，一路用机枪逼追抓来的40名群众往井里跳，不肯跳的被刺死在井台上；另一路将30多名群众关进一栋房子，放火全部烧死。

5月15日 驻南昌县沙潭村据点的日军闯进沙潭村龙南天仙庙，将庙内370多名难民围住，先用机枪将50多名青壮年男子打死，接着放火将剩下的难民全部活活烧死。

同日 5月15日和10月9日 日机先后两次轰炸广昌县城，炸毁飞机场机场办公楼、太平岗刘家祠和民房各1栋，炸毁老桥头木桥1架；炸伤居民2人，炸死第49军干训班学员2人、炸伤2人。

5月28日 日军分三路包围南昌县荷埠周村，1000余村民死于日军之手，52户被杀绝，881栋房屋被烧毁。

5月 日机3架轰炸崇仁县城。

5月 日军进攻都昌县春桥和徐埠时，焚烧民房176栋，并有人员严重伤亡。

6月5日 日机轰炸上饶、贵溪，投弹6枚，毁房数间，毁路轨数丈。

同日 日机9架分3批轮番轰炸温圳镇达一个多小时，在新街口、下街头、菜市场、谷场、令公庙、桥背等处投弹24枚，炸死炸伤200多人，其中炸死36人；炸毁民房10多幢，炸沉民船4艘，炸死耕牛3头。

同日 日机11架分2批轰炸吉安，在城区及郊外共投弹30余枚，毁民房10余栋，死伤平民10余人。

6月9日 日机9架轰炸萍乡县城，投弹30余枚，炸死居民70余人，伤150余人。

6月11日 日军在奉新县赤埚村一华里外的短嘴塘，惨暴杀害赤埚村民179人。其中，被机枪打死66人，铡刀铡死80人，有47名妇女遭到奸淫。

6月12日 日机6架轰炸吉安城区，在北门正街、塔水桥、府背、夏官第、马铺前、弓箭街、任公井、西刘家巷等处共投弹30余枚，死伤20余人，毁民房20余栋。

6月13日 日机6架轰炸赣县县城，投弹4枚，毁民房数栋，死伤平民数人；日机9架分2批先后轰炸吉安城，在宝华楼等处共投弹10余枚，毁民房数栋，死伤平民10余人。

6月14日 日机4架滥炸吉安城区，投掷的炸弹中夹有汽油燃烧弹，致使谵掩路至南湖桥头数百间房屋悉数烧尽；吉安乡师附小的防空洞不幸炸塌，20余人全部遇难。

同日 日机轰炸吉安城区，并分别在樟树、新干、峡江等处投弹。吉安城区九曲巷、仁山坪乡师附小等地被炸毁民房5栋，震坏10余栋，死伤平民数十人；仁山坪处一地下室中弹，死伤人数甚多。

6月15日 日机6架轰炸铅山、万载。在铅山投弹14枚，死伤平民38人，毁民房12栋；在万载投弹4枚，死伤平民5人，毁民房1栋。

6月16日 下午1时35分，瑞金县城鸡鸭街、廖坪街、象眼塘、云龙桥遭受轰炸。损失店房62栋，价值52700元（法币，下同）；桥1座，价值1000元。共计53700元。财产间接损失1323元，其中防空设备费用500元、疏散费350元、救济费180元、抚恤费293元。

6月22日 日机3架轰炸大余，毁房屋20余栋，死伤10余人。

6月23日 日机6架在万载罗城投弹4枚，炸毁民房20余栋，死伤平民20余人；日机2架在上高投弹5枚，死伤平民各1人。

6月24日 日机2架轰炸南丰县城北刘家巷和东门桥下保福寺，炸毁民房2栋、民船3艘，炸死炸伤数人。

同日 日机2架空袭临川李渡镇，在菜市场、后街、天主堂等处投弹，炸死4人、伤10多人，炸毁民房4幢。

同日 日机在临川投弹6枚，毁民房5栋；在南城投弹2枚，毁民房10余栋；在于都投弹8枚，毁民房数栋；在赣县投弹32枚，毁民房30余栋。

6月25日 日机3架空袭临川县城，在大公路、梅庵路、桥东等处投弹多枚，炸死炸伤100多人，炸毁房屋5栋。

同日 日机3架轰炸瑞金县城，投弹9枚，爆炸7枚，炸死13人、伤39人，炸毁房屋43栋，震坏房屋37栋，云龙桥石栏被毁。

7月4日 日机17架分6批袭赣，在吉安、泰和、余江投弹轰炸。吉安死平民1人；泰和死伤20余人，毁民房10余栋。

7月5日 日机4架轰炸吉安县固江镇，投弹8枚，毁民房8栋，伤1人。

7月6日 日机6架分2次轰炸吉安县固江镇，投弹17枚，毁民房数栋。

7月12日 日机2架侵入临川，投弹4枚，毁民房6栋，死伤平民各1人。

7月13日 日机30多架次轮番轰炸温圳康山一带，炸死炸伤1000余人，炸毁军火库6栋。

7月15日 日机3架轰炸新建县松湖街，投弹20余枚，毁民房6栋，死伤平民各3人。

7月24日 日机35架空袭江西，先后在新干、峡江、丰城、樟树共投弹43

枚，在新干炸毁民房 2 栋、民船 2 艘，在丰城炸毁民房 30 余栋。

7 月 30 日 日机 1 架在樟树投弹 3 枚，炸毁民房 2 栋；日机 4 架在进贤投弹 9 枚，炸毁民房 9 栋。

8 月 1 日 日机轰炸靖安。

8 月初 日机 5 架空袭临川县城，在北门临川中学、南门汽车站、大公路泰山背县政府、曾家园群众会场、桥东天主堂附近投弹 8 枚，炸死炸伤 100 多人，炸毁房屋 6 栋。

8 月 4 日 日机 6 架分 2 批先后在安福和吉安县固江镇投弹数枚。

8 月 10 日 日机 3 架轰炸瑞金县城，投弹 9 枚，炸死居民 15 人，炸伤 39 人，炸毁房屋 43 栋，震坏房屋 37 栋。

8 月 13 日 日机 35 架分 2 批先后对泰和、上饶进行轰炸。

8 月 21 日 上午 7 时许，日机 7 架轰炸吉水县城，投弹 10 枚，炸死居民 30 多人，炸毁房屋 10 余栋。

8 月 24 日 日机 6 架轰炸吉安城。江西省第八行政督察专员兼保安司令肖致平因公被炸身亡。

8 月 27 日 清晨，6 架日机在高安县吴珠岭一带投下大批细菌弹，给这一带群众造成了毁灭性的灾难。当地民众及外来难民 7000 多人受到细菌和毒气的严重感染，全身溃烂，2100 多人很快断送了生命。吴球长一家 18 口全部被毒害而死。吴珠岭下尸骨成堆，阴风惨惨。

9 月 2 日 日军窜进瑞昌县筱源和柯乐源等处，烧毁民房 173 栋，并造成重大人员伤亡。

9 月 3 日 日机 1 架向上栗镇俯冲投弹，栗江码头、桥边巷内中弹，炸死青年妇女黄玉秀、杂货店伙计“三坨古”。

9 月 14 日 日军发动进攻赣北战役，以 5 个联队进犯高安、奉新一线，攻陷高安。

9 月 20 日 宜丰县沦陷。

9 月 23 日 铜鼓县沦陷。

9 月 21 日 日机 3 架在九江县戴家山投弹 4 枚，炸毁民房 30 余间。22 日，驻瑞昌日军分 3 路进攻戴家山，烧毁简家上、下两村房屋计 70 余间。24 日，驻余家河日军再次烧毁戴家山房屋 40 余间。

9 月 日机 9 架轰炸赣州城。

11 月 6 日 日机 3 次侵入赣州城，在梅林投弹 29 枚，死伤村民 10 余人，毁房10余栋。

12月13日 据调查，日军在高安杀害4370人，掳走3000人，焚毁房屋44200余栋，劫去谷米146000余石、猪牛马1700头。

本年 日军第一次进犯修水县城。

本年 日机轰炸峡江县城，炸沉船只3艘。

本年 日机轰炸安福，县汽车站被炸毁。

1939年至1945年 日军三次侵扰丰城县。

1940年

1月13日 日军千余人从九江、德安、瑞昌三面包围九江县戴家山，并滥施轰炸，使王家铺、金盘一带尽成焦土，枪杀居民8人。

4月5日 日军出动27架飞机对景德镇实施大轰炸，陶王庙、落马桥、烟花口、花园上弄一带数百间坯坊和民房被夷为平地。落马桥一个防空洞中弹，死伤数十人。住在吉安会馆的外地难民被炸死60余人。

4月16日 日机23架分批轰炸上饶、乐平、玉山、吉安，炸死数人、伤20余人，炸毁民房20余栋。

4月29日 日军在瑞昌县南山下、北山源、沙坪湖等处，杀害10余村民，焚烧民房800余栋。

4月30日 日机先后5次轰炸修水县三都、梁口、义宁、庙岭和桃里等地，造成70余民众死亡和300余栋房屋倒塌。

4月 日机轰炸抚州城，死亡数百人。

5月18日 日军在都昌县与横乡徐墩村施放毒气，致使90余村民身亡。

6月 日机轰炸吉安城区，吉安大舞台和榕树码头被炸，躲在大榕树下的市民被炸死。

7月27日 日机50架分4批轰炸上饶、贵溪、鹰潭等地。

7月28日 日机27架空袭鹰潭。

8月3日 日机27架分7批在江西轰炸，其中9架在吉安市区投弹，并投燃烧弹多枚，炸毁房屋数十栋，死伤平民数十人；鄱阳、弋阳、清江同遭轰炸。

8月4日 日机空袭新干县城，投掷燃烧弹，焚毁西门街店房72幢，死伤公务人员和市民34人。

9月6日 日军窜至都昌县左里和苏山一带，杀害村民340名，焚烧房屋

644 栋，使 9 个村庄成为一片废墟。

9 月 17 日 日军窜入都昌县源头乡杀害村民 54 人，其中儿童 13 名。

9 月 日机轰炸温圳镇，炸死 70 余人，烧毁房屋 10 余栋。

10 月 5 日 日机轰炸国民政府军第 49 军军部驻地——临川桥上李村、水藻窟周村，炸死数人。

12 月 13 日 驻南昌县莲塘日军征集民船 800 余只，企图进犯锦江南岸。

12 月 24 日 日军 30 余人进犯九江县岷山，当场枪杀 3 人，其中杀死 1 人，抢去耕牛 9 头、肉猪数头、食盐百斤以及其他杂物等。

1941 年

1 月 21 日 日军窜进九江县戴家山、黄丝洞、孙家垄等处，3 天内即焚烧民宅 800 余栋，屠杀数百人；其中第三天，日军活捉戴家山男女老少 96 人，押至瑞昌九源驻地，或用机枪扫射，或掘坑活埋，或断头截肢，无一生还。

2 月 2 日 日机空袭东乡县城，造成重大损失。

3 月 3 日 日机 27 架分 3 批对南城县城狂轰滥炸，死伤居民 1000 余人，炸毁房屋 400 余栋。

3 月 15 日至 4 月 9 日 以国民政府军第 19 集团军为主的中国军队，与日军在以上高为中心，包括安义、奉新、宜春、丰城、清江、新建、南昌、靖安、新余、高安等 10 多个县在内的广大地区进行的一次大规模会战。日军 6.5 万人（实际出动 4.2 万多人），在驻汉口的第 11 军司令部统一指挥下，分北、中、南三路向上高进犯，企图打通湘赣公路。国民政府军 9 个师及地方部队共约 10 万人，由第 19 集团军总司令罗卓英统一指挥，在当地人民群众紧密配合和大力支援下，依托有利地形，分三线阵地诱敌深入，然后集中兵力包围歼灭。日军突围时，国民政府军又乘胜追击，直到日军龟缩南昌而告结束。这次会战击毙击伤日军官兵 2.4 万名，缴获大批军用物资和武器。会战中，国民政府军将士也死伤 2 万余人。

4 月 11 日 日机狂炸上饶城，城南内外毁房屋多间；13 日炸郊区。

5 月 23 日 日军在九江县戴家山一带“扫荡”时，在九源圩杀害民众 51 人。

8 月 7 日 日机 25 架先后分批对分宜、樟树、吉安、泰和进行大轰炸。

8 月 12 日 日机 6 架轰炸浮梁，炸毁民房数栋，炸伤平民 8 人。

10 月 16 日 日机 7 架轰炸龙南县城，共投弹 29 枚，炸毁房屋 33 栋，居民死伤 132 人，其中炸死 80 人。

11 月 14 日 日机 9 架轰炸南城县城达 40 分钟之久，投下大批燃烧弹和定时炸弹，县城四条街道一片火海，炸毁西街、天一山、府背等处大量房屋，西街几百户民宅和商店，除七八户外，全被烧光；炸死炸伤数百人；炸塌万年桥东段第四、第七拱。

12 月 日军第二次进犯修水县城。

12 月 日军入侵修水县三都镇、庙岭圩和梁口、杨梅渡村等地，杀害民众 475 人，焚烧民宅 1676 栋。同时，日军还在洋湖村一带施放毒气，致使 90% 的村民烂手烂脚，100% 的男劳动力患丝虫病，许多人因此而丧生。梁口后方医院 200 余伤兵和车田第 30 集团军战地医院 100 余伤员，均被日军杀害，有的伤员被吊在树上用刺刀戳杀而死。

本年 日军第一次进犯清江县。

1942 年

1 月 15 日 日机 28 架次轰炸赣州城，共投炸弹 102 枚、燃烧弹 13 枚。炸死居民 200 余人、伤 300 多人，炸毁房屋 1000 余间。

1 月 16 日 两名日军在九江县永安乡第 11 保强奸妇女，激起民愤，将两名日军杀死，后日军烧毁该处房屋 20 余间，衣物、粮食付之一炬。6 月 26 日，日军再次焚烧永安乡房屋 399 间，屠杀村民 15 人。

2 月 日军入侵都昌县白塔乡。在草垄和圣斋等地杀害村民 64 人，烧毁民宅 250 栋。同时，又在双凤乡黄金嘴村杀害村民 40 余人。

3 月 27 日 驻彭泽县的日军，在附近乡间抓捕到 6 名运粮的村民，当即全部杀害。

4 月 19 日 进贤县沦陷。

4 月 30 日 日机 8 架分 4 批窥察吉安、上高、高安等地，在吉安城郊外投弹。

5 月 8 日 日机 7 架轰炸吉安、8 架轰炸南城。

5 月 16 日 日机 12 架轰炸吉安。

5 月 31 日 驻南昌日军向进贤方向进攻，发动赣东战役。

5 月 日军第二次进犯清江县城。

5 月　日机 3 架在新干县立职业学校操场上空扫射，并投掷 4 枚炸弹轰炸新干县城。

5 月　日军为打通浙赣线，调集大批步兵和飞机，分两路进攻：一路从杭州沿浙赣线铁路西犯，另一路从南昌沿浙赣线铁路东犯。蒋介石下令“避免在金、兰决战”，30 万国民政府军不战而退。7 月底，东西两路日军在横峰会合，浙赣线被日军打通。20 余万中国人民惨遭日军屠杀。

6 月 2 日　日军再次占领都昌县城，抓了 10 名未及逃走的民众，逐一杀害。

6 月 5 日　东乡县沦陷。

同日　余干县沦陷。

同日　贵溪县沦陷。

同日　日军侵占临川县城（今抚州市城区）；本月，日军将县城居民 50 多人，用绳子反缚双手，押至文昌桥上推入抚河，50 多人全被活活溺死。

同日　临川守备司令姜安德抗敌殉国。

6 月 8 日　日军侵占宜黄县城，将学前街、务前街、坪尔街、治前街两侧房屋焚毁殆尽。江西私立葆灵女子中学师生 300 余人，从南昌迁往宜黄途中在许坊小学暂住，其中 30 多名学生在小学校内遭日军强奸杀害。

同日　日军从临川高坪镇、丰城秀市圩两路进犯崇仁东来圩，国民政府军与日军交战 3 个多小时，指战员 300 多人和当地支前农民 30 多人阵亡。同时，日机 9 架轰炸崇仁县城，炸死军民 100 多人。县城被日军侵占。

6 月 11 日　日军从宜黄分 3 路进犯南城，南路主力由西向东，先占南城里塔圩，再折向北，经路东村（曾渡—□江至新丰圩）进犯；中路从小路经南城芙蓉山、麻姑山进犯；北路经临川茅排圩，过南城岳口圩进犯。南城县政府迁至本县南部的上唐镇，12 日县城失陷。日军在往南城进犯途中，淫掠烧杀，无恶不作。

同日　玉山县沦陷。

6 月 13 日　金溪县城沦陷。沦陷前，日机炸毁王冕堂巷内 2 栋房屋。沦陷后，日军在城内大肆抢掠、奸淫、烧杀。北门、东门、太子庙、梨树园，到处血肉横飞，尸体遍地，家具、板壁扔满街道，县府被烧毁，不少民房商店遭焚。

同日　上饶县沦陷。

同日　广丰县沦陷。

6 月上旬　占领鹰潭的日军窜到江山艾家，一面抓人当苦力，一面在水井里投毒，当时即造成 55 人中毒死亡，水井亦被废弃。

6 月 17 日　日军血染金溪洛城，死者数以百计。

同日　日军第二次侵入崇仁县城。至 24 日，日军在县城杀害 170 余人，奸淫并杀害妇女四五十人，被掳去带路的夫役数十人亦在途中惨遭杀害。日军还烧毁崇仁县城一所中学和大小民房 30 余幢。

6 月 19 日　日军 120 多人，乘夜色包围临川罗针乡岭上徐家村，躲在附近禾田里的 136 名村民，被日军发现后，用机枪扫射全遭杀害。

6 月 20 日　日军侵入金溪琉璃乡北岸余家村，纵火烧毁该村及附近黍头村民房 40 余栋，捉去群众 22 人，除 8 名妇女深夜挖墙逃脱外，其余 14 人全被押至花峰桥杀害。

6 月 23 日　日军在金溪金临渠北岸中洲村杀害 8 名过路群众。

6 月 27 日　波阳县沦陷。

6 月 29 日　日军在临川长山晏用刺刀、马刀刺死 12 名农民。复经宜黄梨溪圩侵占宜黄县城，然后践踏二都圩、河口村、棠阴镇、圳口圩等地，再次焚杀淫掠；烧毁县城司马路、下马市、下南口、老码口、横街上两侧房屋。

同日　弋阳县沦陷。

同日　横峰县沦陷。

6 月下旬　日军在金溪黄坊村将老弱群众 26 人全部刺死在福音庙前的池塘内。全县很多集镇（琅琚、合市、琉璃、双塘、陆坊等）都成了日军的杀人场。日军在琉璃圩纵火烧掉一条街，朝墩村被烧得片瓦不存，长岗埠村附近的王家村被烧得只剩一个门楼。琅琚、高家、曹家、聂家、下严、坪上、双塘、杨桂林、彭坊、枫山埠、陆坊、黄坊、洛城、疏口等村镇，均遭焚毁。日军还在金溪奸杀妇女。

6 月下旬　日军侵占进贤县。闯入县城的日军纵火烧毁店房、民宅。日军将躲藏在天主堂内的 100 多名群众绑赴军门第的荒丘上，活埋 28 人；剩下的被押往东门大石桥，或捆在椅子上抛入水中，或绑成一串推到桥下，全部被淹死。

6 月 30 日　日军相继占领弋阳、东乡、余江、余干、鹰潭、贵溪、横峰等地，浙赣铁路被日军全线打通。

6 月　日军在交通枢纽鹰潭设立物资转运站，盗运抢夺来的铁轨、钢材等物资，在各地抓来 2000 多民众充作苦力，关进劳工营。入营劳工都被剃了头发，当作标记，每天食不果腹，累死累活。钢材、铁轨等物资运完后，日军就开始大规模屠杀劳工。日军将 60 个劳工为一组，用棕绳串联捆手，押到项家岭峭壁上，开枪打倒第一个人，使他坠入崖下的信江，并将其他人也拖带下峭壁。日军还在信江部署了几只汽艇，用机枪对落水劳工扫射。2000 多名劳工或被机枪打死，或因绳索的串联捆绑而被溺毙。

6 月　日军在东乡仓下村附近设了一张杀人案板，不时捕杀民众，将杀死的人投入池塘，一日之内塘内积尸数十，池水尽赤，惨不忍睹。老弱妇婴无一幸免，有时还用刺刀挑抛婴儿，以此取乐。日军离去后，民众在仓下一个水塘捞到 10 多颗人头。

7 月 1 日　日军进犯宜黄、崇仁、乐安等县。

7 月 2 日　日军从宜黄第二次侵扰崇仁县许坊乡。许坊圩上一名妇女和一名 17 岁的少女被多名日军轮奸至死。许坊乡黄坊村躲在家里不及逃走的 5 名 60 多岁的老妇，被 10 多个日军轮奸。许坊乡猪山村等 5 个村落，30 多栋民房被烧毁。距离许坊圩不远的礼陂圩，30 余栋店房被烧。

7 月 3 日　日军由宜黄往崇仁、临川方向撤退，沿途又是烧杀淫掠。宜黄的二都圩、河口村、棠阴镇、圳口圩等地再度被侵扰。

7 月 8 日　日军骑兵侵入新干县大洋洲圩和石口村一带。中正大学“战地服务团”在石口村与其遭遇，团长姚显微、团员吴昌达被杀害，另 5 名团员被俘。

7 月 18 日　日军出动大批人马对南昌县塘南进行烧光、杀光、抢光的大“扫荡”。这一天，塘南 14 个村庄的 860 多人被杀害，723 栋房屋被烧毁。

7 月 31 日　日军围攻进贤县境内藏有数千难民的蚂蚁峡，用机枪、步枪对峡内密林深处猛射。一个多小时后，峡内死伤难民 300 多人。

同日　日军警备队率伪保安队 200 余人将九江县长岭乡包围，焚烧房屋 104 户、894 间。

7 月　日军在临川县城抓到 30 名妇女，将她们赤身露体押至坤贞观，集体轮奸后，把她们全部残杀，有的开胸，有的割乳，有的用刺刀扎阴部至死。临川湖南乡下艾村有 8 个老妇全被杀害。临川桥东一名 50 多岁的妇女被 3 个日军轮奸后，绑在树上，截断双脚，挖掉双眼，然后投入河中。临川城郊商人万大眼，因身穿学生制服，被日军捉住剖腹杀死。

8 月 5 日　盘踞在临川云山圩的日军数十人窜到附近一带村庄掠夺财物、奸淫妇女。

8 月 23 日　日军撤出临川时，在全县各地撒放带病毒细菌，导致鼠疫、霍乱流行，死者甚多。

9 月　遭日军践踏的金溪双塘乡竹桥村，流行痳疹、伤寒与天花等疾病，全村 180 人患病，153 人病死。

10 月 余江县沦陷。

秋 一天，日军从东乡县城去黎圩乡抢劫，途经社令关村，杀死 1 人，杀伤 1 人，烧毁该村 400 多户人家的房屋（全村只有 2 栋房屋幸免于难）。大石下村也被日军烧光。

秋 宜黄县遭日军践踏的地方，疫病流行。

秋冬 遭日军践踏的崇仁，全县疟疾、痢疾、肠炎、疥疮等疾病流行，发病率近 50%。

12 月 6 日 日机 16 架分 2 批在新干、峡江、永丰、吉水、吉安窥察，经万安、兴国在遂川上空投弹多枚。

1943 年

1 月 2 日 日机 9 架在赣县城区轰炸，并滥投燃烧弹，市区出火数处，青年正气出版社印刷厂亦被炸；日机 3 架在儿童新村用机枪低空扫射，伤儿童数人。

1 月 28 日 日军飞机再次轰炸赣州城，炸毁房屋百余栋。

8 月 日军侵入广东潮汕地区，广东 4000 多难民涌入会昌，发生输入性霍乱，在筠门岭等主要交通沿线暴发流行，尸横遍野，惨不忍睹。

9 月 26 日 日机 33 架分 3 批扰赣，在吉安、遂川、赣县、临川投弹近百枚；泰和县立医院收容在遂川被炸伤多人，临川被日机用机枪扫射受伤者 10 余人。

10 月 1 日 日机 15 架轰炸信丰县城，毁民房 151 栋，炸死炸伤居民 33 人；日机 9 架轰炸龙南县城，炸死居民 93 人，炸伤 157 人。

1944 年

2 月 12 日 中国空军与日机在万安县境上空作战，盟军飞机一架受伤。

5 月 日军第三次进犯修水县城。

6 月 13 日 日军第 13 师团、第 3 师团从湖南浏阳经上栗湖塘村，进犯萍乡县城，并窜茶园、新蔡一带侵扰。

6 月 14 日 日军陷萍乡上栗镇，窜金山圩。上栗镇上男女老少往山窝里逃。刘大光的堂妹秀英正喂猪潲，才出后门不远，被 3 个日兵拦截，她钻禾田逃走，后被日兵追上轮奸。她痛不欲生，投塘自尽。新蔡日军向黎塘一带侵扰。上栗麻石谢家湾村一个绰号“大肚脚”、姓黎的农民，因日军突然进村，仓皇逃命，来不及带走患病的男孩，回家后发现孩子被丢在锅里煮死了。

6月16日 日军一部犯萍乡上栗天埠村。

6月20日 日军犯萍乡老关，攻大屏山，并突破案山关、妙岭一线阵地，陷长平圩。

6月21日 日军窜犯萍乡湘东，江峡岭村10多名妇女遭日军强奸。有婆媳二人被轮奸，奸后，日军用刺刀将婆媳二人及吃奶的婴儿一起刺死。

6月22日 上午9时，日军由萍乡马岭圩入，攻陷萍乡县城。下午日军窜南坑圩。日军第3师团窜上栗，扑赤山圩。

同日 日军从湖南浏阳窜入萍乡湘东，偷袭黄花桥村附近中国守军，数十名守军士兵罹难。

同日 湘东黄堂村泥工文全昌的妻子被日军强奸并和孩子一起被杀害。日军走后，萍水河洄水湾里浮着十几具尸体，其中一个是80多岁的老太婆、袁某的遗孀。

同日 日军一部沿萍乡略下村两侧搜山，侯王庙内躲有30多名百姓，日军包围该庙，用冲锋枪向庙内扫射，庙内百姓全部罹难。

同日 日军后续部队从萍乡长平圩向赤山圩进犯。

6月23日 日军从湖南浏阳、萍乡上栗逼萍乡县城，被国民政府军第20军阻于案山关，遂会同入侵湘东日军改道南下，犯赤山圩。

同日 萍乡县城北门外放牛的姚宗喜、其子姚树章被日军枪杀。日军在萍乡县城内大肆抢掠。

同日 日军窜萍乡大坪村、赤山圩、五陂下圩、大田村、安源镇等地。

同日 日军在萍乡南坑寨仔 包围黎家祠，抢掠县政府所藏军火及物资，并将黎家祠炸毁。

6月26日 日军侵占萍乡白竺圩。

6月27日 日军犯萍乡麻山圩、土下村等地。

6月28日 日军犯湖南攸县柏树下圩、萍乡茶垣村等地。

6月29日 日军犯萍乡腊市圩。

6月30日 日军犯萍乡排上圩。

6月下旬 日军飞机在萍乡高坑镇附近狂轰滥炸，大星村杨麟纲、杨子纲兄弟俩因奔波、劳累、惊恐、气愤而死。

6月下旬 萍乡彭高村姚冬秀母女二人不甘日军凌辱，跳塘而死。

6 月下旬 在萍乡峡山口人形岭，日军杀害了许多湖南浏阳民夫，5 个避难百姓被日军杀死在一口炭井里；在峡山口黄土岭，日军用扁担打死了 5 个百姓。新建村的恒古老婆、贺丙生婆娘被日军枪杀，黄大牛被日军军刀捅死，申冬生被日军淋煤油烧死，长胜老倌头顶被日军割“十”字痛得打滚而死；湘东街，有几个人的四肢全被砍去，河洲李某之妻、五四村陈某之妻、湘东老街吴某之妻被日军强奸。

6 月下旬 日军进入萍乡大星村后，大肆抢掠，杀鸡宰猪，在饭甑里拉大便。茶亭里李绍文家的两头肥猪被日军宰杀，塘里的鱼被石灰毒翻。茶亭里瞿 × × 和其他几个妇女被日军强奸。茶亭里小学所设伤兵医院的十几名中国伤兵被日军折磨、枪杀而死。

7 月 12 日至 14 日 日军第 34 师团从湖南醴陵白兔潭入境江西，犯萍乡上栗。

7 月 16 日 日军第 27 师团犯萍乡荷尧、老关圩。

7 月 17 日至 18 日 日军犯荷尧火烧桥、喻家湾等村。

7 月 19 日 日军犯萍乡老关登官等村。

7 月中旬 日军窜犯萍乡腊市乡，东洲村彭雄的五堂叔被日兵活活打死，隆开老汉被劈成几块扔在树下；房屋被烧，财物被抢，牲口被杀光；男人被杀、被抓，妇女被强奸、轮奸；伤寒、痢疾、疟疾流行。

7 月 21 日至 25 日 日军先后侵占萍乡下埠圩、长春铺等地；窜犯湘东、腊市、麻山等圩镇，侵占上官岭、庙岭等村；随后侵入湘东、腊市、麻山等圩镇。

7 月 26 日 萍乡县政府随国民政府军第 58 军退至萍乡南坑圩。上午 9 时，日军侵入萍乡芦溪镇。下午 7 时，日军陷萍乡县城。

同日 日机 3 架窜入芦溪上空，向打石坑扫射，3 个农民中弹身亡；接着又沿铁路线投弹，一列中国军用火车的两节车厢被炸起火，铁路两边崖上血肉斑斑，炸死近百人。

7 月 27 日 日军窜犯萍乡上埠圩、县城、龙台圩等地。

同日 日机 9 架窜扰芦溪上空，投弹 2 枚，居民余志豪、颜志平、廖元生、杨绍祥等人的房屋被炸毁，黄春华等八九人受伤，颜维汉的老母等 3 人被炸死，谢木匠的弟弟被炸死，刘森昌被炸瞎一只眼睛，贺香莲被炸伤右手。尔后日机在凌云女中和三民小学投下 3 枚炸弹，凌云女中和三民小学校舍被炸得七倒八斜，陈凤吉中弹而亡，学生 10 多人受伤；旋即又在朱亭山投弹，并向虚明观扫射，一家结婚迎亲队伍 4 人受重伤，新娘子胸口中弹而亡，三里台茶店三驼子被炸死。

同日 日军窜芦溪新塘美村，裁缝美明苟被抓为夫，打死在路上，其媳妇被奸。

7 月 28 日 日军窜扰萍乡郊溪、塘溪村。

7 月 29 日 日军从萍乡高垄窜界入侵莲花，疯狂烧杀掳掠。

同日 下午日军在萍乡长坑口村凉亭边射杀中国士兵及百姓 32 人。

同日 由于语言障碍，日军误入萍乡上埠茅布岭村，日兵一怒之下将带路的王慈生的父亲和当地农民李星柏杀死。下午 3 时许，日军包围了山口岩、茅布岭村一带，对逃跑的中国士兵和百姓进行扫射，近 40 人被害。

同日 日军在萍乡南坑乡搜山抢劫，几个妇女被抓。年方 18 岁的王 × × 被日军绑在凳上轮奸。一个裁缝的老婆，枯瘦如柴，患有肺病，惨遭蹂躏；她的 80 多岁的家婆叩头求饶，也遭奸污。另有婆媳俩，日兵先奸媳妇，让家婆旁观，然后又奸家婆。

7 月 30 日 日军窜入萍乡白竺圩。国民政府军第 72 军第 38 团破坏中村至莲花隘道。

同日 日军第 34 师团陷萍乡南坑圩，四处窜扰。

同日 日军第 27 师团窜扰白竺乡瓦屋村一带。

同日 日军第 27 师团前卫部队窜广寒寨乡洞溪村，农民王耀华在洋子上探消息，被日军枪弹穿透左胸，经抢救才保住性命。

同日 日军侵占广寒寨圩和洞溪村，到处搜抓青年农民修山道，并烧房屋、毁庄稼、奸淫妇女、宰杀牲畜。

7 月 31 日 日军第 34 师团由萍乡南坑窜犯莲花。

7 月 日军在萍乡源南乡石北村杀死多名村民，丢入鱼塘。蔗棚村张福祥、陈梅生、王新和、王新开被抓走，王新开挑不起担子，在七店里被打死。芦溪镇广益堂 70 多岁的熊善清老板被日军抓住，强迫挑重担，遭暴打倒地，被刺刀捅死在五里牌村附近的水田里。

7 月 萍乡腊市乡东洲村一个叫彭隆开的老人被日兵用军刀劈成几块，一个叫彭勇芬的农民被日兵活活打死。庙岭村一个 80 多岁的老太婆被日兵用碓棰砸死，农民邬镜良在路上被日兵射杀，5 个农民被日兵打死在家里，数十个割早稻的农民被日兵射杀在田里。五陂下乡双凤村李光祥、王荷香等 7 人被日军机枪打死。长丰圩一农民被日军划破面颊、挖掉双眼。牛岭一朱姓产妇连同婴儿被日兵用刺刀挑死。刘呆子被日兵捅穿腹腔，挑出肠子。

7 月　萍乡湘东镇上一龙姓裁缝被日兵用木床压住脖子，用刺刀戳喉放血而死。

7 月　在萍乡杂溪村，几个逃跑的民夫被日军抓回后，开肠破肚。

8 月 4 日　侵占萍乡县城的日军西退，窜小桥下村，5 日占据小桥下，6 日又窜犯麻山圩、湘东镇。

8 月 6 日　日军由湖南攸县柏树下圩等地窜犯莲花。

同日　日军在萍乡白竺乡一带到处搜抓民夫。农民李冬全被日军抓住，奋力挣脱逃跑，被日军开枪打死。陈庆炎、胡名花、胡章保等多人先后被捉，有的一去不返。藏在上村山沟里的农民口渴难耐，冒死到山下取水，许多人舀水时被日军打死。

8 月 7 日　侵占萍乡湘东镇的日军窜犯长春铺村，麻山圩的日军窜犯腊市圩。8 日，长春铺村日军退至老关圩，腊市圩日军退至排上圩。9 日，日军全部从下埠、老关退出萍乡县境。

8 月上旬　日军在萍乡广寒寨圩和洞溪村一带占据时，抓走了许多民夫，强奸了许多妇女。广寒寨乡下江背村农民何冬生被杀成重伤，周仓生遭毒打险些丧命。广寒寨圩被抓充役的汤方桃、张秋生等近 20 人。日军割稻子喂马，糟蹋了 600 多亩早稻。广寒寨圩和洞溪村不到 200 户人家，被日军宰杀肥猪 100 多头、耕牛 10 多头、鸡鸭上千只，家具大部被烧，财物被抢无数。

8 月上旬　日军走后，萍乡县城痢疾、天花、伤寒等疾病蔓延，仅死于天花者就达 200 多人，死于其他传染病的更多。芦溪、上埠、南坑、张佳坊、长丰、麻山等圩镇，疟疾、痢疾蔓延，死亡多达 600 多人；源溢乡罗家湾村 15 户 106 人，一个月内有 82 人患病，38 人死亡，其中罗上文一家 7 口全部死亡。

8 月上旬　日军走后，萍乡高坑乡一带鼠疫蔓延，人口不满 300 的长塘下小村落，不到半个月，死于鼠疫者达 30 多人，唐施发一家 6 口全部死于鼠疫。

9 月下旬　日军由湖南醴陵侵入萍乡老关圩，窜扰登官、枧头洲村。

9 月　日机先后 7 次在于都城投弹和用机枪扫射。

12 月　日军第一次进犯泰和县城。

1945 年

1 月 11 日　日军发动打通粤汉线战役，湖南茶陵湘东圩日军进犯莲花，湘粤赣边区会战拉开序幕。

1 月 19 日　日军第二次进犯莲花县城。

1 月 22 日　日军侵占永新，在当地野蛮烧杀。

1 月 29 日　日军突破中国守军 6 个师的阻击，侵占遂川机场及遂川县城。

2 月 4 日　日军第 27 师团突破国民政府军第 25 军第 40、第 183 师在赣县沙地圩至五云圩一带的防线，进至赣州城西北，5 日渡过章水，向赣州城区进攻。守卫赣州的国民政府军第 108 师第 323 团和第 40 师第 120 团，炸毁赣州黄金机场，弃城撤走。

2 月上、中旬　侵占粤北的日军相继攻占江西大余、新城、南康、信丰、定南等地。

2 月 22 日　日军退出莲花县境。

5 月 25 日　赣县沦陷。

6 月 6 日　信丰县沦陷。

6 月 9 日至 17 日　国民政府军第 65 军第 187 师在信丰的大塘埠、金盆山、坪石、龙舌等地与进犯的日军第 27 师团第 2 联队展开激烈战斗，守军数百人在战斗中牺牲。

6 月 13 日　定南县沦陷。

同日　全南县沦陷。

6 月 14 日　日军占领龙南县城。

6 月 20 日　日军第二次进犯上高县城。

6 月　日军在南康县境坝洋江村艺头渡口追杀群众，迫使 170 余人逃上渡船，造成严重超载翻船，淹死 80 余人。

7 月 7 日　南康县沦陷。

7 月 11 日至 12 日　日军撤出赣州城。撤退前，日军放火焚烧房屋，至圣路、建国路、西津路一带被烧成废墟。

7 月 15 日　日军再次猛攻遂川机场，大肆破坏。

7 月 19 日　万安县沦陷。

7 月 21 日　万载县沦陷。

7 月 26 日　新余县沦陷。

同日　分宜县沦陷。

7 月 27 日　吉水县沦陷。

7 月　吉安县沦陷。

7 月　宜春县沦陷。

7月 日军第二次进犯泰和县城。

7月 日军第二次进犯遂川县城。

8月1日 峡江县沦陷。

8月2日 新干县沦陷。

8月 日军第三次进犯清江县城。

9月2日 江西省接受日军投降主官薛岳指派的鲁道源、杨宏光分别在南昌、九江设前进指挥所。

9月3日 9时许，日机3架于萍乡县城上空开枪扫射，南台小学一女生受伤。

同日 萍乡、莲花各地隆重举行抗日战争胜利大会。

9月14日 日军代表笠原幸雄在南昌签字投降。

9月18日 日本海军龙图长久大佐率部在九江投降。

（整理：杨忠华 陈萍 徐宏洪 杨立凡）

后　记

20 世纪 30 年代，日本军国主义在发动卢沟桥事变，开始全面侵华战争后，为进一步侵占长江两岸中华国土，霸占长江流域资源，派重兵溯长江天堑西进，直逼屏障抗战指挥中心武汉的战略要地——江西。

自 1938 年上海、南京、武汉相继沦陷后，中国东南各省和西南大后方的交通大都经过安徽、江西、湖南、广西、贵州到达四川，江西又成为东南战场连接西南大后方的纽带与通道，且成为战略物资的主要供应省份。守住江西，就保持了东南与大后方的联系，东南战场就有了坚强的支柱与后盾。鉴于其在抗战中的重要战略地位，江西一直战事不断，是第三战区、第九战区的主要战场之一。进入相持阶段以来，正面战场共有 18 次大的交锋，而江西境内就有南昌、上高、赣东（浙赣）3 次大会战。全国抗战 8 年中，由于江西军民的英勇抗战，江西全境始终没有完全沦陷，基本上守住了境内相对稳定的对日作战线、相持线，且迫使侵华日军驻赣兵力长期保持在 10 万人以上，打乱了日军的兵力部署，对支持东南战场乃至全国抗战作出了巨大贡献。

江西军民在抵抗日军进攻，为全国抗战作出巨大贡献的同时，也付出了巨大的牺牲。日军为占领江西，达到军国主义的罪恶目的，不惜一切代价，甚至公然违反国际法，悍然使用化学毒气弹发动进攻。1938 年 6 月 26 日，日军第 27 师团波田支队就凭化学毒弹武器，攻占了马当要塞，侵略军沾满鲜血的铁蹄自彭泽登陆，由此而窜上了江西大地。从 1939 年 3 月 28 日占领南昌至 1945 年 8 月，全省共有 78 个县市遭日军窜扰与轰炸，42 个县市遭日军严重骚扰破坏，24 个县市城区几成焦土。

在马当失守后的 7 年间，盘踞江西的日军大肆推行烧光、杀光、抢光的“三光”政策，疯狂叫嚣着“烧杀以助军威，奸淫以助军乐，抢劫以助军食”①，对江西实行飞机轰炸、奸淫妇女、残害劳工、施毒散疫、掠夺财富、毁灭文明并实施罪恶统治，在江西犯下了不可饶恕的滔天罪行，给赣江两岸的炎黄子孙遗留

① 《新民报》1942 年 11 月 25 日。

下了世世代代不能忘记的耻辱、血泪和对侵略者的深仇大恨。

日军侵赣期间，江西全省伤亡人口总计为504450人，占全省原有人口的3.8%。据不完全统计，当时全省84个县，就有78个县遭日军严重烧杀劫掠，难民和伤病员达510万人以上①。全省财产损失总计为10072.023亿元（法币，以1945年9月物价为准），其中直接财产损失6719.886亿元（法币），间接财产损失共计3352.137亿元（法币）。全省较大城镇的房屋被毁在50%以上，其中有18个城镇被毁房屋超过90%。土地抛荒十分严重，全省至少有300万亩土地荒芜。工矿设施毁损严重，致使战后江西几无近代工业可言。民脂民膏尽付东洋，财富基业毁于一旦。

侵华战争结束60多年来，日本右翼势力却从不正视历史，思过反省，而是一直极力抹煞日本对这场战争的罪责，极力抹煞日本军国主义所造成的严重罪行，这不能不激起中国人民和全世界人民的极大愤慨。因此，深入研究日本侵略中国的历史，弄清这一时期全国各地人口伤亡和财产损失情况，对于揭露日本军国主义的残暴罪行，准确地反映日本侵华战争给中国人民和世界和平带来的灾难，戳穿日本右翼势力歪曲历史、美化侵略的谎言，意义重大。

2005年，中共中央党史研究室正式启动《抗战时期中国人口伤亡和财产损失》课题，于3月1日向全国党史部门下发了《关于开展〈抗战时期中国人口伤亡和财产损失〉课题调研的通知》。中共江西省委党史研究室接到通知后，立即进行研究部署，并及时向全省11个设区市下发了《关于开展〈抗战时期江西人口伤亡和财产损失〉课题的通知》，要求各地立即开展工作，并成立抗战专题课题组，由省室主任沈谦芳（前期为苏多寿）和副主任王瀚秋分别任组长、副组长，负责领导课题组的全面调研工作，多次举办全省调研工作培训班，组织课题组成员展开广泛调研。历经全省党史工作者五年多的共同努力，我们采访了一些幸存的亲历者，查阅了许多文献、档案和图书，征集了大量的文字、文史资料及图片，并撰写了省、市、县（区）三级调研报告，力求全面、准确地反映日军暴行给江西造成的人口伤亡和财产损失情况。但因年代久远，许多亲历抗战的人员早已故去，很多珍贵的档案资料业已散失，因此书中所形成的数据并不能绝对准确地反映江西当时的受损情况，这还有待于我们今后对相关史料做更深入的挖掘、研究，以进一步揭露日军反人类、反文明的罪行，戳穿日本右翼势力歪曲历史、美化侵略的谎言。

---

① 中共江西省委党史资料征集委员会编：《江西抗战纪事》，中央文献出版社1995年版，第36页。

我们强调不要忘记历史，并不是要延续仇恨，而是要以史为鉴，面向未来。让我们牢记60多年前发生在赣江两岸的惨剧，振奋自尊、自信、自强的民族精神，大力弘扬爱国主义精神，为中华民族的伟大复兴而努力奋斗。

江西省委党史研究室

2014年1月

总后记

历时多年的《抗日战争时期中国人口伤亡和财产损失调研丛书》终于问世了。参加这套丛书编纂工作的，主要是承担《抗日战争时期中国人口伤亡和财产损失》课题调研任务的各省、自治区、直辖市及其下属市、县的领导同志和课题组成员，以及部分著名专家。他们以高度的责任心和使命感，竭尽全力，攻坚克难，终于完成了各自承担的任务，并按统一要求，形成了调研成果的A系列书稿。同时，有关省、自治区、直辖市还从实际情况出发，编纂了主要反映市、县调研成果的B系列书稿。由于各地情况不尽相同及其他原因，呈现在读者面前的丛书，将分批陆续完成和出版。

为了保证质量，我们对本丛书中由各省、自治区、直辖市完成的A系列书稿（即省级调研成果）实行了四级验收制，即：所有的省级调研成果，先由有关省（自治区、直辖市）课题领导小组及其聘请的省级专家验收组分别审读通过、写出书面意见；然后提交到中共中央党史研究室课题组。中共中央党史研究室课题组审读后，再聘请国内知名专家审读书稿，提出书面意见。对每次审读提出的意见，各省、自治区、直辖市课题组都认真研究落实，对书稿进行反复修改，或是说明相关情况，直到符合要求。由一批专家完成的A系列书稿（即带全局性的专门课题调研成果），也通过类似的办法验收。主要反映市、县调研成果的B系列书稿，则由有关省、自治区、直辖市党史研究室组织验收。各种调研成果验收修改的过程，同时也是调研的深化过程、提高过程。经过反复修改补充的成果，在质量上都有明显提高。

中共中央党史研究室课题组在中共中央党史研究室室委会和分管室副主任的具体领导下开展工作。中共中央党史研究室几任主要领导同志即曲青山和孙英、李景田、欧阳淞主任，非常关心和重视本课题调研工作的开展。分管这项工作的室副主任李忠杰同志始终严格把握政治方向，精心部署和安排，明确提出创建“精品工程、基础工程、警世工程、传世工程”的要求，给工作指明方向，还及时领导解决调研过程中遇到的种种困难和问题。各地同志和有关专家同中共中央党史研究室课题组保持密切联系，对中共中央党史研究室课题组的工作给予了积极配合和支持。

中共中央党史研究室课题组由李忠杰、霍海丹、李蓉、姚金果、李颖、王志刚、王树林、杨凯等同志组成。先后担任中共中央党史研究室第一研究部领导职务的黄修荣、刘益涛、蒋建农同志参与了课题调研和审改的部分工作。中共中央党史研究室科研管理部、办公厅的部分同志也参与了有关工作。特别是在北京市和山东省召开的两次全国性会议，中共中央党史研究室科研管理部、办公厅的有关同志自始至终参与了繁忙的会务工作，付出了大量心血和辛勤劳动。

在李忠杰同志直接领导下，中共中央党史研究室课题组承担了组织指导与协调推进各地课题调研和联系有关专家完成全局性专题调研的繁重任务。在人手十分有限的条件下，课题组同志们近10年如一日，以对民族负责、对历史负责的自觉精神，克服困难，埋头苦干，为圆满完成任务做了大量工作。计先后编发213期达60多万字的《工作简报》，同各省、自治区、直辖市的同志和有关专家进行了数以千次、万次的电话联系及当面沟通，先后到10多个省、自治区、直辖市实地调查、参加会议，了解情况，当面指导，协助各地完成调研工作，或邀请有关地方的同志到北京进行座谈；还组织22个省、自治区、直辖市课题组编纂《抗日战争时期全国重大惨案》，同中央档案馆联合编辑《抗日战争时期解放区人口伤亡和财产损失档案选编》，同中国第二历史档案馆、中国人民解放军档案馆联合编辑其馆藏的相关档案资料，撰写有关专题报告，等等。将近10年来，课题组成员虽有变动，但工作始终如一，没有延误和懈怠。

需要说明的是，《抗日战争时期中国人口伤亡和财产损失》课题，有时也简称为抗战损失课题或抗损课题。虽然有学者认为“抗战损失”或“抗损”通常只能反映抗日战争中财产方面的损失，人口伤亡不能称作损失，但考虑到当年国民政府习惯采用“抗战损失汇报”或“抗战中人口与财产所受损失统计”等表述，所以本课题参照前例，以“抗战损失”或“抗损”作为课题简称。

2014年初，根据中央领导同志的指示精神和中共中央党史研究室室委会关于做好出版和对外宣传全国抗战损失课题调研成果准备工作的要求，我们组织部分省、自治区、直辖市的分管领导和课题组成员对已经印出样本的A系列书稿再次进行复审和互审，并邀请部分承担了抗战损失专题调研任务的专家参加审稿工作。这次集中复审和互审的主要任务是：审核已经印出样本的A系列书稿，对相关数据、史实严格把关，保证课题调研结论的真实性，保证书稿没有重大差错。中共中央党史研究室主要领导同志和分管领导同志也提出要求：把工作做得再深入、再扎实一些，统一规范，责任到人，把问题消灭在书稿正式出版之前。

在复审和互审过程中，地方同志和邀请的专家以多种形式及时沟通，围绕审稿发现的问题研究讨论，和中共中央党史研究室分管领导进行交流，对一些重要的共性问题达成一致。经过复审和互审，对有关的A系列书稿做出进一步修改。在此基础上，中共中央党史研究室课题组同志又对拟第一批出版的每一部A系列书稿进行多环节的审读、检查、修改、校对，严格审核把关，尽可能如实、客观地反映调研情况和成果。

中共中央党史研究室的其他同志及一些外聘同志、从地方党史部门借调的同志，如徐玉凤、谢忠厚、杨延力、郭明泉、戴思厚、王俊云、梁亿新、宋河星、毛立红、王莹莹、茅永怀、庚新顺、李蕙芬同志等，满腔热情地参加了本课题调研的部分工作。不论是调研选题的讨论、同有关各方的联络，还是资料的整理、归类、建档等，他们都付出了辛勤的劳动。

这里，还要特别感谢国家社会科学基金规划办公室、国家新闻出版广电总局有关领导和同志对本课题调研工作的支持和帮助，感谢有关部门对丛书出版经费的支持和保证。中共党史出版社的领导汪晓军以及陈海平、姚建萍等同志，也为这套丛书的出版花费了很多心血。

我们相信，本丛书 A 系列和 B 系列各卷的陆续公开出版，必将大大有助于抗战损失课题调研成果的推广利用，有利于固化历史，更好地发挥以史为鉴、资政育人的作用。但是，我们也深知，本课题调研迄今所取得的成果，还只是阶段性的、部分的、不完全的成果。在已经取得的来之不易的成果的基础上，今后，这一课题的调研工作还要深入不懈地继续进行下去。

中共中央党史研究室课题组

2014 年 4 月 30 日